法 学 阶 梯
INSTITUTIONES
普通高等教育**法学规划教材**

婚姻家庭与继承法

Law of Marriage - Family and Inheritance

杨立新 著

法律出版社
——北 京——
始创于1954年

好书,同好老师和好学生分享

出 版 说 明

法律出版社在其奋进发展的六十年光辉历程中，秉精诚之心，集全社之力，服务于我国法学教育事业，致力于法学教材出版。尤其在改革开放三十余年间，本社以“传播法律信息，推进法制进程，积累法律文化，弘扬法治精神”为宗旨，协同司法部法学教材编辑部，规划并组织出版了国家“八五”“九五”期间的法学规划教材，为我国改革开放之初的法学教育和法治建设做出了开创性贡献；进入 21 世纪之后，法律出版社又根据教育部的部署和指导，相继规划并组织出版了“十五”、“十一五”和“十二五”法学规划教材，为我国法学教育事业的发展与改革付出了艰辛努力。

承蒙法学教育领域专家作者的信任，以及广大法律院校师生的支持，法律出版社经过三十年的发展与积累，相继出版各类法学教材达四百余种。在学科范围方面，完成以法学核心课程为重心，涉及法学诸学科的“全品种”横向结构；在培养层次方面，健全以本科教育为根本，兼顾职业教育和研究生教育的“多层次”纵向结构，进而打造“法律版”法学教科书体系，以期更好地为法学教育服务，为法治建设贡献绵薄之力。

近年来，法律出版社因应法学教育的发展变化，在教材编写体例及系列安排方面作出相应调整。在教材编写体例方面，结合当前教学实际与培养方案，将系统、全面的理论知识讲授与灵活、丰富的法律实践和能力训练相结合，倡导教材内容差异化，增加教材可读性，以期更好地培养法科学生的思维能力和法学素养。在教材系列安排方面，全力推进新品教材编写与注重既有教材修订相结合，根据教材风格与特色进行适当的套系整合，集中现有的国家级规划教材和在编的规划教材，形成以“普通高等教育法学规划教材”为名的全新教材系列。

本系列教材多为出版多年并广受好评的经典教科书。此次全新推出，既是向长期以来关心支持法学教育出版事业的专家作者的崇高致敬，也是法律出版社为中国当代法学教育事业发展拳拳努力之情的真诚表达。法律出版社将以高度的精品意识和质量标准，不断丰富、完善本系列教材的结构和内容；除教材文本之外，还将配有多层次、多形式的教辅材料，更好地为广大师生服务。

“好书，同好老师和好学生分享”，法律出版社愿与法律共同体诸同仁，分享好书，分享智识，分享法治进程中的点点滴滴！

法律出版社　谨识
2014 年 10 月

作 者 简 介

杨立新

现任

教育部人文社会科学重点研究基地中国人民大学民商事法律科学研究中心研究员
中国人民大学法学院教授、博士生导师
兰州大学民法典研究院名誉院长、首席研究员
中国法学会民法学研究会副会长
世界侵权法学会主席
东亚侵权法学会理事长
全国人大常委会法律工作委员会立法专家委员会立法专家
最高人民检察院专家咨询委员会专家咨询委员
最高人民法院案例指导工作专家委员会委员
国家卫生健康委员会公共政策专家咨询委员会专家委员
中央"五五"普法国家中高级干部学法讲师团成员
《中国大百科全书(第三版)》法学卷民法学分卷主编

曾任

最高人民检察院检察委员会委员、民事行政检察厅厅长、检察员
最高人民法院民事审判庭审判员
吉林省通化市中级人民法院常务副院长
烟台大学法学院副教授

主要著作

出版民法专著、教材数十部
发表民法学论文五百余篇

编 写 说 明

《中华人民共和国民法典》将我国原《婚姻法》《收养法》编纂为第五编，将原《继承法》编纂为第六编，分别为婚姻家庭编和继承编，使我国婚姻家庭法和继承法展现出新的面貌，也给我国高等院校法学院系的民法教学提出了新的教学任务。法律出版社的同仁邀请我编写《婚姻家庭与继承法》教材，我欣然接受。

婚姻家庭法和继承法在习惯上称为家事法，涉及的是婚姻家庭的亲属关系、财产关系以及个人财富的传承关系，关涉每一个社会成员的切身利益。尽管婚姻家庭法为人法、继承法为财产法的范畴，但是都与亲属以及亲属的身份有关，调整的是亲属的身份关系、财产关系以及私人财产在亲属间的传承关系。所以，在教学中通常把这两部分法律合二为一，放在一起讲授。本书也遵循这个惯例，将婚姻家庭法和继承法作为家事法的两个部分，在同一部教材中说明。

本书在付梓之前，最高人民法院颁布了适用民法典的司法解释，故将《关于适用〈中华人民共和国民法典〉婚姻家庭编的解释（一）》《关于适用〈中华人民共和国民法典〉继承编的解释（一）》的内容也写进了本书的内容中。

我个人虽然不是专门研究家事法的专家，但从进入法院第一天开始，就办理家事纠纷案件；在最高人民法院工作期间，担任过民事审判庭婚姻家庭合议庭负责人；在编纂《民法典》的过程中，作为中国法学会编纂《民法典》领导小组的成员，负责《民法典》继承编草案建议稿的起草召集工作，并全程参与了立法机关起草《民法典》各编的工作。结合几十年司法实践和理论研究积累的经验，依据参与《民法典》特别是婚姻家庭编和继承编起草的切身体会，本书得以编写，既可作为法律院系的教材，也给广大读者和司法实务工作者学习、研究《民法典》婚姻家庭编和继承编提供参考。

本书分为上下两卷：上卷是婚姻家庭法，依照《民法典》婚姻家庭编的规定，围绕婚姻家庭法与亲属、亲属身份地位、亲属身份关系、亲属财产关系四个方面展开说明；下卷是继承法，依照《民法典》继承编的规定，围绕继承法与继承权、法定继承、遗嘱继承与遗赠、遗产的处理四个方面展开说明。对于《民法典》婚姻家庭编和继承编没有规定的部分重要问题，也都进行了适当的说明。

作为家事法的婚姻家庭法和继承法，内容丰富，规则复杂，由于本人研究的深度和广度尚有差距，本书不当之处难免，期待各位老师和同学予以指正。

中国人民大学民商事法律科学研究中心研究员
中国人民大学法学院教授、博士生导师
兰州大学民法典研究院名誉院长、首席研究员
杨立新

2021 年 1 月 8 日于北京世纪城

目　　录

上卷　婚姻家庭法

下卷　继 承 法

上卷 | 婚姻家庭法

第一章 婚姻家庭法与亲属

| 本章导读 |

我国《民法典》婚姻家庭编规定的就是我国的婚姻家庭法，是规定亲属关系发生、变更和消灭，以及夫妻、亲子和其他近亲属之间的身份地位、权利和义务的法律规范的总称。婚姻家庭是人类社会发展到一定阶段出现的两性关系和血缘关系存在的社会形式，既具有社会属性，也具有自然属性。婚姻家庭法的核心是亲属。亲属是指因婚姻、血缘和法律拟制而产生的人与人之间的特定身份关系，以及具有这种特定身份关系的人相互之间的称谓。亲属法律行为是指民事主体实施的对亲属身份关系的发生、变更、消灭产生法律后果的民事法律行为。

| 典型案例 |

张某某、闫某某经他人介绍相识、恋爱。结束恋爱关系后，张某某多次给闫某某发短信，要求闫某某赔偿其损失，闫某某未予理睬，张某某便向法院诉请闫某某因侵害其婚姻自主权而承担精神损害赔偿责任。一审法院认为，张某某、闫某某作为恋人在建立恋爱关系后因多种原因分手，双方均没有侵害对方的人格权。故张某某要求闫某某赔偿其精神损失费无法律依据。张某某不服原审判决，提起了上诉。二审法院认为，我国实行婚姻自由、一夫一妻、男女平等的婚姻制度，并且结婚必须男女双方完全自愿，不许任何一方对他方加以强迫或任何第三者加以干涉，故闫某某与张某某恋爱后拒绝登记结婚，系法律赋予闫某某对自己婚姻的自由权利，不应认定对张某某婚姻自主权的侵权行为。

第一节 婚姻家庭和婚姻家庭法

一、婚姻家庭的概念和本质

（一）婚姻家庭的概念

1. 婚姻和家庭的界定

婚姻家庭是人类社会发展到一定阶段出现的两性关系和血缘关系存在的社会形

式。婚姻是为当时的社会制度所确认的男女两性互为配偶的结合;家庭是由一定范围内的亲属所构成的社会生活单位。《民法典》第1041条第1款规定:“婚姻家庭受国家保护。”

2. 婚姻的含义

(1)婚姻是男女两性的结合。婚姻双方须为异性,是婚姻在自然层面上的要求。男女两性的性本能是产生婚姻的原始动力,是婚姻成立的自然条件。目前,尽管荷兰、丹麦等国家通过立法允许同性结合,理论上也有人认为应该承认同性结合的法律地位;但是,大多数国家仍未承认同性结合具有婚姻的效力,我国《民法典》也没有确认这一制度。

(2)男女两性的结合须为当时的社会制度所确认。这是婚姻在社会层面上的要求。只有为社会制度所确认的男女两性的结合才是法律上所规范的婚姻。我国法律规定,只有符合法定条件,并履行了法定的登记程序始为婚姻,其他的两性结合,如未婚同居、婚外同居,均不是婚姻。

(3)婚姻是男女双方具有夫妻身份的结合。经由社会制度所确认的两性结合,具有夫妻身份,受到法律保护,这是婚姻在法律层面上的要求。具有夫妻身份,才享有法定的夫妻权利,承担法定的夫妻义务。

3. 家庭的含义

(1)家庭是一个亲属团体。组成家庭的亲属包括因婚姻、血缘和法律拟制而产生的亲属,不是全部亲属构成家庭,而是在法律上有权利义务关系的亲属。

(2)家庭是一个同财共居的生活单位。家庭作为社会的细胞,是一个包括经济生活、道德情感生活以及政治、宗教、教育等各方面内容的生活单位。家庭作为一个生活单位,承担着组织家庭生产、家庭消费和进行家庭教育的基本职能,具体情况则因不同的时代而有所差异。

4. 对婚姻、家庭概念的法律界定

上述婚姻、家庭的一般概念,适用于人类学、社会学、伦理学等诸多学科。如果仅就法学而言,对婚姻、家庭的概念可作如下表述:

婚姻,是男女双方以共同生活为目的的、以夫妻间的权利和义务为内容的结合体。

家庭,是共同生活的、其成员间互享法定权利与互负法定义务的亲属团体。

婚姻家庭的一般概念和法律概念并不矛盾,两者在实质上是一致的,前者是针对婚姻家庭这种社会关系而言,后者则是针对婚姻家庭法律关系而言。

(二)婚姻家庭的本质属性

婚姻家庭关系是特定的人与人之间的社会关系,它具有双重属性,即社会属性和自然属性。

1. 婚姻家庭的自然属性

婚姻家庭的自然属性,是指婚姻家庭赖以形成的自然条件和婚姻家庭所包含的自然规律。它体现了生物学、生理学规律在人类婚姻家庭方面的作用,具体表现在:

(1)男女两性的生理差别和人类的性本能,构成婚姻中男女结合的生理学基础;(2)通过生育而实现种的繁衍,家庭中父母子女、兄弟姐妹等亲属网络的血缘关系和基因遗传,构成家庭的生物学上的基础。

2. 婚姻家庭的社会属性

婚姻家庭的社会属性,是指社会制度赋予婚姻家庭的属性。在本质上,婚姻家庭是人与人之间一种特殊的社会关系。马克思指出:“人的本质并不是单个人所固有的抽象物,实际上,它是一切社会关系的总和,是出于社会生产和生活的客观需要而形成的。”[1]婚姻家庭中的物质社会关系和思想社会关系,是同一定的经济基础和上层建筑意识形态相适应的,具体表现在以下两方面。

(1)婚姻家庭关系是一种社会关系。婚姻家庭关系的产生、形成和发展变化,取决于社会生产关系。人类自从脱离动物界以来,就以社会成员的身份从事物质资料的生产和人口再生产,并且在这两种生产的过程中,产生了包括婚姻家庭在内的各种社会关系。同时,社会生产关系又决定着婚姻家庭形态。伴随生产力的发展,人类从社会之初的杂乱性关系逐步递进至高级形态,最终产生了一夫一妻制家庭。

(2)婚姻家庭关系受上层建筑诸因素的制约和影响。婚姻家庭关系是一种社会关系,它和社会上层建筑,如政治、法律、道德、文艺、宗教、风俗习惯等都有密切联系。在阶级社会中,政治制度集中反映了经济基础的性质和要求,统治者必然通过法律来维护符合其阶级利益的婚姻家庭制度。道德、宗教和风俗习惯、文学艺术等,也通过不同的途径对婚姻家庭起重要作用。它们依靠社会舆论、人的信仰、传统或教育等力量,去判断是非善恶,从而调整人与人之间的婚姻家庭关系。

婚姻家庭的本质只能决定于它的社会属性,自然属性只是婚姻家庭的特点和前提条件。不能夸大自然属性对婚姻家庭的作用,也不能将自然属性和社会属性并列为同等地位。两性结合和血缘联系是普遍存在于一切高等或较高等动物之中的,而婚姻家庭却是人类特有的社会现象。社会属性是人类的根本属性,婚姻家庭关系依存于一定的社会结构,具有一定的社会内容。婚姻家庭的起源、性质及发展变化,只有从社会制度和社会物质生活条件中,才能找到正确答案。

(三)婚姻家庭的职能

婚姻家庭作为人类社会所特有的社会现象,自其产生之日起,便担负着一定的社会职能。当然,历史阶段不同,社会制度不同,婚姻家庭的职能和具体表现也不同。对于个体而言,在其不同的人生阶段,单个婚姻家庭的职能也各有侧重。只有认识婚姻家庭的职能,才能认识婚姻家庭的本质。

1. 人口再生产的职能

人口和人口再生产是人类生存和发展的必要条件。以两性结合和血缘联系为其自然条件的婚姻家庭,作为人口再生产的单位是其自然属性的具体表现。人口再生产的

---

〔1〕《马克思恩格斯全集》(第3卷),人民出版社1956年版,第5页。

过程,不是纯生物学的过程,而是受一定社会制度的制约,并在一定的社会关系中才能实现的过程,婚姻家庭是实现人口再生产的当然载体。

2. 组织经济生活的职能

家庭作为一个亲属团体,其成员不仅为婚姻和血缘所联结,而且要以家庭为单位组织生产和消费。家庭的这种经济职能,使婚姻家庭在社会经济生活中起重要作用。家庭的经济职能,是社会生产方式和生活方式的集中反映。

3. 教育职能

家庭是对家庭成员进行教育的重要场所。家庭教育作为一种基础教育,具有长期性和连续性的特点,它对人的一生所起的作用,是其他任何社会教育都不能取代的,因而应当充分认识家庭教育的作用。

二、婚姻家庭制度及其历史类型

(一)婚姻家庭制度

婚姻家庭制度,是一定社会中占统治地位的婚姻家庭形态在上层建筑领域的集中反映。它作为社会制度的组成部分,是由调整婚姻家庭关系的各种行为规范组成的。这些行为规范在无阶级的社会里,主要是由习惯和道德组成的;在阶级社会里,是由法律和有关的道德、习惯等构成,其中婚姻家庭法律制度是其核心内容。因此,婚姻家庭制度从其本质上来说,属于上层建筑的范畴。

1. 婚姻家庭制度与经济基础

作为上层建筑的婚姻家庭制度,产生并决定于经济基础,随着经济基础的变化而变化。正因如此,原始社会才会产生与原始公有制相适应的婚姻家庭制度,而私有制社会才会产生与私有制的经济基础相适应的婚姻家庭制度。婚姻家庭制度作为一定经济基础的上层建筑,同其他上层建筑一样,能动地反作用于经济基础,并通过经济基础对生产力的发展起促进或阻碍作用。

2. 婚姻家庭制度与上层建筑、意识形态

在肯定经济基础对婚姻家庭制度起决定作用的同时,还必须看到上层建筑包括意识形态对婚姻家庭制度的制约和影响。

政治,是经济的集中体现,它在上层建筑领域中占据主导地位。阶级社会中的政治制度和政治思想对婚姻家庭制度起重大的制约作用。婚姻家庭法律制度是婚姻家庭制度的核心内容,而婚姻家庭法则是不同时代、不同国家的法律体系中的重要组成部分。

道德,作为调整人们行为的社会规范,与婚姻家庭制度的联系极为密切。一方面,婚姻家庭制度本身就是社会中的重要伦理实体,受道德规范的约束较法律规范的制约和干预要广;另一方面,在道德观念、道德规范中有大量的关于婚姻家庭的内容。婚姻家庭观、婚姻家庭道德均是调整人们婚姻家庭行为的准则。道德对婚姻家庭制度的作用同样是不可低估的。任何时代、任何国家的道德,都是维护婚姻家庭制度的重要手段。

宗教,在历史上对婚姻家庭制度的影响是巨大的。在许多政教合一的国家,宗教经典同时起法典的作用,有关婚姻家庭方面的教规是调整婚姻家庭关系的依据,如印度教的《摩奴法典》、基督教的《圣经》和伊斯兰教的《古兰经》等。在当代,宗教对婚姻家庭制度仍有一定的影响。具有礼仪之邦之誉的古代中国,由于儒家的礼制规范统辖了整个意识形态领域,宗教对婚姻家庭制度的影响虽然不像基督教国家、伊斯兰教国家那样强烈和明显,但神权对婚姻家庭制度的影响仍然十分强大,如"三纲"规范,六礼中的"问名"和"纳吉"程序,从这些内容中均可看出神权对婚姻家庭的影响。

风俗习惯,是在长期的历史过程中逐渐形成的通行于社会的风尚、礼节和生活方式,具有时代性、民族性、地域性和一定的阶级性,对婚姻家庭制度的影响也不可忽视。有关婚姻家庭的风俗习惯,是一定时代、一定社会的人们的生产条件和生活环境的体现。任何时代、任何国家的统治阶级都要提倡、利用有利于自己统治的风俗习惯,来影响和干预婚姻家庭领域,维护婚姻家庭制度。而某些被统治阶级认可的婚姻家庭方面的风俗习惯,就是婚姻家庭制度的内容,是婚姻家庭法的组成部分。如我国古代流传下来的尊老爱幼的良好习惯,直接体现在我国现行婚姻家庭法中的维护妇女、儿童和老人合法权益的原则中。

(二)婚姻家庭制度的历史类型

人类两性关系和血缘关系发展到社会制度范畴的婚姻家庭形式,是一个复杂、曲折、漫长的历史过程。作为社会制度组成部分的婚姻家庭制度,是以各种具体的历史形态存在于社会发展的一定阶段的。总体来说,婚姻家庭制度的历史类型和社会制度的历史类型是一致的,通常以经济基础的类型作为划分婚姻家庭制度的历史类型的基本依据。

原始社会早期经历过一个漫长的前婚姻时代,那时生产力水平十分低下,人们结成规模不大的群体,共同劳动,共同生活。在群体内部,男女成员在两性关系方面是没有任何限制的。据《吕氏春秋·恃君览》记载:"昔太古尝无君矣,其民聚生群处,知母不知父,无亲戚兄弟夫妇男女之别,无上下长幼之道。""男女杂游,不媒不聘。"[2]随着生产力水平的缓慢提高,原始社会缓慢发展,最初的那种无限制的两性关系,开始受到自然选择规律的制约,逐渐演变出群婚制的各种形态。从广义的婚姻家庭概念的意义上说,群婚制的出现标志着婚姻家庭制度的产生,可以将婚姻家庭制度分为群婚制、对偶婚制和一夫一妻制三种历史形态。恩格斯在《家庭、私有制和国家的起源》中指出:"群婚制是与蒙昧时代相适应的,对偶婚制是与野蛮时代相适应的,以通奸和卖淫为补充的一夫一妻制是与文明时代相适应的。"[3]

1. 群婚制

群婚制,是人类社会最初的婚姻家庭制度和婚姻家庭形态。根据摩尔根在《古代社会》中提出的婚姻家庭进化模式,群婚制划分为血缘群婚制和亚血缘群婚制两个

---

〔2〕《列子·汤问》。

〔3〕《马克思恩格斯全集》(第21卷),人民出版社1965年版,第88页。

阶段。

(1)血缘群婚制。它是群婚制的低级形态。它排除了直系血亲之间的两性关系，在父母和子女间、祖父母和孙子女间存在严格的性禁例。但是，在原始群体内部，辈分相同的男女皆互为夫妻，组成婚姻集团。“一对配偶的子孙中每一代都互为兄弟姐妹，正因为如此，也互为夫妻”。[4] 由此可见，氏族内婚和兄妹相婚是血缘群婚制的主要特征。从前婚姻时代不分辈分的男女两性关系上的“杂乱状态”，发展到等辈的兄妹婚，是人类婚姻史上的一大进步。

(2)亚血缘群婚制。其又称普那路亚制，是群婚制的高级形态。婚姻仍然是辈分相同的男女成员的集团婚，但是，兄弟和姊妹之间的两性关系已经被排除。最初排除了同胞的兄弟姊妹，后来又排除了血缘关系较远的兄弟姊妹(后世所说的表兄弟姐妹或堂兄弟姐妹)间的两性关系，旁系血亲间的婚姻禁例越来越严格。由于同胞的或远缘的兄弟姐妹绝对禁止性交关系和婚姻关系，人们只能在集团外寻找性伴侣和婚姻对象。因而，亚血缘群婚制必然实行族外婚制，婚姻的双方分别属于不同的氏族，子女成为母方而非父方氏族的成员。这种两性和血缘关系的社会形式，为母系氏族的出现创造了条件。

2. 对偶婚制

对偶婚制，是从群婚制向一夫一妻制的过渡形式，是成对配偶在或长或短的时期内相对稳定的同居现象，是原始社会继群婚制后出现的又一种婚姻家庭制度。对偶婚制的出现，是与社会的发展和人类的进步紧密相连的。一方面，由于婚姻禁例日益复杂，群婚越来越不可能；另一方面，自然选择的效果也继续表现出来，即没有血缘亲属关系的氏族之间的婚姻，创造出在体力上和智力上都更强健的人。这样，群婚制就被对偶婚制慢慢排挤了。在对偶婚制下，一个男子在许多妻子中有一个主妻，而他对于这个女子来说也是她的许多丈夫中的一个主夫。主夫和主妻之间才可以同居，而与其他的婚姻对象之间可以发生性的关系，但不能同居。按照世系从母和族外婚的原则，这种婚姻仍以女子为中心，女子定居于本氏族，丈夫则来自其他氏族。实行的是女娶男嫁、夫从妇居的制度。对偶婚制的本质特征在于它是一种双方可以轻易离异的个体婚制，男女两性的偶居关系并不牢固，可以根据任何一方的意愿而解除。不仅如此，对偶婚制也给家庭增添了新的因素，即除了生母之外，子女的生父往往也能够确定。这较子女“知其母而不知其父”的群婚制是一个极大的进步。这种血缘关系上渐趋纯洁的变化，为父系氏族的一夫一妻制的产生准备了条件。

3. 一夫一妻制

一夫一妻制，又称个体婚制，是指根据一定社会规范的要求，一男一女结为夫妻，任何人在同一时间内不得有两个或两个以上配偶的婚姻制度。

原始社会中的两性和血缘关系的社会形式，是同原始社会的公有制生产关系的一定发展阶段相适应的，对偶婚制已经成为它的极限。“要使对偶家庭进一步发展为牢

---

[4] 《马克思恩格斯全集》(第21卷)，人民出版社1965年版，第48页。

固的一夫一妻制，除了我们已经看到的一直起着作用的那些原因外，还需要别的原因。在成对配偶制中，群已经减缩到它的最后单位，仅由两个原子组成的分子，即一男和一女……因此，如果没有新的、社会的动力发生作用，那么，从对偶制中就没有任何根据产生新的家庭形式了。但是，这种动力发生作用了。”[5]这里所说的新的社会动力，就是原始社会末期产生和发展起来的私有财产，一夫一妻制的形成是私有制确立的必然结果。

一夫一妻制从最初的萌芽到最后的形成，经历了一个很长的过程。在奴隶社会、封建社会的一夫一妻制度下，男女、夫妻、亲子、家长和家属之间的人身依附关系十分强烈，必然伴随男尊女卑和男性的多妻制。到资本主义社会，男女平等、婚姻自由和一夫一妻制得到法律上的确认，但是在事实上的不平等和多妻制或多夫制，是始终伴随的。社会主义社会的一夫一妻制具有婚姻自由、男女平等、一夫一妻，保护妇女、儿童和老人合法权益等特征。

三、婚姻家庭法

（一）婚姻家庭法的概念与特征

1. 婚姻家庭法的概念

婚姻家庭法是指规定亲属关系的发生、变更和消灭，以及夫妻、父母子女和其他一定范围的亲属之间的身份地位、权利和义务的法律规范的总称。在国外民法典中，婚姻家庭法就叫亲属法。

形式上的婚姻家庭法，是指《民法典》的婚姻家庭编，是狭义的婚姻家庭法。

实质上的婚姻家庭法，是指凡是规定亲属关系的发生、变更和消灭，规定配偶、父母子女以及其他一定范围内的亲属之间的身份地位、权利义务的法律规范。除了《民法典》婚姻家庭编外，以其他形式表现出来的有关亲属关系的法律、法规、司法解释等，都属于广义的婚姻家庭法。

2. 婚姻家庭法的法律特征

与民法中的人格权法、物权法、合同法等部门法相比较，婚姻家庭法具有以下法律特征。

（1）婚姻家庭法是规范亲属之间身份关系的法律。婚姻家庭法与人格权法、物权法和合同法都属于民法，都具有私法性质；但是，婚姻家庭法所规范的是配偶、亲子以及其他近亲属之间，具有一定的亲属身份地位的民事主体之间的法律关系，是亲属关系法。婚姻家庭法以其所调整的亲属之间的法律关系为特点，并以此区别于人格权法、物权法和合同法等民法部门法。

（2）婚姻家庭法是具有习俗性和伦理性的法律。与其他民法部门法相比较，婚姻家庭法更多的是各国固有的规则，这就使各国对于本国自然人的夫妻、亲子等亲属关

---

〔5〕《马克思恩格斯全集》（第21卷），人民出版社1965年版，第64～65页。

系,都受其国家的环境、风俗、人情、习惯的影响,各有其传统。所以,亲属之间的法律关系多随习俗而定,法律规定应当遵循具体国情,不能违背民俗,因而婚姻家庭法具有习俗性。同时,婚姻家庭法规范的亲属关系,伦理的色彩极为浓厚,无论何种亲属地位和权利义务关系,都须在必要的伦理范围之内,亲属上的权利必须与义务密切结合,体现社会伦理,不能只强调权利而忽视义务。因此,婚姻家庭法的规范,必须合于伦理的要求,伦理性具有特别的必要性。

(3)婚姻家庭法是具有亲属团体性的法律。亲属关系具有团体性。这种团体性不是基于合伙关系的结合,也不是基于法人关系的结合,而是基于自然的血缘关系而形成的社团的结合。亲属关系是以夫妻、亲子、其他近亲属超越个人而结合的亲属团体,在其间发生亲属的身份地位,发生权利义务关系。法律对这种法律关系进行调整,就是承认亲属的团体性,维护其团体性,婚姻家庭法更注重团体关系,重点考虑特定亲属之间的全体成员的利害祸福,因而具有强烈的团体性,而个人主义色彩较为淡薄,与人格权法、物权法和合同法相异。

(4)婚姻家庭法是强行法、普通法。婚姻家庭法的基本内容是强行法,表现在亲属身份的法律要件以及所产生的法律效力,都为定型的、强制性的。例如,结婚确系个人自由,但是一经结婚,其效力即按照法律规定发生,不许自由改变,哪怕是双方均承认的约定。当然,婚姻家庭法也有任意性规定。例如,结婚选择财产制,可以依照当事人的意愿而定。婚姻家庭法针对全体自然人,除了少数民族自治地区可以规定变通办法之外,其他一律适用,因此是普通法。

(二)婚姻家庭法的调整对象

1. 婚姻家庭法调整对象的范围

《民法典》第1040条规定:"本编调整因婚姻家庭产生的民事关系。"这里规定的就是我国婚姻家庭法的调整对象。从这一调整对象的范围来看,婚姻家庭法既调整婚姻关系,又调整家庭关系;既包括婚姻家庭关系的发生、变更和终止的动态运行的全过程,又包括婚姻家庭关系中主体之间的权利和义务。婚姻关系因结婚而成立,又因一方死亡或离婚而终止。所以,关于结婚的条件和程序、夫妻间的权利和义务,关于离婚的处理原则、程序、条件,离婚后财产分割和因生活困难而需求帮助等问题,都属于婚姻关系范围。家庭关系基于子女的出生、法律拟制(如收养)等原因而发生,基于离婚、家庭成员死亡、拟制血亲关系解除等原因而消灭。因此,关于确认家庭成员之间的亲属身份,规定家庭成员之间的权利义务及其产生、变更和终止等方面的事项,均属于家庭关系的范围。无论是婚姻关系还是家庭关系,都要接受婚姻家庭法的规范。

2. 婚姻家庭法调整对象的性质

从婚姻家庭法调整对象的性质来看,既有婚姻家庭方面的人身关系,又有婚姻家庭方面的财产关系。其中,人身关系占据主导地位。财产关系以人身关系为条件,居于从属于人身关系的依附地位。所以婚姻家庭法在性质上应认定为身份法而非财产法,它所调整的对象是基于婚姻家庭而产生的人身关系以及与此相联系的财产关系。依照

《民法典》第1040条关于“本编调整因婚姻家庭产生的民事关系”的规定，所谓婚姻家庭关系就是亲属关系，亲属关系就是因婚姻家庭产生的民事法律关系。因此，婚姻家庭法就是亲属法。

（三）婚姻家庭法的职能

1. 固定亲属身份

婚姻家庭法的基本作用，是确定亲属之间的身份、地位关系。中国古代的身份权除了强调“父父子子”之外，最主要的是强调“君君臣臣”，确立君为臣纲的封建社会秩序。

中华民族是亲属关系最为发达的民族。在亲属间，经常发生利益的互通性、行为的可互代性及行为效果的同效性的实践。[6] 当代婚姻家庭法固定亲属之间的身份地位，目的在于确定不同的亲属之间的权利义务关系。亲属关系越近，权利义务关系就越密切，对身份利益的支配力就越强；反之，亲属关系越远，权利义务就越薄弱，对身份利益的支配力就越弱。超出了一定亲属范围的亲属，尽管法律也认其为亲属，却不具有权利义务关系。因此，婚姻家庭法固定亲属身份，就是确认不同亲属之间的权利义务关系，并赋予其法律的强制力，保护这种身份地位不受侵害，保障权利的行使和义务的履行。

2. 维护亲属亲情

亲情是维系亲属关系的精神纽带和桥梁，没有亲情，亲属关系就不会持久维持，同样也会损害社会利益。婚姻家庭法确认和保护亲属之间的这种基本感情，将其上升为婚姻家庭法的基本规则。这就是我国《民法典》第1043条第2款规定的“夫妻应当互相忠实，互相尊重，互相关爱；家庭成员应当敬老爱幼，互相帮助，维护平等、和睦、文明的婚姻家庭关系”的基本精神。

维护亲属亲情的基本内涵，是要求亲属之间必须按照亲情的基本需要，确定亲属之间在精神上的权利义务关系，并按照这个准则作为判断身份行为的标准。古代礼教中强调的“父慈子孝，兄宽弟仁”未必不是今天亲属关系的准则。例如，剥夺兄弟姐妹悼念共同尊亲属权利的所谓侵害“悼念权”的案件，说明了亲属的身份权维护的就是亲属之间的亲情关系，对于违反亲情关系准则的行为，认定其具有违法性，应当受到民法的谴责和制裁。

3. 强调以义务为中心

身份权法律关系最基本的特点，是以义务为中心，而不是以权利为中心。这是婚姻家庭法和身份权历史发展的必然选择。

婚姻家庭法和身份权在历史的进程中，经历了一个“U”字型的发展历史。在早期的奴隶制社会和封建制的婚姻家庭法，亲属关系和身份权以权利为中心，奉行的是亲属之间尊亲属对卑亲属的人身强制，男性亲属对女性亲属的人身支配。那时的身份权就是父权、夫权和男权。表现最极端的是罗马法，家父不仅支配全部的家庭事务，还支配家子的人身，可以剥夺家子的一切家族权甚至人格，将家子逐出家庭，甚至还可以剥夺

---

〔6〕 李拥军：《民法典时代的婚姻家庭立法的突破与局限》，载《法制与社会发展》2020年第4期。

家子的生命。中国奴隶社会和封建社会的家长权虽然尚不至此,但是也属于极为强大的身份权。

近代社会以来,婚姻家庭法和身份权越来越衰落,逐渐萎缩,几乎被推出了历史,到了身份权发展的最低谷。其原因概为以权利为中心的身份权不合于现代社会的精神。随着社会的发展和法律文化的进步,亲属关系的身份权又出现复兴,但是复兴的不是以权利为中心的身份关系,而是以义务为中心的身份关系,彻底改变了原来的亲属身份权的基本规则,将亲属之间权利义务的着重点放在义务之上,确立亲属身份关系的支配权是支配亲属利益,而在支配中,最主要的是亲属之间对身份义务的履行,从而建立了现代婚姻家庭法和身份权的基本法则。

(四)我国婚姻家庭法的历史发展

中国婚姻家庭法的发展历史,是从1950年颁布的《婚姻法》开始的。改革开放之后,于1980年重新颁布《婚姻法》,2001年对其进行了修改。2020年5月28日颁布《民法典》,其中将《婚姻法》进行修改,编纂为婚姻家庭编,成为最新的婚姻家庭法。

1. 1950年《婚姻法》

1950年5月1日颁行的《婚姻法》,共27个条文。"从此旧中国遗留下来的封建主义婚姻制度将被彻底废除,而新民主主义婚姻制度将普遍实行于全国。这是一项伟大的社会改革工作,它在全国范围内开展起来,必将获得广大男女公民,特别是妇女群众的热烈拥护,使我国人民的社会生活前进与提高一步。"该法以对婚姻关系的调整为主,但不完全是婚姻关系,也包括亲属关系的一些主要问题,重点规定了父母子女关系,包括养父母子女关系和继父母子女关系、非婚生子女,亲属间的扶养、赡养义务等。

1950年《婚姻法》第1条就阐明了该法的立法精神,即"废除包办强迫、男尊女卑、漠视子女利益的封建主义婚姻制度。实行男女婚姻自由、一夫一妻、男女权利平等、保护妇女和子女合法权益的新民主主义婚姻制度"。这既是贯穿整部《婚姻法》的基本原则,又是对该《婚姻法》主要任务的说明。它把立法重心指向摧毁封建制度、破除封建传统的斗争,目的在于建立新的新民主主义婚姻家庭制度。其重要意义在于:确立了婚姻制度的革命性、先进性。通过1953年全国范围的贯彻《婚姻法》运动,在短短的几年内,旧婚姻家庭制度彻底崩溃,新婚姻家庭制度迅速建立起来,自主婚姻显著增加,民主和睦的家庭大量涌现,婚姻自由、男女平等的观念深入人心。

2. 1980年《婚姻法》

1980年9月10日经过修订重新颁布的《婚姻法》,是在1950年《婚姻法》的基础上,根据实践经验和改革开放出现的新情况、新问题修订的。修订的重点是将改革婚姻家庭制度转移到稳定婚姻家庭关系,保障和发展婚姻家庭建设上来。由于当时刚刚开始改革开放,"左"的思想仍有很大的影响,新《婚姻法》只在有限的程度上对旧法进行了修改和补充。一是增加了实行计划生育的基本原则;二是提高了法定婚龄,将男女的法定婚龄各提高了两岁;三是扩大了对亲属关系的法律调整,将实行计划生育列为夫妻双方的共同义务。

3. 2001 年《婚姻法》

在 2001 年修订《婚姻法》之前，学界酝酿对《婚姻法》进行重大修改，以制定《婚姻家庭法》为目标。但是，立法机关没有采纳学界的意见，仅对《婚姻法》进行了小的修订，大的修订拟在制定《民法典》时进行。

这次婚姻法修改的主要内容是：

(1)增加了保证婚姻法基本原则实施的措施。在总则中增加了禁止有配偶者与他人同居，禁止家庭暴力的规定，增加了夫妻应当互相忠实，互相尊重，家庭成员间应当敬老爱幼，互相帮助，维护平等、和睦、文明的婚姻家庭关系等。

(2)对结婚制度进行了修改和完善。增设了无效婚姻制度和可撤销婚姻制度，规定了民事法律行为的概念，并规定了相应的法律后果。

(3)对夫妻财产关系作出了新的规定。明确规定夫妻共同财产的范围，确认婚前财产归个人所有，明确保护个人的财产权利；对约定财产制的内容进行了补充，使其具有可操作性。

(4)对离婚制度进行了具体规定。明确规定夫妻感情破裂的法定条件，具有法定情形之一，一方要求离婚，经过法院调解无效的，应当准予离婚。增加规定了离婚后父母不直接抚养子女的一方对子女有探视权，另一方负有协助义务。

(5)增加规定了违反法律的救助措施和法律责任。规定对家庭暴力和虐待、遗弃行为的制裁和对受害一方的救助。特别是规定了离婚过错损害赔偿制度。对于上述违反婚姻法行为的，规定可以依据侵权责任的规定请求损害赔偿。

4. 2020 年《民法典》婚姻家庭编

编纂《民法典》，将《婚姻法》《收养法》编纂为婚姻家庭编，进行了较大的修改，其中主要的修改包括以下内容：

(1)第一次规定亲属的基本制度。婚姻家庭编在第 1045 条第一次规定了亲属的基本法律制度。原《婚姻法》并不特别关心亲属法律制度，《民法典》虽然没有对亲属制度进行详细规定，但是，确认了亲属的概念和配偶、血亲、姻亲的基本亲属类型，确认配偶、父母、子女、兄弟姐妹、祖父母、外祖父母、孙子女、外孙子女为近亲属，构建了以配偶、血亲、姻亲构成的基本亲属体系，在近亲属之间发生法定的权利义务关系的基本亲属法律制度。

(2)第一次规定家庭成员和家庭关系建设。《民法典》特别重视对家庭成员的规定和家风建设，不仅明确规定配偶、父母、子女和其他共同生活的近亲属为家庭成员，而且在第 1043 条专门规定树立优良家风、弘扬家庭美德和重视家庭文明建设。通过规定家庭成员和家风建设，实现家庭关系的稳定，为社会进步和社会发展提供保障，让人民安居乐业，享受幸福安康的生活。

(3)第一次规定亲属法律行为为民事法律行为。亲属法律行为也是民事法律行为。婚姻的缔结和解除、子女的送养和收养，都属于民事法律行为中的亲属法律行为，都须当事人意思表示一致而达成合意，发生或者解除配偶之间和养父母与养子女之间的身份关系。《民法典》通过第 1046、1049、1076 条等条文的规定，确认在亲属法律关系中亲属法律行为是存在的，是重要的，是《民法典》关于通过民事法律行为确立和解除民事法律关系规定的具体体现。

（4）第一次确认身份权及身份权体系。原《婚姻法》从来没有强调过亲属法律关系中的身份权。《民法典》把婚姻家庭法纳入其中，成为民法的组成部分，就必须确认身份权为民事权利的类型之一。《民法典》通过第112条关于“自然人因婚姻家庭关系等产生的人身权利受法律保护”的规定，以及第1001条第一次明确使用“身份权利”的概念，开启了我国民法承认身份权的先河。

（5）第一次规定夫妻共同亲权原则。共同亲权原则是亲权的基本规则，父母对未成年子女享有亲权，亲权必须由夫妻共同行使。原《婚姻法》对此没有明确规定。《民法典》规定夫妻共同亲权：首先是第26条第1款规定“父母对未成年子女负有抚养、教育和保护的义务”；其次是第1058条进一步规定这一原则，确立了共同亲权原则的具体规则。

（6）第一次规定家事代理权。原《婚姻法》70年来从来没有规定过家事代理权，《民法典》第1060条规定了家事代理权，弥补了这一立法疏漏，完善了配偶权的支分身份权内容。[7]

（7）第一次规范夫妻共同债务。原《婚姻法》对夫妻共同债务作了一般性规定，没有规定具体规则，最高人民法院在司法解释中规定了夫妻共同债务的处理规则，[8]反对意见较多，随后两次进行补充解释，才基本平息了反对意见。《民法典》第1064条借鉴司法解释的有关规则，规定了夫妻共同债务具体规则。该规则，跳出了传统观念中简单的夫妻一体理念，引入了“自由意志—自己责任”的民事法律关系基本法理，同时关注和平衡了夫妻关系的特殊性质，[9]基本上解决了夫妻债务的问题。

（8）第一次规定亲子关系确认和否认。原《婚姻法》在亲子关系中有较多缺漏，不能满足实际生活需要，如婚生子女推定、婚生子女否认、非婚生子女认领和非婚生子女准正等，对这些纠纷缺少具体解决规则。《民法典》第1073条规定了确认或者否认亲子关系的规则，弥补了亲子关系中的制度缺漏。

（9）第一次规定离婚冷静期。鉴于我国离婚数量和离婚率不断升高，影响家庭关系稳定的现实状况，《民法典》采取冷静期的立法措施进行适当限制，第1077条规定了登记离婚的冷静期制度。第1079条规定，在诉讼离婚中，法院判决不准离婚的，将原来在实践中掌握的又分居6个月后再次提出离婚诉讼一般判决离婚的做法，明确规定“双方又分居满一年，一方再次提起离婚诉讼的”，才准予离婚。

---

〔7〕 家事代理权是配偶权的支分身份权，身份权的具体内容通常称为支分身份权。

〔8〕 最高人民法院《关于适用〈中华人民共和国婚姻法〉若干问题的解释（二）》第24条规定：“债权人就婚姻关系存续期间夫妻一方以个人名义所负债务主张权利的，应当按夫妻共同债务处理。但夫妻一方能够证明债权人与债务人明确约定为个人债务，或者能够证明属于婚姻法第十九条第三款规定情形的除外。夫妻一方与第三人串通，虚构债务，第三人主张权利的，人民法院不予支持。夫妻一方在从事赌博、吸毒等违法犯罪活动中所负债务，第三人主张权利的，人民法院不予支持。”

〔9〕 申晨：《民法典婚姻家庭编的回归与革新》，载《比较法研究》2020年第5期。

（10）第一次规定身份权请求权为身份权保护方法。身份权包括配偶权、亲权和亲属权，都具有对内和对外两种不同内容：对内是相对的亲属之间的权利义务关系，表现为身份权的相对性；对外是其他任何民事主体对身份权负有的不可侵义务，表现为身份权的绝对性。身份权法律关系的义务人违反法定义务，使权利人的权利受到侵害，权利人都产生身份权请求权，使权利人依据该请求权保护自己的权利。〔10〕原《婚姻法》没有规定过身份权请求权，形成立法缺漏。〔11〕《民法典》第1001条确立了身份权请求权的救济方法，权利人可以依照这一规定，行使身份权请求权保护自己的权益，同时，也使我国民事权利保护请求权的体系得以完善。〔12〕

四、婚姻家庭法的基本原则

（一）婚姻自由

1. 概念界定及法律依据

婚姻自由是宪法赋予自然人的权利，是指婚姻当事人依照法律规定行使结婚或者离婚权利不受拘束、不受控制、不受非法干预的权利，它是自然人的一项基本权利，是婚姻家庭法的首要基本原则。《宪法》第49条第4款规定："禁止破坏婚姻自由……"《民法典》第1041条第2款规定："实行婚姻自由……"第1042条第1款规定："禁止包办、买卖婚姻和其他干涉婚姻自由的行为……"

2. 婚姻自由的具体内容

（1）依法行使婚姻权利。婚姻权利，是《民法典》第110条规定的婚姻自主权。婚姻自主权是具体人格权，是自然人自主决定婚姻行为的权利。婚姻家庭法规定婚姻自由，就是在婚姻家庭法中保障自然人依法行使婚姻自主权的自由权。行使婚姻自主权是自由的，但是要依法进行，按照法律的规定实施婚姻行为。

（2）不受拘束、不受控制、不受非法干预。婚姻自由的基本要求是，当事人行使婚姻自主权时，要保障其自由行使的状态。自由的本质要求，是行为人能够保持不受拘束、不受控制和不受非法干预的状态，在这种状态下，自主决定婚姻行为。

（3）包括结婚自由和离婚自由。婚姻自由的具体内容包括结婚自由和离婚自由。前者是缔结婚姻关系的自由，后者是解除婚姻关系的自由，两个方面互为补充，构成完整的婚姻自由。在传统意义上有人认为，结婚自由是婚姻自由的主要方面，而离婚自由是特殊行为，是结婚自由的补充。这种说法并不完全正确。如果没有离婚自由，婚姻自由就不是完整的。因此，结婚自由和离婚自由都是婚姻自由的内容，都是保障婚姻自主权的基本规则，并没有为主、为辅的不同地位。

---

〔10〕杨立新、袁雪石：《论身份权请求权》，载《法律科学》2006年第2期。

〔11〕杨立新、袁雪石：《论身份权请求权》，载《法律科学》2006年第2期。

〔12〕《民法典》规定婚姻家庭编的十大立法创新，参见杨立新：《民法典婚姻家庭编完善我国亲属制度的成果与司法操作》，载《清华法学》2020年第3期。

3. 对婚姻自由的保障

违反婚姻自由的行为，从性质上说，是侵害婚姻自主权的侵权行为。按照侵权法的要求，应当承担侵权责任。受害人可以依照侵权请求权或者人格权请求权，保护自己的权利。

（二）一夫一妻

1. 概念界定及法律依据

一夫一妻，是个体婚的基本形式，是一男一女结为夫妻的婚姻制度，也是我国婚姻家庭法规定婚姻关系的基本原则。《民法典》第1041条规定“一夫一妻”是我国婚姻家庭法的基本制度。

一夫一妻原则的对立面，是一夫多妻，或者一夫一妻多妾。现代社会实行男女平等，实行严格的一夫一妻制，并将其作为婚姻家庭法的基本原则，反对任何形式的违反一夫一妻制的做法。

2. 一夫一妻的基本内涵

一夫一妻原则的含义是：任何人无论居于何种社会地位，具有多少钱财，都不得同时有两个以上的配偶；任何人在结婚后、配偶死亡或者离婚之前，不得再行结婚；一切公开的、隐蔽的一夫多妻或者一妻多夫的两性关系，都是非法的。

3. 一夫一妻的保障

法律保障一夫一妻制的实现，对于重婚、有配偶者而姘居、卖淫等行为予以法律制裁。对于重婚行为，法律认为构成犯罪，追究行为人刑事责任。对于有配偶者而姘居，予以法律的谴责，也可以依据侵权法的规定，认定为侵害配偶权的侵权行为。对于卖淫以及组织、容留卖淫者，认定为犯罪行为或者行政违法行为，予以刑事的或者行政的法律制裁。

（三）男女平等

1. 概念界定及法律依据

男女平等并不只是婚姻家庭法的内容，更不只是规定婚姻关系当事人之间的平等，而是宪法的原则，是民法的原则，是一切自然人在法律面前人人平等的基本原则。两性平等、男女平权，是现代社会的一项基本人权。在婚姻家庭法领域，表现在亲属关系中，无论男女，享有一样的权利，负担一样的义务。《民法典》第1041条规定了“男女平等”。

2. 男女平等的内容

在婚姻家庭法领域，男女平等的基本含义包括以下三个方面。

（1）在婚姻关系中的男女平等。男女在结婚中，权利平等，条件平等。结婚后，处理家庭事务，双方的权利义务平等。男女有平等的离婚请求权，有同等的共同财产分割权利和抚养子女的权利，在共同债务的清偿和经济互助等方面也都有同等的权利。

（2）家庭成员的地位平等。亲属在家庭领域中的地位和权利义务，男女一律平等，凡是共居的家庭，全体成员不论男女一律平等，任何亲属的地位和权利不得超过其他亲属，不得一方支配另一方，其权利义务遵照法律的规定行使和享有，不得有超越法律规定的权利，尤其是男性家庭成员不得侵害女性家庭成员的权利，损害女性的平等地位。

（3）所有的近亲属之间的地位平等。在其他近亲属之间，其法律地位和权利义务关系也必须依照法律规定，男女亲属地位平等，享有法律规定的权利义务，任何亲属都不得歧视女性亲属，损害女性亲属的平等地位。

（四）保护妇女、未成年人、老年人、残疾人的合法权益

1. 概念界定及法律依据

保护妇女、未成年人、老年人、残疾人的合法权益，是社会公德的要求。在婚姻家庭法中，特别强调对妇女、儿童和老人合法权益的保护，将其作为婚姻家庭法的基本原则，以更好地保护亲属中的弱势群体，防止他们的合法权益受到侵害。《民法典》第1041条第3款规定："保护妇女、未成年人、老年人、残疾人的合法权益。"

2. 依法保护

在婚姻家庭法领域，对侵害妇女、未成年人、老年人、残疾人的合法权益的行为，法律规定了明确的制裁措施。《民法典》第1042条第3款规定："禁止家庭暴力。禁止家庭成员间的虐待和遗弃。"此外，还规定了对实施家庭暴力和虐待、遗弃行为的制裁措施。

在制裁家庭暴力和虐待、遗弃行为中，应当特别注意发挥侵权法的作用。家庭暴力是发生在家庭成员之间的造成身体、精神、性或者财产上损害的行为。例如，对受害人实施或者威胁实施身体上的侵害以及限制人身自由等控制行为，是对身体权、健康权、生命权以及人身自由权的侵害；对受害人实施或者威胁实施性暴力，实施凌辱、贬低或者其他损害受害人身体完整、伤害受害人自尊的性行为；实施侮辱、诽谤、骚扰，严重侵犯受害人的隐私、名誉、人身自由、人格尊严等行为，都属于家庭暴力的范围。这些家庭暴力行为都是针对特定的人实施的行为，实施家庭暴力的后果，都使受害人的权利受到侵害，人身利益、财产利益或者精神利益受到损害或者损失。因此，对实施家庭暴力的行为人进行刑事惩罚和行政制裁都是必要的，但是都不能实际解决受害人所受到损害的救济问题。对此，只有民事责任才能够发挥这样的作用，实现这样的职能。

对家庭暴力的行为人责令其承担民事责任，就是承担侵权责任。因为所有的家庭暴力造成受害人损害，都构成侵权行为。侵权行为的后果，就是承担侵权责任。前述那些具体的家庭暴力的行为，都构成侵权行为，责令行为人承担侵权责任，赔偿受害人的人身损害、财产损害以及精神损害，都是保护受害人的最重要方法。因此，应当重视侵权责任对于救济家庭暴力受害人的权利损害、惩罚家庭暴力违法行为的基本功能。

为遏制家庭暴力，除适用《民法典》婚姻家庭编有关禁止家庭暴力的规定外，尚需适用《反家庭暴力法》的相关规定，即通过对家庭暴力的预防、家庭暴力的处置、人身安全保护令、法律责任等制度配置与规范适用，消除家庭暴力，使婚姻家庭成为没有暴力的空间。[13]

---

〔13〕 王歌雅：《民法典婚姻家庭编的价值阐释与制度修为》，载《东方法学》2020年第4期。

第二节 亲 属

一、亲属的概念及特征

（一）亲属的概念

1. 对亲属概念的不同界定

何为亲属，各国法律的定义不同，但内涵基本一致。英美法中“亲属”与“联系”同义，是血亲或最近血亲的通称。所谓“联系”，表示某些事情与另外相序发生的事情之间的相互联接的关系，亲属就是人与人之间的前后相序之间的关系。日本民法学认为亲属的内涵为：以血缘、婚姻为基础的人与人之间的关系称为亲属关系，这些人互相称为亲属。在自然的意义上，这种关系的范围当然是无限的，但法律只认一定范围内的亲属为法律上的亲属。

在我国民法学界，对亲属概念的界定没有原则分歧，亲属既是一种人与人之间的关系，也是一种社会关系。

2. 我国对亲属概念的界定

亲属，是指因婚姻、血缘和法律拟制而产生的人与人之间的特定身份关系，以及具有这种特定身份关系的人相互之间的称谓。包含以下三层含义：

（1）亲属是一种人与人之间的社会关系，这种社会关系因婚姻、血缘和拟制血缘而产生。在这个含义上使用“亲属”概念，实际上是指“亲属关系”。

（2）亲属标志着具有亲属关系的人的特定身份。这种身份是固定的，只要亲属关系存在，这种特定身份就不会改变，亲属之间不能相互更换位置而改变身份。在这个含义上的亲属概念，标志着亲属之间的不同身份地位及亲属关系的远近亲疏。

（3）亲属也是具有亲属关系的人相互之间的共同称谓。亲属因其身份的不同，因其亲属关系的远近亲疏不同而有不同的称谓，如配偶、父母子女、祖父母孙子女、外祖父母外孙子女、兄弟姐妹、叔姑、舅姨、甥侄等，这些具体称谓集合起来，都可称为“亲属”。在这个含义上使用的“亲属”，实际上指的是亲属之间的共同称谓。

因此，我国婚姻家庭法的亲属概念就是这样三位一体的概念，在不同的场合使用这个概念，其含义也不相同。我国《民法典》第 1045 条第 1 款规定：“亲属包括配偶、血亲和姻亲。”这是从外延上界定亲属概念，没有对亲属概念的内涵进行界定。

（二）亲属的法律特征

第一，亲属是以婚姻和血缘为基础而产生的社会关系。民事法律关系是一种社会关系，与其他民事法律关系相比，唯独亲属是以两性的结合和血缘的联系为基础而发生的民事法律关系。亲属的发生有基于自然发生和人为发生两种情形。无论哪一种,如果没有婚姻和血缘(含拟制血缘),就不会发生亲属社会关系,就不存在亲属关系。

第二,亲属是有固定身份和称谓的社会关系。亲属一旦形成,亲属之间即具有固定的身份和称谓,除依法律的规定不得随意变更。亲属称谓是亲属身份的表现形式,每种亲属身份都有固定的称谓,亲属身份不变,称谓不得变更。法律所确定的亲属身份和称谓,也可以因法律行为和法律事实的发生而变化:前者如离婚,解除了配偶之间的配偶身份和夫、妻的称谓;后者如配偶一方死亡,生存一方与对方的亲属之间解除姻亲关系。

第三,一定范围内的亲属有法律上的权利义务关系。法律确立亲属制度的目的,在于调整亲属之间的权利义务关系,使其确定化、有序化,更有利于人类自身的生存发展和社会稳定。法律对亲属关系的调整是有限范围内的调整,各国法律都规定了在法律上发生权利义务关系的亲属范围。婚姻家庭法是规范一定范围内的亲属关系的法律,超出此范围的亲属不受法律调整。

二、亲属的种类

(一)亲属种类的沿革

不同的国家、不同的历史时期对亲属有不同的认识,法律规定也各不相同。

1. 罗马法的亲属种类

罗马法的“家”又称“家族”,是指在家父权之下所支配的一切人和物,包括家子、奴隶、财物等。到法律昌明时期,狭义的家,专指家父及处于家父权力支配之下的家属。罗马法把亲属分为法亲、血亲和姻亲三种。

法亲又称“宗亲”,是市民法规定的亲属关系,指由男系血缘关系上溯至同一至尊亲属的亲属,包括已脱离家庭的所有男性和女性。宗亲为拟制的亲属关系,彼此间不以血缘关系为必要,仅以家父的影响为基础。凡受同一权利关系支配之人在该权利关系消灭后,彼此间即构成宗亲关系。宗亲是早期罗马社会家父权至高无上的法律体现。

血亲,即仅以血缘关系为基础的亲属,或称“天然亲属”,以区别于拟制亲属。血亲不论男系、女系,凡有血缘关系的,都为亲属。血亲当中又可分为:一是法定自然血亲,即正式婚姻所生育的子女;二是纯自然血亲,为非正式婚姻夫妻所生育的非婚生子女;三是纯法定血亲,即并无血缘关系而由法律规定为血亲的亲属,如养父母养子女关系。

姻亲,是夫妻一方对于他方的血亲间所发生的亲属关系,包括配偶的血亲和血亲的配偶,但不包括配偶血亲的配偶。

2. 国外亲属的种类

各国由于历史发展和伦理的不同,对亲属的种类规定各不相同。例如,《日本民法典》第725条规定,六亲等以内的血亲、配偶、三亲等以内的姻亲为亲属。《韩国民法典》第 767 条则规定配偶、血亲以及姻亲为亲属。在德国,只有血亲才为亲属,广义的亲属才包括姻亲在内。

就一般情况而言,亲属因婚姻、血缘和法律拟制而产生。现代立法因亲属产生原因的不同,将其划分为血亲、姻亲和配偶三类。但也有少数国家不认为配偶为亲属,而认为配偶只是亲属的源泉。

3. 我国古代的亲属种类

我国古代奴隶社会和封建社会实行宗法制度,以男子为中心,以血缘关系为纽带,按照血缘关系的远近区别亲疏。在该制度下,亲属分为宗亲、外亲、妻亲。

宗亲,即男性同宗之亲,包括出自同一祖先的男系血亲(本支)、男系血亲的配偶(来归之妇)和未出嫁的女性(在室女),如祖父母、父母、妻、兄弟及其妻、子孙及其妻、未出嫁的女儿、姑、姐妹等。《礼记・丧服小记》:"亲亲以三为五,以五为九,上杀、下杀、旁杀,而亲毕矣。"所谓"三",指父、己身、子;所谓"五",指祖父、父、己身、子、孙;所谓"九",指高祖、曾祖、祖、父、己身、子、孙、曾孙、玄孙。宗亲以九族为限。宗亲是宗法制度确认的主要亲属。

外亲,为异性亲属,以女系血统相联系,包括两种:一是以母亲血统相联系的亲属,如外祖父母、舅、姨等;二是以出嫁女性的血统相联系的亲属,如外孙、外甥、姑表兄弟等。外亲为次要亲属,其地位远较宗亲为低。

妻亲,是指以妻子为中介的亲属关系,如岳父母,妻的伯、叔、兄弟姐妹等。

4. 我国近代的亲属种类

清末法律改制仿西方亲属立法,但在《大清民律草案》中,仍以男性为本位,将亲属分为宗亲、外亲、妻亲和配偶,并没有脱离原来封建宗法制度的思想影响。该草案第四编为亲属,第一章通则的第 1317 条规定:"本律称亲属者如下:(一)四亲等内之宗亲;(二)夫妻;(三)三亲等内之外亲;(四)二亲等内之妻亲;父族为宗亲,母族及姑与女之夫族为外亲;妻族为妻亲。"〔14〕

20 世纪 30 年代国民政府颁发的民法亲属编,废除了将亲属作宗亲、外亲和妻亲的不科学划分,规定亲属分为配偶、血亲和姻亲三类。在《民法亲属编立法原则》中对此改变作了说明:"我国旧律分宗亲、外亲、妻亲三类,系渊源于宗法制度,揆诸现在情形,有根本改革之必要。查亲属之发生,或基于血统,或基于婚姻,故亲属之分类,应定为配偶、血亲、姻亲三类,而于血亲、姻亲更分直系、旁系,如此分类,不独出于自然,且与世界法制相合。"这是我国亲属立法上第一次以科学、平等的态度划分了亲属的类别,结束了我国自奴隶社会以来确立的、延续了几千年的宗法制度的亲属体系,缩短了与世界立法之间的差距,其进步意义应当予以充分肯定。

(二)我国《民法典》规定的亲属种类

我国原《婚姻法》没有明文规定亲属的种类,在条文中所体现的亲属种类中,只包

---

〔14〕 杨立新主编:《中国百年民法典汇编》,中国法制出版社 2011 年版,第 192 页。

括血亲和配偶为亲属，没有规定姻亲，为立法的一大疏漏。《民法典》第 1045 条第 1 款规定，我国亲属分为配偶、血亲和姻亲三个种类。

1. 配偶

配偶是亲属，而且是关系最密切的亲属。关于配偶是否为亲属，各国立法不尽一致。有以配偶为亲属者，如《日本民法》第 725 条的规定。有不以配偶为亲属者，如德国，规定亲属只包括血亲或者血亲和姻亲两种，对配偶之间的权利义务在“婚姻的效力”或“夫妻关系”中作单独规定；但是，在规定亲属之间的扶养制度时，又都包括配偶的扶养义务，这实际上仍认定配偶为亲属之一种。相较之下，以确认配偶为亲属更为合理。

配偶是因男女双方结婚而发生的亲属。配偶是血亲的源泉，是姻亲的基础，是最重要的亲属之一。配偶的亲属身份始于结婚，终于配偶一方死亡或离婚。在婚姻关系存续期间，夫妻双方均发生配偶的法定亲属权利和义务。

2. 血亲

血亲是指有血缘联系的亲属，是亲属中的主要部分。

（1）自然血亲和拟制血亲

从血缘的真假角度，血亲可分为自然血亲和拟制血亲。

自然血亲，是指出于同一祖先有血缘联系的亲属，如父母与子女、祖父母与孙子女、外祖父母与外孙子女、兄弟姐妹等。这些亲属无论是全血缘或半血缘，也无论是婚生还是非婚生，均为自然血亲。自然血亲在整个亲属范围内占重要地位，是家庭成员的主要组成部分。

自然血亲还分为全血缘的自然血亲和半血缘的自然血亲。前者是指同胞的兄弟姐妹，他们的血缘都来自同一对男女。后者是指同父异母或者同母异父所生的兄弟姐妹，他们的血缘关系追根溯源，仅有一半相连。全血缘的自然血亲与半血缘的自然血亲在亲属之间的权利义务上没有区别。

拟制血亲，是指本无血缘联系或者没有直接的血缘联系，但法律上确认与自然血亲有同等权利义务的亲属。

拟制血亲一般因收养而产生，在养父母养子女之间产生父母子女的权利义务关系，适用父母子女关系的有关规定，承认收养形成的拟制血亲关系。

我国《民法典》承认形成扶养关系的继父（或者母）与继子女之间的权利义务关系为拟制血亲关系。第 1072 条第 2 款规定：“继父或继母和受其抚养教育的继子女间的权利义务关系，适用本法关于父母子女关系的规定。”这里以受其抚养教育为条件，把继父（母）与继子女分为姻亲关系和拟制血亲两种类型，即没有受其抚养教育的为姻亲关系，受其抚养教育的作为拟制血亲对待。

（2）直系血亲和旁系血亲

按照血亲来源的不同，血亲分为直系血亲和旁系血亲。

直系血亲，是指有直接血缘关系的亲属，包括生育自己和自己所生育的上下各代的亲属。如父母与子女，祖父母与孙子女，外祖父母与外孙子女等。在我国历史上，曾经有重男系亲轻女系亲、重父系亲轻母系亲的思想,把外祖父母与外孙子女的亲属排斥在直系血亲之外,这是违反婚姻家庭法和自然法则的错误做法。

旁系血亲,是指有间接血缘关系的亲属,即与自己同出一源的亲属。如与自己同源于父母的兄弟姐妹,与自己同源于祖父母的伯、叔、姑以及堂兄弟姐妹和姑表兄弟姐妹,与自己同源于外祖父母的舅、姨以及姨表兄弟姐妹和舅表兄弟姐妹等。凡是与自己为同一高祖所生的子孙,除了直系血亲之外,均为五代以内的旁系血亲。

(3)尊亲属、卑亲属和平辈亲属

按照血亲的辈分不同,血亲分为尊亲属、卑亲属和平辈亲属。

尊亲属,又称为长辈亲,是指辈分高于自己的亲属,即父母以及父母同辈以上的血亲。父母、祖父母、外祖父母为自己的直系尊亲属,伯、叔、姑、舅、姨为自己的旁系尊亲属。

卑亲属,又称为晚辈亲,是指辈分低于自己的血亲,即子女以及子女同辈以下的血亲。子女、孙子女、外孙子女为自己的直系卑亲属,侄子女、外甥、外甥女为自己的旁系卑亲属。

平辈亲属,又称为同辈亲,是指与自己辈分相同的亲属,如同胞兄弟姐妹、表兄弟姐妹、堂兄弟姐妹等。凡是平辈亲属都是旁系血亲。

2. 姻亲

姻亲,是指以婚姻为中介而产生的亲属,配偶一方与另一方的血亲之间为姻亲关系,如公婆与儿媳、岳父母与女婿等。

以婚姻为中介产生的人际关系范围很广,但并非所有的人际关系都发生法律上的姻亲效果,如我国民间普遍认为己身与子女之配偶的父母即亲家为当然的姻亲,但是无论是我国还是外国,婚姻家庭法上普遍不以其为姻亲。我国的姻亲,一般分为三类。

(1)血亲的配偶,是指己身的血亲包括直系血亲和旁系血亲的配偶,如儿媳、女婿,为直系血亲的配偶;嫂、姐夫、弟媳、妹夫、伯母、婶母、姑夫、姨夫等,为旁系血亲的配偶。

(2)配偶的血亲,是指配偶的直系血亲和旁系血亲。就夫方而言,配偶的血亲是指岳父母、妻的兄弟姐妹及其子女等;就妻方来说,配偶的血亲是指公婆、丈夫的兄弟姐妹及其子女等。

(3)配偶的血亲的配偶,是指自己配偶的血亲的夫或者妻。就男方而言,是指妻的兄弟之妻(舅媳)、姐妹之夫(连襟);就妻方来说,则是指夫的兄弟之妻(妯娌)、夫的姐妹之夫(姑夫)。对这种亲属是否为法律上的姻亲,各国法律规定不一,有的国家不予承认。如《德国民法典》和《瑞士民法典》均不承认此类亲属,而只承认前两种亲属。

有的国家对姻亲范围作扩大规定,不仅包括前三种姻亲,而且把血亲的配偶的血亲也扩展为姻亲,如韩国民法。我国传统上不承认血亲的配偶的血亲为姻亲关系。事实上,亲属的范围扩展得越广,越失去法律上的意义。因而,我国婚姻家庭法只规定以上三种姻亲为已足,不必再规定其他姻亲。至于发生法律效力的姻亲范围,则应限制在一定亲等之内。

姻亲也同样有尊亲属、卑亲属、平辈亲属以及直系姻亲、旁系姻亲之分。这种划分是以其配偶或与配偶的亲系为准而定。例如,公婆是自己的丈夫的直系尊亲属,那么公婆就是自己的直系尊姻亲;侄媳妇是自己侄儿的妻子,侄儿是自己的旁系卑亲属,那么,侄媳妇就是自己的旁系卑姻亲。

三、亲系和亲等

(一)亲系

1. 亲系的概念

亲系,是指亲属之间的联络系统,或者叫亲属之间的血缘联系。亲属以血缘和婚姻为中介,在血亲之间存在血缘联系自不必论,即使是对于以婚姻为中介的姻亲,虽然姻亲之间没有血缘联系,但配偶与其亲属之间同样也存在血缘联系。因此,除配偶本身以外,一切亲属都可以因血缘联系的不同,而划分为不同的亲属系统,即不同的亲系。目前,绝大多数国家的法律都有关于亲系的规定。

2. 历史上存在过的亲系

(1)男系亲和女系亲。我国古代社会有亲系的划分。统治我国整个奴隶社会和封建社会达几千年之久的宗法制度,是父系氏族制在阶级社会中的转化形态,在宗法制度中,父党、母党的区别十分严格。宗法制度以男性为中心,按性别把亲属分为男系亲和女系亲、父系亲和母系亲。男系亲和父系亲为亲属关系的主体,居于主要地位,受到特别的重视;而女系亲和母系亲则居于次要地位,其权利义务与前者都不平等。男系亲和女系亲是封建社会按男女性别划分的亲属系统,以男子为中心的亲属称男系亲,以女子为中心的亲属称女系亲。在封建社会,宗亲为男系亲,包括祖、父、伯、叔、兄弟、侄子等,未出嫁的姑、姐妹、侄女也为男系亲;外亲、妻亲都为女系亲,如外祖父母、舅、表兄弟、未出嫁的表姐妹、岳父母及妻之兄弟等。

(2)父系亲和母系亲。父系亲和母系亲,是封建社会按父族、母族划分的亲属系统,以父方为中介的为父系亲,又称父党;以母方为中介的为母系亲,又称母党。父系亲和母系亲的划分,与前述男系亲和女系亲的划分既有联系,又有区别,时有重合。如父之兄弟之子,既为父系亲,又为男系亲;而父之姐妹之子,虽为父系亲,但不得为男系亲,因其间有姐妹的介入。之所以作这样详细的区分,是出于维护以男性为中心的宗法制度的需要,用法律来保障男系亲和父系亲充分享有和行使权利。

我国婚姻家庭法以男女平等为基本原则,对亲属之间权利义务的确定,无论父系亲属或者母系亲属,也无论男性亲属或者女性亲属,都享有平等的权利,承担平等的义务。因此,历史上存在的这种亲系的划分方法已失去意义。

3. 我国现行的亲系制度

我国《民法典》没有明确规定如何划分亲系,只是第 1048 条规定“直系血亲或者三代以内的旁系血亲禁止结婚”,实际上是把亲属划分为直系血亲和旁系血亲两种,这与现代各国婚姻家庭法的有关做法一致,是科学的分类方式,但仅仅如此还不够完备。

现代婚姻家庭法规定亲系，一般作两种分类：一是划分为直系亲和旁系亲，二是划分为尊亲属和卑亲属。划分亲系的意义在于，法律为不同亲系的亲属规定了不同的权利义务。除上述关于结婚的禁止要件的规定外，在监护、扶养、继承等方面，亲系都有重要作用。因此，必须明确这两种亲系。

（1）直系亲和旁系亲

①直系血亲和直系姻亲。直系血亲是指有直接血缘联系的亲属，包括己身所出和从己身所出两部分亲属：前者为直系尊血亲，如父母、祖父母、外祖父母、曾祖父母、外曾祖父母；后者为直系卑血亲，如子女、孙子女、外孙子女、曾孙子女、曾外孙子女等。例如，《德国民法典》第1589条规定："一人为另一人所生者，此二人为直系亲属。"《法国民法典》第736条规定："一人自另一人出生者称为直系。"该条第2款规定："直系血亲分为直系尊血亲和直系卑血亲。"我国《民法典》虽然没有这样规定，但在理论上和实践上也是这样做的。

直系姻亲是指直系血亲的配偶、配偶的直系血亲，如儿媳、孙媳、女婿、孙女婿、公婆、岳父母等。

②旁系血亲和旁系姻亲。旁系血亲是指有间接血缘关系的亲属，即除直系血亲外，与己身同出一源的血亲。如兄弟姐妹、堂兄弟姐妹、表兄弟姐妹以及伯、叔、姑、舅、姨等。例如，《德国民法典》第1589条规定："非为直系血亲，但共同从同一的第三人出生者，为旁系血亲。"《法国民法典》第736条规定："一人并非自另一人出生而该两人均出自同一祖先者，称为旁系。"

旁系姻亲是指旁系血亲的配偶、配偶的旁系血亲、配偶的旁系血亲的配偶，如伯母、婶母、姑父、舅母、姨夫、嫂、夫的伯叔和兄弟姐妹、妻的伯叔和兄弟姐妹等。

（2）尊亲属和卑亲属

尊亲属和卑亲属由于辈分不同，权利义务的内容也不同，婚姻家庭法也确认这种亲系。

尊亲属是指辈分高于自己的亲属，如父母、祖父母、外祖父母、伯、叔、姨、舅、姑等。我国《民法典》将尊亲属称为长辈亲属。

卑亲属是指辈分低于自己的亲属，如子女、孙子女、外孙子女、侄、侄女、甥、甥女，等等。我国《民法典》将卑亲属称为晚辈亲属。

有的学者认为，尊亲属和卑亲属不属于亲系的范围，仅可称为辈分，有一定道理。但是，辈分不同的亲属往往在法律上发生不同的效力，如《日本民法》第793条规定："不得把尊亲属或年长者收养为子女。"《法国民法典》第740条和第741条规定，直系卑血亲均得代位继承，且无代数的限制，直系尊血亲不得代位继承。在扶养上，《德国民法典》第1606条规定，承担扶养义务的顺序为："卑亲属先于尊亲属承担扶养义务。"

我国《民法典》规定长辈亲、晚辈亲和平辈亲，也比较明确，是必需的。尊、卑亲属之分，一般局限于血亲，是因为在血亲之间就继承等问题存在必要性，而姻亲的尊卑之分则无此必要，虽然也存在尊卑之分，只是在法律上意义不大而已。

（二）亲等

1. 亲等的概念

亲等是计算亲属关系亲疏、远近的单位。亲等数少者，表示亲属关系亲近；亲等数多者，表示亲属关系疏远。以亲等来确定亲属关系的亲疏远近，是各国婚姻家庭法的通例。如《法国民法典》第735条规定："亲属关系的远近以代的数目确定；一代称为一亲等。"《德国民法典》第1589条规定："亲等，按在亲属中间出生之等数，确定之。"

2. 中国历史上的丧服制

我国古代和近代法律一直没有采用亲等制，与此相关的是丧服制。我国古代的丧服制，是以祭奠死者时所穿的丧服的等差来区别亲属的亲疏远近的一种制度。丧服制源于周礼，至明清制定《丧服图》，沿用至清末民初。

丧服制的基本原理是，丧服由重至轻分为五等：斩衰、齐衰、大功、小功、缌麻。依亲属关系的亲疏远近着丧服，近者服重，远者服轻。丧服制对亲等关系的划分，不仅是根据婚姻、血缘关系，更重要的是遵从宗法伦理原则，如"亲亲、尊尊、长长"和"男女有别"、尊卑不同服、夫妻不同服、在室出嫁不同服、血亲姻亲不同服等。丧服制是以男性为中心的宗法制度在亲属关系上的具体表现。

在当代，维护宗法统治的丧服制就被彻底废除了。国民政府制定民法，亲属编采用了亲等制。

3. 国外的亲等制度

国外婚姻家庭法计算亲等，有罗马法的亲等计算法与寺院法的亲等计算法之分。大多数国家采罗马法的亲等计算法，只有少数国家如英国还保持着寺院法的亲等计算法。

（1）罗马法的亲等计算法。计算直系血亲的亲等，从己身往上或往下数，以一代为一亲等，数至要计算的亲属的世代数，即其亲等数。直系血亲的计算各国均同。《日本民法》第726条规定："以计算亲属间的世数而定之。"

计算旁系血亲的亲等，先从己身往上数至双方同源的祖先，即共同的直系尊血亲，再从共同的直系尊血亲往下数至与己身计算亲等的对方，将两边的亲等数相加，就是己身与要计算的旁系血亲的亲等数。

计算直系姻亲和旁系姻亲的亲等，以配偶与对方的亲等为转移。如子女是一亲等的直系血亲，儿媳、女婿就是一亲等的直系姻亲；伯、叔是三亲等的旁系血亲，伯母、婶母就是三亲等的旁系姻亲。

（2）寺院法的亲等计算法。寺院法的亲等计算法在计算直系血亲的亲等时，与罗马法的亲等计算法完全相同。不同之处，主要在于对旁系血亲的亲等计算。寺院法的亲等计算法在计算旁系血亲的亲等时，是先从己身往上数至双方同源的直系尊血亲，如果两边的亲等数相同，则该相同的亲等数即为己身与此旁系血亲间的亲等。如果两边的亲等数不同，则取亲等数多的一边为其亲等。

这种计算法有不科学之处。例如,用此法计算,己身与舅、姨,己身与堂兄弟姐妹均为二亲等,显然不能准确表示亲属间的远近亲疏。相较之下,罗马法的计算法要优于寺院法的计算法。

4. 中国现行的亲等制度

我国原《婚姻法》未规定亲等制度,而以“世代计算法”来计算亲属的亲疏远近。1950 年《婚姻法》第 5 条规定:“……其他五代内的旁系血亲禁止结婚的问题,从习惯……”1980 年《婚姻法》和 2001 年《婚姻法》都规定,“直系血亲和三代以内的旁系血亲”禁止结婚。

这三部法律中所说的“代”,都是表示亲属关系远近亲疏的单位。代指世辈,从己身算起,一辈为一代,代数多的,表示疏远;代数少的,表示亲近。

《民法典》仍然采用这种世代计算法,没有改变。

5. 应当采纳罗马法的亲等计算法

世代计算法的缺陷在于不够精确,相同世代数的不同亲属也会有亲疏的差异,不能通过世代数清楚地反映出亲属关系的亲疏状况。例如,按照世代计算法,己身与伯、叔、姑,与姨表兄弟姐妹同为三代旁系血亲,但显然前一种亲属关系要亲近于后一种亲属关系。而这种矛盾情形如果适用罗马法的亲等计算法就会迎刃而解。

实际上,在法律需要说明亲属关系的范围时,用亲等来表示远近较世代计算法或列举亲属称谓方便,立法理应舍繁取简。更重要的是,由于其他国家(或地区)婚姻家庭法中普遍规定亲等制,在处理涉外以及涉港、澳、台的亲属关系时,相应制度的欠缺会使我国自然人难以维护个人的利益,同时也不利于对外交流。例如,我国台湾地区当局开放探亲之禁时,对亲属范围的限定使用亲等的概念,而我国大陆立法没有关于亲等的制度,许多人无从知晓何为亲等,对具体规定的理解就更无从谈起了。可见,我国亲属制度设立亲等及亲等的计算方法势在必行。

四、亲属的范围及亲属的法律效力

(一)亲属的范围

1. 对亲属范围的不同规定

亲属的范围,是指国家法律规定具有权利义务关系的亲属的范围。

由于各国历史发展和风俗习惯的差异,立法对法律调整的亲属范围的规定各不相同。对于如何确定亲属范围,国外主要有两种做法。

(1)在法律中明文规定亲属的范围,如《日本民法》在亲属编首条即规定亲属的范围,第 725 条规定:“下列人为亲属:1. 六亲等内的血亲;2. 配偶;3. 三亲等内的姻亲。”

(2)法律不明文规定亲属的范围,而是在规定各种法律关系时,对其适用的亲属范围加以明确,如《法国民法典》第 755 条规定:“六亲等以外的旁系血亲无继承权,但死者的兄弟姐妹的直系卑血亲除外。但如死者并非无能力立遗嘱,亦未被剥夺公民权时,十二亲等以内的旁系血亲有继承权。”

2. 我国《民法典》规定的亲属

我国《民法典》第1045条第1款和第2款规定了亲属的种类，也规定了近亲属的概念："亲属包括配偶、血亲和姻亲。""配偶、父母、子女、兄弟姐妹、祖父母、外祖父母、孙子女、外孙子女为近亲属"。同时在第3款也规定了家庭成员的概念："配偶、父母、子女和其他共同生活的近亲属为家庭成员。"

《民法典》规定了亲属的种类，确认了配偶、血亲和姻亲是亲属，是值得称道的。其规定近亲属的概念也是明确的，但是存在偏窄的问题。对于家庭成员，确定为在同一家庭中共同生活的近亲属，也是顺畅的和明确的。

《民法典》规定的近亲属实际上就是存在法律上的权利义务的亲属范围。一是这个概念并不是各国通行的概念，而是自立门户的一个亲属概念。二是这个概念概括的亲属范围过窄，只包括三代以内的直系血亲，连曾祖父母、曾外祖父母、曾孙子女、曾外孙子女都不包括在内，在他们之间都没有亲属的权利义务关系，显然不符合民情，是需要改进的。

3. 我国的近亲属范围

(1)配偶。在近亲属中，首先规定的是配偶，配偶是我国婚姻家庭法确认的亲属。

(2)父母子女。父母子女是最为密切的直系血亲，为一亲等直系血亲。

(3)兄弟姐妹。兄弟姐妹是最密切的旁系血亲，为一亲等旁系血亲，是我国婚姻家庭法规定的近亲属。

(4)祖父母外祖父母、孙子女外孙子女。祖父母、外祖父母和孙子女、外孙子女是二亲等的直系血亲，是我国婚姻家庭法规定的近亲属。

《民法典》没有将曾祖、曾孙、叔伯姑舅姨、侄甥等直系血亲和旁系血亲规定在其中，是需要改进的。应当采取世界上绝大多数国家的立法例，摒弃以近亲属概念界定亲属范围的做法，规定四亲等以内的血亲、配偶和三亲等以内的姻亲为亲属，既可以使亲属的范围明确，又可以使实践便于操作，且与世界各国立法相一致。

(二)亲属的法律效力

亲属的法律效力，是指一定范围内的亲属所具有的法定权利义务。亲属的法律效力在许多法律中都有表现。

1. 民法的效力

婚姻家庭法方面的效力表现在：第一，一定范围内的亲属有互相扶养的义务。根据法律规定，我国亲属间的扶养义务有两种：一是无条件的相互扶养义务，即夫妻间的扶养义务，父母对未成年子女或者尚未独立生活的成年子女的抚养义务，子女对丧失劳动能力的父母的赡养义务；二是有条件的扶养义务，即祖父母、外祖父母与孙子女、外孙子女之间，以及兄姐对于弟妹的扶养义务。第二，一定范围内的亲属之间有互相继承遗产的权利。按照《民法典》的规定，配偶、子女、父母享有法定的第一顺序的继承权利，祖父母、外祖父母与孙子女、外孙子女以及兄弟姐妹之间，享有第二顺序的继承权利。第三，一定范围内的亲属有法定的共同财产。在夫妻之间，由于有共同的关系，法律规定，如果没有另行约定,其婚后所得财产为共同财产。第四,一定范围内的亲属禁止结婚。《民法典》第1048条规定,直系血亲和三代以内的旁系血亲,禁止结婚。第五,一定范围内的亲属应负侵权替代责任。《民法典》第1068条规定,在未成年子女造成他人损害的,父母应当依法承担民事责任。

其他民法方面的效力表现在:第一,一定范围的亲属对无民事法律行为能力人或者限制民事法律行为能力人享有监护权。《民法典》规定,无民事法律行为能力人或者限制民事法律行为能力人的近亲属,可以担任其监护人。第二,一定范围的亲属对无民事法律行为能力人或者限制民事法律行为能力人享有法定代理权。无民事法律行为能力人或者限制民事法律行为能力人实施民事活动,其父母或者一定范围的亲属对其行使法定代理权,代理其进行民事活动。第三,一定范围内的亲属可以请求民事法律行为能力的宣告。不能辨认或者不能完全辨认自己行为的人的配偶、父母、成年子女、兄弟姐妹等近亲属,可以向人民法院申请宣告其为无民事法律行为能力人或者限制民事法律行为能力人。

2. 刑法的效力

(1)刑法规定某些犯罪的构成必须以有一定的亲属关系为条件。例如,虐待家庭成员罪,必须是在家庭成员之间;遗弃罪,其构成犯罪的首要条件,是行为人与被害人之间存在法定的扶养权利义务。

(2)某些犯罪必须由具有一定的亲属关系身份的人才能行使告诉权。刑法对暴力干涉他人婚姻自由罪和虐待罪,都规定为亲告罪,即必须告诉的才受理。因此,对于没有发生被害人重伤、死亡后果的这两种犯罪,只有被害亲属才有权告诉。对于被害人因受强制、威吓而无法告诉的,被害人的近亲属也可以告诉。

3. 诉讼法的效力

(1)一定的亲属身份是司法人员回避的原因。我国三部诉讼法都规定,审判人员、检察人员、侦查人员是本案当事人的近亲属,或者自己的近亲属与本案有利害关系的,应当回避。

(2)具有一定条件的亲属可以代为行使诉讼权利。在民事诉讼中,民事案件当事人如果没有诉讼行为能力,对其取得法定代理人身份的亲属,可以代为进行一切诉讼活动,代为行使诉讼权利,其法定代理人的诉讼行为视为当事人本人的诉讼行为,直接对其产生效果。

(3)一定范围内的亲属可以在公民死亡后提起行政诉讼。按照行政诉讼法的规定,可以提起行政诉讼的公民死亡后,其近亲属可以依法提起诉讼。

(4)一定范围的亲属可以作为死者人格利益的保护人提起民事诉讼。死者的姓名、肖像、名誉、荣誉、隐私以及遗体等人格利益受到侵害的,其近亲属为其人格利益保护人,可以向法院提出民事诉讼。同样,死者的著作权受到侵害的,其近亲属也有权向法院起诉请求予以保护。

4. 劳动法的效力

(1)取得抚恤金和救济费的权利。职工死亡时,其生前供养的配偶和直系亲属有权取得一定的抚恤费和救济费。

(2)享受探亲假的权利。在国家机关、企业事业单位工作满一年的固定职工,与其分居两地的配偶、父母可以享受探亲假。

5. 国籍法的效力

(1)中国国籍的取得依据一定的亲属关系。按照规定,父母双方或者一方为中国公民,或者父母无国籍或者国籍不明,定居在中国,本人出生在中国的,取得中国国籍。出生在外国的人,除驻在国法律规定出生时就具有外国国籍的以外,只要他的父母有一方为中国公民的,也具有中国国籍。

(2)与中国公民有一定亲属关系的外国人、无国籍人可以申请加入中国国籍。按照规定,外国人或者无国籍人是中国公民的近亲属的,可以申请批准加入中国国籍等。

五、亲属关系的发生、重复与消灭

(一)亲属关系的发生

亲属关系的发生,有基于自然发生和人为发生两种情形。

1. 亲属关系的自然发生

亲属关系的自然发生,是指不以人的意志为转移,而是因出生的法律事实形成的亲属关系。出生是亲属关系发生的重要原因。父母子女关系以及兄弟姐妹等其他亲属关系,都是基于人的出生的事实而发生的,并以客观存在的血缘相联系。即使是那些非婚生子女,也不能否认他们与生父的血亲关系。经过认领,其血缘关系追溯至其出生之时。同样,对于准婚姻关系出生的子女,尽管其父母之间并没有亲属关系,但是他们却与其父、母等发生直系血亲关系。

2. 亲属关系的人为发生

亲属关系的人为发生,是指因人的法律行为而形成的亲属关系,如结婚行为产生夫妻关系,收养行为产生养父母、养子女关系。结婚是亲属关系发生的原因,也是其他亲属关系发生的基础。男女之间缔结了婚姻,就产生了配偶的亲属关系,并由此产生了夫对妻的父母、兄弟姐妹等,以及妻对夫的父母、兄弟姐妹等的姻亲关系。收养也是亲属发生的原因。各国法律都允许通过收养将他人的子女作为自己的子女抚养教育,并承认收养人与被收养人之间产生类似于生父母子女之间的权利义务关系,因此被称为拟制血亲。

基于自然发生的亲属关系不能完全解除,即使因收养而消灭了生父母子女间的权利义务关系,但是也不能改变他们之间的父母子女的血缘关系,仍在法律上具有一定的影响,如终生为结婚障碍等。人为形成的亲属关系则可以依照法律予以解除。

(二)亲属关系的重复

1. 亲属关系重复的概念和发生

二人之间有两个以上不同的亲属关系的存在,就是亲属关系的重复,也叫作亲属关系的并存。

亲属关系的重复，是因为两个以上具有亲属关系的人，在原有的亲属关系之上，又建立了新的亲属关系。例如，将侄收养为子，在二人之间，既有一亲等的拟制直系血亲关系，又有三亲等的旁系血亲关系。三代以外的旁系血亲亲属之间结婚，既有原来的旁系血亲关系，又有配偶的亲属关系。

2. 亲属关系重复的法律效果

亲属关系重复，原则上各个亲属关系，各自保有其固有的效力，不为他关系所吸收或者排斥，从而一亲属关系虽然消灭，对于他亲属关系不产生影响；而并存的一个亲属关系所生的效力，得停止其他一亲属关系所生的效力。例如，侄子、侄女被叔、伯、姑收养之后，成立一亲等直系血亲关系，原来的三亲等旁系血亲关系应当停止。

（三）亲属关系的消灭

亲属关系消灭，是因为法律规定的事实的出现而使现存的亲属关系予以终止，不复存在。亲属关系的消灭，由于血亲和姻亲、血亲中的自然血亲和拟制血亲的不同而不同。

1. 配偶关系的消灭

配偶亲属关系的消灭有两个原因，一是配偶一方死亡，二是配偶离婚。配偶一方死亡，包括自然死亡和宣告死亡，发生配偶关系消灭的法律后果。这种亲属关系的消灭，只消灭配偶之间的亲属关系，其他的亲属关系则仍然存在。例如，配偶一方死亡之后，其子女与其父母之间的亲属关系不受其影响。配偶离婚，同样发生配偶关系消灭的法律后果。

2. 自然血亲关系的消灭

自然血亲是基于天然的血缘联系而发生的亲属关系，因此只能以亲属一方的死亡而消灭，不能通过法律手段人为地加以消灭。例如，现实生活中经常有所谓的脱离父子关系的声明，或者双方自行协议解除自然血亲关系。这种行为在法律上没有任何效力。

3. 拟制血亲关系的消灭

拟制血亲关系除了因死亡而消灭之外，还可以因法律行为而消灭。拟制血亲因一定的法律行为而产生，当然也可以因一定的法律行为而消灭。例如，收养关系的解除，消灭拟制血亲关系。

4. 姻亲关系的消灭

姻亲一般以配偶的死亡或者离婚而消灭。由于各国历史发展和伦理的不同，有的采取消灭主义，有的采取不消灭主义，还有的采取部分消灭主义。我国《民法典》对此没有明确规定，习惯上采取的是有条件的不消灭主义。例如，对于夫死亡后妻不再嫁，妻死亡后夫未再娶，或者虽然再婚但仍与亡偶的父母等亲属共同生活的，仍视为姻亲关系存在。

第三节　亲属法律行为

一、亲属法律行为的概念与法律适用原则

(一)亲属法律行为的概念与特征

1. 亲属法律行为的概念

亲属法律行为又称为身份法律行为,简称亲属法律行为或身份行为,是指民事主体实施的对亲属身份关系的发生、变更、消灭产生法律后果的民事法律行为。狭义的亲属法律行为仅指亲属身份行为,广义的亲属法律行为不仅包括身份法律行为,还包括亲属之间确定财产关系的法律行为,如夫妻之间约定财产关系的协议。

通常认为,婚姻家庭法上的行为与亲属法律行为有区别,亲属法律行为是民事法律行为的一种,而婚姻家庭法上的行为,不仅包括亲属法律行为,而且还包括婚姻家庭法上的公法行为,如婚姻无效的宣告或者撤销,以及请求判决离婚等。在一般的民事法律行为中,也存在对民事法律行为的无效宣告和被撤销,也存在判决解除经过民事法律行为建立的民事法律关系,这些都没有改变民事法律行为的性质,因而在理论上和实践中没有必要作这种区分。

2. 亲属法律行为的特征

在民法上,民事法律行为是指自然人、法人或者其他组织设立、变更、消灭民事权利和民事义务的合法行为。亲属法律行为作为民事法律行为的一种,具有民事法律行为的一切特征。例如,亲属法律行为也是一种人为的法律事实,是民事法律关系的发生原因之一;亲属法律行为是一种表意行为,是具有导致一定法律效果发生的意图的行为;亲属法律行为以意思表示为要素,行为人将其期望发生法律行为的意思以一定的方式表现于外部;亲属法律行为是合法行为。同时,亲属法律行为还具有自己的特征。

(1)亲属法律行为在婚姻家庭法领域中并非普遍。在婚姻家庭法中,婚姻家庭法律关系的变动,大多数是基于自然事实,即法律事实中的事件。例如,血亲的发生就是基于出生的事件而发生,并非基于法律行为而发生。典型的亲属法律行为有婚姻行为、收养行为,它们是非普遍性的。

(2)亲属法律行为当事人的意思具有特殊性和习俗性。在一般的民事法律行为中,例如财产法上的行为,是利益的结合,是个人欲望追求的手段和以个人的获利为目的。而亲属法律行为中当事人的意思,是以结合为目的,属于本质的全人格的结合。例如,非婚生子女的认领,已同居男女的举行结婚仪式,是当事人的观念的结合、人格的结合。因此,财产法的法律行为具有合理性,而亲属法律行为具有习俗性和特殊性。

(3)亲属法律行为在性质上更具有社会性和伦理性。亲属法律行为所反映的,更

多的是人的社会性，其基础是人的社会生活，不单在财产法上具有重大影响，而且对社会秩序和公共道德具有更大的影响。因此，法律对亲属法律行为给予更积极的关注和规范，一方面使其关系内容更为定型，不允许当事人对其任意变更；另一方面则使其为要式行为，如结婚、收养除了要有真实的意思表示并加以文字的记录之外，均须进行登记，否则不生效力。即使对于亲属法律行为中的形成权的行使，也须依法定的行政程序或者裁判的方式确定，以确认当事人的意思的确实，并对其身份变动予以公示，以稳定社会正常秩序。对于形成行为以外的身份行为，则为非要式行为。

(4)亲属法律行为与民事法律行为的关系具有层级性。亲属法律行为与民事法律行为的关系，是种属关系，亲属法律行为是民事法律行为的下属概念。

正是由于亲属法律行为与民事法律行为的这种关系，产生了一个重要问题，就是亲属法律行为的法律适用是否直接适用民事法律行为的规定。对此，有三种主张：第一种主张认为，民法关于民事法律关系的规定，不过是财产法上的法律行为的一般规定，婚姻家庭法上的身份行为因其具有特殊性，不适用民法关于民事法律行为的规定。第二种主张认为，既然亲属法律行为是民事法律行为，则应当适用民法关于民事法律行为的一般规定。第三种主张认为，婚姻家庭法上的亲属法律行为既然是民事法律行为，婚姻家庭法如果没有特别规定，应当适用民事法律行为的一般规定，除非婚姻家庭法有明文规定或者依其性质不能使用者为例外。

(二)亲属法律行为的法律适用原则

亲属法律行为的法律适用应当遵循三个原则。

1. 优先适用原则

既然亲属法律行为是特殊的民事法律行为，那么，对于婚姻家庭法规定的亲属法律行为的特别规定，必须首先适用特别规定。例如，收养法规定我国自然人收养他人，应当进行登记确认收养行为，因而关于民事法律行为意思表示一致即为民事法律行为成立生效的一般规定即不适用。

2. 适用一般规则

婚姻家庭法对于亲属法律行为没有明文规定的，而适用民事法律行为的一般规则又不具有社会不妥当性后果的，应当适用民事法律行为的一般规则。例如，结婚行为是一种亲属法律行为，其最基本的要求是双方当事人的结婚合意。尽管当事人有了结婚的合意尚须办理结婚登记，但是关于当事人的结婚的合意，则应当完全按照民事法律行为的意思表示的基本规则办理。又如，虚伪的离婚协议，不得对抗与其一方善意结婚的第三人，可以适用民事法律行为的善意规则，确认善意结婚的效力。在我国，由于婚姻家庭法的规定较为简单，更应当发挥民事法律行为一般规则的作用，更好地调整亲属法律行为。

3. 类推适用原则

婚姻家庭法对于具体的亲属法律行为没有明文规定，而民事法律行为的一般规则的适用又不具有社会妥当性的，应当类推适用婚姻家庭法的相关规定，不能适用民事法律行为的一般规定。

二、亲属法律行为的种类

（一）双方的和单方的亲属法律行为

按照亲属法律行为的构成划分，亲属法律行为可以分为双方的亲属法律行为和单方的亲属法律行为。

1. 双方的亲属法律行为

其是指双方当事人的意思表示达成一致才能成立的亲属法律行为。这样的亲属法律行为实际上是一种合同行为，是典型的亲属法律行为。例如，结婚合意、离婚协议、收养协议、解除收养关系协议、夫妻财产关系约定、离婚财产分割协议、离婚后未成年子女抚养协议等，都属于双方的亲属法律行为。

2. 单方的亲属法律行为

其是指根据一方当事人的意思表示就可以成立的亲属法律行为。这种亲属法律行为无须他方当事人的同意就可以发生法律效力。如认领，对于非婚生子女，一经生父认领，即发生婚姻家庭法律关系，产生亲属的权利义务关系。

（二）形成的、附随的和支配的亲属法律行为

按照亲属法律行为的效力划分，亲属法律行为可以分为形成的亲属法律行为、附随的亲属法律行为和支配的亲属法律行为。

1. 形成的亲属法律行为

其是指直接以亲属关系的设定、废止或者变更为目的，即以身份的发生、变更或者消灭为目的的亲属法律行为。例如，结婚行为、离婚行为、婚生子女的否认行为、非婚生子女的认领行为、收养行为、解除收养行为，都是形成的亲属法律行为。

2. 附随的亲属法律行为

其是指以形成的行为为前提，附随于该行为而为的亲属法律行为。这种附随的亲属法律行为，就是亲属身份行为附随的法律行为。例如，夫妻财产约定协议、夫妻离婚财产分割协议、离婚的子女抚养协议，都属于附随于身份行为的附随亲属法律行为。

3. 支配的亲属法律行为

其也称为身份的监护行为，是指具有一定的身份关系的亲属，基于身份而于他人身上所为某种身份的支配行为。身份的监护行为就是支配的亲属法律行为。例如，基于亲权而行使的身上照护权，就是支配亲权监护下的未成年子女的身上事项的亲属法律行为，是一种支配的亲属法律行为。

三、亲属行为能力

（一）亲属行为能力概述

1. 亲属行为能力的概念及与民事法律行为能力的关系

亲属行为能力，是指行为人实施亲属法律行为的资格。

亲属行为能力不同于民事法律行为能力。民事法律行为能力是行为人实施民事法律行为的资格,实施民事法律行为需要具备一般的民事法律行为能力。而亲属法律行为是特殊的民事法律行为,要求亲属行为能力也必须是特殊的民事法律行为能力,因此,民法关于民事主体的一般民事法律行为能力的规定,原则上不适用于亲属行为能力。[15]

但是,亲属行为能力毕竟也是一种民事法律行为能力,因此,亲属行为能力与民事法律行为能力又有密切的联系,是在民事法律行为能力之上,又必须具备特殊条件的特殊民事法律行为能力。

2. 亲属行为能力的构成

亲属行为能力的构成包括两个部分。

(1)行为人具备一般的民事法律行为能力。实施亲属法律行为,首先必须具备民事法律行为能力。没有民事法律行为能力者,不能亲自实施民事法律行为,限制民事法律行为能力者,只能实施与其年龄、精神健康状况相适应的民事法律行为。亲属法律行为属于更为严格的民事法律行为,是关系人的身份地位的特殊民事法律行为,需要具备完全民事法律行为能力。无民事法律行为能力人或者限制民事法律行为能力人都不具备亲属行为能力。

(2)行为人具备亲属行为能力的特殊要件。在具备完全民事法律行为能力的基础上,行为人实施亲属法律行为必须具备特别的要件。不具备特别的要件,不具有亲属行为能力。亲属行为能力构成的特殊要件在于法律的特别规定。法律对于实施的亲属法律行为的不同,规定的要件也不同。例如,我国结婚行为能力应当在具备完全民事法律行为能力的基础上,还必须满足男性为22周岁以上,女性为20周岁以上。不具备这样的要件,不具备婚姻行为能力。收养行为,收养人必须为30周岁以上的自然人,没有达到这个年龄的,不具有收养行为能力。

(二)结婚行为能力

1. 结婚行为能力的概念

结婚行为能力,也称为结婚能力,是指依照法律规定结婚所必须具备的资格。

有的学者将结婚行为能力称为结婚的实质要件,或者称为法定婚龄。事实上,《民法典》关于结婚的年龄的规定,并非单纯说的是要件和婚龄的限制,而是说是否具有结婚的资格的问题。因此,法定婚龄就是关于结婚行为能力的规定,是关于自然人结婚的资格的规定。将《民法典》关于结婚年龄的规定叫作法定婚龄,并不完全正确,而应当认为是关于结婚行为能力的规定。具有完全民事法律行为能力的人不一定具备结婚的能力,必须是达到法定结婚年龄的自然人,才具备结婚的行为能力,即婚姻能力。[16]

---

〔15〕 史尚宽:《亲属法论》,台北,荣泰印书馆1980年版,第11页。

〔16〕 孟令志:《无效婚姻论》,中国社会科学出版社1996年版,第11页。

2. 结婚行为能力的构成

确定结婚行为能力的依据,在于人的自然因素和社会因素。自然因素是人的身体发育和智力成熟的状况。按照自然规律,女子在12周岁至14周岁,男子在14周岁至16周岁,开始进入青春期;女子在18周岁左右,男子在20周岁左右,身体发育基本成熟。确定结婚行为能力应当考虑男女的生理特点,尊重自然规律。社会因素是社会的政治、经济和人口发展情况等。从我国社会经济、人口的实际情况出发,应当确定适当的年龄作为结婚行为能力的依据。

依照我国法律规定,结婚行为能力的构成应当具备两个要件:一是具有完全民事法律行为能力;二是男性为22周岁以上,女性为20周岁以上。具备了这两个条件,就具有了结婚行为能力。

(三)收养行为能力

1. 收养行为能力的概念

收养行为能力,也称为收养能力,是指依照法律规定可以收养他人为自己的子女所必须具备的资格。

收养行为能力从广义上说,还应当包括送养的行为能力,送养行为能力并不重要,不关乎更多的身份利益,故收养行为能力应当是狭义的概念,仅指收养人的行为能力。

2. 收养行为能力的构成

《民法典》第1098条规定,我国自然人收养行为能力的要件,一是必须具备完全民事法律行为能力,二是必须年满30周岁以上。这样规定的原因,在于将收养人和被收养人的年龄距离拉大,形成一个合理的年龄距离。

(四)支配行为能力

在他人身上实施支配行为,应当具有支配行为能力。支配行为能力是指实施支配他人身上行为的资格。

支配行为能力以具有完全民事法律行为能力为基础。在婚姻家庭法规定的结婚行为能力年龄要求较低的国家,存在父母对未成年子女的身上支配行为(如结婚同意)。在我国,结婚行为能力高于一般民事法律行为能力的年龄要求,不存在该问题。

具有完全民事法律行为能力的人并不必然具备支配行为能力,还必须具备享有亲权或者监护权的要件。例如,亲权人或者监护权人的监护,支配被监护人的身上行为,以及支配被监护人的财产的附随身份行为,不单要有一般的民事法律行为能力,还必须具备合理行为的资格。

四、亲属法律行为变动和登记

（一）亲属法律行为变动的概念和法律适用

1. 亲属法律行为变动的概念

亲属法律行为的变动，是指亲属法律行为基于法定事由的出现，在法律效力上出现的无效、撤销或者予以解除的情形。

在民法的民事法律行为中，有关于民事法律行为无效和撤销的规则。民事法律行为违反法律的强制性规定为无效，且自始无效。民事法律行为具有法定事由，可以请求撤销，民事法律行为一经撤销，发生自始无效的后果。在亲属法律行为中，也存在亲属法律行为无效或者被撤销的情形。例如，《民法典》第 1051 条规定了婚姻无效制度，第 1052 ~ 1053 条规定了婚姻撤销制度，第 1113 条规定了收养无效制度，第 1114 ~ 1116 条规定了收养关系解除制度。这些都是亲属法律行为变动的具体内容。

2. 亲属法律行为变动的法律适用

亲属法律行为是民事法律行为中的一种特殊形式，亲属法律行为的无效、撤销及解除，与民事法律行为中的无效、撤销和解除具有相同的意义。当然，亲属法律行为的无效、撤销和解除发生在婚姻家庭法领域，婚姻家庭法作出专门的规定，属于特别法规定，应当优先适用。因此，亲属法律行为的无效、撤销和解除，都应当依照婚姻家庭法的特别规定进行，原则上不适用《民法典》关于民事法律行为无效、撤销和解除的一般规定。

在亲属法律行为中，还有一些婚姻家庭法没有特别规定的情形。例如，附随的亲属法律行为、支配的亲属法律行为，这些亲属法律行为的无效、撤销、变更、解除，《民法典》并没有特别规定，依其行为性质，与一般的民事法律行为无特别的差异，况且婚姻家庭法对其没有特别规定，对这些性质的亲属法律行为的无效、撤销、变更和解除，应当适用《民法典》关于民事法律行为的无效、可撤销及解除的一般规定。例如，关于夫妻约定财产，没有规定财产约定的无效、可撤销、可变更以及解除的规则，如果出现一方欺诈、胁迫签订夫妻财产约定的协议，对方配偶有权按照《民法典》的相关规定，请求撤销或者变更夫妻财产的约定，或者依法予以解除。

（二）亲属法律行为的无效

1. 亲属法律行为无效的概念

亲属法律行为无效，是指亲属之间实施的亲属法律行为违反法律的强制性规定，而发生的行为自始无效后果的情形。

研究亲属法律行为无效，应当区分亲属法律行为无效和亲属法律行为不成立。在传统婚姻家庭法上，存在亲属法律行为不成立，也存在亲属法律行为无效。例如，在德国法中，无效婚姻须依法院裁判为无效；不成立的婚姻，则不须裁判，任何人都可以主张。日本学者主张，未申报的婚姻或者收养为不成立，欠缺婚姻或者收养的意思的行为为无效。[17] 在我国,结婚、离婚和收养都须具备登记的要件,没有经过登记的婚姻或者收养,不发生结婚、离婚和收养的效力。因此,不成立的婚姻和收养,为事实婚姻和事实收养,不发生法律效力,自无无效、撤销的问题。但是其他的亲属法律行为,如附随的亲属法律行为和支配的亲属法律行为,则存在不成立和无效等的区别,在实践中应当准确把握,正确适用法律。

2. 亲属法律行为无效的表现

(1)婚姻行为无效。我国《民法典》第1051条规定了无效婚姻。该条规定:"有下列情形之一的,婚姻无效:(一)重婚;(二)有禁止结婚的亲属关系;(三)未到法定婚龄。"具备上述规定的三种法定情形之一的,婚姻无效。

婚姻关系本是民事法律关系,是当事人的私生活,国家不宜干预过多。由于无效婚姻的情形涉及国家的婚姻制度和社会生活秩序,因此,有关的利害关系人可以提出婚姻无效的请求。

(2)收养行为无效。无效收养行为,是指欠缺收养关系成立有效要件,因而不能产生收养的法律效力的行为。《民法典》第1113条规定了收养行为无效的法定事由:一是违反《民法典》第一编关于民事法律行为无效规定情形的收养行为,如收养人或者送养人不具有相应的民事法律行为能力,收养人、送养人或者年满8周岁以上的被收养人的意思表示不真实,违反法律或者社会公共利益;二是违反《民法典》关于收养行为无效规定的收养行为,包括不具备收养关系成立的实质要件和形式要件的收养行为。

确认收养行为无效的程序是诉讼程序和行政程序。提起诉讼程序宣告收养行为无效的,应当依照《民事诉讼法》的规定进行。依照行政程序确认收养无效的,依照民政部收养登记办法的规定进行。

(3)其他亲属法律行为无效。其他亲属法律行为无效,是指婚姻无效、收养无效之外的其他亲属法律行为无效的情形。例如,附随的亲属法律行为的无效、支配的亲属法律行为无效等。这些亲属法律行为的无效,婚姻家庭法没有特别规定,应当依照《民法典》关于民事法律行为无效和合同无效的规定进行。

(三)亲属法律行为的撤销和解除

1. 婚姻行为撤销

婚姻行为撤销,也称为可撤销婚姻,是指男女双方或者一方缺乏结婚的合意,因受他方或者第三者的胁迫而结婚的违法婚姻行为,以及一方患有重大疾病结婚登记之前不如实告知的违法婚姻行为。受胁迫一方或者不如实告知时的另一方可以向人民法院请求撤销该婚姻关系,被撤销的婚姻关系发生自始无效的法律后果。

婚姻行为由于胁迫而实施,以及一方患有重大疾病而未告知,都属于相对无效的亲属法律行为,救济的后果是对该婚姻行为的撤销。行使撤销权受到除斥期间的限制,均为一年,两种不同的撤销权除斥期间的计算方式不同,前者自胁迫行为终止之日开始计

〔17〕 史尚宽:《亲属法论》,台北,荣泰印书馆1980年版,第14~15页。

算，被非法限制人身自由的自恢复人身自由之日起计算；后者自知道或者应当知道撤销事由之日起计算。

婚姻行为的可撤销与婚姻行为无效不同。婚姻无效是绝对无效，而胁迫或者未告知重大疾病的婚姻行为是由于婚姻关系的建立缺乏合意，一方或者双方是被胁迫或者隐瞒真实事实而建立，因此，其效力在于当事人的选择。当事人可选择撤销该婚姻行为，也可选择维持这个婚姻关系，不申请撤销的，该婚姻关系继续有效。

2. 收养行为解除

收养行为解除，是指收养行为成立之后，在收养关系存续期间，养父母子女因某种事由，双方协议解除或者单方提出解除收养关系的行为。收养行为解除不同于收养行为无效，而是收养行为有效成立。经过当事人协议或者经过法院判决，将现存的收养关系予以解除，恢复到没有建立收养关系之前，而不是溯及既往的收养行为无效。

收养行为解除的事由，包括养父母的情况发生变化，生父母的情况发生变化，养父母不尽抚养教育责任，养子女不服养父母教养，养子女长大后不履行赡养扶助养父母的义务等。收养行为的解除程序，分为登记解除收养关系的行政程序，公证解除收养关系的公证程序，以及诉讼解除收养关系的诉讼程序。

3. 其他亲属法律行为的变更、撤销或者解除

其他亲属法律行为，涉及民事法律行为相对无效、效力待定，以及协议解除或者法定解除问题的，原则上应当适用《民法典》关于民事法律行为效力的规定。

（四）亲属法律行为登记

1. 亲属法律行为登记的概念

亲属法律行为登记，是指某些亲属法律行为依照法律规定，进行登记，得到国家承认，产生该亲属法律行为的法律效果的行为。亲属法律行为发生效力，有的不需要进行登记。

2. 亲属法律行为登记的特征

（1）登记是亲属法律行为发生效力的基本形式。登记在民法上是一种重要的民事法律行为发生效力的形式，比如物权登记，但是，物权登记行为和亲属法律行为的登记行为有重要区别。这就是，物权登记行为更重要的目的在于物权的公示；而亲属法律行为的登记则不仅是在于亲属法律行为的公示，更重要的在于国家对该亲属法律行为的确认，赋予其法律效力。因此，特定的亲属法律行为的登记，既是该亲属法律行为的成立要件，也是生效要件。如果规定应当登记的亲属法律行为没有进行登记，则该亲属法律行为没有成立，当然更不会发生法律效力。

（2）亲属法律行为登记具有法律的强制力。既然某些特定的亲属法律行为法律规定必须进行登记，不登记不发生法律效力，那么，这种登记行为就是强制性的法律规定，违背这种法律强制性规定就是违法行为，不发生亲属法律行为的效力，不能受到法律的保护。

（3）身份登记行为与身份合意行为的关系具有特殊性。由于身份登记的特殊性和

强制性,人们往往忽视作为身份登记行为的基础行为——身份合意行为,这是不正确的。没有这个基础行为,身份登记行为也无从存在。比如,没有结婚的合意,结婚登记也就无从谈起。因此,应当特别认识到,身份合意行为是身份法律行为的基础,而身份登记行为则是身份法律行为的国家确认形式。

3. 亲属法律行为登记的范围

按照《民法典》的规定,我国亲属法律行为需要登记的有:一是结婚行为;二是协议离婚行为;三是收养行为;四是收养无效行为;五是解除收养行为。

(1)结婚登记。结婚登记是就当事人结婚行为的确认行为,没有结婚登记,不发生结婚的效力,法律不承认其发生婚姻关系。《民法典》第 1049 条规定了我国结婚的登记制度:“要求结婚的男女双方应当亲自到婚姻登记机关申请结婚登记。符合本法规定的,予以登记,发给结婚证。完成结婚登记,即确立夫妻关系。未办理结婚登记的,应当补办登记。”这意味着法律承认婚姻法律行为的效力,其效力产生于婚姻关系登记,因而婚姻登记簿上的记载才是确认婚姻法律行为的事实。[18]

(2)协议离婚登记。离婚与结婚不同,登记不是必要程序,只有协议离婚,到婚姻登记机关进行登记离婚的,才进行离婚登记。我国的离婚登记,需要经过申请、审查、登记、发证程序。离婚一经登记,发给当事人离婚证书,即发生解除婚姻关系的效果,双方当事人的婚姻关系即时不再存在。

(3)收养行为登记。收养行为是变更亲子法律关系的身份行为,各国均规定为要式行为。我国《民法典》第 1105 条第 1 款规定:“收养应当向县级以上人民政府民政部门登记……”因此,收养仅有收养人和送养人的收养合意即收养行为尚不能发生收养的效力,还须进行收养登记,才能发生收养的法律效果,在当事人之间发生变更亲子身份关系的法律后果。

(4)收养无效行为。收养无效分为诉讼无效和登记无效。民政部《中国公民收养子女登记办法》第 12 条规定:“收养关系当事人弄虚作假骗取收养登记的,收养关系无效,由收养登记机关撤销登记,收缴收养登记证。”收养行为被宣告无效,并且撤销登记、收缴收养登记证之后,发生收养行为自始无效的后果。

(5)收养解除登记。依照《民法典》第 1116 条规定,当事人协议解除收养关系的,应当到民政部门办理解除收养关系的登记。民政部门审查解除收养关系是否合法,意思表示是否真实、一致,当事人应当提供必要的证明材料,经过证明属实的,收养登记机关办理解除收养的登记,确认当事人解除收养关系。

五、亲属法律行为的代理、条件和期限

(一)亲属法律行为的代理

第一,亲属法律行为不得委托代理。亲属法律行为虽然为民事法律行为的一种,但

---

〔18〕 杨立新:《中国亲属制度改革的进展、问题与对策》,载《中国社会科学院研究生院学报》2019 年第 6 期。

因其具有特殊性，因此，不适用《民法典》关于民事法律行为代理的一般规定，即亲属法律行为不得进行委托代理。委托代理又称为意定代理，是基于被代理人的委托授权发生的代理。而亲属法律行为的实施，是实施亲属法律行为的人必须具备亲属行为能力，这些能力不仅要具有民事法律行为能力，而且还必须具有要求更高的特别的要件，因此，行为人实施亲属法律行为不存在委托代理的必要性，在婚姻、收养、认领、婚生子女否认上，都不存在委托代理的适用。

第二，亲属法律行为准许法定代理。亲属的基本性质是自然人之间的特定社会关系，以自然人为其主体。一方面，实施了亲属法律行为的人为无民事法律行为能力人或者限制民事法律行为能力人的，其实施亲属法律行为必须有法定代理人；另一方面，对于亲属法律行为的其他行为方面，主体如果是未成年人的，也存在法定代理的适用。例如，未成年人对生父认领的请求，应当以其生母为法定代理人。无民事法律行为能力人或者限制民事法律行为能力人的离婚诉讼，必须有法定代理人。无民事法律行为能力或者限制民事法律行为能力人与其养父母的诉讼，也必须有法定代理人。

对于亲属法律行为的法定代理，应当按照《民法典》关于法定代理和《民事诉讼法》的有关规定进行。

（二）亲属法律行为的条件和期限

亲属法律行为不适用民事法律行为的附期限和附条件的规则。这是因为，如果在亲属法律行为上附期限或者附条件，则有违于善良风俗和公共秩序，为社会伦理所不许。对附条件的亲属法律行为，应当认定为无效或者可撤销。例如，在个别地方存在的“换亲”，即将自己的女儿出嫁作为对方男子的姐妹嫁给自己的儿子为条件，就是附条件的结婚行为。如果各方当事人均没有反对意见，是当事人的真实意思，自无反对道理。但是出嫁女儿认为违背自己的结婚真实意思者，应当认定为可撤销婚姻，当事人可以主张撤销该婚姻关系。

思考题

1. 婚姻家庭的本质是什么？
2. 我国婚姻家庭法的基本原则有哪些？
3. 怎样确定亲属的种类？
4. 亲属的范围有哪些？我国近亲属的概念是否合理？
5. 亲属法律行为的概念是什么？亲属法律行为具有哪些特征？
6. 亲属法律行为与民事法律行为的关系是什么？
7. 亲属法律行为为什么不准委托代理？为什么又准许法定代理？

第二章　亲属身份地位

| 本章导读 |

本章讨论的是亲属身份地位的发生和消灭的问题。婚姻是指男女双方以共同生活为目的，以产生配偶身份和权利义务为内容的两性结合。结婚产生配偶的身份，离婚消灭配偶的身份。结婚、离婚都产生相应的法律后果，因而均须严格遵守法律规定的实质要件和形式要件，保证配偶身份产生和消灭的合法性和严肃性。亲子身份是指婚姻家庭法上的父母与子女，因出生的法律事实或者法律的拟制而发生，是最近的直系血亲，包括生父母子女、养父母子女、继父母子女。未成年子女与父母的身份产生亲权，成年子女与父母的身份产生亲属权。

| 典型案例 |

某甲和某乙结婚后，某甲发现某乙没有女性特征，无法进行夫妻性生活。在某甲的追问下，某乙说明自己因先天性染色体缺少半条，且无法治愈，使自己缺少女性特征。某甲很痛苦，但是为了照顾某乙的面子，一直勉强在一起生活。数年后，某甲实在无法忍受这种无性的婚姻生活，向法院起诉离婚，某乙不同意离婚。法院依照法律规定判决双方离婚。

第一节　结　　婚

一、婚姻

（一）婚姻的性质和意义

1. 婚姻的一般概念和法律概念

婚姻的一般概念，是指为当时的社会制度所确认的男女双方互为配偶的结合。[1]

---

〔1〕 杨大文：《婚姻家庭法》（第3版），法律出版社2003年版，第64页。

婚姻是人类社会发展到一定阶段产生的，是同一定的社会生产方式和生活方式相适应的男女两性结合的社会形式，不是自始存在和永恒不变的。

婚姻的法律概念，是指男女双方以共同生活为目的，以产生配偶之间的权利义务为内容的两性结合。因此，婚姻从本质上看，是最重要的身份关系，创设婚姻的行为就是结婚的身份行为，是婚姻家庭法规范的内容。按照我国法律规定，婚姻行为还须得到法律的确认，这就是结婚行为再加上婚姻登记行为，就构成婚姻关系，产生配偶权。

2. 婚姻的性质

对婚姻的性质，传统民法都认为是契约，即婚姻是男女两性以成立家庭、建立夫妻一体生活为目的，依据法律的规定而缔结的合同。进而认为，从法律的观点看，婚姻是一男一女为了共同的利益而自愿终身结合，互为伴侣，彼此提供性的满足和经济帮助以及生男育女的契约而已。我国的婚姻家庭法不采纳"婚姻契约论"的主张，理由是：婚姻并非依当事人自己的意志即可缔结，必须具有国家的意志才可以成立；婚姻是一种身份关系，婚姻双方在财产上的权利义务不过是附随于人身上的权利义务的，创设这种身份关系的婚姻行为，是一种身份法上的行为，婚姻须有结婚的合意，但是，婚姻成立的要件和程序、婚姻的效力、婚姻解除的原因等，都是法定的，而不是行为人意定的，因而不能认为婚姻是契约性质。

近年来，多有学者提倡"婚姻契约论"的观点，认为上述观点只能说明婚姻不是一般的财产法意义上的契约，并不能否定婚姻本身为身份合同。[2] 实际上，婚姻的本质是契约，是经过国家确认的、具有身份性质的而不是一般财产法意义上的契约。具体表现在：

（1）婚姻的本质是契约。婚姻的缔结，必须有未婚男女之间达成建立夫妻关系的合意，虽然有关夫妻间的权利义务的内容，婚姻解除的条件，以及结婚、离婚的程序都是法律规定的，都必须具有国家的意志，但是，最根本的一点是，如果没有当事人之间的合意，国家无论怎样干预，也不会建立婚姻。因此，婚姻的本质是契约，没有当事人建立婚姻关系的合意，就没有婚姻。如果不认为婚姻的本质是契约，就无法解释婚姻当事人结婚协议的性质。

（2）婚姻的性质是身份契约。婚姻是契约，但是它不是一般的契约，而是身份契约，即建立身份关系的契约。合同法调整的对象主要是债权关系的合同，即财产法意义上的合同，并不排除身份合同，如收养协议、转让名称协议、肖像许可使用合同等，都是身份合同。尽管它们不是财产法上的合同，但其基本规则适用合同法的规则。

（3）婚姻契约须经国家确认。没有国家通过法定的程序、法定的机关确认，婚姻当事人所缔结的婚姻契约就不能发生效力。婚姻的合意是婚姻关系的成立，而经过国家的确认，婚姻才发生法律效力。因此，婚姻就是经过国家确认生效的身份契约。

3. 婚姻的意义

（1）生物学上的意义。男女两性差别和人类的性本能，使婚姻具有生物学和生理

---

〔2〕 王洪：《婚姻家庭法》，法律出版社2003年版，第62页。

学上的意义。人的性本能要求两性之间的结合,同时通过婚姻中的生育行为实现人的繁衍和延续。如果没有这些自然因素,婚姻无须产生,也无从产生,不能发挥其重要的社会作用。

从这个意义上说,婚姻的自然要素就是男女两性的结合。据此,婚姻关系就区别于其他任何社会关系,没有这个要素,就不会存在婚姻。当前,同性恋在很多国家合法化,准许同性结合,缔结婚姻,表现了社会的宽容和人性化。但是,同性恋和同性结合是否就应当与传统婚姻同等对待,并非不存在疑义,因此,即使赞同同性结合的国家,也并不都认为同性婚姻等同于婚姻。我国没有承认同性婚姻,同性结合没有合法的婚姻地位。

(2)社会学上的意义。人不是一般的生物,因此婚姻的自然属性即生物学上的意义,并不是其本质的意义。婚姻作为社会关系的特定形式,在其生物学意义的基础上,更具有社会关系的意义。婚姻不是孤立的、自在的,而是与社会诸关系有密切的、多方面的联系,依存于一定的社会结构,具有确定的社会内容。因此,它的产生、演变,反映了社会制度的发展和变化,并非婚姻的自然属性所能够包含的。在这个意义上说,婚姻包括自从人类社会产生以来的一切的两性结合形式,它的意义在于,通过以男女两性永久共同生活为目的,来缔结人类最基本的社会关系,建立最基本的社会联系,满足人类社会发展的需要。

以永久共同生活为目的是婚姻的意思要素,这也是与其他两性结合的关系的基本区别。非婚同居、姘居、通奸等,都是人类的两性结合形式,但都不是以永久结合为目的,因此都不是婚姻。

(3)法律上的意义。法律意义上的婚姻,是指狭义的婚姻,是一夫一妻制形成以来的个体婚姻,其法律上的意义,是婚姻关系中配偶之间的权利义务关系,进而发生其他亲属关系;而在形式上,则是具有夫妻身份关系的公示性。

婚姻在法律上的实质意义,首先是确立配偶之间的权利义务关系,产生配偶权。同时,婚姻是产生其他亲属关系的基础。婚姻产生亲子关系,婚姻当事人的结合可以发生繁衍,因而产生父母子女关系,发生亲权。婚姻也是产生其他亲属的基础,如产生姻亲关系。

婚姻在法律上的形式意义,在于公示夫妻的身份。公示在于使某种事实为第三人所知悉,婚姻的公示性,既表现为婚姻的成立应当具备社会认可的方式,又表现为男女必须以夫妻的名义共同生活,为亲属、朋友以及其他社会公众所认可。

总之,无论是实质上的意义还是形式上的意义,都表明一件事,即婚姻是家庭的基础,家庭是社会的基础结构。社会以家庭为基础结构,发挥重要作用。稳定家庭关系,首先就要稳定婚姻关系,而家庭稳定则是社会稳定的重要因素。

(二)婚姻成立及其要件

1. 婚姻的成立及其法律效力

婚姻成立的概念有广义和狭义之分。广义的婚姻成立,是指订婚和结婚,两者合为一体。狭义的婚姻成立,是专指结婚。我国古代对婚姻成立采广义概念,订婚是结婚的先行阶段,十分重视婚约的效力。近现代多采狭义概念,法律不规定订婚和婚约,订婚并非婚姻行为不可缺少的部分。

婚姻成立,即发生法律效力。婚姻成立的法律效力,分为及于当事人的直接效力和及于第三人的间接效力,这正是具有相对性的绝对权法律关系的实际表现。前者是发生配偶之间的权利义务关系,是配偶之间的效力,是权利主体相对性的表现;后者是以婚姻关系的成立为中介,发生亲属之间以及与其他主体之间的权利义务关系,是配偶权的对外效力,表现的是配偶权的绝对权属性的表现。

2. 婚姻成立的要件

(1)实质要件和形式要件。法律规定婚姻成立的实质要件的目的,是保障婚姻的内容必须合法。因此,其实质要件是指结婚当事人的本身状况,以及一方与另一方的关系须符合法律的要求。具体要件是:结婚当事人必须达到法定婚龄,须有婚姻行为能力,双方当事人须有结婚的合意,双方须无禁止结婚的亲属关系和其他法定障碍等。

婚姻成立的形式要件,是指婚姻成立的方式及程序须符合法律的要求,其目的是保障结婚的程序必须合法。当代各国婚姻家庭法多规定要式婚制度,结婚当事人应当进行登记或者户籍申报,或者举行公开仪式并有证婚人在场证婚,或者先申请主管部门颁发结婚许可证再举行结婚仪式或者办理登记。我国规定结婚的形式要件是进行登记。

(2)必备条件和禁止条件。结婚的必备要件是指结婚必须具备的积极要件,如当事人必须达到法定婚龄、须有结婚合意等。结婚的禁止要件就是结婚的消极要件,也叫结婚障碍,是结婚不能有的法定情形。

婚姻成立的必备要件和禁止要件也有广义和狭义之分。狭义的必备要件是指结婚的实质要件,而广义的必备要件和禁止要件,也包括形式要件。

(3)公益要件和私益要件。公益要件是指与公共利益有关的结婚要件,如结婚当事人须非重婚,须非禁婚亲等,涉及的是公益。私益要件是指与私人利益有关的结婚要件,如当事人须有结婚的合意,国外规定的未成年人结婚须得法定代理人的同意等。我国婚姻家庭法一般不作这种区分,认为婚姻要件既是公益的也是私益的。

(三)结婚制度的发展历史

1. 个体婚初期的结婚

(1)掠夺婚。掠夺婚即抢婚。早期的掠夺婚是男子以暴力掠夺女子为妻的结婚形式。原始社会后期和奴隶社会初期,掠夺婚较为普遍,青年男子在朋友的帮助下,劫得一个青年女子并与其发生性关系,即认为该女子成为该男子之妻。后来,这种结婚形式演变成了一种徒具形式的礼仪性婚俗,而不是结婚的方式。

(2)有偿婚。有偿婚是指男方以向女方家庭支付一定的代价为条件而缔结的婚姻。例如,买卖婚,是男方以支付金钱、财物为代价作为条件而缔结的婚姻;互易婚,是以女儿或者男子的姐妹交换作为结婚条件而缔结的婚姻;劳役婚,是男方为女方家庭服一定的劳役作为条件而缔结的婚姻。

(3)无偿婚。无偿婚是指男方不需要向女方家庭支付任何代价而缔结的婚姻。例如，赠与婚，是权力者或者女方的父母将其可以支配的女子或者女儿赠与他人为妻而缔结的婚姻；收继婚，是指女子的丈夫死后有义务在家族内部转房而缔结的婚姻；强制婚，则是官府将罪人的妻女断配给他人为妻妾而缔结的婚姻。

2. 中国古代的聘娶婚

中国古代一直实行聘娶婚，始于伏羲而完备于周朝，后世以法律确认。聘娶婚是指男方以向女方交付聘礼、彩礼作为结婚条件的婚姻形式，具体形式是六礼：(1)纳采，男方求亲须先委托媒人通言，女方家同意后，男方才能备礼贽见。(2)问名，男方遣媒问明女子的生辰及其生母的身份。(3)纳吉，男方家问名后应卜其吉凶，卜得吉兆，通知女方家。(4)纳征，纳征即交付聘财，是六礼中的最重要程序，至此婚约成立，对当事人具有法律约束力。“征”即“成”，婚约成立。(5)请期，男方家择定婚期并商请女方家同意。(6)亲迎，男方到女方家迎娶女方成婚，婚姻关系成立。

聘娶婚是我国几千年的主要婚姻形式，历经各朝代的变迁，程序有所增减，但是基本内容和程序没有根本变化，性质属于有偿婚。

3. 欧洲中世纪的宗教婚

欧洲中世纪教会法盛行，婚姻的主要形式是依照教会法的规定。婚姻的缔结被视为“神的旨意”，结婚需要当事人事先按照教规将有关事项报告教会，由教会在布告栏中公告，婚礼在教堂举行，神职人员主持婚礼，并向其祝福。得到教会承认的婚姻，方成立并有效。

4. 近现代的共诺婚

共诺婚，是指男女双方基于双方结婚的合意而成立的婚姻。近代以来，经过宗教改革和婚姻还俗运动，资产阶级强调“自由、平等、博爱”，认为婚姻是一种契约，强调男女双方结婚是合意产生，法律以当事人双方共同的缔结婚姻关系的意思表示为婚姻成立的基础和要件，因此，婚姻实际上就是男女双方的婚姻契约。近现代的共诺婚实现了当事人自主支配自己婚姻的权利，告别了婚姻当事人的从属地位，这是婚姻制度革命性的变革和进步。

二、婚约

（一）婚约的概念和意义

1. 婚约的概念

婚约，是指男女双方以将来成立婚姻为目的而作出的事先约定。订立婚约的行为叫订婚。按照习俗，订婚之后，订婚的当事人取得未婚夫妻的资格。

婚约起源于个体婚形成初期的有偿婚，在确立婚约的时候，男方要向女方支付一定的财产，方能缔结未婚夫妻关系。当女方接受男方的财物之后，就负有将女子交付给该男子成婚的义务，婚约由此形成。古代的婚约是结婚的必经程序，没有婚约就不能结婚。例如，我国古代的订婚，须有婚书或者聘礼为证。近现代以来，婚约逐渐转变为一般意义的婚姻预约，不具有严格的法律意义。

2. 婚约的性质及意义

婚约的性质，在婚姻家庭法中有不同的认识。

“契约说”认为，婚约即订婚契约，是作为本约的结婚契约的预约，因而，对婚约应当适用合同法的一般原则，尤其是关于双务契约的规定，违反婚约的责任是一种违约责任。[3]“非契约说”则认为，订婚只是一种事实，并不具有契约的性质，[4]这种事实是按照法律规定而发生一定效力，因此，违反婚约的责任是一种因侵权行为而发生的责任。“折中说”则认为，婚约虽然是一种契约，但是，婚约并不同于一般契约的预约，具有身份法上的意义，因而与民法上的契约预约不同，法律不要求婚约必须履行，附加在婚约上的任何违约条款均无法律上的意义。[5]

（二）我国对婚约的态度

我国《民法典》没有规定婚约，但是，对民间男女订立婚约也不禁止。我国民间存在的婚约，性质属于无配偶男女之间达成的具有道德约束力的婚姻预约，不具有法律的效力。因此，对于婚约应当采取以下态度：

第一，订婚不是结婚的必经程序，男女双方是否结婚，完全以他们在办理结婚登记时表示的意思为根据。

第二，是否订婚，由当事人自主决定，但订婚时，必须出于本人自愿，须达到一定的年龄，须没有法定的婚姻障碍。

第三，婚约由当事人自由意志决定，父母、尊长等代为订立的婚约一律无效，当事人无须受其约束。

第四，当事人订立的婚约没有法律上的约束力，履行婚约以双方当事人的自愿为原则，并且可以解除婚约。

（三）婚约关系的解除

1. 婚约关系解除的方式

婚约解除的方式有两种：一是依婚约当事人的协议而解除。双方当事人经过协商，一致决定解除婚约的，婚约实时解除。二是依一方当事人的要求而解除。任何人都享有婚姻自主权，不可强制订婚、结婚，一方要求解除婚约，亦生解除的效力。

2. 婚约财产纠纷

婚约解除之后，双方当事人发生婚约财产纠纷，应当妥善处理。婚约财产纠纷的产生，是基于婚约而发生的赠与。

对基于婚约发生的赠与在法律上应当怎样认识，有“附解除条件的赠与说”“附负担赠与说”“证约定金说”“从契约说”等不同主张。通说采附解除条件赠与说，认为婚

---

[3]　史尚宽：《亲属法论》，台北，荣泰印书馆1980年版，第97～98页。

[4]　陈棋炎等：《民法亲属新论》，台北，三民书局1995年版，第64～65页。

[5]　杨大文：《婚姻家庭法》，中国人民大学出版社2001年版，第100页。

约当事人基于结婚的目的,一方或者双方将自己的财产无偿给予对方而产生的单方赠与或者双方赠与,并非单纯以无偿转移财产权为目的赠与。

基于婚约期间赠与行为性质的界定,当婚约解除后,对价值较大的赠与物,受赠与人应当将赠与物返还赠与人,如果受赠与人拒不返还赠与物,则构成民法上的不当得利,不当得利人负有返还的义务,赠与人享有接受返还的权利。但是已经消耗的赠与物不应当予以返还。

3. 婚约引起的损害赔偿

婚约解除后,当事人是否可以请求对方损害赔偿,有不同主张。有的认为婚约不过是男女双方将来缔结婚姻的事先约定,属于事实行为,不论其是否有过错,均不能要求承担损害赔偿责任。[6] 而大多数国家立法认为,婚约是契约,对于有过错的一方由于解除婚约而对他方造成的财产损失,应当承担损害赔偿责任。

对此,不应当一概而论。对于基于解除婚约而请求赔偿青春补偿费、基于婚约约定的违约损害赔偿的,不应予以支持,因为这些损害赔偿责任不符合婚约的性质,不具有合法的请求权基础,且有悖于善良风俗。由于一方的过错,解除婚约,因此造成对方财产损害的,则应当予以损害赔偿,以补偿受损害一方的财产损失。例如,一方因为筹备结婚等而支出的财产,由于对方毁弃婚约而造成损害的,应当承担赔偿责任。这种损害赔偿的性质相当于侵权责任,即由于过错而侵害了对方的财产权。

4. 婚约期间的共同财产分割

婚约期间,由于当事人的资金共用、财物的合并以及共同投资而产生的共同财产,属于共有财产,应当视为按份共有。在婚约解除后,对于该共同财产,能够确定份额的,按照各自的份额分割;不能确定各自份额的,则推定为份额均等,平均分割。

三、结婚条件

(一)结婚的必备要件

结婚的必备要件是指结婚的积极要件,是当事人结婚时必须具备的法定条件。根据《民法典》的规定,结婚须具备以下三个必备要件。

1. 须具有结婚合意

结婚是婚姻当事人双方的法律行为,双方自愿是婚姻结合的基础。因此,结婚合意是结婚的首要条件,是保障结婚自由的前提,是结婚自主权在婚姻家庭法中的体现。要求是:当事人双方确立夫妻关系的意思表示真实、一致。因此,法律要求男女双方完全自愿,一是双方自愿而不是单方自愿,二是双方本人自愿而不是父母或者第三人自愿,三是完全自愿而不是勉强同意。法律禁止当事人的父母或者第三人对婚姻进行包办、强迫或者执意干预,排斥当事人非自愿的被迫同意。

---

〔6〕 王洪:《婚姻家庭法》,法律出版社2003年版,第73页。

2. 须达到法定婚龄

法定婚龄是法律规定的准许结婚的最低年龄，它表示的是民事主体的婚姻行为能力。我国《民法典》第 1047 条规定："结婚年龄，男不得早于二十二周岁，女不得早于二十周岁。"当事人只有具有婚姻行为能力，达到法定婚龄，才可以结婚。

确定法定婚龄要考虑婚姻的自然因素和社会因素。自然因素是人的生理条件和心理条件发展的因素，社会因素是指政治、经济、文化、人口状况、道德、宗教、民族习惯等方面因素。确定法定婚龄必须符合上述因素。我国的法定婚龄较高，更多考虑的是我国的社会因素。我国法律不设结婚的"特许制度"，即不承认未达法定婚龄的男女基于特殊原因可以经过特定机关批准结婚的制度。

3. 须符合一夫一妻制

一夫一妻制，是婚姻制度的基本原则，是结婚的必备条件。法律禁止重婚。因此，凡是已经有配偶的人，不得再结婚。构成重婚的，依法追究刑事责任。

（二）结婚的禁止要件：禁婚亲

禁止结婚的血亲，也叫禁婚亲，是指法律规定的禁止结婚的亲属范围。禁止一定范围的亲属结婚，是原始社会就存在的结婚禁忌。进入个体婚时期，人类有意识地通过立法，禁止近亲结婚考虑的是优生学的原因和伦理道德以及身份上和继承上的原因。现代各国亲属法尽管在禁止结婚的亲属范围上有所区别，但是确定禁婚亲的制度则是相同的。

依照我国《民法典》第 1048 条规定，我国的禁婚亲是直系血亲和三代以内的旁系血亲。具体方法是以我国的世代计算法，凡是出自同一祖父母、外祖父母的血亲，都是禁婚亲。三代以内的旁系血亲包括：(1)同源于父母的兄弟姐妹；(2)同源于祖父母、外祖父母的堂兄弟姐妹，表兄弟姐妹；(3)同源于祖父母、外祖父母的不同辈分的自己与伯、叔、姑、舅、姨。

拟制血亲是否属于禁婚亲，各国规定不同。我国《民法典》没有明文规定。在实务中的做法是，直系的拟制血亲之间不准结婚；旁系的拟制血亲关系未经解除，禁止结婚；拟制旁系血亲关系已经解除的，则准许结婚。

（三）国外禁止结婚的其他条件

1. 不能人道

国外立法多将不能人道作为禁止结婚的条件。不能人道，是指违反婚姻的自然属性，拒绝性交或者性交不能，包括具有生理缺陷和精神缺陷。我国《民法典》对此没有规定，如果明知存在不能人道的事由，应当禁止结婚；结婚后发现的，应当准许离婚。

2. 相奸者

对于相奸者，传统民法禁止结婚。在现代，这种规定已经被破除。

3. 待婚期

待婚期是国外亲属立法中的一种禁婚条件，即禁止女子在离婚或丈夫死亡后的一定期间内结婚，理由在于防止血缘的混乱，保持血缘的纯正。我国《民法典》对此没有规定，一种意见认为必要，另一种意见认为是对女性权利的限制，尚有斟酌的余地。

4. 监护人与被监护人

为了维护被监护人的利益，很多国家禁止监护人和被监护人结婚。我国对此没有规定。这种制度是积极的，应当借鉴。在监护人与被监护人的监护期间应当禁止结婚。

四、结婚程序

（一）结婚程序及意义

1. 国外的结婚程序及形式

结婚的程序，就是结婚的形式要件，是法律规定的缔结婚姻关系必须履行的法律手续。

目前各国立法规定结婚程序主要有三种形式：

（1）仪式婚，是指结婚必须举行一定的仪式，结婚仪式是婚姻成立的法定要件。例如，宗教仪式婚，即神职人员主持的宗教结婚仪式；世俗仪式婚，即民间由家长主持并有证婚人参加的结婚仪式；法律仪式婚，即由政府官员主持结婚仪式。

（2）登记婚，是指结婚必须到法定登记机关进行登记，方认为成立婚姻。

（3）登记与仪式婚，是指结婚既要进行登记又要举行仪式的结婚形式。

2. 我国的结婚程序及其意义

我国结婚实行登记制。《民法典》第1049条规定："要求结婚的男女双方应当亲自到婚姻登记机关申请结婚登记。符合本法规定的，予以登记，发给结婚证。完成结婚登记，即确立婚姻关系。未办理结婚登记的，应当补办登记。"据此，结婚登记是我国婚姻成立的唯一形式要件，是结婚的法定程序。

实行登记结婚程序的法律意义在于，只有在履行了法律规定的结婚程序，即进行结婚登记之后，婚姻才具有法律上的效力，才能得到国家和社会的承认。不论男女双方是不是同居，是不是举行结婚仪式，都不是结婚的合法形式，只有进行结婚登记，才能发生结婚的法律效力。同时，加强结婚登记制度的管理，对于保障婚姻自由、一夫一妻、男女平等婚姻制度的实施，保护婚姻当事人的合法权益，都具有重要的意义。

（二）结婚登记

1. 结婚登记机关

我国的结婚登记机关：一是在城市，为街道办事处，或者市辖区、不设区的市人民政府的民政部门；二是在农村，为乡、民族乡、镇的人民政府。

2. 结婚登记程序

我国结婚登记程序分为申请、审查和登记三个环节。

（1）申请。要求结婚的当事人，应当向婚姻登记机关提出结婚申请。申请应当由当事人亲自到一方户籍所在地的婚姻登记机关进行申请，不得由他人代理。按照2003

年10月1日生效的国务院《婚姻登记条例》第5条规定，当事人申请时，应当携带户口簿、身份证，以及本人无配偶和与对方当事人没有直系血亲和三代以内旁系血亲关系的签字声明。离过婚的当事人还必须持离婚证件，即离婚证、生效的准予离婚的判决书或者调解书。

结婚申请须采取书面形式，由当事人填写结婚登记申请书。

申请结婚登记的当事人，应当如实向婚姻登记机关提供上述材料，不得隐瞒真实情况。对于结婚登记机关，则不得要求当事人提供上述材料以外的其他证件和材料。如果申请结婚登记的当事人受单位或者他人干涉，不能获得所需证明时，经婚姻登记机构查明确实符合结婚条件的，应当予以登记。

（2）审查。审查是结婚登记程序的中心环节，结婚登记管理机关应当全面查明当事人的有关情况，依法认定当事人是否符合结婚条件。申请中有不清之处，应当向当事人补充询问，或者进行调查了解，提供有关证明材料。我国登记制度还应当建立审查期，在审查期以内完成登记。

（3）登记。经过审查，认为申请结婚登记的当事人符合结婚条件的，婚姻登记机关应当进行结婚登记，发给结婚证书。

对于符合以下情形之一的，结婚登记管理机关不予登记：一是未达法定婚龄的；二是当事人非自愿的；三是当事人已经有配偶的；四是属于直系血亲或者三代以内旁系血亲的。不予登记的决定作出之后，当事人不服的，可以依照行政复议程序申请复议；对复议决定不服的，可以依照《行政诉讼法》的规定提起行政诉讼。

对于离婚后申请复婚的，婚姻登记机关依照有关结婚登记的程序进行登记，双方自愿恢复夫妻关系的，予以结婚登记。

3. 违反结婚登记程序的法律后果

申请婚姻登记的当事人如果弄虚作假、骗取结婚登记的，婚姻登记机构应当撤销婚姻登记，对结婚、复婚的当事人宣布其婚姻关系无效，收回结婚证，并可以对当事人处以罚款。单位或者组织为申请结婚登记的当事人出具虚假证件和虚假证明的，婚姻登记机构应当予以没收，并可建议该单位或者组织对直接责任人予以批评教育或者行政处分。结婚登记机构的工作人员对不符合结婚条件的当事人予以登记的，结婚登记机构应当对该工作人员予以行政处分或者撤销其婚姻登记管理员的资格，对仍不符合结婚登记条件的当事人撤销结婚登记，收回婚姻登记证书。

五、无效婚姻和可撤销婚姻

（一）无效婚姻和可撤销婚姻的概念

尽管双方当事人的结婚合意是婚姻的本质，但是，结婚的合意必须经过国家的确认才能发生法律效力，因此，合法性是婚姻的实质要件之一。如果婚姻不具有合法性的要件，就不能发生夫妻的权利义务关系，不能发生婚姻的法律后果。欠缺婚姻成立要件的男女结合，应当依法予以宣告无效或者被撤销。所以，无效婚姻和可撤销婚制度就是维护婚姻合法性的必要制度。2001 年修订的《婚姻法》已经建立了我国婚姻家庭法的无效婚姻和可撤销婚姻制度,《民法典》对其进行了完善。正确适用无效婚姻和可撤销婚姻制度,对于坚持结婚的条件和程序,保障婚姻的合法成立,预防和减少婚姻纠纷,保护自然人的婚姻合法权益,具有重要意义。

1. 无效婚姻的概念

无效婚姻,是指男女因违反法律规定的结婚要件而不具有法律效力的两性违法结合。

无效婚姻并不是一种单独的婚姻种类,而是在民法理论中用以说明借婚姻之名而违法结合的概念,属于无效的民事法律行为。结婚是确立夫妻关系的法律行为,必须符合法律规定的各项条件,只有具备法定实质要件和通过法定程序确立的男女结合,方为合法婚姻,发生婚姻的法律效力。无效婚姻不符合这样的要件,因此属于无效的婚姻关系。

各国婚姻家庭法在明文规定结婚的法定条件的同时,大多设有无效婚姻制度,以此作为避免和处理违法婚姻的对策,确保法定的结婚条件和程序付诸实施。无效婚姻制度与有关结婚条件、结婚程序的规定一道,从正反两方面构成了结婚制度的完整内容,二者相辅相成,缺一不可。

2. 可撤销婚姻的概念

可撤销婚姻亦称可撤销婚,是指已经成立的婚姻关系,因欠缺婚姻合意,受胁迫的一方当事人可向婚姻登记机关或者人民法院申请撤销的违法两性结合。可撤销婚姻也是欠缺婚姻成立要件的违法婚姻,它与无效婚姻都是违法婚姻。但是,无效婚姻是双方当事人具有真实的结婚合意,是由于违反法律关于结婚的强制性规定的而构成的违法两性结合;而可撤销婚姻则是婚姻的基础合意没有达成,在结婚的法律强制性规定方面则没有违反而构成的违法两性结合。

3. 无效婚姻与可撤销婚姻的区别

无效婚姻和可撤销婚姻的概念并不相同。例如,有的国家根据违反的结婚要件的不同,把违法婚姻区分为无效婚姻和可撤销婚姻,如日本、英国及美国的部分州立法。有的国家除了规定这两种违法婚姻之外,还规定"不适法婚姻"的违法婚姻,如德国、瑞士等国。有的国家如法国另有"婚姻不存在"的名目,基于"无规定,即无效"的传统见解,把那些同性相婚、不具备结婚的法定方式等未被法律列入无效原因的违法结合概括在其中。[7] 也有的国家并不区分无效婚姻和可撤销婚姻以及其他违法婚姻的种类,而是采取单一的无效婚姻制度,如古巴、秘鲁等国。

根据民事法律行为的基本规则和《民法典》的具体规定,婚姻无效和可撤销具有以下区别。

(1)构成两性违法结合的原因不同。无效婚姻是由于违反法律规定的婚姻成立条件而构成的两性违法结合,违反法律的内容是法律规定的强制性规定,即对公益要件的

---

〔7〕 杨大文:《婚姻法学》,中国人民大学出版社 1989 年版,第 128 页。

违反。而可撤销婚姻虽然也违反法律,但是违反法律的内容是违反关于婚姻当事人的结合必须是真实的婚姻合意的要求,是双方当事人在意志上没有建立真实的婚姻合意,即对私益要件的违反。

(2)两性违法结合的法律后果不同。无效婚姻的法律后果是婚姻当然无效、绝对无效,尽管无效婚姻必须通过诉讼程序宣告,但是,这并不能否认无效婚姻具有当然无效的性质。而可撤销婚姻由于基本具备了婚姻成立的法定条件,仅仅是当事人的合意不够真实,因此不发生当然无效的问题。如果受胁迫的当事人或其他有撤销权的人申请撤销,法院当然依照法律予以撤销,发生婚姻自始无效的后果;但是,如果当事人不诉请撤销,则婚姻仍得继续存在,发生婚姻的法律效力。

(3)请求宣告无效或者撤销的时限不同。无效婚姻由于是违反法律的强制性规定,因而自始不发生法律效力,所以,主张婚姻无效没有时间的限制,当事人在任何时候都可以请求宣告婚姻无效。而可撤销婚姻必须在一定的时限之内进行,超过除斥期间的时限后,不得提出撤销的请求。

(4)宣告婚姻无效和撤销的请求权人不同。主张婚姻无效的请求权人应当是婚姻关系当事人和利害关系人,因为在无效婚姻的情况下,有的当事人并不请求无效,但是由于这种婚姻形式违反国家的强制性法律规定,因此,法律规定利害关系人也可以行使请求权,宣告婚姻无效,以维护法律的统一实施。而可撤销婚姻仅仅是缺乏当事人的真实合意,仅仅涉及当事人的结婚意愿的问题,所以,请求婚姻撤销的请求权人为婚姻当事人,只能由其决定是否撤销婚姻,其他人不享有这种请求权。

(二)无效婚姻和可撤销婚姻关系的法定原因

1. 区别无效婚姻和可撤销婚姻的基础

如前所述,各国在规定违法婚姻制度的时候,多有不同立法例。有些国家不区分无效婚姻和可撤销婚姻。

我国婚姻家庭法采取无效婚姻和可撤销婚姻作为违法婚姻的基本形式,立法者考虑的是如下因素:第一,法律的严肃性。对于违反《民法典》规定的违法婚姻,法律必须明确态度,或者予以宣告无效,或者赋予当事人以撤销的权利。第二,社会的既存事实。欠缺结婚的有效要件的两性结合,当事人有夫妻共同生活的实质,并且社会一般承认其为夫妻的事实,且该事实已经形成了相当的社会意义,对双方、家庭、子女等都具有一系列的影响,完全不考虑这样的因素也是不行的。第三,对妇女、儿童合法权益的保护。如果不分情况一律宣告违法婚姻为无效,受到伤害的可能更多的是处于弱势地位的妇女和儿童。

正因如此,立法者将违法婚姻分为无效婚姻和可撤销婚姻,规定不同的违法婚姻产生不同的法律后果。

(1)无效婚姻的法理基础。无效的民事法律行为自始无效。对婚姻无效性的确认会带来严重的消极后果,婚姻一旦被宣告无效,业已形成的婚姻关系就得解体,组成的家庭就要被拆散,造成婚姻关系的不稳定。立法者尽量缩小这样的消极后果,将无效婚姻确定为取决于两性结合的违反法律的强制性规定,其违反的是社会公共利益和公序良俗,而不是以当事人的意思不真实或者直接违背。

(2)可撤销婚姻的法理基础。可撤销的民事法律行为,其法律后果取决于当事人的态度。如果当事人认为可以维持已经形成的法律关系,则不予撤销,使其继续发生法律效力。如果当事人不想维持已经形成的法律关系,则在一定的期限内行使撤销权,将该法律行为撤销,恢复原来没有建立这种法律关系之前的状况。因此,可撤销婚姻的法理基础,在于尊重当事人的意思基础,确定相对性的无效状况,赋予当事人撤销婚姻关系的权利和维持婚姻关系的权利,让其根据自己的意愿自由选择。这样,更有利于保护婚姻当事人的利益和维护婚姻家庭的稳定,而不至于将更多的违法婚姻推入绝对无效的范围,造成社会的不稳定,损害妇女、儿童的权利。

2. 无效婚姻的法定事由

我国《民法典》第 1051 条规定:“有下列情形之一的,婚姻无效:(一)重婚;(二)有禁止结婚的亲属关系;(三)未达法定婚龄。”这三种情形是婚姻无效的法定事由。

对这一规定,需要明确两个问题:第一,这里规定的无效婚姻的法定事由是全面列举,因此仅限于列举的情形为无效婚姻的法定事由。至于其他如无婚姻关系的虚假结婚、弄虚作假骗取结婚证等,都不能作为无效婚姻的法定事由,不得请求、宣告婚姻无效。第二,这里规定的无效婚姻法定事由是相对原因,而不是绝对原因。相对原因意味着,如果请求宣告婚姻无效时,无效婚姻的法定事由已经消失的,则不得宣告婚姻无效。当事人向人民法院申请宣告婚姻无效的,申请时,法定的无效婚姻情形已经消失的,人民法院不予支持。这有利于婚姻关系的稳定和社会的安定。

(1)重婚。一夫一妻是我国《民法典》婚姻家庭编的基本原则,第 1041 条第 2 款对此作出明确规定。因此,任何人不得有两个或两个以上的配偶,有配偶者在前婚未终止之前不得结婚,否则构成重婚,后婚当然无效。重婚包括法律上的重婚和事实上的重婚两种。无论哪一种,都构成婚姻无效的法定事由。

(2)当事人为禁婚亲。《民法典》第 1048 条规定,直系血亲和三代以内的旁系血亲禁止结婚。这是我国婚姻家庭法规定的禁婚亲范围。凡属上述范围内的亲属,无论是全血缘还是半血缘、自然血亲还是拟制血亲,都不得结婚。

(3)未达法定婚龄。《民法典》第 1047 条规定法定最低婚龄为男 22 周岁,女 20 周岁。未达法定婚龄的婚姻,申请宣告婚姻无效,应当依法获准。

以《民法典》第 1051 条规定的上述三种情形之外的其他情形为由申请宣告婚姻无效的,都没有法律依据,都不应当予以支持,应当判决驳回当事人的申请。

2. 可撤销婚姻的法定事由

我国《民法典》规定了两种可撤销婚姻的法定事由。

(1)胁迫结婚。《民法典》第 1052 条规定:“因胁迫结婚的,受胁迫的一方可以向人民法院请求撤销该婚姻。请求撤销婚姻的,应当自胁迫行为终止之日起一年内提出。被非法限制人身自由的当事人请求撤销婚姻的,应当自恢复人身自由之日起一年内提出。”

胁迫是可撤销婚姻的法定事由。婚姻胁迫行为,是指行为人以给另一方当事人或者其近亲属以生命、健康、身体、名誉、财产等方面造成损害为要挟,迫使另一方当事人违背自己的真实意愿而结婚的行为。

构成婚姻胁迫须具备以下要件:第一,行为人为婚姻当事人或者第三人。至于受胁迫者,既可以是婚姻关系当事人,也可以是婚姻关系当事人的近亲属。第二,行为人须有胁迫的故意,是通过自己的威胁而使一方当事人产生恐惧心理,并基于这种心理而被迫同意结婚。第三,行为人须实施胁迫行为,使其产生恐惧心理。第四,受胁迫人同意结婚与胁迫行为之间须有因果关系。符合上述要件要求的,构成婚姻胁迫行为,受胁迫一方享有撤销权。

撤销婚姻的请求权受除斥期间的约束,除斥期间为一年。《民法典》第 152 条第 1 款第 2 项规定了"当事人受胁迫,自胁迫行为终止之日起一年内没有行使撤销权"的,撤销权才消灭。依照这样的规定,本条明确规定,撤销婚姻关系的申请人应当自胁迫行为终止之日计算,在一年内提出撤销婚姻请求的,都可以支持其撤销婚姻关系的请求。依照最高人民法院《关于适用〈中华人民共和国民法典〉婚姻家庭编的解释(一)》(以下简称《民法典婚姻家庭编解释(一)》)第 19 条第 2 款规定,受胁迫或者被非法限制人身自由的当事人请求撤销婚姻的,不适用民法典第 152 条第 2 款关于"当事人自民事法律行为发生之日起五年内没有行使撤销权的,撤销权消灭"的规定。

应当明确的是,依照本条规定自胁迫行为终止之日起,已经超过了 5 年的最长除斥期间的,是否受第 152 条第 2 款关于"当事人自民事法律行为发生之日起五年内没有行使撤销权的,撤销权消灭"的规定。对此有两种理解:一是婚姻家庭编没有规定,因而不适用总则编第 152 条的这一规定,这是考虑了婚姻胁迫行为的特殊性。二是既然都是撤销权,都是形成权,分则没有规定的,应当统一适用总则的规定。本书认为,第 152 条第 2 款对胁迫行为超过 5 年的实际需求考虑不周,因而对胁迫行为超过 5 年的,应当适用"自胁迫行为终止之日起没有行使撤销权"的规定,不适用第 2 款的规定,理由是第 152 条第 1 款第 2 项规定是特别法,第 2 款规定是普通法,依照特别法优先于普通法规定的原则,应当适用第 1 款第 2 项规定。[8] 同理,第 1052 条是特别法,因而排斥第 152 条第 2 款规定的适用。

被非法限制人身自由的当事人请求撤销婚姻的,则应当自恢复人身自由之日起一年内提出。在其恢复人身自由之日起一年内还没有提出撤销婚姻关系请求的,为超过除斥期间,撤销权消灭,不得再提出撤销婚姻的请求。

(2)隐瞒重大疾病。《民法典》第 1053 条规定:"一方患有重大疾病的,应当在结婚登记前如实告知另一方;不如实告知的,另一方可以向人民法院请求撤销婚姻。请求撤销婚姻的,应当自知道或者应当知道撤销事由之日起一年内提出。"

原《婚姻法》规定禁婚疾病,是为了防止和避免疾病的传染和遗传。禁止结婚的疾病分为两类:一类是精神性疾病,如精神病、痴呆症等;另一类是传染性或者遗传性疾

---

〔8〕 杨立新:《中国民法总则研究》(下卷),中国人民大学出版社 2017 年版,第 838 页。

病,如艾滋病、麻风病等。前者考虑的是夫妻之间行使权利履行义务的行为能力和精神性疾病的遗传,后者是避免疾病的传染和遗传。

《民法典》改变了这一做法,要求在缔结婚姻关系时,一方患有重大疾病的,不再属于禁止结婚的疾病,而是在结婚时负有向对方当事人的告知义务,在结婚登记前如实告知另一方,对方当事人同意的,可以缔结婚姻关系。患病一方如果不尽告知义务或者不如实告知的,即不告知或者虚假告知,另一方当事人享有撤销权,可以向人民法院行使该撤销权,请求撤销该婚姻关系。

这种规则的变化,体现的是尊重当事人在对方当事人患有重大疾病时的自主选择,如果对方当事人患有重大疾病,仍然愿意缔结婚姻关系的,法律并不生硬地认定为无效婚姻,而是将权利交给未患病一方当事人,该方当事人仍然愿意保持婚姻关系的,法律并不干涉,该方当事人不愿意保持婚姻关系而主张撤销的,法律予以支持。

这种撤销权的除斥期间为一年,权利人自知道或者应当知道撤销事由之日起一年内提出。超过除斥期间,撤销权消灭,不得再提出撤销婚姻的请求。如果权利人一直不知道或者不应当知道,则适用《民法典》第152条第2款关于"当事人自民事法律行为发生之日起五年内没有行使撤销权的,撤销权消灭的"规定,超过5年,不得再主张撤销该婚姻关系。

至于"重大疾病"都包括哪些疾病,立法并未明确。有学者认为,从结婚目的、婚姻功能并参考现行禁止患"医学上认为不应该结婚的疾病"者结婚制度实践经验,重大疾病应包括严重的精神类疾病、严重的传染性疾病、显著影响生育的疾病、严重影响本人健康的重大疾病,并应适时公布相关疾病种类指南。[9]

以结婚登记程序存在瑕疵为由主张撤销结婚登记的,不是民事诉讼法解决的问题,而是行政法的问题,因此,应当告知当事人依法申请行政复议,或者提出行政诉讼予以解决。当出现这样的情形时,认为是民政部门的婚姻登记问题,可以由行政复议解决,或者以行政诉讼解决,不以民事诉讼方式解决。

(三)针对违法婚姻的请求权及其行使

1. 针对违法婚姻的请求权

救济无效婚姻和可撤销婚姻的法定方法,是赋予权利人以宣告婚姻无效或者撤销婚姻的请求权。这种请求权是一种民法上的请求权,权利人可以请求实施一定的行为,变更现行的法律关系的现状。针对无效婚姻的请求权,就是请求现存的违法的婚姻关系归于无效的请求权。针对可撤销婚姻的请求权,则是请求将现存的形式上合法的婚姻关系予以撤销的请求权。

2. 针对违法婚姻的请求权人

针对违法婚姻的请求权人,是可以主张婚姻无效或者请求撤销婚姻的权利人,他(或她)享有宣告婚姻无效或者撤销婚姻的请求权。

---

〔9〕 蒋月:《准配偶重疾告知义务与无过错方撤销婚姻和赔偿请求权》,载《法治研究》2020年第4期。

在国外，立法根据主张婚姻无效的不同原因，规定不同范围的有权提起无效婚姻之诉的权利人。德国法规定，在涉及婚姻无效的案件中，宣告婚姻无效的诉讼可以由公诉人或配偶任何一方提出；在因重婚而提起的诉讼中，也可以由前婚配偶提出。如果婚姻关系已经解除，则只有检察官作为公诉人可以提起宣告婚姻无效的诉讼。《瑞士民法典》规定可提起诉讼的权利人有：州的主管官厅、利害关系人及利害关系人原籍或住所所在地的乡镇。

根据我国的实际情况，针对违法婚姻的请求权人是：

(1)针对无效婚姻的请求权人。针对无效婚姻的请求权人是婚姻当事人或者利害关系人。利害关系人的范围：一是以重婚为由申请宣告婚姻无效的，利害关系人是当事人的近亲属和基层组织。基层组织是当事人住所地的居民委员会、村民委员会、妇联等社会团体及户籍管理机关。二是以未达法定婚龄为由申请宣告婚姻无效的，为未达法定婚龄者的近亲属。三是以有禁止结婚的亲属关系为由申请宣告婚姻无效的，为当事人的近亲属。

(2)针对可撤销婚姻的请求权人。针对可撤销婚姻的请求权，法律只赋予婚姻当事人享有，其他人不享有该项请求权。是否将这个婚姻关系继续下去，应当由受胁迫的一方婚姻当事人自主决定，其他人无权行使这一权利。

3. 针对违法婚姻请求权的行使限制

宣告婚姻无效或者撤销婚姻，都须由请求权人自己行使请求权。权利人可以委托代理人，但是权利人必须是本人。

行使宣告婚姻无效的请求权没有时限的限制，任何时候都可以就婚姻无效提出宣告的请求。针对可撤销婚姻的请求权行使受除斥期间的限制。

4. 针对违法婚姻行使请求权的程序

无效婚姻本质上为法律所否定的违法两性结合，应为当然的自始无效。请求权人行使相关权利，请求宣告婚姻无效，或者婚姻当事人请求撤销婚姻，都可以向人民法院提出诉讼请求，由人民法院依法判决婚姻关系是否有效，以及是否予以撤销。

宣告婚姻无效的诉讼程序是，人民法院审理宣告婚姻无效案件，对婚姻效力的审理不适用调解，应当依法作出判决；有关婚姻效力的判决一经作出，即发生法律效力。涉及财产分割和子女抚养的，可以进行调解。调解达成协议的，另行制作调解书。对财产和子女抚养问题的判决不服的，当事人可以上诉。

撤销婚姻的诉讼程序是，人民法院审理婚姻当事人因受胁迫而请求撤销婚姻的案件，应当适用简易程序或者普通程序，一审判决或者裁定之后都可以上诉。

(四)婚姻无效和被撤销的法律后果

婚姻被确认无效或者被撤销，其直接的法律后果是当事人间的不合法婚姻关系溯及既往地消灭。由此派生的法律后果有以下三个方面。

1. 对当事人的法律后果

婚姻无效和婚姻被撤销，对于当事人的法律后果就是婚姻关系自始无效。我国

《民法典》第1054条第1款规定:“无效的或者被撤销的婚姻自始没有法律约束力,当事人不具有夫妻的权利义务……”无效或者被撤销的婚姻在依法被宣告或者被撤销时,才确定该婚姻自始不受法律保护。所以,婚姻无效或者被撤销,效力溯及既往,从婚姻关系开始的时候起,就不具有婚姻的效力,当事人不具有夫妻的权利义务,相互不享有配偶权,并且自始不享有配偶权。

2. 对子女的法律后果

婚姻无效或者被撤销,对无效婚姻关系或者可撤销婚姻关系中父母所生育的子女却不认为是非婚生子女。依法理,合法婚姻关系以外的男女两性行为所生的子女为非婚生子女。为了保护子女利益,法律规定子女的婚生地位并不因父母婚姻被宣告无效或者被撤销而被改变。我国《民法典》第1054条第1款规定:“……当事人所生的子女,适用本法关于父母子女的规定。”对此,《瑞士民法典》第33条规定:“婚姻被宣告无效,即使双方当事人均为恶意,丈夫仍被视为婚生子女的父亲。在上述情况下,子女与父母的各项准用离婚的有关规定。”《墨西哥民法典》第255条和第256条规定:“本着诚意缔结的婚姻,虽被宣告为无效,但在该项婚姻存在期间,始终产生有利于配偶双方的一切民事效力;同时,始终产生有利于子女的一切民事效力。……如果配偶中只有一方是本着诚意的,则该项婚姻只对该配偶及子女发生民事效力。如果配偶双方都是居心不良的,则该项婚姻只对他们的子女发生民事效力。”

正是为了保护子女的利益,婚姻关系被宣告无效或者被撤销,该婚姻关系发生的父母子女关系并不因此改变,子女仍然是婚生子女,发生父母子女的亲权或者亲属权。同时,在婚姻被宣告无效或者被撤销后,当事人必须妥善处理子女的扶养和教育问题;当事人不能就子女的扶养和教育达成协议的,由人民法院依法判决。

3. 对财产的法律后果

由于无效婚姻关系不具有婚姻的法律效力,因而原则上不能适用夫妻财产制的有关规定。我国《民法典》第1054条第1款规定:“……同居期间所得的财产,由当事人协议处理,协议不成的,由人民法院根据照顾无过错方的原则判决。对重婚导致的无效婚姻的财产处理,不得侵害合法婚姻当事人的财产权益……”同居期间的财产已经形成共有的,应当按照共有的一般规则处理;没有形成共有的,则按照各自的财产归个人的原则处理;无法确认财产所有的性质的,按照共有处理。无效婚姻是因重婚造成的,则应当特别保护合法婚姻当事人的财产权益,不得因此而使其受到损害。

4. 婚姻无效和被撤销的损害赔偿责任

婚姻无效或者被撤销的,无过错方有权向人民法院起诉请求损害赔偿。当婚姻被认定为无效或者被撤销后,无过错方不论是在精神层面还是物质层面,往往都受到很严重的损害。原《婚姻法》只规定了无效和可撤销婚姻中的人身关系和财产关系的处理方式,没有规定对无过错方权益的保护。我国《民法典》第1054条第2款规定:“婚姻无效或者被撤销的,无过错方有权请求损害赔偿。”该一规定赋予无过错方以损害赔偿请求权,对无过错方提供了侵权请求权的保护。如果发生类似的案件,当事人即可援引本条规定请求损害赔偿。可以借鉴的是,《瑞士民法典》第134条规定婚姻无效对配偶产生的后果:“(1)婚姻被宣告无效的,其善意结婚的妻子保留其因婚姻而取得的身份,但可恢复使用其婚前的姓名。(2)配偶在财产权上的纠纷,以及配偶请求损害赔偿、扶养费或抚慰金等的权利,准用离婚的有关规定。”

第二节　离　　婚

一、离婚概述

(一)离婚的概念与相关问题

1.离婚的概念及其意义

离婚,也称为婚姻解除,是指夫妻双方在生存期间依照法律规定解除婚姻关系的身份法律行为。离婚的意义,在于夫妻双方在其生存期间通过法律行为消灭既存的配偶的身份地位和权利义务关系。具体表现在两个方面:一是消灭配偶之间的内部权利义务,当事人不再受婚姻的拘束,恢复到无婚姻关系的状态;二是消灭婚姻关系的对世性,即对外消灭婚姻关系当事人的权利义务,无须为配偶负担对外的法律义务。

2.离婚与婚姻关系的消灭

婚姻关系消灭,是指婚姻关系基于一定的法律事实而消灭。在现代法律上,婚姻关系的消灭有两种原因:一是配偶一方的死亡,即自然消灭;二是离婚,即法定消灭。婚姻关系是配偶双方相互依存的关系。配偶一方死亡,失去了依存主体,无从构成婚姻关系,从而导致婚姻关系自然消灭。而离婚是将婚姻关系人为地解除,使之消灭。

配偶一方死亡,包括自然死亡和宣告死亡。配偶的自然死亡,即生理死亡,作为一个婚姻关系的主体已经彻底不存在,婚姻关系自然消灭。宣告死亡,尽管被宣告死亡的人可能还在生理的意义上存在,但是就法律的角度而言,婚姻关系的主体不存在了,婚姻关系也因此而消灭了。所不同的是,配偶一方被宣告死亡,必须经过诉讼程序,由法院作出宣告死亡判决,依照该判决,才能消灭配偶之间的婚姻关系。

由于宣告死亡是法律对自然人生存状态的一种推定,因此,存在被宣告死亡人重新出现的问题。如果本人或者利害关系人申请撤销死亡宣告,则发生被宣告死亡人与其原配偶之间的婚姻关系是否有效等一系列问题。其基本规则是:

(1)被宣告死亡人的配偶未再婚的,被宣告死亡人与原配偶之间的婚姻关系从撤销死亡宣告的判决生效之日起,自行恢复。

(2)被宣告死亡人的配偶已再婚的,后婚有效,被宣告死亡人与原配偶之间的婚姻关系,不得恢复。

(3)被撤销死亡宣告的人的配偶向婚姻登记机关书面声明不愿意与其恢复婚姻关

系的，不恢复婚姻关系。

(4)被宣告死亡人的配偶已再婚后又离婚，或者再婚后的配偶又死亡的，被宣告死亡人不得因宣告死亡已经被撤销而自行恢复原婚姻关系。如果双方愿意建立婚姻关系，应当重新进行结婚登记。配偶一方被宣告失踪，并不消灭与其配偶之间的婚姻关系，如果要解除婚姻关系，则必须经过法院判决。

3. 离婚与婚姻无效和婚姻被撤销

离婚与宣告婚姻无效、婚姻被撤销，都是使已经成立的婚姻关系归于消灭，但它们是不同的法律制度，离婚是解除现存有效婚姻关系的制度，而无效婚姻和可撤销婚姻制度，则是解决欠缺结婚要件的婚姻是否具有法律效力的制度，二者具有原则性的区别：

(1)性质不同。离婚是对现存有效的婚姻关系的解除，是解决不幸婚姻的补救措施。而无效婚姻或者可撤销婚姻则是对不符合法定要件的婚姻从根本上予以否定，使这种婚姻关系自始不发生婚姻的法律效力。

(2)形成的原因不同。无论是离婚还是婚姻无效或者被撤销，都必须具有法律规定的理由，但是法律规定的理由各不相同。离婚的法定原因是夫妻感情确已破裂。而婚姻无效的形成原因则是因为婚姻关系在成立时不具备法定的结婚要件。离婚的原因一般发生在婚后，而婚姻无效或者被撤销的原因是在婚姻关系成立之时就已经存在。

(3)权利人不同。离婚的权利人只能是婚姻关系当事人；而婚姻无效的权利人既包括婚姻关系当事人，也包括利害关系人；可撤销婚姻的权利人只能是受胁迫的婚姻关系当事人。

(4)法律效力不同。离婚的法律后果是对现存的婚姻关系的解除，其效力不溯及既往；而婚姻被宣告无效或者被撤销，是对婚姻效力的否定，具有溯及既往的效力。

(5)请求的时限不同。离婚请求在婚姻关系存续期间的任何时候都可以提出。婚姻无效的请求在法定的无效事由存在期间都可以提出；而婚姻的撤销必须在结婚登记之日起一年内提出。另外，离婚请求必须在婚姻当事人生存期间提出，而婚姻无效或者撤销的请求，既可以在婚姻当事人双方生存期间提出，也可以在一方死亡之后提出。

4. 离婚与别居

别居，是指在不解除婚姻关系的情况下终止夫妻同居义务的法律制度。别居最早为欧洲中世纪基督教教会法禁止离婚制度下的一种特殊法律制度，由于基督教信奉婚姻不得解除的信条，因此禁止离婚；但是，为了缓和法律和现实生活的矛盾，创造了一些制度作为补救措施，别居就是一种。其他的还如未完成婚、婚姻无效宣告等。别居的理由，诸如通奸、背教、严重的残酷行为等。近现代以来，西方各国通过修改婚姻家庭法，允许离婚，同时改革别居制度，普遍实行离婚与别居并存或者别居先置制。

我国《民法典》没有规定别居制度，在现实中有分居的事实，有的条文也使用了分居的概念。但是，分居不是别居，具有本质上的差别。分居只是夫妻不在一起共同生活或者终止同居义务，并没有产生别居的法律后果。《民法典》第1079条规定了“因感情不和分居满二年”“判决不准离婚后，双方又分居满一年”，作为认定夫妻感情确已破裂的具体标准，可以判决准予离婚。

别居对于婚姻关系恶化的夫妻而言,可以发挥暂时冷却的缓冲功能,为遭受家庭暴力的受害配偶提供正当途径以解脱,为不愿继续共同生活又不想急切离婚的夫妻提供补救措施。别居还可以给他人提供判断夫妻状况、确定是否与其发生财产关系或者其他关系,以及作为婚姻关系确已破裂的事实判断标准,因此,法律可以考虑规定别居制度。

5. 离婚的分类

(1)片意离婚与合意离婚。对于离婚的这种分类,是以夫妻双方对离婚所持的态度为标准,是许可离婚主义的最基本、最原始的分类。片意离婚是指配偶中只有一方有明确的离婚意愿,另一方反对离婚、愿意继续保持婚姻关系的离婚。合意离婚是指配偶双方具有离婚的共识,一致要求解除婚姻关系的双方自愿离婚。区分片意离婚和合意离婚应当注意的是:所说的片意或者合意,所指向的对象是当事人对婚姻关系是否解除,并不涉及子女抚养和财产分割的问题。

(2)登记离婚与诉讼离婚。这种对于离婚的分类,是以离婚的程序是否涉及诉讼为标准划分的。它体现的是离婚是否实行司法干预。登记离婚是指当事人合意解除婚姻关系,不通过诉讼程序的离婚。诉讼离婚是指当事人依照诉讼程序的规定,向法院提起离婚诉讼,经法院审理后调解离婚或者判决离婚。很多国家法律认为,离婚是一种司法行为,必须经过法院的裁决才能够解除婚姻关系,不承认行政机关离婚程序。我国的离婚程序采取双轨制,包括登记离婚和诉讼离婚。

(3)协议离婚与裁判离婚。这种对于离婚的分类,是以当事人对离婚的实质要件的态度作为标准进行的划分。协议离婚,是指婚姻关系当事人达成全面的离婚协议,依照法律规定的程序解除婚姻关系。裁判离婚是指婚姻当事人达不成离婚合意,一方当事人向法院起诉,由法院裁判是否离婚,因此,裁判离婚一般是片意离婚。我国法律确认协议离婚必须经过登记程序,方可发生法律效力。裁判离婚也不完全必须是片意离婚,对于对离婚达成合意,对其他财产关系和子女抚养关系没有达成协议的离婚,也须法院裁判。

6. 离婚的立法例

(1)禁止离婚主义与许可离婚主义。禁止离婚主义和许可离婚主义是对立的两种立法例。在当代,禁止离婚主义已经基本消失,许可离婚主义是各国立法的通例。

禁止离婚主义,是主张婚姻不可离异原则,除非配偶死亡,否则婚姻关系不得解除。这是基督教教义奉行的婚姻神圣观点,盛行于中世纪的欧洲,影响及于近代社会,目前还有极少数国家坚持这种婚姻制度。但是,在十五六世纪的宗教改革中,禁止离婚的教义受到挑战,此后的"婚姻还俗运动"更是动摇了教会法的地位,许可离婚主义兴起。

许可离婚主义,是指与禁止离婚主义相对的、在一般情况下允许离婚的法律原则。在欧洲整个奴隶制时代,都实行许可离婚制度,从未对离婚行为予以明文禁止。在古罗马,不仅不禁止离婚,而且还逐渐形成了一套相当完整的离婚制度,在帝国时期,法律承认休妻、合意离婚、正当原因的片意离婚和善因离婚四种离婚形式。所谓"善因"是指一方当事人进入修道院、不可医治的性无能、一方在战争中被俘等。即使是非正当原因的片意离婚，也并非绝对不准离婚，只是在离婚时当事人须受惩罚而已。

(2)限制离婚主义与自由离婚主义。限制离婚主义与自由离婚主义的区别，在于对法律规定的离婚是否设置限制条件。限制离婚主义，是指准许离婚，但是通过法律设定各种条件，对当事人的离婚权利和离婚行为加以限制。

该限制分为两种：一种是对离婚主体的限制，即限制配偶一方的离婚权利，而只允许由另一方来决定婚姻关系的存废。对离婚主体的限制，其实质是限制甚至剥夺女子的离婚权，使离婚成为男子的特权：丈夫有权休妻，而妻子只能被动地承受离婚的后果。这种对主体的离婚限制又称为专权离婚主义，通行于古代一些准许离婚的国家，在伊斯兰教中通行"口唤"休妻，丈夫只要对着妻子连说三遍"我要和你离婚"，婚姻关系即为解除。

另一种是对离婚原因的限制，即非有法定原因不得离婚。法律对离婚理由作出严格的规定，只有出现法定原因且符合其他法定条件的时候，婚姻关系才可以依照必要的程序解除。这种立法例称为法定离婚原因主义。法律规定的离婚原因分为两种：一种是可归责于配偶一方的原因，如遗弃、虐待、侮辱、通奸等；另一种是不可归责于配偶一方的原因，即非出于主观过错的原因，如一方患有不治的精神病，生死不明，有无法克服的生理障碍等。

(3)过错离婚主义与无过错离婚主义。过错离婚主义又叫有责离婚主义、法定离婚原因主义。在近一二百年中，有责离婚主义较为普遍，在强调离婚权利平等的同时，实行过错原则的限制离婚主义，强调离婚是"对过错方的惩罚"和"对无过错方的解救"的固有观念，直至第二次世界大战之后，特别是 20 世纪 60 年代以来，这种立法例才得到改变。

无过错离婚主义，又叫作自由离婚主义，是指离婚不以过错为必要条件，法律也不列举具体的离婚理由，在婚姻关系破裂时即可依一方或者双方的要求而准予离婚。离婚自由主义与限制离婚主义相对，充分尊重婚姻关系的本质，以保护婚姻当事人的离婚自由权利为原则。如果双方当事人合意离婚，当然应当确认其离婚的合法性。当然，自由离婚主义并不意味着对婚姻关系的轻率行为和个人任意的放纵，法律也不放弃国家对离婚的监督和管理。

(二)离婚制度的历史发展

1. 国外离婚制度的历史发展

有关西方国家离婚制度的历史发展脉络，简要概括起来是：古代早期实行专权离婚主义，离婚制度是片意离婚，离婚的权利在男子一方，而女子只能承受离婚的后果。中世纪教会法实行禁止离婚主义，特别是在 11 世纪和 12 世纪，教会权力得到极大扩张，将婚姻奉为"圣事"，归教会管辖，严格禁止离婚。近代实行限制离婚主义，或者对主体进行限制，或者对离婚原因进行限制，与专权离婚主义特别是与禁止离婚主义截然划清了界限。现代奉行自由离婚主义，保护离婚自由的权利，更多实行的是破裂离婚主义，婚姻关系确已破裂，即可主张离婚。

2. 中国离婚制度的历史发展

(1)中国古代的离婚制度

我国古代的家制严格,婚姻是实现家族利益的手段,因而礼制重视婚姻,视婚姻为“伉俪之道,义期同穴,一与之齐,终身不改”。同时,将离婚的权利赋予男子,“夫有出妻之礼,妻无弃夫之条”,实行的是专权离婚主义。因此,离婚又称为“休妻”“出妻”“弃妻”“黜妻”“休弃”等,典型的离婚制度分为“七出”“义绝”“和离”三种。

①七出。七出是指丈夫“出妻”、夫家“出妇”的七条理由,起源于奴隶社会末期。七出开始时是礼制的内容,后来成为固定的离婚制度。如《唐律疏议》规定:“七出者,依令:一无子,二淫逸,三不事舅姑,四口舌,五盗窃,六妒忌,七恶疾。”除此之外,古代婚姻家庭法也有保护妇女的一些规定,这就是“三不去”:一是经持舅姑之丧不去,即操持公婆丧事,或者为公婆守丧三年者,不可以离婚;二是先贫贱后富贵不去;三是有所娶无所归不去,即妻子离婚后无处可归的不可以离婚。但妻犯义绝、淫逸、恶疾者,不受三不去的限制。

②义绝。义绝是我国古代封建社会特有的一种强制离婚制度,词义为夫妻的情义乖离、其义已绝。《唐律疏议》:“夫妻义和,义绝则离。”义绝是指夫妻之间或者夫妻一方与他方亲属间或者双方的亲属间出现了一定的事件,经官司处断后,认为夫妻之义当绝,则强迫离异,若不离异,即予处罚。[10] 义绝的事由,《唐律》《宋刑统》规定为五种:一是夫殴妻之祖父母、父母及杀妻外祖父母、伯叔父母、兄弟、姑、姊妹;二是夫妻祖父母、父母、外祖父母、伯叔父母、兄弟、姑、姊妹自相杀;三是妻殴詈夫之祖父母、父母,杀伤夫之外祖父母、伯叔父母、兄弟、姑、姊妹;四是妻与夫之缌麻以上亲、夫与妻母奸;五是妻欲害夫者,虽会赦,但为义绝。在明清,义绝的事由增多,诸如妻背夫在逃、妻殴夫、妻杀妾子、妻魇魅其夫等。

③和离。是指男女双方合意离婚。《唐律》规定:“若夫妻不相安谐而和离者,不坐。”即“谓彼此情不相得,两愿离者,不坐”,明清称之为“两愿离”。和离是以夫妻双方的合意为其要件,实际上还是要得到父母的同意,并且大多以夫家一方的意思而离婚,妻的合意并无实质性的意义。不过,和离多数并非两愿离婚,多数成为夫家为避免出妻、弃妻的恶名及家丑外扬而逼妻离婚的一种手段而已。

(2)中国近代的离婚制度

清末民初,中国的离婚制度发生了重大变化,以《大清民律草案》《民国民律草案》制定为标志。在这个时期,我国的民事法律制度处于变动时期,一方面在向近现代民法转变;另一方面封建伦理道德不愿意退出历史舞台。在离婚制度上更是如此,清廷一再强调,三纲五常是数千年相传之国粹,立国之大本,不可率行变革,庶以维天理民彝于不弊。

《大清民律草案》第四编第四章第五节规定“离婚”,凡 11 个条文,其中规定了合意离婚和片意离婚。第 1359 条规定:“夫妻不相和谐而两愿离婚者,得行离婚。”两愿离

〔10〕 王洪:《婚姻家庭法》,法律出版社 2003 年版,第 154 页。

婚,须呈报于户籍吏登记而生效力。片意离婚采列举主义,规定了法定事由。这些规定与中国封建社会的离婚制度相比,是比较开明的。《民国民律草案》"离婚"规定在第四编第三章第四节,其基本内容与《大清民律草案》相似。

1928 年,国民政府曾经草拟《民法典》婚姻家庭法编,但是未经审议即告撤销。随后,民法起草委员会重新拟成《民法典》各编,亲属编于 1930 年 12 月 26 日公布,1931 年 5 月 5 日施行。离婚方式采用两种,即合意离婚和片意离婚。合意离婚规定夫妻两愿离婚者,得自行离婚,但未成年人应得法定代理人之同意。两愿离婚依照民间要式程序无须进行登记或者通过法院判决,但应以书面为之,并应有二人以上证人之签名。判决离婚,原则上采过错主义和列举主义,列举了十项法定事由:一是重婚者;二是与人通奸者;三是夫妻一方受他方不堪同居之虐待者;四是妻对于夫之直系尊亲属为虐待或受夫之直系尊亲属之虐待不堪为共同生活者;五是夫妻之一方以恶意遗弃他方在继续状态中者;六是夫妻之一方意图杀害他方者;七是有不治之恶疾者;八是有重大不治之精神病者;九是生死不明已逾三年者;十是被判处三年以上的徒刑或因犯不名誉之罪被处徒刑者。同时规定,关于第一项和第二项法定事由,有事前同意或者事后宥恕,或者知悉后已逾六个月,或者自其情事发生后已逾二年者,不得请求离婚。第六项和第十项,自权利人知悉后已逾一年,或自其情事发生后已逾五年者,不得请求离婚。

(三)我国现行离婚制度与指导思想

1. 我国离婚制度的确立与发展

1950 年《婚姻法》规定了新的婚姻制度,全面贯彻离婚自由原则,同时也反对在离婚问题上的轻率马虎态度,对离婚规定了较为严格的限制条件。其后,在适用该法的具体实践中,由于"左"的思想影响,在离婚的问题上出现了较大的偏差,尤其是在一系列政治运动中,"左"的思想越来越严重,请求离婚必须单位开证明同意;在法院诉讼离婚,多数被冠以"资产阶级思想"和"资产阶级生活方式"的帽子,以不准离婚作为惩罚手段,使很多名存实亡的婚姻关系在法律的名义下"维持"下来。因此,"维持会"成为当时很多婚姻家庭的代名词。

1980 年《婚姻法》在第四章专门规定"离婚",继续肯定协议离婚和判决离婚两种离婚方式。在离婚制度上的最重大修改,是规定了离婚理由,把"感情确已破裂"作为判决离婚的实质要件。这样规定,既坚持了婚姻自由原则,又赋予法院一定的灵活性,比较符合实际情况。2001 年修订《婚姻法》,对婚姻家庭制度进行了重大修改,离婚制度也出现了较大变化。《民法典》在《婚姻法》规定的基础上,对我国离婚制度作了进一步完善。

2. 我国现行离婚制度指导思想

我国现行离婚制度的指导思想是保障离婚自由,反对轻率离婚。

婚姻自由权是我国自然人的民主权利,实行婚姻自由是《民法典》婚姻家庭编的基本原则,婚姻自主权是《民法典》规定的自然人的人格权。而离婚自由是婚姻自由和婚姻自主权的基本内容之一,婚姻自由不能只有结婚自由而没有离婚自由。缺少离婚自由,婚姻自由和婚姻自主就不完整。因此,保障离婚自由是我国婚姻家庭法的一贯精神,它不仅符合婚姻的本质要求,而且符合社会内在稳定的要求。因此,保障离婚自由是实现男女平等、保障人民权利、促进社会进步的重要措施。

在保障离婚自由的同时,婚姻家庭法也反对轻率离婚。如果在婚姻关系尚可存续的情况下,轻易、草率地将婚姻关系予以解除,无论对个人还是对家庭以及社会,都会造成较大的伤害。因此,婚姻家庭法主张,在婚姻生活出现一些本属于正常的暂时失调或者局部冲突时,不应当将离婚作为解决矛盾的唯一手段,反对轻率离婚仍然是我国离婚制度的重要指导思想。

二、离婚程序

(一)离婚程序及其意义

离婚,是重要的身份法律行为,必须经过法定的程序,才能发生解除婚姻关系的法律后果。因此,各国家和地区亲属法都规定了离婚程序,婚姻关系当事人要解除婚姻关系,必须按照法定程序进行。各国家和地区规定的离婚程序有以下几种。

1. 户籍登记程序

有的亲属法规定,离婚需要当事人合意,达成离婚协议之后,由法律规定的特定身份的见证人见证,由户籍机关按照户籍法的规定对协议离婚进行登记,即发生离婚的法律后果。如我国台湾地区、日本采此种登记程序。

2. 行政登记程序

有的亲属法规定,婚姻双方当事人达成离婚合意之后,离婚协议应当经过行政程序获得批准,方发生离婚的效果。例如,《墨西哥民法典》第 272 条规定:"夫妻双方自愿离婚,应亲自到其住所地的民事登记处官员面前声明,由民事官员制作一项记录,载明他们的离婚请求,并在 15 日内传唤双方前来确认上述记录,如果当事人双方都表示同意,民事登记处官员就应宣布他们离婚。"我国属于这种离婚程序,现行的协议离婚必须经过行政登记程序。

3. 司法裁决程序

各国亲属法一般都规定了离婚的司法程序,又分为两种:一种是对协议离婚的司法裁决程序;另一种是片意离婚的司法裁决程序。在协议离婚的司法裁决程序中,当事人的离婚协议必须经过法院的裁决才发生法律效力。法国实行这种协议离婚的裁决程序,规定如果夫妻双方共同请求离婚,无须说明理由,夫妻双方仅应将处理离婚后果的协议草案呈报法官批准。在片意离婚的司法裁决程序,一方当事人须向法院提出离婚请求,由法院依照审判程序进行审理,依法作出裁决。我国的司法裁决程序属于后一种,是对片意离婚的司法裁决程序,对于具有离婚合意,在子女抚养和财产分割方面有争议的,也应经过司法裁决程序确定。

离婚之所以要规定严格的程序,是因为通过离婚解除婚姻关系会产生一系列法律后果。(1)通过严格的程序,可以促使当事人对离婚的选择予以慎重对待。(2)通过严格的程序,将离婚的各方面法律后果予以明确,确定与离婚相关的事项,在法律上作出确定的处理,确定应当明确的权利义务关系。(3)通过严格的程序,对社会取得公示的效果,不仅公告婚姻双方当事人之间的婚姻关系消灭,而且对他们的财产权益变化也具有物权属性的公示性。

(二)登记离婚

1.登记离婚的概念和特点

登记离婚也叫作两愿离婚、协议离婚、自愿离婚,是指婚姻关系因双方当事人的合意,并经过行政登记程序而解除婚姻的离婚方式。我国《民法典》第1076条规定:"夫妻双方自愿离婚的,应当签订书面离婚协议,并亲自到婚姻登记机关申请离婚登记。离婚协议应当载明双方自愿离婚的意思表示和对子女抚养、财产以及债务处理等事项协商一致的意见。"

我国登记离婚的特点是:

(1)登记离婚的基础是合意离婚。自愿离婚,就是合意离婚。片意离婚不能经过行政登记程序而发生离婚的法律后果。

(2)登记离婚的性质是直接协议离婚。在协议离婚中,分为直接协议离婚和间接协议离婚。直接协议离婚是直接依据当事人的离婚协议,履行必要的程序后,即产生离婚的法律后果。间接协议离婚,是指由协议别居转变为离婚,即夫妻在法律上或者事实上不中断地别居达到一定的期间后,可因双方的共同请求转变为解除婚姻关系,因此间接协议离婚也叫作协议别居离婚。我国法律不承认别居制度,没有间接协议离婚。

(3)登记离婚须进行行政登记方可发生法律效力。协议离婚必须经过法律规定的行政登记程序,即通过婚姻登记机关的确认。只有经过婚姻登记机关登记,发给离婚证的,才能发生解除婚姻关系的效力。

2.登记离婚的条件

登记离婚的条件,是指登记离婚的实质性要件。在婚姻家庭法理论上,登记离婚的实质要件分为必要性要件和限制性要件。前者是指登记离婚的必要的、积极的条件,这些要件一般是指当事人具有完全行为能力、意思表示真实、针对离婚后果作出了一致的安排等。后者是指登记离婚的排除性条件,即夫妻不得提出协议离婚申请的法定事由。诸如有的国家规定,申请协议离婚者,不得有未成年子女,结婚须届满一定期间,双方须达到一定的年龄等。

我国婚姻家庭法规定的登记离婚,没有规定限制性条件,规定的是必要性条件。

(1)登记离婚的男女双方必须具有合法的夫妻身份。离婚解除的是现存的合法婚姻关系,申请登记离婚的当事人之间必须存在合法的婚姻关系。对于无效婚姻、可撤销婚姻、准婚姻关系、非法同居等关系,不能以离婚的方式解除他们之间的关系。

(2)离婚当事人必须是完全民事法律行为能力人。离婚是解除当事人之间特定身份关系的民事法律行为,必须具有民事法律行为能力。《民法典》虽然没有直接规定这一条件,但此乃文中应有之义。离婚当事人如果不是完全民事法律行为能力人,即使达成离婚合意,也必须到法院依照诉讼程序处理,不能通过离婚登记程序解除婚姻关系。

(3)双方当事人必须达成离婚的合意。双方当事人登记离婚,必须存在离婚的合意。该合意是离婚的意思表示一致,必须是真实的,而不是虚假的,也不是一方胁迫另一方。因一时的气愤、感情冲动、欺诈、哄骗、胁迫达成的离婚协议,都不是真正的离婚合意。为了其他目的而进行虚假的离婚协议,也不是真正的离婚合意。《民法典》第1076条规定的"双方自愿",就是要求真实的、一致的离婚合意。

(4)对离婚后的子女抚养已经作出适当按排。登记离婚时,双方当事人必须对子女的抚养教育进行了合理的安排,并达成一致的协议。协议中应当包括对子女由何方抚养、抚养费的负担和给付期限及给付方式等。这些都必须有明确的、切实可行的协议。

(5)对夫妻共同财产作出适当处理。登记离婚必须对夫妻共同财产的分割作出适当的处理,包括共同财产如何进行分割,共同债务如何进行清偿,一方确有生活困难的如何给予适当的经济帮助等,都必须有明确的约定。

3. 登记离婚的冷静期

《民法典》第1077条规定:"自婚姻登记机关收到离婚登记申请之日起三十日内,任何一方不愿意离婚的,可以向婚姻登记机关撤回离婚登记申请。前款规定期限届满后三十日内,双方应当亲自到婚姻登记机关申请发给离婚证;未申请的,视为撤回离婚登记申请。"

当前,我国的离婚率偏高。这在一定程度上说明我国在离婚上的限制较少,离婚比较容易。宽松政策给草率离婚、冲动离婚提供了机会,闪婚闪离的现象比较严重,对维护家庭稳定、保护子女利益不利。

登记离婚冷静期,是指婚姻双方当事人协议离婚,依照法律规定,在登记离婚时留出时间给当事人冷静思考,确定是否必须离婚,以减少冲动离婚、草率离婚的必要期限。实行离婚冷静期制度,对我国离婚制度的完善具有重要意义:第一,符合婚姻家庭制度的价值取向和基本原则,完善我国的离婚制度。第二,为行政主管部门在登记离婚中适用冷静期提供法律依据。第三,防止冲动离婚,保障婚姻的稳定,改善社会的不良风气。第四,协调当事人和未成年子女的利益,追求实质正义。

登记离婚冷静期制度不构成对离婚自由的限制。有人认为,离婚自由是我国婚姻家庭法的基本原则,是必须保障的,不应当对离婚自由加以任何限制,凡是加以限制的,就是限制离婚自由,就是违背婚姻自由原则。诚然,离婚自由同样是婚姻自由的权利不受干涉、不受拘束、不受限制的状态。但是,结婚离婚并不仅仅是男女双方的事,还涉及子女、亲属、家庭以及社会问题。《民法典》强调离婚自由,反对草率离婚,并将其作为一项政策的两端,必须兼顾而行。登记离婚冷静期针对的是冲动离婚、草率离婚,特别是"闪离",倡导考虑清楚之后再下决心离婚。故规定登记离婚冷静期并不是限制离婚自由,而是保障离婚自由的必要措施。

我国规定的离婚冷静期的规则如下:

(1)双方自愿离婚,到婚姻登记机关申请离婚,符合离婚条件的,暂时不发放离婚证,不马上解除婚姻关系。

(2)离婚冷静期是30日,自婚姻登记机关收到离婚登记申请之日起30日内,任何一方不愿意离婚的,都可以向婚姻登记机关撤回离婚登记申请。任何一方不同意离婚,就不构成两愿离婚,就不能到婚姻登记机构登记离婚。

(3)在30日的冷静期之内,经过冷静思考,双方仍然坚持离婚的,应当亲自到婚姻登记机关申请发给离婚证,婚姻登记机关应当对其进行离婚登记,登记之后,应当发放离婚证,解除婚姻关系。

(4)在30日的冷静期届满后的30日内,当事人未到婚姻登记机构申请离婚证的,视为撤回离婚登记申请,不发生离婚的后果。

登记离婚冷静期有前后两个30日。前一个30日是冷静期,满30日才可以申请发给离婚证;后一个30日是对申请发给离婚证规定的期限,即30日冷静期完成后,在其后的30日内不申请离婚证的,视为撤回离婚登记申请,放弃了登记离婚的机会。如果仍然主张登记离婚,需要再次提出登记离婚申请。

4. 登记离婚的程序

(1)申请。根据2003年《婚姻登记条例》第11条规定,当事人申请自愿离婚的,必须双方亲自到一方户口所在地的婚姻登记机关申请离婚登记。申请时,应当出具下列证件:①户口簿、身份证;②本人的结婚证;③双方当事人共同签署的离婚协议书。香港特别行政区居民、澳门特别行政区居民、台湾地区居民、华侨、外国人除了应当出具上述第2项和第3项规定的证件、证明材料外,香港特别行政区居民、澳门特别行政区居民、台湾地区居民还应当出具本人的有效通行证、身份证,华侨、外国人还应当出具本人的有效护照或者其他有效国际旅行证件。当事人出具的离婚协议书,应当载明双方当事人自愿离婚的意思表示,以及对子女抚养、财产以及债务处理等事项的协商一致的意见。

(2)审查。婚姻登记机关应当对当事人出具的有关材料进行严格的审查。审查的过程最主要的是离婚登记当事人出具的证件、证明材料进行审查并询问相关情况。审查双方当事人对离婚是否达成一致意见,有无欺诈、胁迫、弄虚作假等违法现象,对子女安排和财产分割是否合理等。当事人应当提供真实情况,不得隐瞒或者欺骗。婚姻登记机关发现离婚当事人有违反婚姻法的行为,应当进行批评教育,不予登记。对于触犯刑律的,应当追究刑事责任。

(3)登记。婚姻登记机关经过审查后,查明当事人双方确属自愿离婚,并且已经对子女抚养、财产、债务等问题达成一致处理意见的,应当在冷静期的期限完成后,予以登记,发放离婚证,正式解除双方当事人之间的婚姻关系,其登记的其他事项也同时发生法律效力。

(三)诉讼离婚

1. 诉讼离婚的概念和适用范围

(1)诉讼离婚的概念

诉讼离婚也叫裁判离婚,是指夫妻一方当事人基于法定离婚原因,向人民法院提起离婚诉讼,人民法院依法通过调解或判决而解除当事人之间的婚姻关系的离婚方式。

(2)诉讼离婚的特点

第一,诉讼离婚是对真正有争议的离婚事件进行裁判。尽管对于双方达成协议的合意离婚也可以诉讼离婚,但是,真正的诉讼离婚程序是为了解决一方坚持离婚、另一方不同意离婚的纠纷而设置的。

第二,诉讼离婚是典型的合并之诉。离婚诉讼绝不是仅对离婚进行审理,还要对由于离婚而引起的其他法律后果进行审理,例如,子女抚养、财产分割、经济扶助、子女探望、离婚过错损害赔偿问题等。这些都合并在一起进行审理。

第三,诉讼离婚实行调解先置程序。法官在审理离婚案件时,必须依照职权进行调解,在审理中更多地实行职权主义,这样才能适应离婚诉讼的特殊性。

(3)离婚诉讼的适用范围

我国离婚诉讼适用于以下三种离婚纠纷:一是夫妻一方要求离婚,另一方不同意离婚的;二是夫妻双方都愿意离婚,但在子女抚养、财产分割等离婚后果问题上不能达成协议的;三是夫妻双方都愿意离婚,并对子女抚养、财产分割等离婚后果达成协议,但未依法办理结婚登记手续而以夫妻名义共同生活且为法律所承认的事实婚姻。除此之外,对于符合登记离婚条件的合意离婚,如果当事人基于某种原因不愿意进行登记离婚的,也可以采取诉讼离婚。

2. 诉讼离婚的一般程序

诉讼离婚的程序适用《民事诉讼法》和《民法典》婚姻家庭编的规定。其主要分为三个阶段:

(1)起诉和答辩

当事人起诉离婚,应当由原告向人民法院提出。离婚案件的管辖,应当由被告住所地人民法院管辖,被告住所地与经常居住地不一致的,由经常居住地人民法院管辖。具体规则如下:

第一,双方当事人均为军人或者军队单位的民事案件由军事法院管辖。

第二,夫妻一方离开住所地超过一年,另一方起诉离婚的案件,可以由原告住所地人民法院管辖。夫妻双方离开住所地超过一年,一方起诉离婚的案件,由被告经常居住地人民法院管辖;没有经常居住地的,由原告起诉时被告居住地人民法院管辖。

第三,在国内结婚并定居国外的华侨,如定居国法院以离婚诉讼须由婚姻缔结地法院管辖为由不予受理,当事人向人民法院提出离婚诉讼的,由婚姻缔结地或者一方在国内的最后居住地人民法院管辖。

第四,在国外结婚并定居国外的华侨,如定居国法院以离婚诉讼须由国籍所属国法院管辖为由不予受理,当事人向人民法院提出离婚诉讼的,由一方原住所地或者在国内的最后居住地人民法院管辖。

第五,中国公民一方居住在国外,一方居住在国内,无论哪一方向人民法院提起离婚诉讼,国内一方住所地人民法院都有权管辖。国外一方在居住国法院起诉,国内一方向人民法院起诉的,受诉人民法院有权管辖。

第六，中国公民双方在国外但未定居，一方向人民法院起诉离婚的，应由原告或者被告原住所地人民法院管辖。

第七，已经离婚的中国公民，双方均定居国外，仅就国内财产分割提起诉讼的，由主要财产所在地人民法院管辖。

(2)调解

调解是审理离婚案件的必经程序。《民法典》第 1079 条第 2 款规定："人民法院审理离婚案件，应当进行调解……"按照这一规定要求，离婚案件未经调解，法院不能直接作出离婚判决。

调解解决离婚案件，也是诉讼离婚。因为诉讼中的调解，是人民法院行使审判权的重要方式，调解书确认的条款具有和判决书同样的法律效力，因此，法院调解与诉讼外的调解具有本质不同。

法院应当通过调解，充分听取双方当事人的意见，了解当事人离婚的原因、双方分歧的焦点，以及有无和好的可能，进而根据纠纷的具体情况，做好当事人的思想工作，以平息纠纷，妥善处理。经过调解，如果当事人同意和好，由原告撤诉或者将和好协议记录在案，即可终止离婚诉讼。如果达成离婚协议，法院则按照调解协议制作调解书，送达当事人，双方当事人签收后，即发生法律效力，婚姻关系即告解除。如果调解无效，法院则应当作裁判的工作。

(3)判决

对于调解无效的离婚案件，人民法院应当依法判决。调解不成，需要判决的离婚案件，处理的规则是：

第一，坚持查明事实，以查明的事实为根据进行判决。确定判决离婚的条件以感情确已破裂为标准。

第二，对于符合夫妻感情确已破裂、符合法律规定的准予离婚的条件的，应当判决离婚，并对子女抚养、财产分割等一并作出判决。

第三，对于感情尚未真正破裂，不符合法律规定准予离婚的条件的，应当判决不准离婚。

第四，无论是判决准予离婚还是不准离婚的，当事人都可以在收到判决书的次日起 15 天内提出上诉。在上诉期内没有上诉的，一审判决发生法律效力。当事人未上诉的一审离婚判决在上诉期届满发生法律效力后，人民法院应当向当事人出具判决书生效证明书并加盖院印，确认该判决书已经发生法律效力。

第五，当事人上诉的，二审人民法院仍然应当进行调解，调解无效的，依法作出准予离婚或者不准离婚的判决，判决书一经送达即发生法律效力。

3. 诉讼离婚的特别程序

诉讼离婚的特别程序，是指在诉讼离婚的程序中，对某些离婚请求权的限制性程序，也叫作离婚请求权的限制。

(1)对男方离婚请求权的限制

《民法典》第 1082 条规定："女方在怀孕期间、分娩后一年内或者终止妊娠后六个月内,男方不得提出离婚;但是,女方提出离婚或者人民法院认为确有必要受理男方离婚请求的除外。”这是对男方离婚请求权的限制。

限制男方离婚请求权,是为了保护妇女和子女的合法权益。原因是在法律规定的上述三个期间,女方在身体上、精神上都有很重的负担,如果在这个时期对女方的身体上、精神上增加过重的负担,对女方本人,以及对正在孕育的胎儿、出生后的婴儿,都会造成严重影响。因此,在这个时期禁止男方提出离婚请求是完全必要的。

法定的限制男方离婚请求权期间分为三种。第一种是女方怀孕期间。如果起诉时并没有发现女方怀孕,而是在审理中或者审理结束时发现女方怀孕,也适用该规定,驳回原告的诉讼请求;即使在一审判决作出、二审期间发现的,也应当撤销原判,驳回原告的诉讼请求。第二种是女方在分娩后一年内。无论女方分娩后婴儿是活着出生还是死胎,均受该期间的限制。第三种是女方终止妊娠后6个月。在此期间,无论女方出于何种原因终止妊娠的,男方都不得提出离婚诉讼。该三个期间是法定期间,是不变期间,不适用诉讼时效关于中止、中断和延长的规定。

该期间的例外规定:一是女方提出离婚的,不受该期间的限制。这是因为女方在该期间提出离婚,自己的思想已经有所准备,在她的价值衡量上认为离婚才能更好地保护自己和胎儿的利益。二是如果法院认为确有必要受理男方的离婚诉讼,则不受该期间的限制。对此,法院应当严格把握“确有必要”的尺度。例如,在此期间双方确实存在不能继续共同生活的重大而紧迫的情事,一方对他方有危及生命、人身安全的可能,女方怀孕是因与他人通奸所致等,均为确有必要。

(2)对现役军人配偶离婚请求权的限制

《民法典》第1081条规定:“现役军人的配偶要求离婚,应当征得军人同意,但是军人一方有重大过错的除外。”这种离婚请求权的限制,在1950年和1980年《婚姻法》中都有规定,限制的条件更为苛刻,即现役军人的配偶要求离婚的,必须军人同意,军人不同意离婚的,就不能判决离婚。2001年《婚姻法》对此作出了新规定,在坚持这一原则的情况下,对于军人一方有重大过错的,不受这一规定的限制。《民法典》继续坚持这样的规定。

对该离婚请求权的限制,限制的是实体请求权,即现役军人的配偶可以起诉离婚,但是只要军人一方没有重大过错,且军人一方不同意离婚的,法院就判决不准离婚。

对该离婚请求权的限制,以非军人一方配偶的对方身份确定,起诉的一方是非军人,对方是军人的,即受该条款的限制。军人之间的离婚诉讼,军人起诉非军人的离婚诉讼,不受该条款的限制。至于现役军人的范围,是指正在人民解放军和人民武装警察部队服现役,具有军籍的干部和士兵;不包括没有军籍的职工,转业、退伍、退休、离休的军人和已经退役的革命残疾军人,以及编入民兵组织或者预备役的军官、士兵,以及正在劳动教养或者服刑的军人。

重大过错,可以依据《民法典》第1079条第3款前三项规定及军人有其他重大过错导致夫妻感情破裂的情形予以判断,即军人一方的重大过错包括:重婚或者与他人同居,实施家庭暴力或虐待、遗弃家庭成员,有赌博、吸毒恶习屡教不改,其他重大过错如强奸妇女、奸淫幼女、嫖娼等违法犯罪行为的。

(3)对判决不准离婚再次起诉一方的离婚条件的限制

对已经起诉离婚法院判决不准离婚的当事人再次起诉离婚的，应当适用《民法典》第 1079 条第 5 款规定："经人民法院判决不准离婚后，双方又分居满一年，一方再次提起离婚诉讼的，应当准予离婚。"

这一规定在实体上增加了离婚诉讼的难度，以便使冲动离婚、草率离婚的人有更多的时间冷静下来，稳定婚姻关系。第一，判决不准离婚之后，双方须分居，而不是继续同居；第二，分居时间应当满一年，不足一年的不能提起离婚的诉讼请求。符合上述两个条件的，一方再次提出离婚诉讼的，应当准予离婚。

三、离婚法定理由

(一)离婚法定理由概说

我国婚姻家庭法对离婚法定理由的规定经历了一个发展的过程。1950 年《婚姻法》没有规定离婚条件。1980 年《婚姻法》规定了概括的"夫妻感情确已破裂"的标准，没有作出具体规定，被称为"单一的破裂主义原则"。这种概括性的规定，在司法实务中的可操作性不强。

为了解决这个问题，最高人民法院在 1989 年制定了《关于人民法院审理离婚案件如何认定夫妻感情确已破裂的若干具体意见》，列举了可以认定夫妻感情确已破裂的 14 种情形，这些规定是对实践经验的总结，有助于认定夫妻感情是否确已破裂。

在 2001 年修改《婚姻法》的过程中，绝大多数学者主张在坚持破裂主义的同时，应当规定离婚法定理由，取得了立法机关的支持。立法确定的基本原则，就是坚持实行破裂离婚主义，同时增加离婚法定理由的列举，实行了离婚法定理由的混合主义立场。

在如何规定具体的离婚法定理由时，其蓝本就是上述 1989 年司法解释的规定。在这 14 种情形中，有些并不是判断夫妻感情确已破裂的标准，例如，一方患有法定禁止结婚的疾病，或一方有生理缺陷及其他原因不能发生性行为，且难以治愈；婚前隐瞒了精神病，婚后经治不愈，或者婚前知道对方患有精神病而与其结婚，或一方在夫妻共同生活期间患精神病，久治不愈的；一方欺骗对方，或者在结婚登记时弄虚作假，骗取《结婚证》等，都不是感情确已破裂的标准，而是无效婚姻、可撤销婚姻的法定事由，或者是影响婚姻目的实现的客观事由。在规定具体的离婚法定事由的时候，必须进行筛选，准确规定。

(二)离婚法定事由的内容

1. 基本事由

依照《民法典》的规定，判决离婚的基本法定事由是夫妻感情确已破裂。

在 2001 年修改《婚姻法》的过程中，很多学者主张用夫妻关系确已破裂代替夫妻感情确已破裂，认为前者更为客观，更容易掌握，但是立法机关没有采纳这种主张，仍然在《婚姻法》第32条第2款规定:“人民法院审理离婚案件,应当进行调解;如感情确已破裂,调解无效,应准予离婚。”《民法典》第1079条仍然坚持这一原则,确认夫妻感情确已破裂的含义是,夫妻之间感情已不复存在,已经不能期待夫妻双方有和好的可能。

夫妻感情虽然属于主观的心理范畴,但是,任何主观心理的意识总是会在人的行为中表现出来,因而可以依据行为人的客观表现推断其主观心理。确定夫妻感情确已破裂的客观表现的标准是:

(1)从主观上的标准观察,就是夫妻共同生活不复存在,而且不能期待恢复共同生活。判断夫妻感情是否确已破裂,应当从婚姻基础、婚后感情、离婚原因、夫妻关系的现状和有无和好的可能等方面综合分析。这五个方面完整地反映了一个婚姻关系的具体情况,可以据此确定双方当事人的夫妻共同生活是否不复存在,是否不能期待恢复共同生活。

(2)从客观标准观察,就是调解无效。《民法典》第1079条规定“调解无效”作为判决离婚的条件之一,并不是任意的、可有可无的,而是必要的。离婚调解应当认真进行,真正做好思想工作,使当事人能够正视离婚的现实影响和不利结果,尽可能做好和好工作,而不是敷衍了事。经过这些工作之后仍然无法使当事人放弃离婚要求的,才能认定为调解无效。在实践中,将这两个标准结合在一起,就可以判断一个婚姻关系是否为夫妻感情确已破裂。

2. 具体事由

《民法典》第1079条第3款规定以下事由是离婚法定事由。

(1)重婚或者与他人同居。重婚是指有配偶者而与他人结婚的行为,包括有配偶者而与他人进行结婚登记,以及有配偶者而与他人以夫妻名义共同生活的事实重婚。违反一夫一妻原则而重婚,不仅是一般的违法行为,而且构成犯罪。如果对方提出离婚请求,构成判决离婚的法定理由,应判决离婚。如果重婚方提出离婚的,应审查婚姻关系是否确已破裂,对确已破裂的,判决离婚。重婚方构成重婚罪的,依法追究刑事责任。

与他人同居,是有配偶者与婚外异性不以夫妻名义,持续、稳定地共同居住。配偶互负忠实义务。狭义的忠实义务是指配偶的专一性生活义务,也称不为婚外性生活的义务。配偶在婚姻之外发生性行为,与其他异性同居,构成对忠实义务的违反,对婚姻关系造成很大威胁。因此,配偶一方与他人同居,是离婚的法定事由,对方起诉离婚的,法院应当判决准予离婚。在过错方请求离婚的情形下,不应把处理其错误行为与是否判决离婚等同起来,过错方坚决要求离婚的,如果确无和好可能,无论对方配偶是否同意,均视为婚姻关系无可挽回的破裂,可以判决离婚。

(2)实施家庭暴力或虐待、遗弃家庭成员。在婚姻家庭领域,必须贯彻宪法规定的维护人格尊严、确保人身安全的基本人权原则,禁止实施家庭暴力,禁止对家庭成员进行虐待或者遗弃。因此,《民法典》规定实施家庭暴力,或者虐待、遗弃家庭成员的,是法定离婚事由。

家庭暴力,是指行为人以殴打、捆绑、残害、强行限制人身自由以及其他手段,给对方配偶以及家庭成员的身体、精神等方面造成损害后果的行为。虐待,是指经常以打骂、冻饿、禁闭、有病不予治疗、强迫过度劳动、限制人身自由、凌辱人格等方法，对共同生活的家庭成员进行肉体上、精神上的摧残和折磨的行为。[11] 持续性、经常性的家庭暴力，构成虐待。遗弃，是指负有扶养义务的家庭成员拒不履行扶养义务的行为。

上述三种行为，都违反了法律的规定，都是夫妻感情确已破裂的客观表现，为判决离婚的法定理由。人民法院应在查明事实的基础上，根据实施家庭暴力以及虐待、遗弃的不同程度区别处理。对于情节轻微的，首先应对行为人进行批评教育，责令其改正错误；如果行为人承认并愿意改正错误，应做好调解工作，对方配偶愿意谅解的，可以不判决离婚；经常发生虐待、遗弃行为，经教育不改，对方不予谅解的，应判决离婚；情节严重构成犯罪的，应依法追究刑事责任。在适用本条规定的离婚法定事由时，应当注意：对配偶一方实施家庭暴力、虐待、遗弃的，适用本条规定的离婚法定事由；对其他家庭成员实施家庭暴力、虐待、遗弃的，也适用本条规定；对方配偶提出离婚的，也为离婚的法定事由，应当准予离婚。

（3）有赌博、吸毒等恶习屡教不改。配偶一方有恶习，差不多都是各国亲属法规定的离婚法定事由，我国具体规定为赌博、吸毒等恶习屡教不改。构成这一离婚法定事由须满足两个条件：一是配偶一方确有赌博、吸毒等恶习；二是经教育、劝说屡不改正。如果配偶一方仅是曾经有过赌博、吸毒的历史，或者情节轻微，可以改过，不能认为就是“恶习”。达到恶习的程度，应当具有屡教不改的情节。

另外，赌博、吸毒仅是一般的例示性的规定，其他恶习诸如酗酒、嫖娼、卖淫、淫乱、好逸恶劳等，屡教不改的，也作为离婚的法定事由。

（4）因感情不和分居满二年。经过一定期间的分居，是各国亲属法普遍规定的离婚法定事由。我国《民法典》也规定了这一离婚法定事由。有的学者认为，这里规定的分居就是别居，[12] 值得商榷，因为分居与别居是有区别的。

分居是指配偶双方拒绝在一起共同生活，互不履行夫妻义务的行为。在主观上，配偶确有分居的愿望，拒绝在一起共同生活；在客观上，配偶的夫妻共同生活完全废止，分开生活。按照法律规定，这种状态已满二年的，构成离婚法定事由。对于因客观原因而引起的“分居”，如夫妻原本就两地生活，或者一时气愤而分开居住的，不构成分居的离婚法定事由。

（5）其他导致夫妻感情破裂的情形。法律难以穷尽所有可据以认定夫妻感情确已破裂的理由，故作此弹性规定。其他原因，无论是主观原因还是客观原因，是否构成离婚法定事由，其判断标准是该原因是否直接引起了夫妻感情破裂，且经调解后仍无法挽回。符合这一要求的，构成离婚的法定理由，人民法院应据此判决离婚；否则不能作为判决离婚的法定理由。例如，一方被依法判处长期徒刑，或其违法犯罪行为严重伤害夫妻感情的，如犯强奸罪、奸淫幼女罪等不名誉犯罪的，应视为夫妻感情确已破裂。对其他有违法犯罪因素的离婚案件，不能断然作为离婚法定事由，而应认真考察婚姻关系是

---

〔11〕《中华法学大辞典》，中国检察出版社2003年版，第503页。

〔12〕王洪：《婚姻家庭法》，法律出版社2003年版，第179页。

否确已破裂，只有确属婚姻关系破裂的，才能判决离婚。

对于在社会生活中出现较大、较多争议的侵害生育权的问题，最高人民法院原《关于适用〈中华人民共和国婚姻法〉若干问题的解释（三）》第9条作出规定："夫以妻擅自中止妊娠侵犯其生育权为由请求损害赔偿的，人民法院不予支持；夫妻双方因是否生育发生纠纷，致使感情确已破裂，一方请求离婚的，人民法院经调解无效，应依照婚姻法第三十二条第三款第（五）项的规定处理。"这个原则是：首先，不承认中止妊娠的行为是侵害生育权，因此，丈夫以妻子中止妊娠侵害其生育权为由请求损害赔偿的，人民法院不予支持。这是因为，中止妊娠是女性的一项权利，应当依法保护，而不是侵害生育权。其次，如果夫妻双方是因为是否生育问题发生纠纷，导致感情确已破裂的，应当认为是夫妻感情确已破裂的一种表现，因此可以认定为属于《民法典》第1079条第3款第5项规定的"其他导致夫妻感情破裂的情形"，可以判决离婚。

夫妻一方下落不明满二年，经利害关系人的申请，被人民法院宣告失踪的，当事人双方在事实上已经终止了夫妻的共同生活。如果另一方提出离婚的诉讼请求，则表明其已经失去了对婚姻的期待，应当认定为夫妻感情确已破裂，符合离婚的法定事由。

四、离婚的法律后果

（一）离婚解除婚姻关系的时间

离婚的法律后果是解除当事人之间现存的婚姻关系。《民法典》第1080条规定："完成离婚登记，或者离婚判决书、调解书生效，即解除婚姻关系。"

在离婚过程中，确定婚姻关系解除的时间是：

1. 登记离婚的婚姻关系解除时间

登记离婚是完成离婚登记，即离婚的请求登记在婚姻登记机关的登记簿上的时间，即时发生解除婚姻关系的效果。因此，要求婚姻登记机关在发给当事人离婚证的时候，离婚证上填写的时间应当与婚姻登记簿的登记时间一致，以准确证明当事人完成登记离婚即该婚姻关系解除的时间。

2. 诉讼离婚的婚姻关系解除时间

诉讼离婚是在法院作出判决书或者调解书，且在判决书或者调解书发生法律效力时，婚姻关系正式解除，双方不再存在配偶关系。当事人领取离婚判决书或者调解书后，应当在裁判文书生效后，及时向法院申请开具裁判文书的生效证明。人民法院应当开具裁判文书生效证明。离婚的裁判文书生效证明，是对准许或者调解离婚的裁判文书生效、当事人之间的婚姻关系解除具有证明力的公文书。经裁判文书确定的离婚当事人，在申请再婚、产权变更或户口分户，除了应当出具裁判文书之外，还须出具人民法院判决、调解生效证明书。不能出具的，相关部门不能确定该判决书、调解书是否发生法律效力。

（二）配偶权消灭

离婚的法律后果，是指离婚所发生的各种法律效力。离婚对亲属身份的法律后果，最集中地表现在配偶权的消灭。消灭了配偶权，原婚姻关系的当事人就不再存在任何权利义务关系。

1. 夫妻身份关系消灭

夫妻的身份关系以结婚为发生的法定事由，双方互为配偶，具有配偶的固定称谓和身份。一经离婚，夫妻之间的婚姻关系即行解除，夫妻之间的配偶身份即告消灭。离婚使配偶权消灭，关于夫妻之间的权利义务都已经随着配偶权的消灭而消灭。例如，不再存在同居义务，不再受忠实义务的约束，不再对对方负有救助、扶养的义务等。

2. 结婚自由恢复

在婚姻关系当事人离婚、解除了配偶身份关系时，即行恢复结婚自由权。对外，该当事人不再负有不得与他人结婚的负担，成为可以结婚的“自由人”。

3. 配偶之间的继承权消灭

配偶之间有相互继承遗产的权利，并且是第一顺序的法定继承人。这种权利以配偶关系的存在为前提。离婚发生法律效力后，其法律后果之一，就是消灭他们之间的继承权，任何一方都不是对方遗产的法定继承人，无权再以配偶的身份继承对方的遗产。

4. 姻亲关系消灭

姻亲的发生，基于配偶结婚的事实。离婚后，姻亲关系是否消灭，我国立法虽未作明确规定，但是在习惯上和法理上采消灭主义。这主要是考虑原来的直系姻亲之间能否结婚的问题。各国有的采取禁止主义，有的采取不禁止主义。我国婚姻家庭法并未明文禁止直系姻亲间结婚，但是在习惯上不宜结婚。在因离婚而消灭了姻亲关系之后，原来的直系姻亲之间已经不再存在姻亲关系，因此应当认为可以结婚，没有结婚的法律障碍。

（三）离婚对财产关系的法律后果

夫妻关系解除之后，在财产方面所引起的法律后果，是夫妻共同财产关系消灭，需要对夫妻共同财产进行分割，对共同债务进行清偿。同时，还引起其他财产上的问题，如一方对他方的经济补偿和一方对他方的适当帮助。

1. 夫妻共同财产的分割和共同债务的清偿

对于离婚后夫妻共同财产的处理，《民法典》第1087条规定：“离婚时，夫妻的共同财产由双方协议处理；协议不成的，由人民法院根据财产的具体情况，按照照顾子女、女方和无过错方权益的原则判决。对夫或者妻在家庭土地承包经营中享有的权益，应当依法予以保护。”在这个问题上，最重要的就是分割夫妻共同财产和清偿夫妻共同债务。

2. 一方对他方的经济补偿

《民法典》第1088条规定：“夫妻一方因抚育子女、照料老年人、协助另一方工作等负担较多义务的，离婚时有权向另一方请求补偿，另一方应当给予补偿。具体办法由双方协议；协议不成的，由人民法院判决。”本条通过赋予经济补偿请求权对夫妻一方的家务劳动付出给予肯认，从总体上协调了夫妻双方的利益平衡，鼓励夫妻双方根据婚姻家庭生活的需要共同为婚姻家庭付出，在一定程度上消除离婚时弱势一方在经济上的后顾之忧，保障离婚自由的真正实现。[13]

夫妻离婚之后一方发生经济补偿责任的条件，是一方在家庭生活中付出较多义务。这是指在婚姻关系存续期间，夫妻一方比另一方付出的抚育子女、照料老人、协助另一方工作等义务更多，对家庭建设贡献较大。双方因为离婚而使婚姻关系解除，负担较多义务的一方享有补偿的请求权，可以向对方请求补偿，另一方应当予以补偿。具体补偿的方法及数额，由双方协议，协议不成的，由法院判决。

3. 一方对他方的适当经济帮助

《民法典》第1090条规定："离婚时，如果一方生活困难，有负担能力的另一方应当给予适当帮助。具体办法由双方协议；协议不成的，由人民法院判决。"该条规定的就是一方对另一方适当经济帮助。

在各国婚姻家庭法中，一般都规定了离婚后一方给付另一方扶养金。但是它与夫妻关系存续期间的扶养义务不同，只是派生于原存的夫妻关系的一种延伸责任。这种适当经济帮助义务应当是债的性质。

确定适当经济帮助义务的条件是：(1)要求适当经济帮助的一方确有困难。生活困难是指依靠个人财产和离婚时分得的财产无法维持当地的基本生活水平，生活难以维持，或者没有住房。(2)提供经济帮助的一方应当有经济负担能力。这种经济负担能力，不仅指实际生活水平，而且包括住房条件等。(3)接受帮助的一方没有再婚，也没有与他人同居。如果受助方已经再婚，或者与他人已经同居确立了准婚姻关系，适当经济帮助义务消灭，不再提供经济帮助。

应当注意的是，首先，适当经济帮助与经济补偿义务不同，经济补偿义务必须是夫妻一方在婚姻关系存续期间负担较多义务，离婚时才发生这种经济补偿义务，且是一次性义务；而适当经济帮助则是夫妻共同财产分割后一方还有生活困难时发生的经济帮助义务。其次，适当经济帮助义务与分割共同财产的适当照顾不同，适当照顾是分割共同财产时适当多分，而适当经济帮助义务是分割共同财产后，一方从自己的财产中，对对方进行帮助。

(四)离婚对子女抚养的法律后果

1. 亲权变更

离婚的直接法律后果是消灭原配偶之间的配偶权。同时，离婚的法律后果还有父母亲权的变更，而不是亲权消灭。《民法典》第1084条第1款规定："父母与子女间的关系，不因父母离婚而消除。离婚后，子女无论由父或者母直接抚养，仍是父母双方的子女。"

未成年子女与父母之间的权利义务关系是亲权。离婚后，父母与未成年子女之间的血缘关系不变，亲权也不会消灭；但是，亲权的内容会发生部分变更，这就是直接抚养

---

〔13〕 夏吟兰：《婚姻家庭编的创新和发展》，载《中国法学》2020年第4期。

人由原来的双方变更为单方,监护人也由原来的双方变更为单方。只是没有直接抚养未成年子女的一方当事人行使亲权受到一定的限制而已。

2. 确定直接抚养人、监护人

离婚导致夫妻之间婚姻关系的解除,由此带来的问题就是子女无法再继续与父母共同生活,必须解决应当随哪一方生活的问题。同样,既然未成年子女只能随哪一方共同生活,因此随之而来的就是其监护人的确定。在一般情况下,父或母谁是直接抚养人,谁就是监护人。

确定直接抚养人,应当遵守《民法典》第 1084 条第 3 款规定的基本规则:"离婚后,不满两周岁的子女,以由母亲直接抚养为原则。已满两周岁的子女,父母双方对抚养问题协议不成的,由人民法院根据双方的具体情况,根据最有利于未成年子女的原则判决。子女已满八周岁的,应当尊重其真实意愿。"

离婚后子女抚养的规则如下:

(1)不满 2 周岁即哺乳期内的子女,以由哺乳的母亲抚养为原则。原《婚姻法》第 36 条是将未成年子女分为哺乳期内的子女和哺乳期后的子女。对哺乳期究竟怎样掌握,并没有明确的规定。哺乳期的时间,司法解释曾经规定为 2 年。《民法典》对此不再采取哺乳期的做法,而是直接规定为不满 2 周岁的子女和已满 2 周岁的子女。这意味着,哺乳期就是 2 年,即使法条不规定哺乳期,在理论和实践中也会使用哺乳期的概念,应当按照这一规定解释。

(2)对已满 2 周岁的子女因抚养问题协议不成的,特别强调"按照最有利于未成年子女的原则"解决。对此,原《婚姻法》第 36 条的规定是"由人民法院根据子女的权益和双方的具体情况判决"。相比之下,新规则更体现了对未成年子女的照顾,有利于未成年子女的成长。最有利于未成年子女的原则,是要求进行利益衡量,选择对未成年子女最有利的方法,确定未成年子女的抚养问题。例如,在下列情形下由父方抚养,就符合最有利于未成年子女的原则:一是母方有久治不愈的传染性疾病或者其他严重疾病,子女不宜与母亲共同生活;二是母方有抚养条件但不尽抚养义务,而父方要求子女随其生活的;三是因其他原因,子女确实无法随母方生活的,如果父母双方协议随父方生活,对子女健康成长无不利影响的,也可以由父方抚养。

(3)8 周岁以上的未成年子女,应当尊重他们的选择,确定最有利于未成年子女的抚养方法。8 周岁以上的未成年人是限制民事法律行为能力人,已经具备了一定的识别能力,他们可以根据自己的识别能力作出判断,究竟随父还是随母生活对自己更为有利。在确定对他们的抚养问题时,尊重他们的意愿是有道理的。不过,8 周岁以上的未成年子女的识别能力毕竟有限。如果子女的选择对他们的成长不利,法官也可以作出另外的判决。

3. 子女抚养变更

(1)关于离婚后子女抚养关系变更

①对于子女抚养关系变更应另案处理。参考最高人民法院《关于人民法院审理离婚案件处理子女抚养问题的若干具体意见》第 15 条关于"离婚后,一方要求变更子女

抚养关系的……应另行起诉”的规定，这不是对原案判决子女抚养关系的改判，而是作为一个新案，由请求变更抚养关系的一方起诉，对方当事人应诉。

②要求变更子女抚养关系应当具有法定事由。参照上述司法解释第16条规定的4项具体的法定事由，可以确定：一是与子女共同生活的一方因患严重疾病或因伤残无力继续抚养子女的。二是与子女共同生活的一方不尽抚养义务或有虐待子女行为，或其与子女共同生活对子女身心健康确有不利影响的。三是8周岁以上未成年子女，愿随另一方生活，该方又有抚养能力的。对8周岁以上的未成年子女，要考虑他们自己的意愿。如果他们提出要随另一方生活，而该方又有抚养能力，能够很好地抚养子女的，这两个条件具备，应予变更子女抚养关系。四是有其他正当理由需要变更子女抚养关系的。

③准许父母双方协议变更子女抚养关系。协议离婚和判决离婚以后，要求变更子女抚养关系并非完全要向法院起诉，双方当事人达成了变更子女抚养关系的协议，只要没有违法事项和对子女成长不利的问题，应准许其变更子女抚养关系。

(2)关于子女抚育费的变更

子女抚育费的变更，是指父母双方离婚时已经协议确定或经判决确定给付子女抚育费的数额，子女在必要时向父母任何一方要求增加抚育费。对此，《民法典》第1085条第2款规定：“前款规定的协议或者判决，不妨碍子女在必要时向父母任何一方提出超过协议或者判决原定数额的合理要求。”

离婚后，一方要求变更子女抚养关系的，或者子女要求增加抚育费的，应另行起诉。

在现实生活中，夫妻离婚后，为子女姓氏的变更常常引起纠纷。对此，应当采取两种办法：第一，父母不得因子女变更姓氏而拒付子女抚育费。第二，父或母一方擅自将子女姓氏改为继母或继父姓氏而引起纠纷的，应责令恢复原姓氏。父或母离婚后与他人结婚，不得擅自将子女改为继母或继父的姓氏。在实际生活中，将子女改为继母姓氏的，极其罕见，一般是将子女改为继父的姓。更改姓氏的纠纷，主要是后者，如果一方擅自改换姓氏，而未经对方同意，改换姓氏的行为无效，应责令其恢复原姓氏。如果离婚后，母亲将子女由父姓改为己姓，按照《民法典》第1015条关于“应当随父姓或者母姓”的规定，于法相符，应予准许。另一方不得拒付子女抚育费。

(五)不直接抚养子女一方的探望权

《民法典》第1086条规定：“离婚后，不直接抚养子女的父或者母，有探望子女的权利，另一方有协助的义务。行使探望权利的方式、时间由当事人协议；协议不成的，由人民法院判决。父或者母探望子女，不利于子女身心健康的，由人民法院依法中止探望；中止的事由消失后，应当恢复探望。”

1. 探望权的概念和性质

探望权，是指夫妻离婚后，不直接抚养子女的父或母有探望子女的权利。直接抚养子女的一方有义务协助非抚养一方行使探望的权利。

探望权又称探视权，它起源于英美法系，为处理离婚后父母探视子女提供了法律依据，为各国立法和法理所接受。规定探望权的意义在于，保证夫妻离异后非直接抚养一方能够定期与子女团聚，有利于弥合家庭解体给父母子女之间造成的情感伤害，减轻子女的家庭破碎感，有利于未成年子女的健康成长。

探望权的性质是亲权的内容。这是因为，被探望的对象是未成年的子女，父母对未成年子女的权利是亲权，是对未成年子女的人身照护权和财产照护权。探望权就是亲权这种身份权的具体内容，是亲权的派生身份权，即亲权的具体内容。

2. 探望权的主体及行使方式

（1）探望权的主体与权利义务内容

探望权是和直接抚养权相对的一种权利。父母离婚后，如果子女由一方直接抚养，抚养方就成为子女亲权的主要担当人，即监护人，取得直接抚养权，非直接抚养方的亲权则受到一定的限制；与此同时，不直接抚养子女的父或母也自然享有对子女的探望权。该权利不是产生于父母之间的协议，也不需要法院判决确认。只要直接抚养权关系确定，非直接抚养一方的父或母的探望权也同时成立，自动取得。因此，探望权的主体是非直接抚养一方的父或母。而直接抚养方则是探视权的义务主体，应该履行协助探望权人实现探望权的义务。

（2）探望权的行使方式

探望权具有义务属性，权利人不得通过协议预先放弃，探望权的行使具有专属性，不得由他人代为行使。〔14〕 行使探望权，涉及直接抚养一方和子女的利益，因此有必要确定探望的时间和方式。行使探望权利的方式、时间由当事人协议；协议不成时，由人民法院判决。婚姻法确定的探望时间和方式有两种方式：父母协议和法院判决，并且确定了“协议优先”的原则。

探望的方式分为看望式探望和逗留式探望。看望式探望是指非抚养一方父或母以看望的方式探望子女。逗留式探望在约定或判决确定的探望时间内，由探望人领走并按时送回被探望的子女。两种探望方式各有优点和缺点。如看望性探望一般时间较短、方式灵活，但是不利于探望人和子女的深入交流。而逗留式探望的时间较长，有利于探望人和子女的深入了解和交流，但是直接抚养人则要承担不能和子女一起生活的不利后果。应该指出的是，探望权人按照协议或法院判决具体探望时，还应该考虑子女的意志。如果子女在约定或判决的探望时间不同意，探望权人不得强行探望。

3. 探望权的中止和恢复

探望权的中止，是指探望人具有探望权中止的法定理由时，由法院判决探望权人在一定时间内中止行使探望权的法律制度。

探望权是探望权人的法定权利，法律应该保护探望人的探望权，但是，探望权也涉及抚养方和子女的利益，可能损害相关人尤其是子女的合法权益，因此有必要从立法上加以限制。探望权中止制度，就是通过中止探望权人在一定时间内行使探望权，来保护

---

〔14〕 瞿灵敏：《探望权的理论反思与规则重构——兼论民法典婚姻家庭编探望权的立法完善》，载《江汉论坛》2018 年第 9 期。

相关人的权益。但是探望权毕竟是探望权人的一项重要的人身权利，中止探望权对探望权人影响巨大，法律也应该从制度上保障探望权人的探望权不被任意剥夺。我国《民法典》为平衡两者利益，通过立法的方式规定了探望权中止的法定理由和方式。

不利于子女身心健康，是探望权中止的法定理由。该法定理由既是人民法院判决的法律依据，也限制了人民法院的自由裁量权，保证了探望权人的探望权不被任意剥夺。《民法典》把"不利于子女的身心健康"作为探望权中止的唯一法定理由，体现了婚姻家庭法保护子女身心健康的立法倾向。

如上所述，中止探望权对探望权人影响巨大，也可能影响未成年子女的身心健康，因此《民法典》规定中止探望权的主体只能是人民法院，其他个人、组织或机关不得中止探望人的探望权。人民法院中止探望权必须通过审理，以判决的形式作出。探望权中止的事由消失以后，被中止的探望权予以恢复。探望权的恢复，可以由当事人协商，也可以由法院判决。当事人协商不成，当探望权中止的原因消灭以后，法院应当判决探望权恢复。

（六）离婚过错损害赔偿

1. 离婚过错损害赔偿的概念

《民法典》第1091条规定了离婚过错损害赔偿制度。这是原《婚姻法》没有规定过的，内容是："有下列情形之一，导致离婚的，无过错方有权请求损害赔偿：（一）重婚；（二）与他人同居；（三）实施家庭暴力；（四）虐待、遗弃家庭成员；（五）有其他重大过错。"

离婚过错损害赔偿，是指夫妻一方因为过错实施法律规定的违法行为，妨害婚姻关系和家庭关系，导致夫妻双方离婚的，过错方应当承担的侵权损害赔偿责任。

2. 确立离婚过错损害赔偿制度的理论基础

离婚过错损害赔偿制度并非始于今日。早在1907年的《瑞士民法典》中就规定了这一制度，1920年的北欧诸国也规定了这样的制度。日本亲属法没有规定，而是直接援引关于侵权行为的规定认定。[15]

在欧洲大陆国家和我国台湾地区的婚姻家庭法理论中，对于离婚过错损害赔偿区分为离因损害和离婚损害。离因损害是指夫妻之一方的行为是构成离婚原因的侵权行为时，他方可以请求因侵权行为所生的损害赔偿。例如，因杀害而侵害对方的生命、健康或人格，或因重婚、通奸等贞操义务的违反而侵害对方的配偶权等，都属于离因损害。离婚损害与离因损害不同，不具备侵权行为的要件，而离婚本身即构成损害赔偿的直接原因。例如，虐待他方直系尊亲属而离婚时，对对方配偶并不构成侵权行为，但他方配偶仍得请求损害赔偿。[16] 除此之外，还有侵害配偶人格权、侵害婚姻关系等观点。

---

〔15〕 林秀雄：《婚姻家庭法之研究》，中国政法大学出版社2001年版，第117页。
〔16〕 林秀雄：《婚姻家庭法之研究》，中国政法大学出版社2001年版，第115页。

离婚过错损害赔偿责任制度，从理论上应当是采离因损害理论作为基础。离婚损害和离因损害之间具有较大的区别，最主要的区别在于，离因损害讲究离婚的原因，是由于离婚原因的可归责性，而使离婚的过错一方应当承担侵权损害赔偿责任。而离婚损害不讲离婚的过错，只要是一方提出离婚，就应承担损害赔偿责任，或者说离婚本身就是对他方的损害。这不符合我国婚姻家庭法的立法原则，也违背我国侵权法的基本原则。而《民法典》第1091条明文规定的五种离婚过错损害赔偿的事由，都是讲的离婚的原因，而不是讲离婚的结果，因此可以确定，我国的离婚过错损害赔偿就是离因损害，而不是离婚损害。

3. 离婚过错损害赔偿责任的构成

顾名思义，离婚过错损害赔偿责任实行过错责任原则，因此，依照过错责任原则对侵权责任构成要件的要求，离婚过错损害赔偿责任构成需要具备以下四个要件。

（1）离婚过错损害赔偿责任的违法行为

构成离婚过错损害赔偿责任，首先须具备违法行为的要件。这个要件，在《民法典》第1091条中已经作了明确的规定。法律限定这五种违法行为为离婚过错损害赔偿责任的行为要件，超出这些行为的，不能认定为构成这种侵权责任。

在这五种违法行为中，重婚包括法律重婚和事实重婚；与他人同居，司法解释规定为有配偶者与婚外异性不以夫妻名义，持续、稳定地共同居住；实施家庭暴力，是指行为人以殴打、捆绑、残害、强行限制人身自由或者其他手段，给其家庭成员的身体、精神等方面造成一定伤害后果的行为；而持续性、经常性的家庭暴力构成虐待，负有扶养义务的家庭成员而拒不履行扶养义务的行为构成遗弃。

《民法典》增加规定“有其他重大过错”为离婚过错损害赔偿的违法行为，扩大了离婚过错损害赔偿责任的适用范围，增加了适用的弹性，有利于救济受到损害一方的合法权益，是一个正确的立法决策。这种行为，首先，在主观上要有重大过错。重大过错这一概念并不准确，因为过失有重大过失，故意却没有重大故意，所以，修饰过错不应当用“重大”的表述。不过，对此仍然可以准确理解，即行为人在主观上有故意或者重大过失。其次，在客观上行为人实施了侵害对方当事人合法权益的行为，使其造成了损害。这里没有要求行为的“重大”，因而只要行为人具有故意或者重大过失而实施的行为，给对方当事人的合法权益造成了损害，就符合这一事由的要求，就可以请求对方当事人承担离婚过错损害赔偿责任。

（2）离婚过错损害赔偿责任的损害事实

离婚过错损害赔偿责任的损害事实要件分成几个层次。

第一，就受到侵害的客体而言，有不同的权利。在这些行为中，重婚、与他人同居，侵害的是对方配偶的配偶权。实施家庭暴力、虐待、遗弃，都可能侵害配偶的身体权、健康权，也构成侵害配偶权，因为虐待、遗弃本身，就是对配偶权的侵害；同时也构成对配偶之外的其他家庭成员的身体权、健康权和亲属权、亲权的侵害。

第二，从受害人受到损害的事实性质观察，有人身损害和精神损害。

第三，从损害后果上观察，一是对配偶和其他家庭成员多种权利的侵害；二是对婚姻关系的损害,即由于上述违法行为而使配偶之间的婚姻关系解除,造成了离婚的后果,这是离婚过错损害赔偿责任损害事实的关键所在。

第四,受到损害的受害主体具有双重性。受害人可以是配偶一方,也可以是其他家庭成员。

(3)离婚过错损害赔偿责任的因果关系

离婚过错损害赔偿责任构成的因果关系要件较为特殊。在离婚过错损害赔偿案件中,因果关系的链条起码有两个环节,这就是:违法行为(重婚、与他人同居、实施家庭暴力、虐待或者遗弃)造成配偶权、身体权或者健康权、亲权或者亲属权等的损害;配偶权、身体权或者健康权、亲权或者亲属权的损害引起婚姻关系破裂的损害。这样多重的因果关系链条,更体现了我国离婚过错损害赔偿责任属于离因损害,而不是离婚损害。所以违法行为仅与第一个层次的损害事实之间有因果关系还不够,还必须与最后的婚姻关系破裂的损害事实之间具有因果关系时,才构成因果关系的要件。

(4)离婚过错损害赔偿责任的过错

离婚过错损害赔偿的过错要件也具有特殊性。这表现在,行为人在实施违法行为时,预见的是第一层次的损害事实,在这个损害事实上,行为人一般具有故意的过错形式,是明知会造成这样的损害后果,而希望或者追求其发生。在第二层次的损害事实即婚姻关系破裂的损害事实上,可能是故意,也可能是过失。因为有的重婚、与他人同居、实施家庭暴力、虐待或者遗弃,行为人并不希望或者追求与自己配偶的婚姻关系破裂。因此,从总体上看,离婚过错损害赔偿中的过错,既可能是故意,也可能是过失,不可能都是故意。

4. 离婚过错损害赔偿的责任方式

《民法典》第 1091 条规定的离婚过错损害赔偿,保护的是婚姻关系当事人中无过错的一方,明确规定"无过错方有权请求损害赔偿",不包括有过错的当事人。在现实生活中,有的婚姻关系的双方当事人都有过错,都依据该条法律规定请求对方承担损害赔偿责任,这不符合该条法律规定的原则。夫妻双方均有过错的情形,一方或者双方向对方提出离婚过错损害赔偿请求的,人民法院不予支持。

离婚过错损害赔偿的责任方式包括两种,即人身损害赔偿和精神损害赔偿。

(1)人身损害赔偿,就是在实施家庭暴力、虐待、遗弃等违法行为中,造成了受害人的身体权、健康权的损害,构成了人身损害的后果。在赔偿中,应当按照《民法典》第 1179 条规定的人身损害赔偿规则进行。

(2)对于离婚过错损害赔偿中的精神损害赔偿,应当依照《民法典》第 1183 条规定进行,包括两个方面。第一,侵害配偶权,以及其他方面的损害,造成的纯粹的精神利益的损害,可以请求精神损害赔偿。第二,侵害人身造成人身损害的,除了可以请求人身损害赔偿之外,还可以请求精神痛苦的抚慰金赔偿。

5. 离婚过错损害赔偿的程序

(1)原告和被告

在离婚过错损害赔偿诉讼中,原告只能是无过错的一方配偶,简称无过错方。被告是无过错方的配偶，即有过错的配偶一方。受到违法行为损害的其他人，即其他家庭成员，不是离婚过错损害赔偿案件的当事人，无权作为原告起诉。

（2）离婚过错损害赔偿请求权行使的期限

《民法典》对离婚过错损害赔偿诉讼没有规定时限的要求。在实践中，可以继续适用最高人民法院司法解释的规定。

第一，无过错配偶作为原告起诉离婚的，必须在离婚诉讼的同时起诉离婚过错损害赔偿。为了保证无过错方的这一权利的行使，人民法院受理离婚案件时，应当将《民法典》第1091条等规定中当事人的权利义务，书面通知当事人。当事人应当斟酌自己是不是行使这个权利，如果作为无过错方的原告在离婚诉讼中，经过告知也没有提出离婚过错损害赔偿请求的，视为其已经放弃了这个权利。

第二，无过错方作为离婚诉讼的被告，在离婚诉讼中不同意离婚，也不提出离婚过错损害赔偿请求的，依照《民法典婚姻家庭编解释（一）》第88条规定，可以就此单独提起诉讼。无过错方作为被告的离婚诉讼案件，一审时被告未基于《民法典》第1091条规定提出损害赔偿诉讼，二审期间提出的，人民法院应当进行调解；调解不成的，告知当事人另行起诉。双方当事人同意由第二审人民法院一并审理的，第二审人民法院可以一并裁判。

第三，无过错方作为离婚诉讼的被告，在一审中没有提出离婚过错损害赔偿诉讼请求，而是在二审中提出的，法院应当对离婚过错损害赔偿诉讼请求进行调解。调解成功的，调解结案；调解不成的，依法判决离婚，在离婚后一年内，无过错方可以另行起诉。

第四，无过错方作为离婚诉讼的被告，在离婚诉讼中同意离婚，并请求离婚过错损害赔偿请求的，应当提起反诉。

（3）其他规定和问题

第一，在婚姻关系存续期间，当事人不起诉离婚而仅起诉离婚过错损害赔偿的，人民法院不予受理。

第二，无过错方作为离婚诉讼的原告起诉离婚过错损害赔偿诉讼请求，法院判决不准离婚的，对于离婚过错损害赔偿的诉讼请求应当一并予以驳回。

第三，"第三者"是否可以作为被告承担离婚过错损害赔偿责任。一方面，既然离婚过错损害赔偿是侵害配偶权妨害婚姻关系的侵权行为，作为有过错的配偶当然是侵权人，应当承担侵权责任。但是，另一方面，既然有过错的配偶是侵害配偶权的侵权行为人，在违法行为是重婚、与他人同居时，侵权行为一定是共同侵权，而不是有过错的配偶的单独侵权行为。既然如此，法律仅规定对于有过错的配偶一方责令损害赔偿，而不追究对方即"第三者"的侵权责任，是有失公正和公平的。对于这类案件，从法理上应当准许无过错方追究侵权一方的共同侵权责任，即连带责任。对此，学界做了大量的探讨，[17]但立法机关没有采纳。

---

〔17〕 杨立新：《论妨害婚姻关系的名誉损害赔偿》，载《河北法学》1988年第6期；《简明类型侵权法讲座》，高等教育出版社2003年版，第174页。

第四,离婚过错损害赔偿请求权与分割共同财产时照顾无过错方的关系。在分割夫妻共同财产时,对于无过错方可以予以适当照顾多分。在无过错方既提出离婚过错损害赔偿的请求,又要求在分割共同财产的时候要多分的,是否应当予以支持?有的主张应当支持,有的主张不应予以支持。其实,这是两种不同的制度,是从两个不同的侧面保护无过错配偶一方,并不矛盾,故对于无过错方同时提出这两种请求的,应当予以支持。

第三节 非典型婚姻关系

一、事实婚姻

(一)事实婚姻概述

1. 事实婚姻的概念及特征

事实婚姻,是相对于法定婚姻而言的婚姻状态,是指具备结婚实质要件的男女,未进行结婚登记,便以夫妻关系同居生活,群众也认为是夫妻关系的两性结合。

(1)当事人具有结婚的主观目的。在事实婚姻关系中,当事人双方在主观上具有明确的创设婚姻关系、永久共同生活的主观意愿,并且双方在结婚的意思表示上完全一致,具有结婚合意。

(2)在客观上有夫妻的共同生活。在事实婚姻关系中,当事人双方有共同的婚姻居所,有共同的性生活、经济生活与物质生活,可能形成夫妻共同财产,还可能有共同的子女,具有与婚姻关系当事人几乎相同的权利义务关系。

(3)当事人的婚姻关系具有公示性。事实婚姻关系的当事人双方并不隐瞒自己的同居关系,对外公开宣称他们为夫妻,其他人也公认其为夫妻关系,具有婚姻身份关系的公示性。

(4)双方婚姻关系的实质性要件符合法律规定。双方当事人结合,共同生活,完全符合法律规定的结婚的实质要件,不违反法律。

(5)双方婚姻关系欠缺法律规定的形式要件。最直接的表现,就是双方没有到婚姻登记机关办理结婚登记手续,欠缺结婚的形式要件。

2. 我国法律对事实婚姻态度的发展

1950 年、1980 年和 2001 年三部《婚姻法》以及《民法典》对事实婚姻都未作明确规定。最高人民法院曾经采取实事求是的态度,多次作出司法解释,有条件地承认事实婚姻,直到 1994 年才完全不承认事实婚姻的法律效力。这种变化经历了以下四个阶段。

(1)完全承认。1950 年至 1980 年《婚姻法》生效之前,即 1981 年 1 月 1 日之前,司法实践对事实婚姻是承认的,只要当事人具备事实婚姻特征,都按事实婚姻对待,并责令补办登记手续。

(2)起诉承认。1981 年 1 月 1 日至 1986 年 3 月 15 日《婚姻登记办法》施行之前，是有条件地承认事实婚姻的效力，对没有配偶的男女，未办结婚登记手续即以夫妻名义同居生活，群众也认为是夫妻关系的，如果一方向人民法院起诉“离婚”，在起诉时双方均符合结婚的法定条件，可认定为事实婚姻关系；如起诉时一方或双方不符合结婚的法定条件，认定为非法同居关系。

(3)同居承认。1986 年 3 月 15 日《婚姻登记办法》施行之后至 1994 年 2 月 1 日《婚姻登记管理条例》施行之前对符合事实婚姻条件，一方向人民法院起诉“离婚”，如同居时双方均符合结婚的法定条件的，可认定为事实婚姻关系；如同居时一方或双方不符合结婚的法定条件，认定为非法同居关系。

(4)不承认。1994 年 2 月 1 日《婚姻登记管理条例》施行之后至今，法律采取强硬立场，对未到法定结婚年龄的自然人以夫妻名义同居的，或者符合结婚条件的当事人未经结婚登记以夫妻名义同居的，一概为婚姻关系无效，不受法律保护。

在司法上，却采取了矛盾的做法：一是 1994 年 2 月 1 日民政部《婚姻登记管理条例》公布实施以前，男女双方已经符合结婚实质要件的，按事实婚姻处理。二是 1994 年 2 月 1 日民政部《婚姻登记管理条例》公布实施以后，男女双方符合结婚实质要件的，在离婚案件受理前补办结婚登记的，按照离婚办理；未补办结婚登记的，按解除同居关系处理。三是事实婚姻可以构成重婚罪或者重婚行为，可以追究事实重婚的刑事责任或者民事责任。这种对事实婚姻的矛盾态度，可以说明立法和司法对社会现实生活和法律的价值取向存在偏差。

3. 事实婚姻的立法借鉴

世界各国都存在事实婚姻，依本国的文化传统和具体国情，采取的处理原则大致可分为三类：一是承认主义，对符合结婚实质要件的事实婚姻予以承认，与法律婚有同等效力；二是相对承认主义，法律为事实婚姻设定了有效的条件，条件具备的事实婚姻法律予以承认；三是不承认主义，即法律不承认任何形式的事实婚姻。绝大多数的国家对事实婚姻都采取承认主义或者相对承认主义。

世界的绝大多数国家都承认或者相对承认事实婚姻关系，说明承认事实婚姻存在特别的必要性。在我们这样人口众多、发展不平衡的发展中国家，完全否认事实婚姻的法律地位，却又承认具有事实重婚的违法效力，是不应该的。因此，对于事实婚姻，应当在立法和司法上进行检讨，对其重新界定，采取实事求是的态度，妥善解决带来的亲属法上的问题。

(二)事实婚姻的构成

1. 对待事实婚姻的基本立场

法律对于事实婚姻应当采取相对承认主义。即原则上不承认事实婚姻的效力，但是，如果事实婚姻具备了一定的条件，例如结婚时间较长、生有子女等，应当承认其婚姻的效力，发生婚姻家庭法上的一切权利义务关系，在形式上则责令其补办结婚登记手续即可。

采取这样的立场是客观的，实事求是的。这是全国的实际情况，面对的是极为广大的人群，是约占人口10%甚至更多的人的权利保障，关涉社会的和谐与安定。

2. 事实婚姻的构成要件

(1)双方当事人都符合结婚的实质要件。构成事实婚姻必须符合法定的结婚实质要件，双方必须具有结婚的合意，均达到法定婚龄，均无配偶，无禁婚亲。这是承认这种两性结合具有婚姻效力的首要条件。[18]

(2)双方当事人具有终生共同生活的目的。构成事实婚姻，要求当事人的结合应当具有终生共同生活的目的，以夫妻名义同居生活，既不是短期的共同生活目的，也不是偶尔的同居生活。因此，事实婚姻与姘居、准婚姻关系具有原则上的区别。

(3)双方当事人应当具有公开的夫妻身份。婚姻关系必须具有当事人身份的公示性，即当事人向社会公开的身份是夫妻，而不是一般的性伴侣或者朋友。其判断标准，最高人民法院曾经提出过“群众也认为他们是夫妻关系”的尺度，这就是表明婚姻关系的公示性，还应当坚持这个标准，仅是“群众”二字欠妥，改为公众即可。

(4)双方共同生活时间较长或者生有子女。构成事实婚姻，应当具备双方共同生活时间较长或者生育子女的要件，这正是保护妇女和子女的合法权益，稳定社会秩序的需要。因此，应当考虑双方共同生活5年以上，或者已经生育子女，都可以确认为事实婚姻关系。

(三)事实婚姻的法律后果

符合上述事实婚姻构成要件，即发生与法律婚同样的法律后果。法律应当承认事实婚姻关系当事人之间产生配偶身份地位，确认他们是夫妻，享有配偶权，享有配偶之间的一切权利和义务。如构成事实婚姻，应当确认事实婚姻当事人所生的子女为婚生子女，对子女进行完善的法律保护；发生一切婚姻关系所发生的亲属法的后果，如发生当事人父母与子女的祖孙关系和外祖孙关系，发生兄弟姐妹之间的旁系血亲关系，相互享有亲属权。

构成事实婚姻关系，在当事人离婚时，应当按照法定婚姻的规定依法进行，解除婚姻关系。对子女抚养、财产分割等，均应依法进行。对于不构成事实婚姻关系的，法律不承认其婚姻的效力，不受法律保护。如果当事人主张“离婚”，则应当依法解除其同居关系。

二、准婚姻关系

(一)准婚姻关系的概念及与事实婚姻的区别

1. 准婚姻关系的概念

准婚姻关系也称为亚婚姻关系，是未婚男女不办理结婚登记手续而同居的两性结

---

〔18〕 王战平主编：《中国婚姻法教程》，人民法院出版社1992年版，第80页。

合关系的事实状态。我国法律上对此并未规定。

准婚姻关系，有的国家也称为非法同居，如《埃塞俄比亚民法典》。这种称谓具有谴责性，有对准婚姻采取不支持、不赞成态度的味道。对此，使用一个较为中性的概念即“准婚姻关系”比较合适，通常称为“同居”，与非法同居相区别。

2. 准婚姻关系的性质

准婚姻是一种事实状态。理由是，准婚姻关系既不是结婚，又不是一般的同居或者姘居的其他法律关系，而是一种事实状态，表明了法律的态度。不过，把准婚姻关系界定为事实状态还是不够准确，界定为亚婚姻事实状态更合适。

3. 准婚姻关系与事实婚姻的区别

准婚姻关系与事实婚姻关系具有严格的区别，并非同一性质，基本区别在于：

（1）基本性质不同。二者虽然都是两性结合的一种形式，但准婚姻关系的性质是亚婚姻事实状态，不是婚姻形式；而事实婚姻尽管欠缺形式要件，但却是一种婚姻关系。

（2）当事人的合意内容不同。二者的当事人都有两性结合的合意，但是合意的内容不同。准婚姻关系当事人的合意是共同居住，共同生活，并不具有结为夫妻的合意。而事实婚姻的当事人之间具有结婚的合意，彼此愿意永久地成为夫妻，以夫妻的身份共同生活。

（3）对外公示的内容不同。准婚姻关系是公开的关系，不是秘密姘居，对外也具有一定的公示性，只不过公示的内容不是夫妻关系，不是配偶，而是同居者。而事实婚姻对外的公示内容是双方为配偶，而不是一般的同居，具有原则的区别。

（4）当事人之间的权利义务不同。在准婚姻关系，双方当事人之间不发生权利义务关系，不产生亲属的身份，法律关于夫妻权利义务关系的一切规定都不适用，不享有配偶权。而事实婚姻的双方当事人发生配偶的权利义务关系，确定的身份是配偶，享有配偶权，法律关于夫妻的权利义务的规定都适用于事实婚姻的当事人。

（5）双方的财产关系内容不同。准婚姻关系的当事人于同居期间在财产上究竟采用何种体制，在于他们之间的合意：如果采用共有制，则为共有制；如果采用分别财产制，则为分别财产制；如果没有约定，则为分别所有，并非必然产生共有制。而事实婚姻的财产制适用关于婚姻财产关系的规定，如果没有约定，则为共同共有，为婚后所得共有制。

（二）立法规范准婚姻关系的必要性

1. 反对规定准婚姻关系的理由

近年来，在城市中不办登记手续而同居的男女不断增加，形成了很大的不婚“同居族”，文化越发达的地区同居族越多。经过一段时间的实践，很多人认为这种形式很好，同居者关系处得好，就同居下去；处得不好，就离开，没有争执，没有纠纷，大家都接受。同样，很多老年人再婚时不是不愿意登记结婚，而是担心再婚后过不好还得办理离婚手续，过于麻烦，因此，不办结婚登记手续就在一起同居，数量越来越多。

在编纂《民法典》时，学者对此提出过意见，建议立法关注这些社会现象，并且加以规范，在婚姻立法中规定准婚姻关系的形式，将这种社会现象纳入法律轨道，防止在发生争议时出现更多的问题，保护好同居人的权利和利益。立法者没有接受这个意见，主要理由是对这种逃避《婚姻法》规范的行为，不能予以法律上的承认，否则，就会有更多的人不登记而同居，使国家的婚姻家庭制度受到严重冲击，因此，目前法律明确规定同居的时机还不成熟。

2. 法律应当规范准婚姻关系的理由

(1)男女同居形式，包括老年人的同居，只要是成年人的自愿选择，并不违法，且具有存在的合理性。

(2)法律没有办法取缔它、消灭它。即使立法对这种社会现象不予以规范和规制，这种现象也还是要继续存在并发展的。

(3)既然是异性主体同居生活，就必然会发生各种各样的社会关系，比如生育问题，非婚生子女问题，对对方的近亲属的地位、双方的财产、债务等问题。对这些问题视而不见，是不负责任的态度。

(4)法律对这种现象不加以规制，更大的问题是无法保护相关当事人的合法权益，尤其是不能保护弱者的权利。在城市同居的青年中，发生纠纷，往往是弱者受到抛弃，子女的利益受到损害。就是那些同居的老年人，一旦发生纠纷，更容易出现问题，法律不规范、司法不解决，只能让这些受到损害的弱者的权利和利益继续受到损害。

对准婚姻关系应该重视，对准婚姻关系的构成、调整规则应进一步研究。

(三)司法实践的处理方法

由于立法没有规定准婚姻关系，依照《民法典婚姻家庭编解释(一)》第3条规定，当事人提起诉讼仅请求解除日后关系的，人民法院不予受理；已经受理的，裁定驳回起诉。当事人因同居期间财产分割或者子女抚养纠纷提起诉讼的，人民法院应当受理，作出判决。

第四节 亲 子

一、亲子概述

(一)亲子的概念和意义

1. 亲子的概念

亲子，是指婚姻家庭法上的父母与子女，即父母子女。

我国婚姻家庭法研究长时间回避亲子的概念，而用父母子女的概念代替。究其原因，是亲子的称谓有男尊女卑之嫌，因为只是在男尊女卑的传统中，亲指男性亲，子指儿子，有轻视女性的含义。正确理解亲子的概念，即“亲”谓父母，“子”谓子女，[19]不应当再对亲子概念有偏见。

2. 亲子的法律意义

亲子关系是家庭关系的重要组成部分，因出生的事实或者法律的拟制而发生，是最近的直系血亲。《民法典》第26条规定：“父母对未成年子女负有抚养、教育和保护的义务。成年子女对父母负有赡养、扶助和保护的义务。”全面规定了亲子关系的内容。

出生，不仅是子女离开母亲的身体而独立，也是母亲将孕育的子女娩出。子的“出”和母亲的“生”，构成婚姻家庭法上的法律事实，使父母亲和子女之间确定了亲子的身份地位，发生亲权关系。同时，这一法律事实也使祖父母、外祖父母与孙子女、外孙子女之间产生直系血亲的身份地位，产生亲属权关系；使兄弟姐妹之间发生旁系血亲的身份地位，产生亲属权关系；在其他亲属之间也产生近亲属之外的亲属关系。

（二）亲子的种类

1. 婚姻家庭法对亲子的习惯分类

关于亲子的分类，古今中外有很大的差别。

在我国古代封建社会，由于受传统的封建思想影响，以及纳妾、宗祧制度以及恩义名分等观念影响，亲子的种类很多，但是，基本的分类有两种：一是出自自然血统，即亲生父母子女，包括亲生父母，嫡子女、庶子女、婢生子女和奸生子女；二是出自法律拟制而产生的父母子女，包括嗣父母嗣子女、养父母子女。在礼俗法典上有三父八母之称，三父依朱子家礼为同居继父、先同居后异居继父和不同居继父；依元典章则为同居继父、不同居继父和从继母嫁；八母为嫡母、继母、养母、慈母、[20]嫁母、出母、庶母、乳母。[21]养父母、继母、嫡母、慈母等，视同亲生父母。在子的方面，则有嫡子、庶子、奸生子、婢生子、嗣子、养子。在继承上，元制为嫡四庶三，奸及婢各一，明清制则为妻妾婢生子均分，奸生子与应继嗣子均分，若无应继之人，责奸生子继承全部。[22]至于义父母、义子女等称谓，并不是法律上的亲子，只是一种名分恩义上的称呼，不发生法律上的意义。

民国民法汲取了大陆法系亲子法的立法经验，将亲子分为自然血亲和拟制血亲两种基本的类型。父母分为：有婚姻关系的亲生父母为父母，没有婚姻关系的亲生父母为生父母，因收养而发生的养父母。与此相对应，子女分为：婚生子女、非婚生子女和养子女。

2. 我国法律对亲子的分类

我国婚姻家庭法规定的亲子包括四种，即父母、生父母、养父母和继父母，婚生子女、非婚生子女、养子女、继子女。按照血缘关系，可以分为两大类。

---

〔19〕史尚宽：《亲属法论》，台北，荣泰印书馆1980年版，第476页。

〔20〕生母死，其父命别妾抚育成人者，称为慈母。

〔21〕父妾只少哺乳者为乳母，不必教育成人，与慈母有别；也有将有哺乳者即为乳母，不必为父妾。

〔22〕史尚宽：《亲属法论》，台北，荣泰印书馆1980年版，第481～482页。

(1)自然血亲的亲子

自然血亲的亲子,是指通过自然血缘而构成的父母子女关系,即亲生父母子女,包括三种:一是父母与婚生子女,是最自然的亲子关系;二是生父母与非婚生子女,虽然非出生于合法的婚姻关系中,但仍然是自然的亲子关系;三是经人工生育技术生育,并由妻子分娩的同质的父母子女,即由父亲提供精子或者母亲提供卵子受胎而生的亲子。

(2)法律拟制的亲子

法律拟制的血亲,是指亲子间没有自然血缘关系,是通过法律的拟制而成为血亲关系的亲子。包括三种:一是养父母子女,通过收养关系而成立的拟制亲子;二是继父母子女,父母通过再婚而与对方亲子形成的拟制亲子;三是通过人工生育技术形成的,并非血缘同质的亲子,即不是妻的卵子也不是丈夫的精子而生的子女,例如经人工代孕所生子女也应当视为亲生子女。

(三)子女的姓氏

在我国历史上,子女的姓氏要根据娶婚还是赘婚的不同而有所不同。原则是娶婚者,子女从父姓,赘婚者,子女从母姓,另有约定者,从其约定。我国《民法典》第 1015 条规定:“自然人应当随父姓或者母姓,但是有下列情形之一的,可以在父姓和母姓之外选取姓氏:(一)选取其他直系长辈血亲的姓氏;(二)因由法定扶养人以外的人扶养而选取扶养人姓氏;(三)有不违背公序良俗的其他正当理由。少数民族自然人的姓氏可以遵从本民族的文化传统和风俗习惯。”根据这一规定,第一,子女随父姓,随母姓均可;第二,究竟应当随父姓还是随母姓,由父母协商确定;第三,子女成年之后,可以进行选择而改变。

规定这种规则的意义是:第一,坚持男女平等的原则。第二,可以适应各种不同的情况,较为灵活。不仅对婚生子女可以适用这样的规则,而且对非婚生子女、养子女、继子女,以及赘婚所生的婚生子女等,都可以不必加以区分,统一适用这一规则,不必再规定其他规则。第三,能够体现家庭血统的传承,不仅给父母,而且也给子女以适当选择的权利。

上述规定的内容是可以随父姓,可以随母姓,是不是可以选择父姓、母姓之外的第三姓作为子女的姓氏呢?

一家为一共同体,要求姓氏的一致。[23] 这是因为姓氏具有表明亲属血缘的意义。例如,《德国民法典》第 1616 条规定:“子女以其父母的婚姻姓氏为出生姓氏。”姓名分为姓和名,名字可以变更,但是姓氏一般不得变更,即使变更,其范围也仅限于在父或母,以及养父母、继父母之间选择。如果准许子女选择父或母之外的任何第三姓,就无法保证家庭姓氏的同一,也不能表明血缘传承关系。本条作出明确规定,只有在法定的情形下,才可以姓第三姓:自然人选择父姓、母姓之外的第三姓,须符合以下法定条件:一是选取其他直系长辈血亲的姓氏。例如,祖父母、外祖父母的姓氏与父母姓氏不一

---

〔23〕 史尚宽:《亲属法论》,台北,荣泰印书馆 1980 年版,第 478 页。

致,而选择祖父母、外祖父母的姓氏。二是因由法定扶养人以外的人扶养而选取扶养人姓氏。例如,长期被父母以外的人扶养但未形成收养关系而随扶养人的姓氏。三是有不违背公序良俗的其他正当理由。例如,本家族原姓氏为“萧”,错误地简化为“肖”而恢复姓萧。

我国少数民族的姓一般出现较晚,姓名制度有三种情形,一是有姓有名,二是无姓有名,三是连名制(父子等名字相连接)。[24] 故少数民族自然人的姓氏,依据民族自治原则,遵从本民族的文化传统和风俗习惯。

(四)亲子法的历史变革

1. 国外亲子法的变革

亲子法是调整亲子关系的法律规范,各国都极为重视。在历史发展中,亲子关系的立法分为:以家族为本位、以父母为本位和以本人为本位的三个阶段。在奴隶社会和封建社会中,亲子关系以家族为本位,父母子女关系完全从属于宗族制度,基本特征为父系、父权和父治。中世纪,亲子关系逐渐变化,由家父权逐渐转化为父权,亲子关系的中心演化为以父母利益为中心,形成了“亲本位”原则。近现代婚姻家庭法完全改变传统亲子法的规则,实行“子女最大利益”原则,亲权的性质由权利的绝对支配改变为以义务为中心,确立了“子本位”的亲子法规则。

2. 我国亲子法的发展

我国古代历来实行家族主义,亲子关系以孝道为核心,父为子纲是天经地义的伦常,子女受家长和其他尊长的支配,并须绝对服从于父母,实行的是“家本位”的亲子法规则。至唐代之后,兼有“亲本位”的性质。[25] 直至国民政府的亲属法立法,基本上实现了亲子法的男女平等和保护子女利益的原则,实现了“子本位”的规则,但是在子女的权利上还有一定的不平等内容。

1950 年《婚姻法》专门规定了“父母子女间的关系”一章,规定了以保护子女利益为中心的亲子平等的权利义务关系。1980 年《婚姻法》对其进行了重新修订,补充了内容,确立了新型的以保护未成年子女合法权益的基本原则。2001 年修订《婚姻法》,强调父母与子女间的民主、平等的亲子关系,突出了父母对未成年子女的保护和教育,强调了亲权是基于平等、尊重未成年子女人格权为前提、以义务为中心的身份权,但是还没有写入“子女最大利益”原则,在亲子制度上欠缺较多,诸如婚生子女否认、非婚生子女认领等一系列制度都没有建立起来,需要司法实践和法理作为补充,因此还不能算作完善的亲子法。《民法典》婚姻家庭编第三章“家庭关系”专门规定第二节“父母子女关系和其他近亲属关系”,对亲子关系作出了明确规定,并规定了子女最大利益原则。

---

[24] 纳日碧力戈:《姓名论》,社会科学文献出版社 2002 年版,第 240 页。

[25] 杨大文:《婚姻家庭法》,法律出版社 2003 年版,第 199 页。

二、婚生子女

(一)婚生子女的概念及构成

婚生子女,是指由父母于婚姻关系存续期间受胎而生的子女。子女非父母所生,不为婚生子女;父母非于婚姻关系存续期间受胎而生,也不是婚生子女。

构成婚生子女,应当具备四个条件:(1)须其父母有婚姻关系存在;(2)须其子女为夫的子女;(3)须其子女为妻所生;(4)须子女于婚姻中受胎而生。

(二)婚生子女推定

1. 婚生子女推定的必要性

婚生子女推定,是指子女系生母在婚姻关系存续期间受胎或出生,该子女被法律推定为生母和生母之夫的子女。

我国婚姻家庭法对如何认定婚生子女没有规定标准,在习惯上,凡是在婚姻关系存续期间女方分娩的子女,就直接认定为婚生子女。这实际上就是进行婚生子女推定。各国亲属法都明文规定婚生子女推定规则。例如,《法国民法典》第312条规定:"夫妻婚姻期间生育的子女,夫为其父。"第314条规定:"夫妻结婚后满180天出生的子女为婚生子女,并且视其自受孕起即为婚生子女。"《日本民法典》第772条规定:"①妻于婚姻中怀胎的子女,推定为夫的子女。②自婚姻成立之日起200日后或自婚姻解除或撤销之日起300日以内所生的子女,推定为婚姻中怀胎的子女。"

对这些规则,我国婚姻家庭法没有规定,是不严谨的。在亲子关系中,母亲的身份不易出错,但父亲的身份需要确定。现实的问题是,不可能人人在子女出生时都通过DNA鉴定来确定父亲的身份,必须通过法律的推定来确定。法律认定父亲资格以及婚生子女的身份,必须借助于两个因素,一是婚姻关系,二是血缘关系。一般可以用婚姻关系存在的方法,对婚生子女进行推定。婚生子女推定,不仅是对子女的婚生身份的推定,也是对父亲身份的推定,这就是受婚生推定的子女既取得婚生子女的法律地位,又推定母亲的丈夫就是该婚生子女的法律上的父亲。当然,这仅是一种推定,因为不是靠血缘关系认定,因此有可能出现错误,可以被客观事实推翻。法律允许利害关系人提出婚生子女否认之诉,推翻婚生子女推定。没有在法律上规定这些制度,在司法实践中就可能出现麻烦。因此,建立我国的婚生子女推定制度,有利于尊重婚姻道德,有利于保护子女的权益,有利于保护丈夫的合法权益,有利于维护家庭关系的稳定。

2. 婚生子女推定的标准

各国规定婚生子女推定所采用的标准,基本上有三种:一是受胎说,以子女是否在婚姻关系存续期间受胎所生为标准,只要子女是在婚姻关系存续期间受胎,即推定为婚生子女。二是出生说,以子女是否在婚姻关系存续期间出生为标准,而不论是否在婚姻关系中受胎,只要是由该婚姻关系所生的子女,就推定为婚生子女。三是混合说,不局限于受胎说或者出生说,而是将两种标准综合,分为两种主张:一种是以出生说为原则,受胎说为补充,凡是在婚姻关系存续期间出生的子女或者在婚姻关系中受胎而在婚姻关系终止或者被撤销之后出生的子女,皆为婚生子女;另一种是以受胎说为原则,以出生说为补充,凡是在婚姻关系中受胎,不问在婚姻中出生或在婚姻终止后出生,皆为婚生子女,婚前受胎而婚后出生的子女也为婚生子女。

上述三种主张,混合说对于保护子女利益和父亲利益较为有利,其中以出生与受胎混合说更为有利,计算更为简便。因此,学者建议我国婚姻家庭法规定婚生子女推定,应当以出生说为原则,以受胎说为补充。[26]

(三)婚生子女否认

1. 婚生子女否认的概念和性质

婚生子女否认,是指夫妻一方或子女对妻所生的子女否认其为夫的亲子的民事法律行为,是在婚生子女推定的前提下,否认婚生子女为丈夫所生,而是由妻与婚外异性结合所生的非婚生子女的行为。《民法典》第1073条规定:"对亲子关系有异议且有正当理由的,父或者母可以向人民法院提起诉讼,请求确认或者否认亲子关系。对亲子关系有异议且有正当理由的,成年子女可以向人民法院提起诉讼,请求确认亲子关系。"这一条文包括婚生子女否认。这种否认一般由丈夫提出,但妻否认其所生子女为其丈夫的婚生子女的,亦不乏其例。此外,有的法律也承认子女有这种婚生子女否认权。

罗马法时期就有了婚生子女否认制度的雏形。近现代以来,各国民法普遍设立该制度。《法国民法典》第311条规定:"法律规定,子女系在其出生之日前300日至180日止的期间怀孕者。""根据子女利益所要求,受孕被推定在此期间任何一个时候发生。""反对此类推定的相反证据可予受理。"该条第3款规定的就是婚生子女否认制度。《日本民法典》第774条规定:对于子女婚生性的推定,"夫可以否认子女为婚生"。

关于婚生子女否认制度的性质主要有两种学说,一种认为是确认之诉,一种认为是形成权。[27] 这一制度为民法上的制度,即实体法上的制度,兼有确认之诉和形成权两种性质。从民法保护方法上看,它是确认身份关系有无的制度,因而是确认之诉。从权利的性质上看,既非请求权,又非支配权,而是因一定的事实而形成某种身份关系,是形成权自属无异。

2. 婚生子女否认权的构成

构成婚生子女否认的形成权须具备如下要件。

(1)婚生子女否认的权利人须适格。何种人为适格权利人,各个国家或地区规定不同。日本规定为夫一人,瑞士规定为夫或子女,德国同此,我国台湾地区规定夫妻之一方,法国则没有限制。一般地说,该种权利人主要为夫,但妻也应享有这种权利。子女是否享有这种权利,有瑞士、德国的立法例作依据,在现实中也确有确认的必要。因此,权利人适格,应当包括夫、妻、子女中的任何一方。只要是现存夫妻、子女关系的主

---

〔26〕 王洪:《婚姻家庭法》,法律出版社2003年版,第228页。

〔27〕 史尚宽:《亲属法论》,台北,荣泰印书馆1980年版,第490页。

体,均为婚生子女否认确认之诉的权利主体,可以提起这种否认身份关系的诉讼。我国《民法典》第1073条对此规定较严,也比较粗疏,需要有司法解释作为补充。

相应地,在诉讼中,当上述三方当事人一方起诉时,其他两方应为共同被告:由夫起诉者,以妻及子女为共同被告;由妻起诉者,以夫及子女为共同被告;如果妻或夫死亡者,以子女为被告。至于子女起诉者,当以夫为被告,不需将妻列为共同被告。

(2)须有婚生子女的推定。尽管我国目前尚未确立婚生子女推定制度,但是这种推定在实践中是存在的。在婚姻关系存续期间妻受胎,如无反证,则妻所生之子女推定为婚生子女。非在婚姻关系中出生的子女,不能推定为婚生子女,不构成否认婚生子女的要件。

(3)须有否认婚生子女的客观事实。否认婚生子女的客观事实,各国立法一般都是进行概括规定,即真正事实与法律推定相反,即构成此要件。该客观事实仅以妻与人通奸尚不能构成,因为该事实不足以推翻婚生子女的推定。

否认婚生子女的客观事实包括:一是性交不能,包括外在的不能和内在的心理不能,前者如空间阻隔,一方出差远离另一方相当的期间,后者如夫妻反目分居。二是与受胎无因果关系,如夫无生殖能力等。三是子女外在特征非与种族相同或相似,如皮肤颜色,子女与妻之情人特征相似等。四是亲子鉴定否认为婚生子女,此点为最重要、最有说服力的反对推定的证据,在实务中广泛采用。在目前的科技条件下,DNA技术已经能够作出否定或肯定亲子的鉴定。上述四项客观事实,必须有充分的证据确实证明的,才能推翻婚生子女的推定。

夫妻一方向人民法院起诉请求确认亲子关系不存在(这就是婚生子女否认的事实),并已提供必要证据予以证明,而另一方没有相反证据但又拒绝做亲子鉴定的,这时,人民法院就可以推定请求确认亲子关系不存在一方的主张成立,否认婚生子女关系。

(四)欺诈性抚养关系及其费用返还

1. 欺诈性抚养关系的概念

在婚姻关系存续期间乃至离婚以后,妻明知其在婚姻关系存续期间所生子女为非婚生子女,而采取欺诈手段,称其为婚生子女,使夫承担对该子女的抚养义务的,可称为欺诈性抚养关系。欺诈性抚养关系,既产生于婚生子女否认之后,也产生于非婚生子女认领之后。婚生子女的否认一经判决确认,否认权人与该子女在否认确定前的抚养关系,即属欺诈性抚养关系。非婚生子女经生父认领后,如该非婚生子女与其生母之配偶原有父子抚养关系者,该抚养关系亦为欺诈性抚养关系。

2. 欺诈性抚养关系中的抚养费返还

对于欺诈性抚养关系的原抚养义务人可否就被欺诈支付的抚育费请求返还,各国家及地区有不同规定。

(1)以不当得利请求返还。对于非经生父抚养而经认领者,如由生父或生母以外的人抚养,有的国家认作不当得利,得请求返还抚育费。日本民法解释为,关于抚育费之负担,如有协议时,依其协议,否则依父母之资力及其他情事分担,已支出部分,得为求偿。瑞士民法解释认为,抚养义务自子女出生之时开始,应由生父母双方按其能力为相当之负担。在德国,一般的亲属抚养对于过去的抚养费,不认为有请求权;但非婚生子女的生父,对过去的抚养费给付有请求权。生父的抚养义务先于生母和其他亲属,如生母或其他有抚养义务的亲属对子女给予抚养的,于其范围对于生父之子女抚养请求权,移转于生母或其亲属,但此转移不得有害于子女之利益而为主张。

(2)以无因管理请求给付。我国台湾地区"民法"认为,认领的效力既然溯及子女出生时发生效力,则生父母自亦应溯及子女出生之时,按其经济能力,共同负担抚养义务。如生母或其他有抚养义务之人已为抚养者,得对于应负担抚养义务之人,就其应负担部分为求偿,但养父母除外。无抚养义务之人已为抚养者,适用无因管理之规定。[28]

上述不单规定欺诈性抚养关系的返还抚育费请求,也规定了已尽抚养义务的生母和其他亲属对生父的返还抚育费请求。尽管各个国家及地区在规定上有上述不同,但对于欺诈性抚养关系的不应负抚养义务之人的返还请求权,均予以承认。至于采不当得利说,还是采无因管理说,各有道理。

在我国,这种返还欺诈性抚养费用的纠纷也有发生,界定欺诈性抚养费用返还的性质,以侵权责任为理由,也比较适当。[29]

三、非婚生子女

(一)非婚生子女的概念和法律地位

1. 非婚生子女的概念和种类

非婚生子女,是指没有婚姻关系的男女所生的子女。

非婚生子女有三种:一是无婚姻关系的妇女所生的子女,如单亲母亲所生子女。二是已婚妇女所生但是被法院判决否认婚生子女推定的子女。三是已婚妇女所生的不受婚生性推定的子女,即为超出了婚生子女推定的范围,不能推定为婚生子女的子女。

对于已经宣告无效的婚姻或者已经被撤销的婚姻,其双方所生的子女,究竟为婚生子女还是非婚生子女,多数国家立法规定为婚生子女。我国《民法典》第1054条第1款规定:无效或者被撤销的婚姻关系"当事人所生的子女,适用本法关于父母子女的规定"。尽管这个规定并没有明确规定就是婚生子女,但是,从其真实含义来说,应当作这样的解释,为婚生子女。

2. 非婚生子女与母亲的关系

确认非婚生子女与母亲的关系,基于"母卵与子宫一体"的原则,采用罗马法"谁分娩谁为母亲"的规则,依生理上的出生分娩事实发生法律上的母子(女)关系。因此,差不多所有国家都规定,母亲身份都是基于子女出生的事实或者在出生证上登记母亲的姓名而自动取得。

---

〔28〕 以上两种相关规定,均据史尚宽:《亲属法论》,台北,荣泰印书馆1980年版,第520~521页。

〔29〕 杨立新:《家事法》,法律出版社2013年版,第182~185页。

确认母亲身份的方法除了以上基本方法之外,还有以下三种:

(1)通过认领。生母对于自己的子女可以认领。例如,出生之时被母亲抛弃的弃儿,母亲对其进行认领,经查属实者,可以认定生母子(女)关系。

(2)通过诉讼。通过诉讼,人民法院经过调查确认母亲和子女的关系的,应当认定为母子(女)关系。

(3)通过身份占有的事实。双方一直以母子(女)关系相称,彼此以母子(女)相待,母亲以此身份负担了该子女的抚养、教育以及监护的责任,家庭以及社会也视他们为母子(女)关系的事实。通过身份占有的事实作为确定母子(女)关系的根据,也可以确定母亲的地位。

3. 非婚生子女与父亲的关系

非婚生子女与父亲的关系,无法以分娩的事实作出确认,因而确定父亲的身份要比证明母亲的身份复杂、困难得多。原因是非婚生子女的父亲身份难以通过推定的方法来确定,常见的方法是自愿认领和强制认领,在法国,还通过身份占有证明非婚生血缘关系。

在立法上,确认非婚生子女的父亲的依据,可以分为两种基本的立场。

(1)血缘主义。血缘主义又称为客观主义或事实主义,认为非婚生父子(女)为自然血亲,所以只要有自然血缘关系的存在,法律上当然发生非婚生父子(女)关系,不用任何手续。但作为发生父子(女)关系前提的血缘关系的存在,则应有证明,从而生父自愿认领或者通过诉讼强制生父认领即成为确定生父的证明方式。血缘主义重在对客观事实的承认,即只要有自然血缘的亲子关系,则当然成立法律上的亲子关系,与生父母的主观意思无关。

(2)认领主义。认领主义又称为主观主义,认为自然血缘的亲子关系与法律上的亲子关系并不相同,后者除了具有前者的事实之外,尚须经生父的认领。因而非婚生父子(女)关系的发生,以认领的意思表示为法律上的唯一依据,血缘关系仅为认领的意思表示的原因。认领主义重在生父的主观意愿,生父如果不为自愿认领或者强制认领,则无法发生法律上的父子(女)关系。

各国立法采取血缘主义或者认领主义确定非婚生子女的生父,并非绝对化,因为采用认领主义也要以血缘关系的证明才能认领,而采用血缘主义也必须在法律上经过认领而被确认为非婚生子女的生父。确立我国的非婚生子女的生父应当采纳认领主义,并且以血缘关系的存在作为认领的基础。《民法典》第1073条规定的确认亲子关系的规定,其实就是关于非婚生子女认领的规定。

4. 非婚生子女的法律地位

在奴隶社会和封建社会以及资本主义社会的早期,对非婚生子女的歧视是严重的,因为私有制的发展,要求父系家族必须将自己的财产转移到“嫡亲”,不能落入外人手中,造成婚生子女和非婚生子女利益的严重冲突,因而极端排斥和虐待非婚生子女。20世纪初,各国立法逐渐改变立场,法国首先取消了禁止“搜索生父”的规定,《德国魏玛宪法》也规定了法律对非婚生子女身体的、精神的以及社会关系上,与婚生子女享有相同的待遇。

非婚生子女与婚生子女享有同等的法律地位，是现代社会维护儿童合法权益的基本要求。作为子女，无法选择自己的出身和身份，如果因为出生而为非婚生子女，就等于人是生而不平等的，这与现代人权观念完全不相符。当代婚姻家庭法研究非婚生子女不是着眼于对非婚生子女权利的限制，而是要根除对非婚生子女的歧视，保障他们享有正常的法律地位，享有同等的人格，其合法权利不受任何侵犯。

有人提出“非婚生子女”的称谓让该类儿童在社会上易受歧视，不利于切实保护其最大利益，因此主张在婚姻家庭法中取消“非婚生子女”的称谓。〔30〕尽管至今世界上大多数国家仍然将自然血亲子女区分为婚生子女与非婚生子女，但埃塞俄比亚在1960年、美国在1973年、德国在1998年已抛弃了婚生子女与非婚生子女的二元对立，将其统称为子女、生子女或者孩子。

（二）非婚生子女准正

1. 非婚生子女准正的概念

非婚生子女准正，是指非婚生子女因生父母结婚而取得婚生子女的法律地位。非婚生子女准正，实际上是非婚生子女由于生父和生母在其出生后结婚，而被婚生化，被赋予婚生子女的合法地位。

非婚生子女准正必须发生在非婚生子女出生后其生父母结婚。如果是在子女出生前父母结婚，应当按婚生子女推定。我国婚姻家庭法目前没有规定非婚生子女准正制度，但是在现实中承认生父母结婚发生非婚生子女准正的效果。

2. 非婚生子女准正的形式

非婚生子女准正分婚姻准正和司法准正两种形式。婚姻准正是指非婚生子女因生父母结婚，而取得婚生子女的法律地位。但有的国家规定是除了生父母结婚的要件之外，还须要对非婚生子女进行认领，未经认领也不能发生非婚生子女准正的效力。司法准正，是司法宣告的非婚生子女准正，是指男女双方订立婚约后，因一方死亡或者存在婚姻障碍，使婚姻准正不能实现时，可依婚约一方当事人或者子女的请求，由法官宣告该子女为婚生子女。这种准正对保障子女的合法权益有利，应当采用。

3. 非婚生子女准正的效力

非婚生子女准正，非婚生子女即获得婚生子女的身份和法律地位。从时间上，立法有两种区别：一是认定准正的效力发生自生父母结婚或者法院宣告，不具有溯及力；二是具有溯及力，从子女出生之日发生婚生的效力。对此，应当采取后者，更有利于保护子女的利益。

准正的效果，首先发生于一切结婚前当事人之间的共同子女，包括已经被认领的子女，已经死亡的子女及其后裔，被他人收养的子女，他们都由非婚生转变为婚生子女。即使是婚姻被宣告无效或者被撤销，已经准正的关系不当然消灭，必须有准正关系不存

〔30〕　陈苇、杜江涌：《我国法定继承制度的立法构想》，载《现代法学》2002年第3期。

在的确认判决的确定，才可以撤销该准正。

(三)非婚生子女认领

1. 非婚生子女认领的概念

非婚生子女认领，是指生父对于非婚生子女承认为其父而领为自己子女的行为。[31]《民法典》第1073条规定的确认亲子关系，就是通过认领而确认亲子关系。

非婚生子女制度是亲属法的一项重要制度，非婚生子女的认领是其具体制度，与非婚生子女准正制度相辅相成。现代各国民事立法均规定这一制度。《法国民法典》第329条至第336条对此有详细规定。《德国民法典》第1600a条以下、《瑞士民法典》第260条以下、《日本民法典》第779条以下，规定了非婚生子女的认领。

2. 非婚生子女认领的方式

(1)任意认领。任意认领也称为自愿认领，是生父的单独行为，无须非婚生子女或母之同意，以父的意思表示为足。认领的权利归父享有。任意认领须认领人享有认领权。认领权的构成要件包括以下三项：一是须为非婚生子女的生父本人认领；二是须为非婚生子女被认领；三是须认领人与被认领人间有事实上父子关系的存在。

(2)强制认领。强制认领也叫亲之寻认，是指应被认领人对于应认领而不为认领的生父，向法院请求确定亲子关系存在的行为。[32] 在任意认领，取决于认领权人的主观意思，依其主观意思决定对非婚生子女是否认领；而强制认领，则以父子血统关系为基础，由国家予以认定。强制认领适用于生父逃避认领责任，而于母及子女要求认领的场合，以国家进行干预，体现了国家的强制力。

强制认领的事实，以有与生父有父子关系的事实证据证明为已足。要求认领人提出认领主张后，被告应举出反证证明认领请求不存在事实上的依据，否则即可确认强制认领。各国立法在强制认领制度中，均规定不贞抗辩。如果生母在受胎期间内曾与他人通奸或为放荡生活的，则不适用强制认领，现今不应以此为准，而应以DNA鉴定证明确定。

3. 非婚生子女认领的效力

当事人一方起诉请求确认亲子关系，并提供必要证据予以证明，另一方没有相反证据又拒绝做亲子鉴定的，人民法院可以推定请求确认亲子关系一方的主张成立，强制其认领自己的亲生子女。

非婚生子女一经认领，即视为婚生子女，产生父亲与子女间的权利义务关系，无论任意认领或强制认领均与婚生子女相同。非婚生子女认领的效力，溯及出生之时。但第三人已得的权利，不因此受影响。对于胎内的非婚生子女认领的，亦只溯及出生时发生效力。对于已死亡的非婚生子女为认领的，溯及死者生前，使其非婚生子女于生存中与认领者已有亲子关系，从而认领者与死亡者的直系卑亲属，亦有直系血亲

---

〔31〕 史尚宽：《亲属法论》，台北，荣泰印书馆1980年版，第500页。

〔32〕 史尚宽：《亲属法论》，台北，荣泰印书馆1980年版，第511页。

关系。

《民法典》第1073条规定确认亲子关系,父或者母可以向法院起诉,由法院确认;成年子女也可以向法院起诉请求确认亲子关系,排除了未成年子女的确认亲子关系的请求权。这样的规定不合适,因为成年子女既然已经成年,当然可以依其意志行使这个权利;但是,一是未成年子女正是需要确认生父而实现抚养权的时候,二是成年子女其实已经不再有这种需要,因而未成年子女更需要确认亲子关系。对此,应当准许未成年子女提出认领的请求,进而令其生父承担抚养义务。

四、养子女

(一)养子女

养子女是通过法律拟制的方法即收养行为而成为养父母的子女。养父母子女关系,是通过法律拟制的方法即收养行为而成立的父母子女关系。

养子女与养父母之间的权利义务关系,适用婚生子女的权利义务关系的规定。

(二)收养概述

收养法是亲子法的重要组成部分,收养是改变父母子女关系的重要身份行为,《民法典》对收养行为及其法律后果进行了具体规范。

1. 收养的概念和特征

1992年4月1日施行的《收养法》,经过1998年的修订,编纂为《民法典》婚姻家庭编的第五章,确立了较为完善的收养制度。

收养,是指自然人领养他人的子女为自己的子女,依法创设拟制血亲的亲子关系的身份法律行为。依收养身份法律行为创设的收养关系,就是拟制血亲的亲子关系,是基于收养行为的法律效力而发生的身份法律关系。

在收养的身份法律行为中,当事人分别是收养人、被收养人和送养人。其中领养他人子女为自己的子女的人是收养人,被他人收养的人为被收养人,将子女或者儿童送给他人收养的自然人或者社会组织为送养人。收养行为是变更被收养人身份关系的行为,不是一般的民事法律行为,尽管被收养的是人,但是,被收养人是收养法律行为的主体,而不是收养行为的标的。

在基于收养行为而发生的收养法律关系中,收养人为养父、养母,被收养人为养子、养女。这种拟制血亲的亲子关系,具有与自然血亲同样内容的权利义务内容。

收养行为在法律上具有以下特征:

(1)收养是身份法律行为,是要式行为。收养行为在民事法律行为中性质属于身份行为。收养行为的实施,使原来没有血亲关系的收养人和被收养人的身份关系发生改变,建立了拟制血亲的亲子关系。这种身份行为关系到当事人尤其是被收养人的身份地位问题,因此必须是要式行为。

(2)收养行为人应是具有特定法律身份的人。在一般的民事法律行为中,对行为人的身份通常不加限制,但是收养行为涉及人的身份地位,所以法律规定了特别的限制:第一,收养人和被收养人必须是自然人,社会组织不具有这样的资格;第二,收养人、送养人和被收养人必须符合法律所规定的资格和条件;第三,收养只能发生在非直系血亲关系的自然人之间,法律禁止直系血亲之间进行收养;第四,除了夫妻共同收养之外,禁止被收养人被二人共同收养。

(3)收养行为是产生法律拟制血亲关系的行为。收养行为在收养人和被收养人及其近亲属之间产生亲子的权利义务关系,与自然血亲的亲子关系没有区别。这种拟制血亲关系,通过法律行为而设立,也可以通过法律行为而解除。

(4)收养行为消灭被收养人与其生父母之间的权利义务关系,但是基于出生而发生的自然血缘关系,是不可能人为地加以消灭的,因此,收养的效力不及于自然血亲关系,法律有关自然血亲关系的一些规定,如禁止结婚的血亲关系等,不受收养的影响。

2. 收养的基本类型

依据不同的标准,可以对收养进行不同的分类,划分为不同的类型。

(1)未成年人收养和成年人收养。前者的收养对象是未成年人,后者的收养对象为成年人。根据《民法典》第1093、1099、1103条的规定,被收养人必须是未成年人,只有在收养三代以内旁系血亲的子女、收养继子女等特殊情形时,才允许收养成年人。这表明我国以收养未成年人为原则、收养成年人为例外。

(2)法定收养和事实收养。前者是指依照法定的收养实质要件和形式要件成立的收养关系,后者是指不具备法律规定的收养的实质要件和形式要件,但已经形成了事实上的父母子女关系的收养。我国对1992年4月1日《收养法》生效之前的事实收养承认其效力,其后发生的事实收养则不予承认。

(3)共同收养与单独收养。根据收养人数量的不同,收养可以分为共同收养和单独收养。收养人为一人的收养,是单独收养;收养人为二人以上的收养,是共同收养。无配偶者收养以及配偶一方进行收养,为单独收养。已婚夫妻收养子女,为共同收养。

对于收养的类型,国外还有完全收养和不完全收养,生前收养与遗嘱收养之分。

3. 收养的基本原则

(1)有利于被收养人的抚养、成长原则。收养制度的首要目的在于使未成年的被收养人,包括丧失父母的孤儿,查找不到生父母的弃儿,因某些法定原因不能得到生父母抚育的子女,能够在收养人的抚育下健康成长。对于收养孤儿、残疾儿童、查找不到父母的弃儿以及继子女,法律都规定了较为宽松的条件,体现的就是这一原则。

(2)保证被收养人和收养人的合法权益原则。收养既关系被收养人的利益,也关系收养人的权益,都必须得到法律的保护。保护的标准,就是养父母子女关系适用法律关于父母子女关系的规定。

(3)平等自愿原则。收养行为是民事法律行为,平等自愿是实施一切民事法律行为的基本原则,收养当然不能例外。收养行为的当事人、收养关系的主体,都完全处于平等地位,实施收养行为须各方出于自愿。

(4)不得违背公序良俗原则。实施收养行为须依法办事，尊重当事人的意志，同时也要遵守社会公德，不能违反善良风俗。因此，对收养当事人的行为应当加以必要的约束，不能违背公序良俗原则。

(三)收养关系的成立

收养关系的成立，是指收养当事人依照《民法典》规定的条件和程序建立收养关系。由于收养是变更身份关系的重要法律行为，关系当事人的人身关系和财产关系的变更，也关系公序良俗，法律实行较多的干预和监督，为收养规定了详细的条件和程序，只有符合法律的要求，才能发生收养的效力。

收养关系成立应当具备以下实质要件和形式要件。

1. 收养关系成立的实质要件

收养关系成立的实质要件就是收养关系成立的实体性的必要条件。《民法典》对被收养人、送养人和收养人的条件以及收养合意等都作了明确规定。

(1)被收养人的条件

被收养人的条件，在各国的亲属法中都有规定，但是宽严程度各有不同，多数国家限制在未成年人，只有少数国家立法规定可以收养成年人。

我国《民法典》第1093条规定，只有下列未成年人才能被收养：①丧失父母的孤儿。孤儿是指其父母死亡或者人民法院宣告其父母死亡的未成年人。②查找不到生父母的未成年人，主要是被遗弃的初生儿和丧失父母的未成年人。③生父母有特殊困难无力抚养的子女。例如，父母存在无经济负担能力、患有严重疾病、丧失民事法律行为能力等原因，无法或者不宜抚养子女，可以视为有特殊困难无力抚养。在这些情况下，其子女可以被送养。

(2)送养人的条件

《民法典》第1094条规定送养人的条件是：

第一，孤儿的监护人。监护人送养孤儿，必须以将其送养是出于保护孤儿权益的需要为必要条件；同时，还须具备"征得有抚养义务的人同意"[33]的条件。有抚养义务的人，是指我国《民法典》第1074、1075条规定的有负担能力的祖父母、外祖父母和兄、姐。

第二，儿童福利机构。我国的儿童福利机构是指各地民政部门主管的收容、养育孤儿和查找不到生父母的弃婴、儿童的社会福利院。对于他们养育的孤儿、查找不到生父母的弃婴、儿童，有权送养。

第三，有特殊困难无力抚养子女的生父母。有特殊困难无力抚养子女的生父母，必须双方共同送养，如果生父母一方不明或者查找不到的，可以单方送养；生父母一方死亡，对方配偶可以送养子女，但是死亡一方的父母主张优先抚养权的，构成送养的法定障碍，该父母则行使优先抚养权。

---

〔33〕 见原《收养法》第13条规定。

(3)收养人的条件

按照我国《民法典》第 1098 条规定,收养人应当同时具备以下条件:

第一,无子女或者只有一名子女。其中“子女”,包括婚生子女、非婚生子女以及拟制血亲的子女。

第二,有抚养教育被收养人的能力。不仅要考虑收养人的经济负担能力,而且还要考虑在思想品德等方面是否有抚养教育的能力。

第三,未患有在医学上认为不应当收养子女的疾病。这里所称疾病,应当是自己危害养子女健康的传染性疾病,以及危害养子女人身安全的精神性疾病。

第四,无不利于被收养人健康成长的违法犯罪记录。例如,曾经犯有性侵、伤害、虐待、遗弃等犯罪或者违法行为的记录的人,不得收养子女。

第五,年满 30 周岁。这是一般规定。特殊的要求是:一是无配偶者收养异性子女的,收养人与被收养人的年龄应当相差 40 周岁以上;二是有配偶者收养子女,必须夫妻共同收养;三是无子女的收养人可以收养两名子女,有子女的收养人只能收养一名子女。

(4)当事人的收养合意

收养行为是民事法律行为,因此必须具备当事人的收养合意这一必要条件。构成收养合意,应当具备以下两个条件:

第一,收养人收养与送养人送养须双方自愿,意思表示一致。收养与送养,是民法上的身份协议,收养合意应当按照合同成立的条件要求。

第二,收养年满 8 周岁以上的未成年人,应当征得被收养人的同意,而不是仅仅征求其意见。

(5)特殊情形的特别条件

《民法典》规定了一些例外,在特殊情形下适当放宽收养的条件。

第一,收养三代以内同辈旁系血亲的子女,条件适当放宽:一是生父母无特殊困难、有抚养能力的子女,也可以被送养;二是无特殊困难、有抚养能力的生父母有送养人的资格,可以送养自己的子女;三是不受无配偶者收养异性子女年龄差为 40 岁的限制。如果是华侨收养子女,还可以不受收养人无子女的限制。

第二,收养孤儿、残疾儿童或者社会福利机构抚养的查找不到生父母的弃儿和儿童,条件也适当放宽:一是不受收养人无子女的限制;二是不受收养人只能收养一名子女的限制。

第三,继父母收养继子女。继父或者继母经继子女的生父母的同意,可以收养继子女,收养的条件适当放宽:一是其生父母无特殊困难、有抚养能力的子女有被收养人的资格,也可以被送养;二是无特殊困难、有抚养能力的生父母有送养人的资格,可以送养自己的子女;三是不受无子女、有抚养教育养子女的能力、疾病以及年满 30 周岁的被收养人条件的限制;四是不受收养一人的限制。

2. 收养关系成立的形式要件

按照我国婚姻家庭法的规定,收养登记是法定程序。收养协议和收养公证则是出于当事人的意愿和要求而进行的程序,不具有强制性。

(1)收养登记

收养的各方当事人达成收养合意,尚不能发生收养的法律效果,必须经过收养登记,才能够实现变更当事人之间身份关系的效果。因此,收养登记,具有对收养合意的确认、国家承认收养行为以及当事人身份关系变更的公示等效力。

第一,收养登记机关。办理收养登记的机关是县级以上人民政府的民政部门。具体是:一是收养社会福利机构抚养的查找不到生父母的弃婴、儿童和孤儿的,为社会福利机构所在地的收养登记机关。二是收养非社会福利机构抚养的查找不到生父母的弃婴、儿童的,为弃婴和儿童发现地的收养登记机关。三是收养生父母有特殊困难无力抚养的子女或者由监护人监护的孤儿的,为被收养人生父母或者监护人常住户口所在地的收养登记机关。

第二,收养登记的具体程序。一是申请。收养登记必须由当事人包括送养人、收养人以及年满8周岁以上的被收养人亲自到收养登记机关办理,同时应当向登记机关出具收养登记申请书。二是审查。审查是收养登记的中心环节,内容包括各方当事人的条件是否符合法律规定,证件、证明是否齐全、有效,收养的目的是否正当,当事人意思表示是否真实等。三是登记。经审查,对于符合《民法典》规定的条件的,应当准予收养登记,发给收养登记证,收养关系自登记之日起成立。对不符合规定的条件的,则不予登记,并对当事人说明理由。

依照《民法典》第1109条规定,外国人依法可以在中华人民共和国收养子女。外国人在中华人民共和国收养子女,应当经其所在国主管机关依照该国法律审查同意。收养人应当提供由其所在国有权机构出具的有关其年龄、婚姻、职业、财产、健康、有无受过刑事处罚等状况的证明材料,并与送养人签订书面协议,亲自向省、自治区、直辖市人民政府民政部门登记。上述证明材料应当经收养人所在国外交机关或者外交机关授权的机构认证,并经中华人民共和国驻该国使领馆认证,但是国家另有规定的除外。与原《收养法》第21条规定相比,取消了外国人收养子女应当进行公证的要求。

(2)收养协议和收养公证

第一,收养协议。按照《民法典》第1105条第3款规定,收养协议并非收养关系成立的必要形式,而是当事人自愿进行。这种规定不妥。收养协议是收养合意的外在表现形式,是对当事人收养合意的记录。实施收养行为应当首先签署收养协议,然后才能进行收养登记。现在规定收养登记需要的是收养申请书,并不是确切的法律文书。

第二,收养公证。订立收养协议后,当事人一方或者双方主张进行公证的,应当进行公证。该公证证明的是收养协议的合法性,而不是证明其他。有的主张这种登记应当在准予收养登记后办理,[34]似有不妥,原因是,国家主管机关都对收养进行了登记,何以还要公证机关的公证呢?因为公证的效力远远不及登记的效力,如此岂不是本末倒置?

---

〔34〕 杨大文:《婚姻家庭法》,法律出版社2003年版,第248页。

(3)收养评估

民政部门进行收养登记,应当对要登记的收养关系进行收养评估,以最大限度地保护被收养人的合法权益。收养评估包括收养关系当事人的收养能力评估、融合期调查和收养后回访。

收养能力评估,是指对有收养意愿的当事人(以下简称收养申请人)抚养教育被收养人的能力进行评估。主要包括对收养申请人个人和家庭基本状况、收养动机与目的和养育安排、收养申请人提交的证件和证明材料情况等进行全面调查,从而对收养申请人及其共同生活的家庭成员抚养教育被收养人的能力作出综合评定。

融合期调查,是指在收养登记办理前,对收养关系当事人融合情况进行评估。主要包括对被收养人与收养申请人及其家庭成员共同生活、相处和情感交融等情况,收养申请人履行临时监护职责情况,对被收养人的照料抚育情况和(被)收养意愿等进行调查评估。

收养后回访,是指收养登记办理后,对收养人与被收养人共同生活的情况进行评估。主要包括收养人对被收养人的养育教育情况、被收养人健康成长和受教育情况、双方情感交融情况等进行调查评估。

收养评估的对象,是收养申请人及其共同生活的家庭成员。收养申请人应当配合收养评估开展。

收养评估工作可以由收养登记机关委托的第三方机构或者收养登记机关开展。民政部门优先采取委托第三方方式开展收养能力评估。

3. 事实收养和对《收养法》实施之前形成的收养关系的确认

在《收养法》实施以前发生的事实收养,应当承认其效力。对于《收养法》实施以后发生的事实收养,应当进行收养登记,符合收养条件的,予以登记;不符合收养条件的,不予登记;不进行登记的,不承认其收养的效力。

(三)收养的效力

收养的法律效力,是指法律赋予收养行为而发生的强制性法律后果。这种法律后果表现为两个方面,即收养的拟制效力和解销效力。

1. 收养的拟制效力

收养的拟制效力,亦称为收养的积极效力,是指收养依法创设新的亲属关系及其权利义务的效力。

关于收养的拟制效力的范围,有两种不同的立法例。德国等立法例规定,收养的拟制效力仅及于养父母与养子女以及收养关系存续期间养子女所出的晚辈直系血亲,而不及于养父母的血亲。日本等立法例规定,收养的拟制效力不仅及于养父母和养子女以及养子女所出的晚辈直系血亲,同时及于养父母的血亲。我国收养法采取后一立场。

(1)对养父母与养子女的拟制效力。收养的拟制效力主要体现在自收养关系成立之日,养父母与养子女之间发生父母子女之间的权利义务关系。对此,《民法典》第1111条第1款作了明确规定。

(2)对养子女与养父母的近亲属的拟制效力。养子女与养父母的近亲属之间的权利义务关系,是养亲子关系在法律上的延伸。收养对养子女与养父母的近亲属的拟制效力,表现为养子女与养父母的近亲属以及养父母与养子女的近亲属之间发生的拟制效力,取得亲属的身份,发生权利义务关系。

2. 收养的解销效力

收养的解销效力,是指收养依法消灭原有的亲属关系及其权利义务的效力。在完全收养中,其解销效力是养子女与生父母之间的权利义务完全消灭;在不完全收养中,养子女与生父母之间的权利义务不完全消灭,还保有法定的权利义务关系。我国没有不完全收养,养子女与生父母及其近亲属的权利义务完全消灭。

收养的解销效力,消灭的仅是法律意义上的父母子女关系,而不是自然意义上的父母子女关系。养子女与生父母之间基于出生而具有的直接血缘联系是客观存在的,不能通过法律手段加以改变。因此,法律关于禁婚亲的规定仍然适用于养子女与生父母及其近亲属。

(四)收养关系解除

1. 收养关系解除的概念

收养关系解除,是指收养的法律效力发生后,因出现一定的法定事由,无法继续养亲子关系,通过法定程序将其人为消灭。收养是变更身份和权利义务关系的重要法律行为,涉及一系列的法律后果,因此收养关系成立后不得随意解除。不过由于收养关系是拟制的血缘关系,如果出现收养关系恶化,难以为继,或者在事实上的解体,那么,既然通过法律行为可以设立它,也就能通过法律行为和法定程序而将其消灭。

2. 收养关系解除的程序

(1)协议解除

协议解除收养关系适用于两种情况。一是在收养关系成立之后,被收养人成年之前,收养人和送养人双方可以通过协议解除收养关系。二是养父母与养子女间关系恶化,无法共同生活的,也可以通过协议解除收养关系。

协议解除收养关系,双方当事人须有解除收养关系的合意。养子女未成年时,解除收养的合意是指收养人与送养人解除收养的意思表示一致;如果被收养人已满8周岁,还需要征求本人同意。养子女成年之后,解除收养的合意是指收养人和被收养人之间解除收养的意思表示一致。夫妻共同收养的,解除收养必须夫妻双方共同解除。如果准许单方解除收养,则无法取得身份上的统一。

协议解除收养的程序是:达成收养解除的合意的,到收养登记机关办理解除收养关系的登记。收养关系自登记之日起消灭。

(2)诉讼解除

收养关系当事人就解除收养关系不能达成协议的,收养人、送养人以及已经成年的被收养人可以向人民法院提起诉讼,由人民法院裁决收养关系是否予以解除。

诉讼解除收养关系的适用情况,主要有两种:

第一，养子女为未成年人，收养人或者送养人要求解除收养关系，未达成一致意见协议解除的。《民法典》禁止收养人在被收养人未成年时解除收养关系，以保护未成年被收养人的权益。在一般情况下，收养人在被收养人未成年时提出解除收养关系诉讼请求的，法院应驳回其诉讼请求；但是，收养人对养子女不履行扶养义务、虐待、遗弃，以及其他侵害养子女的合法权益行为的，法院应当判决解除收养关系。

第二，被收养人已成年，关系恶化，一方要求解除收养关系的。应当根据双方关系的实际情况，本着维护收养关系当事人合法权益的原则，如果双方关系尚未恶化到无法共同生活的程度的，应当查明纠纷原因，着重调解和好；如果双方关系已经恶化到无法继续共同生活的程度的，应当准予解除收养关系。

3. 解除收养关系的法律后果

(1)身份关系的效力

收养关系解除后，养子女与养父母及其他近亲属之间的权利义务关系即行消灭。如果养子女尚未成年，养子女与生父母及其他近亲属之间的权利义务关系自行恢复；养子女已经成年的，其与生父母及其他近亲属的权利义务关系是否恢复，可以由成年的养子女与生父母协商确定，同意恢复的，即行恢复与生父母及其他近亲属之间的身份地位及其权利义务关系。

(2)其他效力

收养关系解除之后，还发生对解除收养关系后成年养子女的生活费给付义务和养父母的补偿请求权的效力。

第一，成年养子女的生活费给付义务。收养解除之后，经养父母抚养的成年养子女，对缺乏劳动能力又缺乏生活来源的养父母，应当给付生活费，其标准一般应不低于当地居民的普通生活费用标准。

第二，养父母的补偿请求权。养子女成年后虐待、遗弃养父母而解除收养关系的，养父母可以要求养子女补偿收养期间支出的生活费和教育费。如果是生父母要求解除收养关系的，养父母可以要求生父母适当补偿收养期间支出的生活费和教育费，但是，因养父母虐待、遗弃养子女而解除收养关系的除外。

五、继子女

(一)继子女的概念和继父母子女关系类型

1. 继子女的概念

继子女，是指丈夫对妻与前夫所生的子女，或者妻对夫与其前妻所生的子女，即配偶一方对他方与其前配偶所生的子女为继子女。继父母，是指子女对母亲或父亲的后婚配偶的称谓，即继父或继母。

继父母子女关系，是指因父母一方死亡、他方带子女再行结婚，或者因父母离婚，抚养子女的一方或双方再行结婚，从而在继父母与继子女间形成的亲属关系。

2. 继父母子女关系的类型

《民法典》按照继父母和继子女之间是否形成抚养关系的标准，将继父母子女关系分为两种类型。

（1）拟制直系血亲关系的继父母子女关系。这种性质的继父母子女关系除了须具备继父母结婚这一法律事实外，还需要具备法律所规定的特定事实，即继父母和继子女之间相互有抚养的事实行为发生。这种继父母子女关系在法律上具有重要意义，直接涉及《民法典》婚姻家庭编和继承编的适用，并发生父母子女权利义务关系的法律后果。国外亲属法一般规定继父母收养对方的子女为养子女的方法，完成由姻亲关系向拟制血亲关系的转化，一般不采取单独规定继子女的方法，我国则将这种类型的继子女单独作出规定。

（2）直系姻亲关系的继父母子女关系。这种性质的继父母子女关系是由继父母结婚的事实决定的，即只须具有继父母结婚这一法律事实，继父母和继子女之间的关系即告形成。这种继父母子女关系属于直系姻亲，不是血亲，而属于配偶的血亲，不受我国法律关于父母子女关系的约束，不产生相互之间的权利和义务关系。

区分前两种不同类型的继父母子女关系的基本标准，是继父母与继子女之间是否形成抚养关系。形成抚养关系的基本判断标准是，继父母与继子女共同生活，继父母对继子女进行了教育和生活上的照料，负担了全部或者部分生活费、教育费。不过，在现实生活中，这种抚养关系很难判断，例如，判断继父母与继子女之间形成抚养关系，是否要有时间的要求，需要多长的时间才能确定为形成了抚养关系，法律并没有规定。因此，可以根据事实情况，规定第三种类型的继父母子女关系，即不完全收养的继父母子女关系，即继父母对继子女的抚养是时断时续的，或者是短时间的，或者是临时性的，发生不完全收养的继父母子女关系。

（二）继父母子女关系的消灭

1. 继父母子女关系消灭的事由

继父母子女关系依据以下事由而消灭：

（1）继父母子女一方死亡。继父母或者继子女一方死亡，在继父母子女之间消灭权利义务关系，不再具有约束力。

（2）继父母离婚。未成年的继子女，由于生父与继母或者生母与继父离婚而消灭其与继父母间的权利义务关系。生父与继母或生母与继父离婚时，对曾受其抚养教育的继子女，继父或继母不同意继续抚养的，仍由生父母抚养。如果继父母愿意继续抚养该继子女，生父母又同意的，可以允许。如果继子女已经被继父母抚养成人，已经形成的抚养关系不能因为生父与继母或生母与继父离婚而消灭其权利义务关系，对于年老体弱、生活困难的继父母仍然应当承担其晚年的赡养义务。

（3）协议解除。已经形成抚养关系的继父母子女关系是拟制血亲，可以因协议而解除。在继子女未成年时，经生父母、继父母协商一致，并经有识别能力的继子女同意，可以协议解除继父母和继子女之间的权利义务关系。继子女成年后，成年继子女与继父母关系恶化,也可以协议解除权利义务关系。但是,继子女对将其抚养长大的继父母,如果年老体弱、生活困难的,应当承担给付必要生活费的义务。

(4)诉讼解除。解除已经形成抚养关系的继父母子女关系发生争议的,可以诉请人民法院裁决是否解除继父母子女间的权利义务关系。法院一经判决解除继父母与继子女之间的权利义务关系,则即行解除,双方不再存在父母子女的权利义务关系。

生父母死亡时,继父母与继子女形成抚养关系的,不能自行解除。继父母不能因为未成年继子女的生父母死亡而停止对继子女的抚养教育。如果继子女的生父母一方还健在,要求将子女领回抚养的,须经继父母的同意。双方协商不成的,由人民法院根据子女的利益判决。如果未成年继子女被生父母生存一方领回抚养,则继父母的子女关系解除。如果在生父母死亡时,继子女已经由继父母抚养成人,无论继父母子女关系是否解除,继子女都应当对继父母尽赡养扶助义务。

2. 继父母子女关系消灭的后果

继父母子女关系已经消灭,双方的父母子女的权利义务关系即行消灭。唯有一点,就是继子女是由继父母抚养成人的,并不消灭对继父母的赡养扶助义务。

六、应用人工生殖技术所生子女

(一)人工体内授精子女

1. 人工体内授精的概念和种类

对人工体内授精所生子女的法律地位应如何确定,主要有肯定说和否定说两种学说。前者承认该子女具有婚生子女的法律地位,后者则否定这种性质。

关于人工体内授精的定义,英美法与大陆法有所不同。英美法认为,人工体内授精是指不是通过性交方式而是通过诸如注射器之类的器械将精液注入妇女的体内,与该妇女的卵子结合受胎。日本法认为,人工体内授精是不以男女性交而以从男性体内取出精液注入女性体内而使之受胎。相比较而言,日本法对人工体内授精的定义更为确切。

人工体内授精也称为人工授精,是指通过人工的而非性交的方法使妇女接受精液而怀胎。人工体内授精技术的广泛应用,必然产生法律上的意义和后果,及如何确认人工授精子女的法律地位问题,是否承认人工授精所生子女为婚生子女。同时,也涉及人工体内授精行为性质问题。

在配偶之间进行人工体内授精,所生子女为婚生子女自无疑问。但是,在对非配偶者之间进行人工体内授精所生子女是否为婚生子女,学说不无分歧。妇女未经夫的同意而采用他人精液进行人工体内授精,对其所生子女,学说和判例上均认其为非婚生子女。在非配偶者之间进行人工体内授精,经夫的同意而进行的,对其所生子女是否具有婚生子女地位,学说上有两种意见,即肯定说和否定说,肯定说为多数意见。

2. 对人工体内授精所生子女法律地位的界定

(1)同质人工体内授精。由夫的精液实施人工体内授精使妻受胎而生的子女,为婚生子女，与父母产生父母子女间的权利义务关系。这种情况一般不会引起争议。

(2)异质或混合人工体内授精。经夫的同意，以他人的精液，或者以他人的精液与夫的精液混合，使妻受胎而生的子女。对人工体内授精所生子女法律地位认识的分歧主要是指这种情况。对此，应推定该子女为夫妻双方的婚生子女，夫不得提出婚生子女否认之诉，第三人也不得诉请他人父子(女)关系的不存在，提供精液之人不得主张非婚生子女的认领。这是因为，无论人工体内授精的精液是否与丈夫的精液混合，只要丈夫同意采用人工体内授精方法使妻受胎，就是夫妻双方系以获得共同子女的积极意思所生的子女，应视其为夫对婚生子女否认权的抛弃，不再享有这一权利。从另一方面看，提供精液之人，将自己的精液通过医院而提供给他人，视为其放弃了自己对该精子所生子女的认领权，自然不得请求认领子女为自己的亲生子。至于通过非正当渠道提供精液使他人受胎、生产者，对其子女亦无权认领。

既然经夫的同意实施人工体内授精所生子女为夫妻双方的婚生子女，在父母与该子女之间就当然产生父母子女的权利义务关系。父不得推卸、免除其责任。

(3)未经丈夫同意的异质人工体内授精。未经夫同意而实施人工体内授精所生的子女、未婚女子采取人工授精所生的子女，均为非婚生子女。对前者，夫可以行使婚生子女否认权，否认该子女为自己的亲生子女，不承担父的责任。至于提供精液者与该子女的母亲可否请求或要求非婚生子女的认领，一般均采否认态度。

3. 处理人工体内授精所生子女法律地位的一般规则

最高人民法院 1991 年 7 月 8 日《关于夫妻离婚后人工授精所生子女的法律地位如何确定的复函》认为："在夫妻关系存续期间，双方一致同意进行人工授精，所生子女应视为夫妻双方的婚生子女，父母子女之间权利义务关系适用《婚姻法》的有关规定。"这一司法解释的基本精神是十分明确的，它确定的原则是："夫妻双方同意进行的人工授精所生子女，为婚生子女。"适用这一原则的条件是：

(1)在夫妻关系存续期间。若结婚登记之前和婚姻关系消灭之后，人工体内授精所生子女，则为非婚生子女，不具有婚生子女的法律地位。

(2)夫妻双方一致同意进行人工体内授精。这一条件主要是指夫同意妻进行人工体内授精。若夫不同意妻采取人工体内授精的方法受胎的，为妻单方同意，所生子女为非婚生子女，夫不承担父的责任。如果夫强迫妻进行人工体内授精受胎，所生子女亦应承认其婚生子女的地位，如采否认态度则难以解释，故双方一致同意主要还是指夫同意。

(二)人工体外受精子女(试管婴儿)

人工体外受精即 IVF，是指用人工方法将卵子自体内取出，与精子在培养皿中受精，再将受精卵或者胚胎植入女性的子宫内，使其着床、发育至分娩的过程。用这种人工生殖技术生育出来的子女，俗称试管婴儿。

试管婴儿技术也是人工生殖技术，不过，由于试管婴儿的技术更为复杂，人工成分更多，涉及的法律问题也更复杂，其主体有不孕夫妇、精子捐赠人、卵子捐赠人和怀孕分娩者等。

1. 妻卵体外受精

妻卵体外受精是指妻子提供卵子，在体外接受人工授精，分为两种。

（1）同质的妻卵体外受精。同质的妻卵体外受精，是将夫的精子与妻的卵子在体外完成受精，再将受精卵植回妻子的子宫着床、发育、分娩。采用这种人工授精的方法孕育的后代，与正常生殖没有区别，生育子女的法律地位与婚生子女没有区别。

（2）异质的妻卵体外受精。异质的妻卵体外受精，是将第三人捐赠的精子与妻的卵子在体外受精，再将受精卵植回妻子的子宫着床、发育、分娩。可以是完全的第三人的精子，也可以是丈夫和第三人的精液混合后的精子，与妻的卵子结合，其后果与前述相同。

2. 捐卵体外受精

捐卵体外受精，是指第三人提供卵子，与丈夫的精子在体外受精，再将受精卵植入妻子的子宫着床、发育、分娩。这种生殖技术应用于妻子排卵不正常，不能提供卵子怀孕，其技术较为复杂。

在法律上，捐卵体外受精向传统的“谁分娩，谁为母亲”的确定母亲原则提出了挑战，这就是，不是用自己的卵子受精，尽管是自己分娩的子女，是否构成法律上的母亲？对此有三种主张：一是继续贯彻谁分娩谁为母亲的原则，认为第三人捐赠卵子，但是其胚胎移植到了妻子的体内，由妻子孕育、分娩，因此妻子就是孩子的母亲。二是贯彻血缘真实主义，认为生殖细胞来源于谁，谁就是母亲，因此捐卵者是孩子的母亲。三是意思主义，认为应当以妻子是否有为子女的母亲的意思为标准：捐卵者有成为母亲的意思者，就应当认为捐卵者是子女的母亲；如果捐卵者有提供卵子的意愿而无成为母亲的意愿，则不能成为母亲。

对此，应当以分娩者的意思表示为判断标准。这种情况与代理母亲相似，判断的基本标准是分娩者的意思。如果分娩者有成为母亲的意愿，捐卵者就是捐卵而已。如果捐卵者有成为母亲的意愿，并且分娩者也同意，那分娩者就是代理母亲，不能成为捐卵者所生子女的母亲。因此，只要妻作为分娩者，或者也包括丈夫有认其为母亲的意思表示，那么，妻子分娩之后，当然成为子女的母亲。

3. 胚胎移植

胚胎移植，是指利用人工技术将精子注入第三人体内，与其卵子受精，将受精卵从体内取出植入妻子的子宫内使其着床、发育、分娩。胚胎移植的捐卵者不仅捐卵，而且还提供体内受精的条件，因此，比体外人工授精更为复杂，同时，由于捐卵者和提供受精条件的人多数是公开的，产生的法律问题更为复杂。

（1）捐卵同质胚胎移植。这种胚胎移植是以丈夫的精子与捐卵者的卵子结合，完成胚胎移植，孕育子女。这种胚胎移植由于是丈夫同质人工授精，且妻子同意接受胚胎移植，并且自己将胎儿孕育分娩，因此应为子女的母亲。妻子接受胚胎移植分娩子女后，不得提出否认之诉。如果确系欺诈或者胁迫所致，则允许妻子提出否认之诉，推翻子女的婚生性。在这种情况下，提供卵子的一方可以认领。

(2)捐卵异质胚胎移植。这种胚胎移植更为复杂,是以第三人的精子与捐卵者的卵子结合,完成胚胎移植,孕育子女。这种胚胎移植,只有妻子在孕育上具有一定的关系,在血缘上,子女与妻子和丈夫均无关系,其真实的父和母分别是捐卵的遗传母亲和捐精的遗传父亲,而妻子只是分娩母亲,丈夫则与子女毫无关系。在法律上,仍然应当以妻子和丈夫的意思表示作为基本标准,只要妻子和丈夫同意接受胚胎移植,并且将做胚胎移植子女的母亲和父亲,就应当认定子女的父母就是妻子和丈夫。除非有欺诈或者胁迫,且有证据证明者方可推翻原来的意思表示推翻子女的婚生性,否则不得否认该子女的婚生性。

4. 代孕所生子女

代孕,是指使用妻卵和夫精、妻卵和供精、供卵和夫精、供卵和供精在体外受精,将胚胎植入她人子宫妊娠生育的人工生殖技术。一般对于提供身体妊娠生育子女的女性称为代孕母亲。代孕的生殖技术带来一系列的法律问题,非常复杂,向"谁分娩,谁为母亲"的原则提出了根本性的挑战,即究竟谁是子女的真正母亲。此外,还有代孕合同的性质,代孕母亲的丈夫与该子女的关系,人工流产的决定权,四方当事人之间如果一方死亡,胎儿的继承权如何处理等,都面临新的问题。对此,应当贯彻意思主义,即依妻子和丈夫的意思表示为准,确定代孕所生子女的身份关系。

上海法院2016年作出了一件对代孕所生子女确认身份的判决,最终以确认母亲与无生物学意义上母女关系的子女之间的身份关系为结果,保护了代孕所生子女的利益,也维护了母亲的合法权益;但是判决认为双方的亲子关系不属于婚生子女,而属于继母子关系。其依据是,夫妻一方的非婚生子女,一直随该夫妇共同生活,已形成有抚养关系的继父母子女关系,其权利义务适用法律关于父母子女关系的规定。这样的认定看似尊重客观事实,但是,却存在法律欠缺,即将夫妻双方代孕所生子女认定为非婚生子女,既非夫妻双方决定和采取代孕生育子女当时的本意,也不符合保护代孕所生子女人格和身份地位的要求。为此,本书认为应认定为婚生子女。

思考题

1. 婚约在法律上有何种意义?
2. 结婚的实质要件和形式要件有哪些? 本章讨论案例存在的问题应当怎样解决?
3. 离婚的类型和离婚的法律后果是什么?
4. 登记离婚的冷静期还存在哪些需要完善的问题?
5. 亲子分为哪两种类型? 自然血缘和拟制血缘有何种区别?
6. 婚生子女否认和确认制度的内容是什么?
7. 试论收养行为和收养关系的概念及其关系。

第三章　亲属身份关系

| 本章导读 |

《民法典》婚姻家庭编规定的家庭关系，就是亲属身份关系，即身份权。身份权是指民事主体基于特定身份关系产生并由其专属享有，以其体现的身份利益为客体、为维护该种关系所必需的人身权，包括配偶权、亲权和亲属权。配偶权是男女两性依法结合为夫妻后，相互之间基于配偶身份所享有的对配偶利益专属支配的基本身份权。亲权是指父母对未成年子女身份地位以及对其人身、财产管理和保护其权利义务的基本身份权。亲属权是指除配偶、未成年子女以外的其他近亲属之间身份地位和权利义务的基本身份权。

| 典型案例 |

某年 3 月，原告马某（男）与被告邓某（女）自愿登记结婚，婚后夫妻感情尚好。翌年 9 月 23 日，原、被告双方因家庭琐事发生争吵，邓某气愤不已，独自一人到医院实施了堕胎手术。马某得知后，以妻子未经其同意擅自堕胎为由起诉离婚，并要求赔偿精神损失费一万元。法院经审理认为，男女双方登记结婚后，生育权为双方共有，双方应共同行使这一权利，任何一方单独处分都是对相对方生育权的侵害。被告未经原告许可擅自堕胎，导致双方夫妻感情破裂，并造成原告精神损害。原告的诉讼请求符合法律规定，应予支持。遂判决准予双方离婚，被告赔偿原告精神抚慰金一万元。

第一节　身　份　权

一、身份与身份权

（一）身份

1. 身份的概念

在法律上使用身份这一概念，历史久远。英国学者梅因指出："在'人法'中所提到的一切形式的'身份'都起源于古代属于'家族'所有的权力和特权，在某种程度上，至今仍旧带有这种色彩。"[1]早期身份概念的产生及应用，是因亲属法、家族法在早期就已经非常发达，而这些法律的基本作用就在于固定人在亲属中、家庭中的支配与被支配的关系，固定人的法律地位。

在早期的法律中，身份体现的是家族中的权力和特权，如家父权、家长权等。随着人类社会的进步，"从身份到契约"运动的兴起，人与人之间的法律关系，逐渐地从身份关系转化为契约关系，从而实现人的权利平等。在身份这一概念中，排斥其原本所包括的权力因素，注入义务中心的观念，变狭隘的特权为普遍的权利，变目的的社会结合的财产法上的支配为本质的社会结合的身份法上的支配，变单方的支配为相互的支配，[2]产生了现今的科学内涵。

身份，是指民事主体在亲属关系中所处的稳定地位，以及由该种地位所产生的与其自身不可分离，并受法律保护的利益。

2. 身份的特点

(1)身份首先是一种地位，表示民事主体在某种特定的亲属法律关系中的稳定地位，如配偶、亲子、亲属等。

(2)身份表现为亲属利益。亲属关系的主体基于特定的身份地位，而产生相应的具有支配性质的身份利益。如配偶之间对配偶利益的互相支配，亲权关系当事人对于未成年子女以及父母之间的身份利益的支配，均体现了这种具有支配性的利益。这种利益与亲属的人身不可分离，受法律的保护。

(3)身份所体现的地位和利益，须处于特定的亲属关系之中，离开特定的亲属关系，不存在身份。如配偶权处于夫妻关系之中，亲权和亲属权处于亲属关系之中等。

(二)身份权

1. 身份权的概念

身份权是指民事主体基于特定身份关系产生并由其专属享有，以其体现的身份利益为客体、为维护该种关系所必须的人身权，包括配偶权、亲权和亲属权。《民法典》第112条规定的"自然人因婚姻家庭关系等产生的人身权利"，就是身份权。

2. 身份权的法律特征

(1)身份权表达的是亲属之间的身份地位。身份权的核心问题是身份。因此，它所表达的是亲属之间的身份地位关系，表明特定的亲属之间各自所处的不同地位和关系。因此，身份权就是亲属地位的法律化。

(2)身份权是亲属之间的权利义务关系。身份权的主体是亲属，表明的是亲属之间的权利义务关系。这种亲属之间的权利义务关系，是基于亲属之间的身份地位的不同而发生的，表明不同身份地位的亲属之间，相互享有的权利和负担的义务。因此，身

---

[1] [英]梅因:《古代法》，沈景一译，商务印书馆1984年版，第97页。

[2] 王利明:《人格权法新论》，吉林人民出版社1994年版，第196页。

份权是亲属之间的权利义务关系。

（3）身份权的主体有范围的限制。在法律上，并不是一切亲属之间都发生身份权，仅在法律规定的近亲属之间才发生身份权。因此，身份权的主体虽然是亲属，但并不是所有的亲属，只有近亲属才是身份权的主体。

（4）身份权的客体是身份利益。身份权的客体不是近亲属的人身，而是近亲属之间的身份利益。在历史上，身份权曾经是支配对方亲属人身的绝对支配权，因此，家长（家父）、丈夫以及尊亲属可以支配家属（家子）、妻子以及卑亲属。现代社会人人权利平等，废除了身份权的人身支配性质，代之而起的是平等的身份利益支配权，权利人只能支配身份利益，而不能支配对方亲属的人身。

（5）身份权的本质以义务为中心。现代身份权并不是以权利为中心，而是以义务为中心，将权利的中心转向对对方亲属的保护。即使对身份利益的支配，也不是绝对的身份利益支配，更重要的是履行身份利益中的义务。配偶权、亲权、亲属权都含有权利的内容，但是其核心是义务。例如，亲权更多的是对未成年子女的身份利益保护。

（三）身份权与人格权

人身权包括两个部分，即人格权和身份权。人格权是指民事主体享有的以人格利益为客体、为维护其独立人格所必备的权利，包括生命权、身体权、健康权、姓名权、名称权、肖像权、名誉权、荣誉权、隐私权、个人信息权等。

1. 身份权与人格权的联系

（1）同为专属权。身份权和人格权都与民事主体的人身紧密相连，具有专属性和排他性。只能由民事主体自己享有和行使，具有严格的排他性，不得转让，也不得抛弃或由他人继承。

（2）同为支配权。人身权都是绝对权，其体现的人身利益均由民事主体直接支配。人格权，支配的是人格利益；身份权，支配的是身份利益。身份权与人格权对其权利客体所享有的权利是绝对的、支配性的，其他任何人均须承担义务。

（3）均不具有直接的财产性。人身与财产不同，不具有直接的财产内容。民事主体行使身份权和人格权，其目的主要是满足自身精神上、情操上、观念上的需要，主要的不是财产目的，但人身权也不是毫无财产因素。

2. 身份权与人格权的区别

（1）法律作用不同。人格权以维护自然人、法人、非法人组织的法律人格为其基本功能，使之实现人之所以为人的法律效果。身份权的法律作用，是维护以血缘关系组成的亲属团体中人的特定地位及相互之间的权利义务关系，维护自然人对具有身份关系的利益的支配关系。人格权是人身权中主导的、基本的权利；而身份权在事实上以人格权的存在为前提。从根本上说，身份权是人格权的扩展和延伸。

（2）身份权不是民事主体固有权利。人格权是民事主体的固有权利，生而享有，死而消灭。身份权并不是民事主体生而固有的权利，而是就自然人的出生而取得的权利。自然人出生，尽管其一经出生就与其父母、姐妹兄弟、祖父母、外祖父母产生了亲属法上的身份权,但这种身份权的产生,是依其出生构成的亲属关系而取得。此外,养父母子女、继父母子女之间的身份关系,更是基于收养、抚养的行为和事实而取得。身份权的非固有性还表现为其在某种条件下而丧失、消灭,甚至因一定的行为而被依法剥夺。如姻亲产生的身份权,会因离婚、配偶的死亡而消灭。

(3)身份权不是民事主体的必备权利。人格权是民事主体的必备权利。民事主体不享有人格权,就"没有做人的权利,也就没有进入社会的资格,让渡基本权无异于把人复归于兽类"。[3] 身份权不具有这种属性。身份权的非必备性,主要表现在民事主体不享有身份权依然可以生存,可以进行民事活动,乃至于以独立的人格进入社会从事所有的民事活动。最明显的事例,莫过于父母双亡没有任何亲属的孤儿,不具有亲属法上的任何身份权,但他仍然可以生存,同样具有民事权利能力和民事法律行为能力。

(4)身份权与人格权的权利客体不同。人格权的客体是人格利益,表现为人之所以为人的资格。身份权的客体不是人格利益,而是身份利益。现代民法上的身份权是建立在人人平等原则之上的民事权利,身份权人的权利不在于支配相对之人,而是支配这种身份关系所体现的利益。因此,身份权的权利客体只能是身份利益。身份利益具有多元性。身份权是一个抽象的权利,表现为各个不同的具体身份权。各个不同的具体身份权的客体,表现为不同的身份利益。配偶权的身份利益,是夫妻共同生活、共同享受,相互依靠、相互扶助、相互体贴关爱的人类最亲密的情感。亲权的身份利益,是父母对未成年子女的地位、管理、教育、抚育以及相互尊重、爱戴的亲情和责任。亲属权的客体首先表现为亲情,其次表现为相互扶助、扶养、赡养的责任。身份利益的多元性,构成了身份权客体的复杂性。

二、身份权的历史发展

人类社会形成以后,在达到一定文明程度的时候,就存在人与人之间的身份关系,如父母子女、亲属之间、部落族长与成员之间的关系等。但在原始社会没有法律,因而没有身份权的概念。

(一)中国古代的身份权

中国古代最重要的身份权,是族权、父权、夫权。其特点包括:

第一,人格不平等。在中国古代社会,人的法律人格是极不平等的。统治者自身享有各种人格特权;普通人只享有一般的人格权,且有不同程度的区别;奴婢、家奴、寺奴等奴隶阶层,则根本没有人格权。

第二,身份权体系完备且强大。中国古代身份权立法是极其完备的,并用国家的强制力,对维持这种身份关系予以保障。该身份权的基本性质,是专制的、封建的人身支配权,权利人的权利至高无上,受支配的义务人毫无权利可言,只有绝对服从的义务。这种专制的人身支配权,是维护封建社会纲常伦理,乃至于维护封建统治的法律手段。

---

[3] 徐显明:《公民权利义务通论》,群众出版社1991年版,第133页。

第三,法律保护方法主要是刑罚。对于侵犯身份权的行为,中国古代立法均认其为犯罪行为,没有侵权行为的概念,制裁手段基本是刑罚。

(二)国外身份权的历史发展

世界各国关于身份权的立法,大致经过了古代习惯法时期、古代成文法时期、近代法时期和现代法时期这四个发展时期。

1. 古代习惯法时期

在古代习惯法时期,身份权是自然人最重要的权利。当时的社会利用这种权利,固定亲属之间的关系,实现一部分人对其所属的亲属实行专制的支配,以维护和巩固古代人群稳固关系的基础。亲属权、亲权、夫权是最基本的身份权。在这些习惯法中,最残酷的就是亲权和夫权,其野蛮程度是现代文明所无法理解的。

2. 古代成文法时期

古代成文法时期的身份权非常发达,成为系统、完备的法律制度,其专制性达到历史的顶峰。在四千多年以前的《乌尔那姆法典》中,丈夫对妻子有支配权,离婚权只在男方,妻子与人通奸,则被认为是对丈夫的侮辱,应处死。《汉穆拉比法典》规定,父亲在无力还债、生活贫困时,可以出卖子女为奴,子女犯有罪过,可以剥夺其继承权。[4]《摩奴法典》规定:在亲权关系中,儿子属于夫主,受夫主支配;在亲属关系中,女子则应该昼夜被自己父亲、夫主或儿子置于从属地位,女子不配独立自主;在夫妻关系中,夫权高于一切,夫主对嫌恶他的妻子,可以没收她的财产,对有不良习惯、不孕、生病等的妻子,都可以进行更换,甚至妻子说话难听也是丈夫更换妻子的原因。[5]

在古代成文法时期的罗马法中,形成了当时最完备的身份权制度。罗马法中最重要的身份权是家父权。这种权利是罗马法的独有概念,是家庭中家父对子、女、妻等全部家庭成员的绝对的、专制的支配权。

3. 近代法时期

近代法时期的身份权立法,以 1804 年《法国民法典》为代表。其中专设夫妻相互的权利与义务、亲权、亲属权、监护等章节。该法典规定的夫妻配偶权,一方面规定夫妻互负忠实、帮助、救援的义务;另一方面则规定夫应保护其妻,妻应顺从其夫,妻负与夫同居的义务等。关于亲权,规定子女在成年或亲权解除前均处于父母权力之下,亲权由父单独行使,子女不得离开其父的家庭。亲权人对未解除亲权的人的财产享有用益权。关于监护权,以对被监护人的财产监护为主要内容。上述规定,既有先进合理的内容,又有专制、封建传统的残余,反映了立法新旧交替的矛盾状态。

4. 现代法时期

现代法时期,各国关于身份权的立法发生了质的改变。在亲属法上,《德国民法典》规定的亲属权,承认直系亲属互负扶养的义务,父母和子女有相互帮助和体谅的义

---

〔4〕 王云霞等:《东方法概述》,法律出版社 1993 年版,第 9、16、20 页。

〔5〕 [印度]梵天:《摩奴法论》,蒋忠新译,中国社会科学出版社 1986 年版,第 174、180、181 页。

务等。该法将亲权改称为亲权照顾权，规定父母有照护未成年子女的权利和义务，亲权照护权包括对子女人身的照护（人身照护权）和对子女财产的照护权（财产照护权）。

第二次世界大战以后，世界格局发生了重大变化，人类文明也发生了重大变化，在身份权的立法上废除了身份权中的专制性因素，使各种身份关系转化成为平等、民主性质的人身关系，以民主、平等作为支配权的基础和前提。现代民法上的身份权终于从旧民法专制性的支配权脱胎出来，成为进步的、平等的支配权。借用佛教的词语，即身份权经过数千年的发展演变，终于实现了“涅槃”。

三、我国的身份权

我国原《民法通则》没有明文规定身份权，但是，在我国的现实社会生活中确实存在身份权，如夫妻之间的配偶权，父母对未成年子女的亲权，以及亲属之间的亲属权。原《婚姻法》对亲属的身份权虽然没有使用身份权的概念，但在内容上其实是作出规定的。《民法典》第112条明确规定了“因婚姻家庭关系等产生的人身权利”，第1001条直接使用了“身份权利”的概念，确认了身份权的概念，并且在婚姻家庭编“家庭关系”一章规定了“夫妻关系”和“父母子女关系和其他近亲属关系”，规定了配偶权、亲权和亲属权的具体内容。

（一）我国《民法典》对身份权的规定

1. 配偶权

《民法典》对配偶间的权利义务关系作了很多规定，都是在规定配偶权。第1055条规定夫妻地位平等，第1056条规定夫妻都有各用自己姓名的权利，第1057条规定的生产、工作、学习和社会活动的自由权。这三条规定，确定了夫妻之间最基本的身份关系，即平等、独立地享有法律人格。第1059条规定夫妻相互有扶养义务，第1060条规定了家事代理权，第1061条规定夫妻相互有继承遗产的权利，第1043条还规定夫妻互相忠实、尊重、关爱的义务。配偶之间的上述权利义务都是配偶权的内容，这些权利如果不用配偶权来概括，就会成为散乱无章的权利义务群。

2. 亲权

《民法典》第1058条规定的是夫妻对未成年子女的共同亲权，第1067～1072条规定的内容是亲权，即“父母保护教养未成年子女之权利义务，谓之亲权”。[6] 第1067条关于父母对子女的抚养义务；第1068条关于父母的管教和保护未成年子女的权利和义务；第1071条关于父母对非婚生子女的权利和义务，及不直接抚养非婚生子女的生父或者生母应负担未成年子女或者不能独立生活的成年子女抚养费的义务；第1072条关于继父母对继子女的权利和义务，都是亲权的具体内容。除此之外，《民法典》第1084条关于父母与子女间的关系不因父母离婚而消除，离婚后父母对子女仍有抚养和教育的权利和义务，也是亲权的内容。这些权利义务的内容，都是《民法典》第26条第1款

〔6〕 林菊枝：《亲属法专题研究》，台北，五南图书出版股份有限公司1985年版，第139页。

规定的“父母对未成年子女负有抚养、教育和保护义务”,即亲权的内容。

3. 亲属权

亲属权是《民法典》规定的重要身份权。该法第 1074 条关于祖父母、外祖父母与孙子女、外孙子女之间的亲属关系及相互有条件的抚养关系,第 1075 条关于兄弟姐妹之间的亲属关系及有条件的抚养关系,第 1067、1071、1072 条关于父母子女间的亲子关系及其相互间的抚养、赡养关系,都是亲属权的具体内容。

在亲属法领域中,身份权具有固定亲属身份、明确亲属范围、确定亲属间权利义务、规定保护方法等重要意义。

(二)身份权的法律保护

身份权的法律保护方法,包括民法保护、刑法保护和行政法保护。其中,最主要是对身份权的民法保护方法。

1. 身份权的民法保护

身份权的民法保护方法与其他民事权利的民法保护方法一样,即通过行使请求权的方法进行保护,包括身份权请求权的保护方法和侵权请求权的保护方法。

身份权请求权,是身份权自身在其受到侵害之后,权利人所享有的请求权。《民法典》第 1001 条关于“对自然人因婚姻家庭关系等产生的身份权利的保护,适用本法第一编、第五编和其他法律的相关规定;没有规定的,可以根据其性质参照适用本编人格权保护的有关规定”的规定,就是规定身份权请求权。

侵权责任法作为民事权利的保护法,在任何民事权利受到损害时,都赋予权利人以侵权请求权,依据该权利,受害人可以依照侵权法的规定,行使侵权请求权,救济损害,恢复权利。作为身份权保护方法的侵权请求权,构成较为严格,应当适用过错责任原则,须具备违法行为、损害事实、因果关系和主观过错的要件,才能构成侵权责任,产生侵权损害赔偿请求权。

2. 身份权的刑法保护

刑法对身份权的保护方法,是当行为人违反身份权规定的义务,造成重大损害,构成犯罪时,刑法将其认定为犯罪行为,对行为人科以刑罚,以保护受到损害的身份权。如虐待罪、遗弃罪等,都是对违反身份权规定的义务、侵害身份权造成严重的损害后果的刑罚制裁规范。

3. 身份权的行政法保护

行政法对身份权的保护方法,是当事人违反身份权规定的义务,造成较大损害,构成行政违法行为时,行政法对其予以行政制裁,如行政拘留之类,以保护身份权。

四、身份权请求权

(一)身份权请求权的概念和特征

身份权请求权,是指民事主体在其身份权的完满状态受到妨害或者有妨害之虞时,得向加害人或者人民法院请求行为人为一定行为或者不为一定行为,以回复身份权的完满状态或者防止侵害的权利。

与其他绝对权请求权类似,身份权请求权是基于身份权而产生的权利。它不是身份权的本身,而是一种手段性权利,是绝对权请求权的一种。它的功能是预防、保全母体权利即身份权不受非法妨害,回复身份权的完满状态。当遭遇妨害或者有妨害行为之虞时,绝对性转化为相对性,身份权法律关系中对于任意第三人的绝对义务就转变为直接针对加害人的相对义务。权利人可以向加害人直接行使,也可以向人民法院起诉。

身份权请求权的基本特征是:

第一,行使身份权请求权的前提是民事主体的身份权受到妨害。从身份权请求权的角度出发,妨害是没有构成损害的侵害,妨害是对权利人之于其客体意思支配力的侵害;而损害则是造成权利之于其主体的物质上和精神上的有用性减损的侵害。[7] 妨害和损害适用于不同的救济制度,妨害是行使身份权请求权的要件,损害是提起侵权损害赔偿之诉的要件。侵害一词可以涵盖妨害和损害的内容,侵害是二者的上位概念。

第二,身份权请求权通常涉及三方主体,而其他绝对权请求权的主体一般只涉及两方当事人。这是因为作为身份权请求权基础的身份权的权利主体具有共生性,此类主体的权利能力可以称为身份性人格。自平等原则重塑了亲属法律制度以后,在夫妻关系上,各国普遍抛弃夫妻一体主义,转而采取夫妻别体主义。夫妻各自为平等的民事主体。[8] 在亲子关系上,随着家不再成为民事主体,父权的主体即男子也不再对外代表家享有民事权利,履行民事义务。父子一体的观念也逐渐进入伦理领域。

第三,在民事责任体系中,身份权请求权对应的责任方式为状态责任,或者存续保障责任。[9] 民法的请求权体系应该和民事责任方式体系相对应,身份权请求权对应的民事责任方式,与人格权请求权对应的民事责任方式基本相同。

第四,近亲属侵害身份权的时候,受害人原谅发生的频率往往很大,身份权请求权的适用通常是当事人退而求其次的选择。基于这些考虑,身份权请求权往往让位于伦理规范。

(二)确定身份权的请求权不属于身份权请求权

在我国,对于确认物权是否构成物权请求权的内容,学者曾有争论。在身份权问题上,同样存在确认身份权的请求权是否属于身份权请求权的问题。本书认为,确认身份权的请求权不属于身份权请求权。

---

〔7〕 徐晓峰:《请求权概念批判》,载《月旦民商法学 · 法学方法论》(4),清华大学出版社 2004 年版,第 134 页。

〔8〕 [美]威廉 · 杰 · 欧 · 唐奈、[美]大卫 · 艾 · 琼斯:《美国婚姻与婚姻法》,顾培东、杨遂全译,重庆出版社 1985 年版,第 66 页以下。

〔9〕 "状态责任"的提法,参见[德]鲍尔 · 施蒂尔纳:《德国物权法》(上册),张双根译,法律出版社 2004 年版,第 233 页。"存续保障责任"的提法,参见徐晓峰:《请求权概念批判》,载《月旦民商法学 · 法学方法论》(4),清华大学出版社 2004 年版,第 140 页。

第一，绝对权请求权是由其基础权利的绝对性产生的，因此判断一项请求权是不是绝对权请求权的标准，就是其能否由基础权利的绝对性推衍出来。而确定身份权的请求权是指当事人在身份权利地位不明确时，请求相对人、有关行政机关或者人民法院确认所请求的身份权的权利。因此，确定身份权的请求权解决的是基础权利的不明确状态，只有明确了当事人之间的身份关系，当事人之间的权利地位才能产生公示、公信的效力，也才能进一步使身份权具有绝对性、排他性和支配性，最终保证身份权请求权行使的正当性。

第二，行使确认身份权的请求权的前提通常是权利人，相对人或者第三人的身份异议，且当事人对此请求必须具有确认利益，即必须有值得救济的利益。而行使身份权请求权的前提通常须存在违法行为和妨害，并且二者之间要有一定的因果关系。

第三，身份权请求权在无法行使的情况下通常可以转化为侵权请求权。这一特点也是其他绝对权请求权共有的特点。[10] 确认身份权的请求权的情况比较复杂。一方面，如果当事人所主张的身份权能够被确认，则其有可能通过进一步主张侵权给付而获得赔偿。另一方面，如果其所主张的身份权不能够被确认，则其有可能还要承担一定的赔偿费用。

第四，二者所属的诉讼类别并不相同。确认身份权的请求权属于民事诉讼上的确认之诉，而身份权请求权则属于民事诉讼上的给付之诉。在这类诉讼中，原告会请求被告履行一定给付义务。而身份权人对其义务人享有特定的给付请求权（保全请求权），是该给付之诉成立的实体法基础。此时原告所主张的给付，应该包括被告的金钱给付（费用）和行为给付（作为或者不作为）。

（三）身份权请求权的基本类型

身份权请求权的类型具有特殊性，即除了包含停止侵害请求权和排除妨害请求权之外，还包括基于身份权的相对人违反身份权本身的请求权而产生的作为请求权。如前所述，身份权本身已经包含请求权。例如，抚养请求权、赡养请求权等都是请求权。但是，这些请求权不是身份权请求权，而是身份权自身的请求权。现在的问题是，如果身份权权利人的相对人不履行抚养义务或者赡养义务等身份权自身的请求权，则权利人依据何种请求权获得救济？本书认为，该救济权的性质为身份权请求权。这主要是考虑：第一，该请求权具有救济权的性质，已经不是身份权自身的本权请求权。第二，该请求权不属于侵权请求权。在这种情况下，权利人请求相对人的目的，是回复身份权的完满状态和支配力。而请求恢复绝对权的完满状态和支配力则是绝对权请求权的典型类型——物权请求权创设的根本目的。[11] 如果身份权内部的相对性义务没有得到履行，权利人对身份利益的意思支配力就减弱乃至丧失，其结果是削减身份权的绝对性。此外，从功能上讲，此时侵害的排除无疑是对将来可能发生的损害的预防，这符合绝对

---

〔10〕 侯利宏：《物上请求权》，载梁慧星主编：《民商法论丛》（第6卷），法律出版社1997年版，第678页。

〔11〕 王利明：《物权法研究》，中国人民大学出版社2002年版，第103页。

权请求权的本质，而不同于侵权请求权填补损害的本质功能。

（四）身份权请求权的行使要件

与其他绝对权请求权的行使要件一样，身份权请求权的行使要件包括侵害、妨碍、违法性和两者之间的因果关系。

侵害、妨碍与因果关系的问题比较常规，下面主要论述身份权请求权行使要件中的违法性问题。

1. 违法性的判断标准

身份权请求权的违法性判断标准包括违反法律规定和违背善良风俗两种情形。需要注意的有两点：第一，违反法律规定不仅包括违反民法上的规定，违反其他以保护他人为目的的法律规范也可以被认定具有违法性。第二，违背公序良俗为判断身份权请求权行使要件违法性的重要标准。在身份法中，最重要的是讲究伦理秩序。以亲属权为例，亲属权的内容具体包括亲属之间的抚养关系、孝敬和尊重的权利等。

2. 违法性判断标准的不确定化

身份权的相对人对内侵犯身份权和第三人侵犯身份权的违法性判断标准不同。对近亲属的妨害行为适用较高的判断标准〔12〕，对其他人的妨害行为适用较低的判断标准。这主要是因为：一方面，在传统上，直系尊亲属对子孙有教养斥责的权利，原不成立伤害罪，因子孙不孝或违犯教令，而将子孙杀死，法律上的处分也极轻，甚至无罪，过失杀死且不得论。〔13〕 罗马法也曾经主张家父的杀子权。〔14〕 即使在现代，尊亲属对卑亲属也具有一定的管教权。〔15〕 基于身份权内在的惩戒权，尊亲属对卑亲属的伤害行为在一定程度上阻却了违法性，而其阻却程度高于其他绝对权请求权行使要件中的容忍义务。另一方面，亲属身份关系的亲疏程度也决定了不同的身份权中所包含的此类阻却违法程度的大小。亲属身份关系越“亲”，则阻却违法性的程度就越大，反之，则阻却违法性的程度就越小。亲属间相侵犯的规定是完全以服制上亲疏尊卑之序为依据的。〔16〕

归根结底，人伦秩序法律化和非法律化的程度决定了身份权请求权行使要件中违法性判断标准的高低，体现了即使是现代的身份权也仍然是一种差异性的行为规范。

---

〔12〕 对于身份权的相对人的加害，需要注意区分是违反了身份权的相对性义务，还是违反了身份权的绝对性义务。

〔13〕 瞿同祖：《中国法律与中国社会》，载瞿同祖：《瞿同祖法学论著集》，中国政法大学出版社2004年版，第38页。

〔14〕 ［英］巴里·尼古拉斯：《罗马法概论》，黄风译，法律出版社2000年版，第65页以下；丘汉平：《罗马法》，中国方正出版社2004年版，第81页以下。

〔15〕 杨立新：《人身权法论》，人民法院出版社2005年版，第816～817页；张俊浩主编：《民法学原理》（第3版），中国政法大学出版社2000年版，第161页。

〔16〕 瞿同祖：《中国法律与中国社会》，载瞿同祖：《瞿同祖法学论著集》，中国政法大学出版社2004年版，第52页。

（五）身份权请求权和其他绝对权请求权的适用关系

1. 身份权的权利人和相对人之间

由于身份权会使相对人的人格权和财产权受到一定限制，身份权当然也会对产生于人格权和财产权的人格权请求权、物权请求权和知识产权请求权产生一定的限制。当身份权的权利人在身份权的限制范围内对相对人的人格权和财产权“造成积极妨害”时，其相对人就不能对权利人主张适用人格权请求权、物权请求权和知识产权请求权。如果其超出了身份权的限制范围对身份权相对人的人格权和财产权“造成积极妨害”时，则相对人有权主张人格权请求权、物权请求权和知识产权请求权的适用。需要注意的是，如果身份权的权利人对相对人的人格权和财产权“造成消极妨害”，即权利人没有履行身份权规定的相对性义务时，则其相对人可以主张适用身份权请求权。

2. 身份权的权利人、相对人和第三人之间

在第三人妨害身份权权利人人格权的情况下，身份权的权利人可以依据其人格权受到妨害而主张人格权请求权的适用，而身份权的相对人可以依据身份权受到妨害而主张身份权请求权的适用。例如，甲的领导乙利用职务之便不断对其进行性骚扰，并屡次对甲提出非分要求，据此，甲的丈夫可以依据身份权而主张身份权请求权的适用，而甲则可以依据性自主权主张人格权请求权的适用，从而排除乙的妨害。〔17〕

第三人妨害身份权权利人物权和知识产权时，情形则较为复杂。如果第三人妨害的是夫妻的共同财产，则夫妻任何一人都可以主张物权请求权和知识产权请求权。反之，则和上述妨害人格权的适用情况一致。

此外还有一种情况，就是身份权的相对人和第三人串通妨害身份权权利人的利益，可以对妨害自己婚姻关系的第三人主张身份权请求权和侵权请求权，因为二者是责任聚合关系。

（六）身份权请求权不适用诉讼时效

人格权请求权不适用诉讼时效，同样，身份权请求权也不适用诉讼时效的规则。这是因为：第一，诉讼时效制度违背绝对权的本质。第二，身份权请求权不适合诉讼时效的设立目的。诉讼时效立足于财产制度，身份权虽然也涉及一定的财产利益，但是身份权是人身权利。第三，身份权请求权不适用诉讼时效还可以在侵权请求权已经不能保护身份权的时候发挥作用。这正是身份权请求权参照适用《民法典》第 995 条人格权请求权规则的体现。

---

〔17〕 类似的案件也发生在家庭关系侵权的领域，如我国南京雨花区法院审理的“丈夫受伤妻子索赔”，具体案情及评析参见杨立新：《杨立新品百案》，中国法制出版社 2007 年版，第 61～62 页。

第二节　配　偶　权

一、配偶的概念和性质

（一）配偶的概念

配偶，是指男女双方因结婚而产生的亲属关系，即具有合法婚姻关系的夫妻相互间的同一称谓和地位。在婚姻关系存续期间，妻是夫的配偶，夫是妻的配偶，双方互为配偶。

（二）配偶的性质

配偶的性质是什么，各国立法及学说主张都有所不同：

第一，配偶为亲属。我国古代立法都将配偶列为亲属，为宗亲。民国民法沿用旧制，认为女性配偶属男性宗亲的组成部分，不是独立的亲属种类。我国《民法典》确认配偶为亲属之一种，与血亲、姻亲共同构成亲属的三大种类，是血亲和姻亲关系赖以发生的基础。

第二，配偶是夫妻之间的称谓。配偶也是夫妻之间的一方对另一方的称呼。这种称呼不分男女，具有中性的属性。

第三，配偶是夫妻之间的法律地位。配偶还是夫妻相互之间的法律地位。在古代和近代民事立法中，男女不平等，夫与妻的地位亦不平等，夫有对妻的人身支配权和财产支配权。现代民法强调自然人的平等权利，才使以配偶确定夫与妻的相互平等的法律地位成为现实。

二、配偶权的概念与发展

（一）配偶权的概念与特征

1. 配偶权的概念

配偶权是男女两性依法结合为夫妻后，相互之间基于配偶身份所享有的对配偶利益专属支配的基本身份权。配偶权是身份权的一种，是权利义务一体性的权利。

2. 配偶权的法律特征

（1）配偶权的权利主体是配偶双方。配偶权是配偶双方的共同权利。因此，夫妻均为配偶权的权利主体。这种共同的权利包含两重含义：一是对于配偶利益由配偶双方支配，任何一方不能就配偶的共同利益单独决定；二是双方配偶互享权利，互负义务。

（2）配偶权的客体是配偶利益。配偶权为基本身份权，其利益是确定夫妻配偶关系所体现的身份利益。

(3)配偶权的性质是绝对权。配偶权的权利主体虽为夫妻二人,但是,配偶权的性质不是夫妻之间的相对权,而是配偶共同享有的对世权、绝对权,其他任何人均为该配偶权的义务主体,都负有不得侵害该配偶权的义务。这种义务是不作为的义务,违反不作为义务而作为,构成侵害配偶权的侵权行为。如第三者与配偶一方通奸,就构成侵害配偶权的行为。

(4)配偶权具有支配权的属性。配偶权是一种支配权,但其支配的是配偶之间的身份利益,而不是对方配偶的人身。现代法上的配偶权不具有封建的人身支配性质,而是一种新型的支配权,是夫妻共同对配偶身份利益的支配,是平等的、非人身的支配权。

(二)配偶权的演变

在配偶权的发展中,经历了从夫权到配偶权的历史演变。

1. 从夫权到配偶权的演变过程

(1)国外的演变过程

在早期罗马法中,出嫁的妇女通常属于丈夫家庭的成员,解除同原属家庭的一切关系。这就是早期罗马法的"归顺夫权"。妻子通过归顺夫权,变成"家女",服从新的"家父"。"家父"可能是自己的丈夫,也可能是丈夫的男性尊亲属。在归顺夫权制度下,妻的地位的取得须经过祭祀婚或买卖婚,甚至在没有举行上述祭祀时,在丈夫家居住超过1年后,丈夫取得夫权,此时适用1年的取得时效,当妇女远离夫家3夜,时效中断。这是纯粹将妇女视为物的制度。在这种制度中,夫权不仅包括丈夫对妻子的人身支配权,而且也包括丈夫的家父对妻的统治权。[18] 人格减等的制度是罗马法的制度,包括人格大减等、人格中减等和人格小减等。妻归顺夫权,发生人格小减等,由自权人变为他权人。妻对他人造成侵害时,由丈夫负责;丈夫不愿负责时,可将妻交予受害人,妻因而人格大减等,处于奴婢地位,这就是罗马法上的损害投役。妻子品行不端,丈夫有权处罚之。[19]

罗马法中后期,已废除夫权制度,实际上废除的是家父权,妻仍然处于夫的某些支配之下,并没有成为完全的自权人,但在某些方面,出现配偶相互之间的权利。配偶相互享受"能力限度照顾",根据这一制度,债务人有权被判决只按照自己的能力清偿债务。[20] 这时的罗马法虽然废除了归顺夫权的制度,但只是不再服从家父的统治,夫权仍然是丈夫对妻子的支配权,只是人身支配的程度已经有所变化。

在近代资产阶级民事立法中,强调天赋人权、权利平等,在民事立法中废除了夫权制度,但还不彻底。配偶之间权利不平等的规定,仍然带有封建夫权制的遗迹,在欧洲各国资产阶级早期的民事立法中比较常见。

---

〔18〕［意］彼德罗·彭梵得:《罗马法教科书》,黄风译,中国政法大学出版社1992年版,第120~121页。

〔19〕江平等:《罗马法基础》(修订版),中国政法大学出版社1991年版,第122页。

〔20〕［意］彼德罗·彭梵得:《罗马法教科书》,黄风译,中国政法大学出版社1992年版,第146、164、320页。

在现代，各国纷纷修改民事立法，删除配偶之间不平等的规定，增设新的平等配偶权的规定。

（2）我国的演变过程

在中国，从夫权到配偶权的历史演变更为缓慢，直到1949年才彻底废除封建夫权，建立现代意义的配偶权。

中国奴隶社会和封建社会，从观念上受儒家礼教统治，特别强调夫权统治，夫为妻纲是正当的伦常。在婚姻家庭关系中，妻处于无权地位，完全受夫权的支配。在理论上认为，妻受命于夫，其尊皆天也，虽谓受命于夫亦可，妻不奉夫之命，则绝，夫不言及是也。是谓夫为妻天。[21] 在夫权的统治下，妻必须顺从夫的支配，妻不孝顺父母、无子、多言，都成为休妻的法定理由，而夫有恶行，妻不得去，因系地去天之义也。

清末民初，清政府和北洋政府制定两部民法草案，对夫妻之间的权利义务进行了改革，但仍保留夫权制度，并未建立现代意义上的配偶权。国民政府1930年制定民法典的亲属编，强调两性平等，却也保留了若干夫妻不平等的内容，如规定妻以其本姓冠以夫姓，妻以夫之住所为住所等。

我国在1950年制定了《婚姻法》，确定男女权利平等为其基本原则，确立了平等的配偶权。1980年《婚姻法》进一步确认男女平等为婚姻家庭法的基本原则，同时规定夫妻在家庭中地位平等，双方都有各用自己姓名的权利，双方都有参加生产、工作、学习和社会活动的自由，都有互相扶养的义务，构成了现代社会新型配偶权的基本内容。《民法典》在此基础上进一步强调了配偶之间的权利义务关系，对巩固和维护婚姻家庭关系具有重要意义。

2. 夫权演变为配偶权的必然性

（1）夫权制度不符合人类要求平等的思想。在人类社会中，人人生而平等，应当平等地享有权利，承担义务。但是在历史上，男女两性的不平等却是长期存在的，进入文明社会以后，女性被置于社会的底层，处于无权和半无权状态。这种不平等反映在婚姻关系中，就形成了法律上的夫权统治。夫权的本质是不平等之权，是确立丈夫对妻子的支配权、统治权。这种不平等的夫权，有悖于人类平等的要求，违背夫妻共同生活、共同协助的本旨。

（2）夫权制度不符合民主思想的要求。夫权制度的核心是封建专制，是丈夫对妻子以及家庭的专制统治。在夫权统治下的婚姻关系，当事人一方有权支配一切，另一方只有顺从的义务，而无任何权利。第二次世界大战以后，民主运动的集中目标是封建专制制度，而夫权正是封建专制制度中的一个顽固堡垒。在法律领域中以配偶权取代夫权，正是民主运动的一个伟大的胜利成果。

（3）夫权制度不符合人类自由的要求。自由的本质是不受他人支配、不受他人拘束。人只有享有人格自由，才能充分享受人生，创造自己的幸福。夫权的基本性质是人身支配性，是丈夫对妻子的人身支配。配偶权体现的是配偶相互之间的人格自由，反对

〔21〕《春秋繁露·顺命》。

对方对自己人身的支配。自由是人类的本质要求,追求、向往自由,是人类的一贯要求。正因如此,以体现人格自由的配偶权取代人身支配的夫权,就是历史发展的必然结果。

三、配偶权的内容

(一)对配偶权内容的不同看法

配偶权的内容,是指配偶权包括哪些派生身份权。对此学者有不同主张:

认为配偶权主要包括4种权利或义务:(1)夫妻姓名权;(2)同居义务;(3)住所决定权;(4)贞操义务。[22]

认为配偶权包括以下15种权利,其中前5种为主要内容:(1)同居权;(2)贞操请求权;(3)感情联络权;(4)生活互助权;(5)离婚权;(6)扶养权;(7)财产管理权;(8)日常家事代理权;(9)监护权;(10)收养子女权;(11)住所商定权;(12)行为能力欠缺宣告权;(13)失踪宣告权;(14)死亡宣告权;(15)继承权。[23]

认为配偶权包括以下8项具体内容:(1)姓名权;(2)同居义务;(3)住所决定权;(4)忠实及协助义务;(5)选择职业的自由权;(6)抚养教育子女的权利和义务;(7)代理权;(8)夫妻订约权。[24]

在学者提到的上述配偶权的派生身份权中,有一些并不是配偶权的内容。例如,感情联络权是彼此之间相爱以情、相濡以沫的权利。这种解释,很难说是一种法律意义上的身份权。离婚权是婚姻自主权的内容,属于人格权而不是身份权。财产管理权则是夫妻财产权的内容,继承权同此性质。行为能力欠缺、失踪、死亡宣告权是法律特定的权利,而不是配偶权的内容。至于监护权,则为独立的准身份权;夫妻订约权亦属于行为能力方面的权利,国外多认其为配偶权的内容,我国婚姻家庭法未认其为配偶权的内容。

(二)我国配偶权包含的内容

依照《民法典》的规定和实际情况,我国配偶权具体包括以下8项内容:

1. 夫妻姓氏权

(1)夫妻姓氏权的概念

夫妻姓氏权,是指夫妻缔结婚姻关系后,妻是否有独立姓氏的权利,也包括赘夫是否有独立姓氏的权利。

(2)立法例参考

对此,有四种立法例可以参考:第一,妻从夫姓;第二,从一约定,无约定时从夫姓;第三,允许任意约定;第四,妻在姓名前冠夫姓。如《中华民国民法》第1000条规定:

---

〔22〕 韩松:《婚姻权及其侵权责任初探》,载《中南政法学院学报》1993年第3期。

〔23〕 张俊浩:《民法学原理》,中国政法大学出版社1991年版,第161页。

〔24〕 李志敏:《比较家庭法》,北京大学出版社1988年版,第101~108页。

“妻以其本姓冠以夫姓。赘夫以其本姓冠以妻姓。但当事人另有订定者,不在此限。”学者称该条立法为示男女平等之意,实为最进步及合于国情之有弹性的立法。[25] 这种评价似乎并不公允。

(3)我国夫妻姓氏权的含义

配偶各自有无独立的姓氏权,是关系配偶有无独立人格的一种标志。学者认为,本问题欲求男女完全平等,殊无圆满办法,而男女平等似应注意实际,如经济平等、政治平等、私权平等,不必徒骛虚名。若关于姓氏必使铢两悉称,殊属难能,唯当于可能范围内,企求合于平等之职而已。这种主张难说完全正确。形式的平等应与实质的平等统一,没有形式的平等,实质的平等亦难保障。为保障配偶各自的人格独立,尤其是保障妻的独立人格,夫妻应有独立的姓氏权,避免妻对夫的人身依附关系。我国在1950年《婚姻法》中就完全废除了妻随夫姓的封建传统,实行了夫妻姓氏权的完全平等。《民法典》第1056条规定:“夫妻双方都有各自使用自己姓名的权利。”这体现了我国婚姻家庭法配偶人格独立的原则。

2. 婚姻住所决定权

(1)婚姻住所决定权的概念

婚姻住所决定权,是指配偶选择、决定婚姻住所的权利。

婚姻住所,是指夫妻婚后共同居住和生活的场所,也称为家庭住所,是配偶常住的处所。在长期的奴隶社会、封建社会以及资本主义社会早期,夫享有婚姻住所决定权是立法通例,剥夺了妻的权利。

(2)立法例参考

现代各国关于住所决定权的立法,主要有以下四种:一是协商一致主义;二是自由主义;三是丈夫权利主义,这种立法仍维护丈夫的住所决定权,但专制性质有所转变;四是丈夫义务主义,这种立法改变夫对住所的专制决定权,改为强调夫有提供婚姻住所的义务,而妻有在该住所居住的权利,以此实现男女平权。

(3)我国婚姻住所决定权的含义

婚姻或家庭住所是配偶共同生活的依托,关系共同生活基础,应由配偶双方共同决定,因而协商一致主义是最适当、最合理的立法例。

我国《民法典》对住所决定权没有明文规定。学者认为,我国法律规定男女双方登记结婚后,根据双方的约定,女方可以成为男方家庭成员,男方也可以成为女方家庭成员,这就表明在我国男女双方都有平等决定夫妻住所的权利。[26] 这种看法有一定道理。对于住所决定权,法律应当有明文规定。过去在城市住房制度没有改革之前,在现实生活中存在分房只分给男方不分给女方的现象,不能不说是立法无明文规定的影响。立法规定婚姻住所决定权,应采协商一致主义,由双方共同决定。

---

〔25〕 史尚宽:《亲属法论》,台北,荣泰印书馆1980年版,第261~262页。
〔26〕 韩松:《婚姻权及其侵权责任初探》,载《中南政法学院学报》1993年第3期。

3. 同居义务

(1)同居义务的概念

配偶之间的同居,是指合法婚姻关系的双方当事人共同生活,包括夫妻共同寝食、相互扶助和进行性生活。配偶同居义务,是指男女双方以配偶身份共同生活的义务。这是夫妻间的本质性义务,是婚姻关系得以维持的基本要件。同居义务是配偶双方共同的义务、平等的义务,双方互负与对方同居的义务。

与同居相对应的概念是别居和分居。分居,是有正当理由而暂时中止同居,或者因夫妻感情不好而停止共同生活。别居,则为某些国家的具体婚姻制度,即经法定程序不解除合法婚姻关系的停止共同生活。我国《民法典》没有规定别居。

(2)同居义务的产生

同居义务的发生,以婚姻关系的有效成立为标志。当男女双方正式办理结婚登记手续之后,无论其是否举行结婚仪式,其婚姻关系均为有效成立,配偶双方即承担同居义务。

(3)同居义务的内容

同居义务的内容,首先是性生活的义务。夫妻的性生活是配偶共同生活的基础,任何一方均有义务与对方进行性生活。其次,是共同寝食的义务。婚姻关系维系的是异性共同生活实体,共同寝食,就是夫妻共同生活的基本内容。最后,同居义务是夫妻双方相互协力的义务。

(4)同居义务的中止

具有正当理由,可以分居。诸如处理公私事务、生理方面的原因、被依法限制人身自由而不能履行同居义务时,不为违反法定义务。从我国司法解释的精神分析,分居是夫妻感情破裂的标准,无感情地长时间分居是确认感情破裂的正当理由。

(5)违反同居义务的后果

无正当理由违反同居义务,有些国家规定了相应的法律后果。例如,英国法律规定,配偶一方违反同居义务,他方享有恢复同居的诉讼请求权;关于恢复同居的判决虽不得强制执行,但不服从这种判决可视为遗弃行为,是构成司法别居的法定理由之一。

我国可以考虑借鉴国外立法,采取训诫促使其履行同居义务,并采用扣押收入、赔偿等方法予以制裁。构成违反同居义务的条件:一是以故意遗弃对方为目的;二是无正当理由;三是不履行同居义务达到一定期间。

4. 忠实义务

(1)忠实义务的概念

忠实义务也称贞操义务,是指配偶的专一性生活义务,也称不为婚外性生活的义务。对贞操义务或忠实义务的广义解释,还包括不得恶意遗弃配偶他方以及不得为第三人的利益而牺牲、损害配偶他方的利益。[27]

早期的忠实义务为强加给妻的单方义务,这是出于维护男系血统的需要,也是男女

---

〔27〕 李志敏:《比较家庭法》,北京大学出版社 1988 年版,第 105 页。

不平等的表现。至当代，各国立法普遍规定夫妻互负忠实义务。例如，《法国民法典》第 212 条规定："夫妻负相互忠实、帮助、救援的义务。"《瑞士民法典》第 159 条第 3 项规定："配偶双方互负诚实及扶助的义务。"这样的立法体现了男女平等的原则。

（2）忠实义务的含义

忠实义务要求配偶之间相互负不为婚外性交的不作为义务。忠实义务与性自主权是不同的两个概念。性自主权是自然人的具体人格权，是自然人保持性生活贞洁操守的权利。而忠实义务是配偶权的内容，是为保持爱情专一、感情忠诚而负担的义务。

忠实义务的基础是婚姻自由、一夫一妻、男女平等的制度。这种婚姻制度要求配偶相互忠贞，彼此忠实，互守贞操。它也是社会文明、高尚道德的要求，不仅是对封建主义贞操观的否定，也是对"性自由""性解放"思潮的否定。

忠实义务既然是法定义务，法律必然规定对违反该义务的制裁措施和责任。国外立法一般规定，配偶一方通奸是构成他方配偶提起离婚之诉的最重要法定理由，但是，无过错方对与人通奸一方的行为表示宽恕的，此项理由便不再成立。有的国家立法认为，与有配偶者通奸是对配偶他方的侵权行为，一方面允许无过错方向与另一方通奸的第三人提起中止妨害之诉，另一方面还可以向侵权人请求精神损害赔偿。也有的国家规定，有过错的配偶一方负有向无过错的一方配偶损害赔偿的责任。〔28〕

（3）我国对忠实义务的规定

我国 1980 年《婚姻法》没有规定配偶的忠实义务。最高人民法院《关于人民法院审理离婚案件如何认定夫妻感情确已破裂的若干具体意见》第 8 条规定："一方与他人通奸、非法同居，经教育仍无悔改表现，无过错一方起诉离婚"的，视为夫妻感情确已破裂，经调解无效，可以依法判决准予离婚。这一规定包含了对违背忠实义务的制裁。2001 年《婚姻法》修正案明确了配偶之间的忠实义务，补充了立法不足，《民法典》第 1043 条继续强调夫妻应当互相忠实。

5. 职业、学习和社会活动自由权

（1）职业、学习和社会活动自由权的概念

职业、学习和社会活动自由权，亦称为从业自由权或者平等从业权，是指已婚者以独立身份，按本人意愿决定社会职业、参加学习和社会活动，不受对方约束的权利。我国《民法典》第 1057 条规定："夫妻双方都有参加生产、工作、学习和社会活动的自由，一方不得对另一方加以限制或者干涉。"明文确认了此权利。

在婚姻家庭法领域，很多学者将这一权利称为夫妻的人身自由权。〔29〕 这种意见并不妥当。人身自由权是具体人格权，表明的是自然人对于行动和思维的自由权。配偶权中的自由权内容相当单纯，就是指夫妻婚后的职业、学习和社会活动的自由权，不具有人身自由权那样广泛的内容，因此，仍然应当称为职业、学习和社会活动自由权或者

---

〔28〕 李志敏：《比较家庭法》，北京大学出版社 1988 年版，第 105 页。

〔29〕 杨大文：《婚姻家庭法》，法律出版社 2003 年版，第 113 页；王洪：《婚姻家庭法》，法律出版社 2003 年版，第 109 页；刘引玲：《配偶权问题研究》，中国检察出版社 2001 年版，第 118 页。

从业自由权。

(2)立法例的借鉴

各国关于从业自由权的立法大致有四种体例：一是明文规定配偶双方享有平等的从业权，如德国、俄罗斯等国；二是一般地规定夫妻各自相对独立的平等权利而不作具体例示，如法国；三是完全不设定有关条文，如日本；四是赋予夫对妻就业的同意权，如瑞士。

(3)职业、学习和社会活动自由权的内容

第一，从业自由权。夫妻双方都有权参加生产和工作，反对禁止已婚妇女参加工作的做法，保障双方的权利平等。夫妻都有选择职业的自由，反对一方干涉另一方的择业自由。

第二，学习自由权。夫妻在婚姻关系存续期间，有权通过适当的方式进行学习，提高自己的素质和能力，特别是保障已婚女性的学习自由，提高妇女的素质和工作能力。

第三，社会活动自由权。夫妻在婚姻关系存续期间享有平等的社会活动自由权，可以自由进行参政、议政活动，参加科学、技术、文学、艺术和其他文化活动，参加群众组织、社会团体的活动，以及各种形式的公益活动。

《民法典》在规定夫妻职业、学习和社会活动自由权时，特别规定一方不得对他方加以限制或干涉。夫妻双方应当互相尊重，保证其自由，不得非法限制和干预，特别要消除重男轻女、男外女内的传统观念，确保已婚妇女的自由。

6. 日常事务代理权

(1)日常事务代理权的概念

日常事务代理权也叫家事代理权，是指配偶一方在与第三人就家庭日常事务从事一定范围内的民事法律行为时，享有代理对方行使权利的权利。日常事务代理权行使的法律后果是，一方代表家庭所为的行为，另一方须承担后果责任，配偶双方对其行为应当承担共同的连带责任。

原《婚姻法》未规定配偶的家事代理权。《民法典》第 1060 条规定了家事代理权："夫妻一方因家庭日常生活需要而实施的民事法律行为，对夫妻双方发生效力，但是夫妻一方与相对人另有约定的除外。夫妻之间对一方可以实施的民事法律行为范围的限制，不得对抗善意相对人。"

(2)日常事务代理权的性质

日常事务代理权的性质，有委任说、默示委任说、法定代理说、婚姻效力说等不同主张。通说采法定代理说，认为该权利为法定代理权的一种，非有法定的原因不得加以限制。

(3)日常事务代理权的行使

家事代理权的行使，应以配偶双方的名义为之。配偶一方以自己的名义为之者，仍为有效，行为的后果及于配偶二人。如为夫妻共同财产制，夫妻共同承担行为的后果，取得权利或承担义务；夫妻有其他约定的，从其约定。对于配偶一方超越日常事务代理权的范围，或者滥用该代理权，另一方可以因违背其意思表示而予以撤销，但行为的相对人如为善意无过失,则不得撤销,因为法律保护善意第三人的合法权益。

家事代理权的行使规则是:

第一,代理的事务限于家庭日常事务。诸如一家的食物、能源、衣着等用品的购买,保健,娱乐,医疗,子女的教养,家具及日常用品的购置,保姆、家庭教师的聘用,亲友的馈赠,报纸杂志的订阅,皆包含在内。对于这类事务,夫妻间均有代理权,一方不得以不知情而推卸共同责任。

第二,紧迫情形处理的代理权推定。该代理权的范围可以适当扩张,推定有代理权。对于夫妻一方在紧迫情形下,如果为婚姻共同生活的利益考虑,某业务不容延缓,并且他方配偶因疾病、缺席或者类似原因,无法表示同意时,推定夫妻一方对超出日常事务代理权范围的其他事务的代理,为有代理权。

第三,其他事务的共同决定。超出上述范围的婚姻家庭事务,应当由夫妻双方共同决定,不得一方擅自决定。

第四,第三人无法辨别配偶一方是否有代理权的责任。如果配偶中任何一方实施的行为为个人责任,该行为无法使第三人辨别是否已经超越日常事务代理权的,他方配偶应当承担连带责任。

夫妻一方滥用日常事务代理权的,他方可以对其代理权加以限制。为了保障交易的安全,保护善意第三人的合法利益,该种限制不得对抗善意第三人。

(4)日常事务代理权的消灭

日常事务代理权依一定的事实而消灭。这种消灭分为暂时消灭和永久消灭。日常事务代理权的暂时消灭,诸如无正当理由拒绝同居而分居者,分居期间无代理权,恢复共同生活即恢复代理权;因一方滥用代理权而被对方予以限制的期间,该代理权亦一时消灭。日常事务代理权的永久消灭,如离婚、婚姻无效或者被撤销、一方配偶死亡,均永久消灭家事代理权。

7. 相互扶养、扶助权

配偶之间享有相互扶养、扶助的权利和义务。我国《民法典》第1059条规定:“夫妻有相互扶养的义务。需要扶养的一方,在另一方不履行扶养义务时,有要求其给付扶养费的权利。”这里只规定了相互扶养权,完整的相互扶养、扶助权,不仅包括扶养权,还应包括夫妻间的彼此协作、互相救助的权利和义务。

夫妻之间的扶养,是指夫妻在物质上和生活上互相扶助、互相供养。配偶之间的彼此扶助义务,要求夫妻相互支持对方的意愿和活动,对家事共同努力,相互协力。当配偶一方遭遇危急,对方配偶负有救助、援救的义务。违反这种彼此协作、互相救助的义务,法律一般将其作为离婚的法定理由。我国古代立法中的“义绝”就包含这种意思。

8. 生育权

(1)生育的权利

生育权对繁衍后代、提供社会劳动力有重要意义。已婚夫妻享有生育的权利,这种权利是平等的权利,需要夫妻共同实现。

(2)生育权争议的处理

生育权的争议有很多种。争议的实质在于生育权究竟是男方的权利还是女方的权利。生育权是夫妻共同的权利,在行使这一权利时,没有双方的配合就无法实现。在事实上,行使生育权更多地取决于女性一方,男性一方虽然也有生育权,但是无法强制不愿意生育的女性生育。因此,处理这种争议,应当尊重个人的意志。如果事先双方已经达成生育合意,女方反悔的,可以认为是侵害生育权;如果事先没有生育的合意,则不能认为是侵害对方的生育权。

四、对配偶权的法律保护

(一)侵害配偶权的具体行为

1. 重婚

重婚行为是有配偶者而与他人结婚或者明知他人有配偶而与其结婚的行为,是严重的侵害配偶权行为。这种行为,在刑法上构成刑事犯罪,在民法上构成侵害配偶权的行为,在追究刑事责任的同时,可以追究民事责任,责令加害人承担精神损害赔偿责任,补偿受害人的精神损害。

《民法典》第1091条涉及一个新问题,即对重婚者追究民事损害赔偿责任,可否在刑事诉讼程序中进行,即在提起刑事诉讼的同时,可否提起附带民事诉讼程序?按照《刑法》和《刑事诉讼法》的规定,刑事附带民事诉讼的对象,只能是犯罪行为所造成的物质损失或者经济损失,不能附带提起精神损害赔偿的诉讼。因而,在司法实践中形成了这种尴尬局面,配偶一方可以因重婚而提起刑事诉讼,却不能提起精神损害赔偿的附带民事诉讼。按照现在法院审理精神损害赔偿案件的习惯做法,对构成重婚的侵害配偶权的精神损害赔偿,受害人应当在重婚的刑事诉讼以外,另行依据《民法典》第1091条规定提起离婚过错损害赔偿的民事诉讼,由法院判决确定究竟是否应当承担损害赔偿责任。

2. 与他人同居

配偶与他人同居的行为是侵害配偶权的行为。这种侵权行为的构成,应当具备以下要件:

(1)加害人是有配偶者。无配偶者与他人同居,不构成这种侵权行为。

(2)行为人应当是与他人同居。同居的含义,是在一起共同生活,即在一起起居、餐饮、进行性行为。同时还应该持续一定的时间,因为仅有一两次在一起短暂的起居、性生活,是通奸行为,不能叫同居。究竟应当共同生活多长时间才算是同居,应当在审判实践中根据经验作出判断。

(3)应当因此而引起夫妻离婚,或者主要因此而引起离婚。

具备以上要件,构成这种侵权行为,加害人应当承担民事责任。

3. 家庭暴力

实施家庭暴力,侵害的对象不仅是配偶,侵害的客体也不仅是配偶权,还包括其他。

例如,对孩子和老人实施家庭暴力的,也构成侵权,但不是侵害配偶权。实施家庭暴力侵害配偶权的,仅指对配偶实施家庭暴力的行为。

对配偶实施家庭暴力,可能造成伤害,也可能没有造成伤害。侵害的客体也不单纯是配偶权,同时侵害的还有健康权或者身体权。造成伤害的,侵害的是健康权;没有造成伤害的,侵害的是身体权。由于实施的是一个行为,因此可以就一个行为的诉因起诉,而不是行使两个诉权。受害人可以选择一个诉因起诉,究竟是选择侵害配偶权起诉,还是选择侵害健康权(身体权)起诉,由受害人自己决定。

4. 虐待、遗弃

虐待配偶者,有些是与对配偶实施家庭暴力行为一样的,但是也有虐待不构成家庭暴力的。与实施家庭暴力行为一样的行为,构成请求权的竞合,由当事人选择诉因起诉。没有与家庭暴力构成行为竞合的虐待配偶行为,构成独立的侵害配偶权的行为。受害人请求加害人承担损害赔偿责任的,法院应当受理,并根据实际情况作出判决。

遗弃配偶是一种不作为的行为,即在夫妻关系存续期间,对配偶一方不尽配偶的扶养、扶助义务,使配偶一方遭受精神上的痛苦。对构成遗弃,受害人请求损害赔偿的,应当准许。应当注意的是,构成遗弃,有的是犯罪行为,有的不视为犯罪行为,或者不构成犯罪行为。对此,都可以请求侵害配偶权的损害赔偿责任,不是必须构成遗弃犯罪者才准许请求损害赔偿。

5. 其他侵害配偶权的行为

配偶权内容中的夫妻姓氏权、住所决定权、同居义务、忠实义务、职业与学习及社会活动自由权、日常事务代理权、相互扶养扶助权,对一方而言是权利,对另一方而言就是义务,配偶都应当自觉履行,保障对方权利的实现。任何违反法定义务的行为,都可能在不同程度上侵害配偶权。

《民法典》第1091条增加了“有其他重大过错”的违法行为,对方配偶有权提起损害赔偿之诉,扩大了离婚过错损害赔偿责任的适用范围,增加了适用的弹性,有利于救济受到损害一方的合法权益,是一个正确的决策。在上述行为中,如果配偶一方有故意或者重大过失,造成对方配偶人格利益或者身份利益损害的,可以提起离婚过错损害赔偿的诉讼请求。

(二)配偶权法律保护的方法确定

1. 配偶权权利强制实现的理由

法律保护配偶权,就是要用国家强制力保障配偶权各项权利的实现,理由有以下两点:

(1)配偶之间权利义务的强制性。配偶之间的权利具有人身性,一般不宜强制执行。这种意见有失偏颇。法定义务的强制性,并不一定都表现为强制执行,对违反义务的人责令其承担不利后果,也是一种强制措施。目前,我国婚姻家庭法对配偶权中的义务缺少强制性法律后果规定,因而对于违反配偶权法定义务的行为缺少必要的惩戒。

(2)配偶权作为绝对权,法定义务具有强制性。配偶权是绝对权,也是对世权,表明特定配偶的地位，享有配偶的身份，他人不得侵害这种权利，负有不可侵的义务。对于配偶权的不可侵义务，特定配偶之外的所有人都是义务主体，都负有这种义务。这种义务是不作为义务。

2. 配偶权保护方法的演变

对侵害配偶权的违法行为追究侵权责任，经历了三个不同的演变过程。

(1)将破坏婚姻关系的行为认定为侵害夫权的行为，这是一种不平等的权利。

(2)将破坏婚姻关系的行为认定为侵害名誉权责任，依照侵害名誉权的法律规定处理。妨害婚姻关系情节严重的，可以认为侵害了受害配偶的人格权，从而可以依照法律的规定请求损害赔偿。

(3)将破坏婚姻关系认定为侵害配偶权的民事责任。破坏婚姻关系的行为，从客观上会造成受害配偶一方的名誉权的损害，但是，这种损害结果是一种间接的结果，行为所直接侵害的客体，是配偶权，造成的直接损害结果是配偶身份利益的损害。

因此，依破坏婚姻关系行为的实质，认定其为侵害配偶权的侵权行为是准确的，所以应该适用侵权法的方法来保障配偶权的实现。

3. 侵权法保护配偶权的现实性

(1)侵权法保护配偶权是婚姻义务的内在要求。配偶权与其他身份权的属性一样，都是以义务为中心的权利义务关系。缔结还是不缔结婚姻是自然人的自由权利，但婚姻一旦缔结，当事人就必须负载相应的法律义务与责任。当夫妻一方违背这些义务，从根本上破坏了婚姻的稳定结构，构成对另一方配偶权利的侵害，就要由有过错的一方承担责任，从而维护婚姻义务的社会性、严肃性和权威性，实现对无过错方的必要补偿与救济。

(2)身份权请求权是保护配偶权民法属性的直接反映。法律对配偶权的规定，就是要依法调整婚姻当事人的关系，使之符合社会对婚姻关系稳定性的要求。一方违反婚姻义务，必然会侵害另一方的受民法所保护的特定权利。此时，民法的本质属性就会发挥作用，要求对违法的行为人进行制裁，借此保障任何人进入婚姻共同体中都须遵守这种权利义务关系的要求。

原《民法通则》没有配置侵害配偶权的民事责任。《民法典》调整婚姻家庭关系，在第 1001 条明确规定了身份权请求权，为保护配偶权确定了法律依据，以适应民法对婚姻关系进行调整的要求。

(3)侵权法保护配偶权是保护离婚当事人合法权益的需要。很多家庭解体和家庭暴力或夫妻一方与他人有婚外情、通奸、姘居、重婚有关。许多无过错的离婚当事人因另一方的侵权违法行为，身心受到严重摧残，个人权益受到侵害，却得不到法律救济。

规定侵害配偶权的损害赔偿制度，可以有效地运用侵权责任的手段制裁重婚、家庭暴力等违法行为，对受害一方给予一定的补偿，以有效保障婚姻家庭及妇女儿童的合法权益。

（三）配偶权受到侵害的救济

1. 侵害配偶权权利义务主体的认定

（1）义务主体的认定

第一，有过错的配偶一方。侵害配偶权的赔偿义务主体，应当是有过错的一方当事人，即受害人有权向有过错的一方配偶请求赔偿。

第二，侵害配偶权的第三人。在重婚和与他人同居的侵害配偶权的损害赔偿关系中，可以向重婚和同居的对方请求损害赔偿，因为他们是这一侵权行为的共同加害人，有责任赔偿受害人的损失。

侵害配偶权的责任主体的认定，原则是有利于维护现存的合法婚姻关系，有利于制裁民事违法行为。如果受害人愿意保持现存的婚姻关系而不追究其配偶的民事责任，可以不将他（或她）的配偶作为加害人，而只将"第三者"作为加害人予以追究。这样，既可以制裁违法行为，又可以保护现存的合法婚姻关系不致破裂，有利于社会的安定和婚姻家庭关系的稳定。

对义务主体的确定，离婚的有过错的配偶是侵权人，应当承担侵权责任。受害人也追究与加害人重婚或者同居的人的民事责任的，这种人也是侵权赔偿的义务主体，也要承担损害赔偿责任，按照《民法典》关于共同侵权行为的规定处理，令双方共同承担赔偿责任。

（2）权利主体的认定

损害赔偿的权利主体是受到损害的受害人即另一方配偶，没有配偶关系的人，不能作为这种侵权行为的赔偿权利主体。

2. 违反配偶权义务的一方应当承担民事责任

对于违反配偶身份关系中所负义务，又构成侵权责任的违法行为，应当予以民事制裁。

对侵害配偶权的损害赔偿主要是精神损害赔偿。侵害配偶权的精神损害赔偿的基本内容，是赔偿精神创伤和精神痛苦的损害，具有抚慰金赔偿的性质。确定损害赔偿的数额，应当依照一般精神损害赔偿的计算方法算定。当确定侵害配偶权的民事责任构成以后，应当按照上述办法，计算精神损害赔偿数额，责令侵权人承担精神损害赔偿责任。

对于配偶权遭受侵害造成财产损失的，特别是实施家庭暴力造成受害人人身伤害的，侵权人对财产损失也应当承担赔偿责任。这种财产损失，主要是为恢复权利所支出的费用。

对于侵害配偶权，还应当根据实际情况，确定其非财产民事责任。可以责令侵权人停止侵害，恢复名誉，消除影响，赔礼道歉，且不受诉讼时效的限制。

3. 构成刑事犯罪的依法追究刑事责任

对于配偶权的法律保护，最严厉的制裁措施就是对违反配偶权义务的行为人依法追究刑事责任。

(1)重婚罪。夫妻一方违反一夫一妻原则,婚外与他人实施结婚行为或者事实婚姻的行为,构成重婚罪的,应当依法追究刑事责任。

(2)遗弃罪。配偶一方不尽扶养义务,如果情节一般,尚不构成遗弃罪的,可依扶养纠纷处理,责令承担履行法定扶养义务的责任。对于情节严重,构成遗弃罪的,应当依照刑法规定,追究刑事责任。

(3)虐待罪。夫妻一方对另一方实施家庭暴力,进行虐待,侵害人格尊严和身体权、健康权,造成严重后果的,依法追究其虐待罪的刑事责任。

第三节　亲　　权

一、亲权概述

(一)亲权与相关概念

1. 亲权的概念与特征

我国《民法典》第26条第1款规定:"父母对未成年子女负有抚养、教育和保护的义务。"这一条文规定的就是亲权。

对亲权概念的界定,有的学者认为,亲权,是指父母对未成年子女在人身和财产方面的管教和保护的权利和义务。[30] 有的学者认为,父母保护教养未成年子女之权利义务,谓之亲权。[31] 有的学者认为,亲权在近代立法中,谓以教养保护未成年子女为中心之职能,不仅为权利,同时为义务。[32] 还有的学者认为,亲权是指父母对未成年子女有身份上及财产上的以监督保护为内容的权利义务的总称。[33] 上述观点在表述上尽管略有差异,但其内涵是一致的。可见,亲权是指父母对未成年子女身份地位以及对其人身和财产管理和保护权利义务的基本身份权。

亲权的法律特征是:

(1)亲权是基本身份权。亲权不是单一的权利,而是一个由若干具体权利构成的权利。亲权是基本身份权,与配偶权、亲属权相并列,构成婚姻家庭法上的身份权。

(2)亲权是权利和义务的综合体。亲权既为权利,又为义务。亲权作为父母与未成年子女间的身份权,一方面是父母的权利,未成年子女必须服从父母的教养与保护;另一方面亲权又是一种义务,父母必须履行对未成年子女进行教养和保护的义务。因

---

〔30〕 李志敏:《比较家庭法》,北京大学出版社1988年版,第227~228页。

〔31〕 林菊枝:《亲属法专题研究》,台北,五南图书出版股份有限公司1985年版,第139页。

〔32〕 史尚宽:《亲属法论》,台北,荣泰印书馆1980年版,第590页。

〔33〕 [日]竹内昭夫、[日]松尾治也、[日]塩野宏:《新版新法律学辞典》,中国政法大学出版社1991年版,第521页。

此，亲权不得抛弃、非法转让或非法剥夺。

(3)亲权是父母对于未成年子女的权利义务。只有在子女尚未成年时，父母对子女才有亲权，当子女成年后，享有完全的民事法律行为能力，即脱离父母的保护，父母对子女的亲权即消失。

(4)亲权为父母所专有，且仅以教育、保护未成年子女为目的。亲权是专有权，只为父母所专有。无论生父母、养父母及形成抚养关系的继父母，都专有享有亲权。亲权的目的具有一定的支配性质，这种支配是以教养、保护未成年子女为其目的。因此，父母的亲权并非无限制，亲权的行使仅限于监护子女的必要范围且符合子女的利益始可。[34]

2. 亲权与监护权

在大陆法系，亲权与监护权是两个不同的概念，有严格的区别。英美法系对亲权与监护权不加区别，统称监护权。我国婚姻家庭法采用大陆法系的立场，亲权与监护权是有区别的。

(1)亲权与监护权的联系

亲权与监护权同为身份权。亲权和监护权都表明人与人之间的身份关系，亲权表现的是父母与未成年子女之间的身份关系，而监护权表明的则是监护人与被监护人之间的身份关系；亲权与监护权的客体都具有身份利益的性质。

(2)亲权与监护权的区别

第一，性质不同。亲权与监护权虽然同为身份权，但二者在具体属性上有严格区别。亲权确定的是父母与未成年子女之间的身份，属于婚姻家庭法上的身份权，规定在婚姻家庭法之中。监护权确定的是监护人与被监护人之间的权利义务关系，是民事主体制度的组成部分。亲权是严格的身份权概念，监护权并不是严格的婚姻家庭法的身份权概念，可以称为准身份权。

第二，权利主体的范围不同。亲权仅限于父母对于未成年子女的教养保护权，既不包括亲属以外的其他人对未成年子女的权利义务，也不包括父母以外的其他亲属对未成年子女的权利义务。监护权的权利人范围较宽泛，包括祖父母、外祖父母，兄、姐，配偶，子女，其他亲属、朋友，以及居民委员会、村民委员会或民政部门。

第三，权利范围不同。亲权的权利范围仅限于对未成年子女的教养和保护的权利和义务。监护权的权利范围不包括父母对未成年子女的身份利益支配权，其概括的是监护人对其他无民事法律行为能力人或限制民事法律行为能力人的人身财产进行监护，如对已成年的无民事行为能力人或者限制民事行为能力人的人身、财产照管，只能由监护权进行调整。

第四，权利内容不同。亲权的内容包括对未成年子女的教养和保护权，教养权很广泛，包括住所指定权、子女管教权、同意权等。监护权的权利范围虽宽于亲权，但其内容只具保护权。在权利内容上，监护权窄于亲权。

---

〔34〕 林菊枝：《亲属法专题研究》，台北，五南图书出版股份有限公司1985年版，第139页。

3. 亲权与亲属权

(1)亲权与亲属权的联系

亲权与亲属权都是婚姻家庭法上的身份权,都是关于亲属之间身份关系的权利,其功能都是表明特定的亲属之间的身份和地位,规范特定亲属之间的权利和义务。

(2)亲权与亲属权的区别

第一,权利主体不同。亲权的权利主体只是父母。亲属权的权利主体不仅包括父母,还包括其他亲属。

第二,权利主体的相对人不同。亲权的权利主体是父母,其相对人是未成年子女。子女成年以后,就不再是亲权主体的相对人,而是亲属权的权利主体。亲属权从严格的意义上说,不存在相对人,亲属权的权利主体是特定的亲属。

第三,亲权的内容宽于亲属权。亲权的主要内容是教养、保护权,内容很广泛。亲属权的内容相对狭窄,一是表明亲属的身份,二是确定相互之间的扶养、赡养、抚养权等。

第四,亲权是父母的权利。亲权从总体上说,是父母的权利,包括权利和义务。亲属权是亲属关系当事人的权利,其权利义务是相互的。

(二)亲权制度的发展

1. 古代的家父权和父权

亲权制度源于两个方面,一是罗马法的家父权,二是日耳曼法的父权。我国古代的父权制度就是中国亲权制度的前身。

(1)家父权

家父权是罗马法特有的制度。家父是指那些在罗马家庭中不再有活着的直系尊亲属的人,因而,家父可以是父亲、祖父或曾祖父。当家父死亡以后,在原有的家庭中便分裂为数个有着各自家父的家庭,在这个家庭中,不再有活着的直系尊亲属的人又是新的家父。

家父的对称是家子,包括家父家庭中的其他任何成员,即妻、子、女以及子妇、孙子女等。在家父权法律关系中,家父是自权人,家子是他权人。罗马法认为,罗马家庭有自己的圣物,即自己的特殊崇拜,家父就是这一崇拜的司铎。[35] 家父是家子的法官,对于家子所犯的过错,家父有权以任何可能的方式加以惩罚,包括采用监禁、身体刑,甚至死刑。罗马法上的家父权过于专制和残忍,罗马法学家一直在试图限制它,至《法学阶梯》,家父权已成为有节制的矫正权和规束权,同时,也把这种权利授予父亲或母亲,并以罗马的父权相称呼,罗马的家父权最终为父权所代替。

罗马法的家父权是一个相当复杂的概念,它不仅包括父权的内容,而且还包括夫权的内容和亲属权的内容。它的性质是专制的人身支配权。

(2)父权

日耳曼法的父权表现为对子女的保护权,是以子女利益为出发点规定父亲对子女

---

〔35〕 司铎,天主教、东正教的神职人员,即神甫(神父)。

的身份权。日耳曼法的父权与现代亲权制度比较接近；它既是权利，又是义务；它不是对子女赤裸裸的人身支配或占有，而是从保护子女的利益出发，规定父亲对子女应尽的职责。因此，近现代许多国家民事立法确定亲权制度，一般多继受日耳曼法的原理。对于近现代亲权立法，日耳曼法的父权制度是有很大影响的。

中国古代法律中的父权和尊长权，也是亲权的渊源之一。

2. 近代婚姻家庭法的亲权概念

近代民事立法中，各国民法典均设置亲权标题，专门规定亲权制度。例如，1804 年《法国民法典》第一卷第九章专门规定“亲权”一章，共 17 条，第十章专设“亲权的解除”一节，共 12 条，规定了亲权的基本制度。此时的亲权为父亲单独的权利，由父单独行使，父亲对子女有矫正权，父亲以及婚姻解除后尚未死亡的父、母，对于亲权支配下的子女的财产有用益权等。

在这一时期的亲权，其基本内容是比较合理的。其最大的缺陷在于规定亲权是父亲的单独权利，没有体现男女平等的原则。

3. 现代婚姻家庭法的共同亲权

现代婚姻家庭法的亲权是父母共同亲权。1804 年《法国民法典》确定了共同亲权原则。《德国民法典》经 1979 年修订，也确定了共同亲权原则。我国《民法典》第 1058 条规定的就是父母共同亲权。在现代民事立法上，各国对亲权制度的具体规定尽管各有不同，但在基本性质和男女平权等问题上，则具有共同性。

（三）亲权法律关系的当事人

传统理论认为亲权法律关系的当事人，包括亲权人和客体。亲权人为父母，客体为子女。[36] 在身份权法律关系和一切民事法律关系中，人不能成为客体，只能是主体。权利义务所共同指向的标的，就是民事法律关系的客体。如果将子女作为亲权的客体，等于认定子女为亲权权利义务的标的，显然不符合民事法律关系的基本原理。亲权是绝对权，但又具有相对性。亲权法律关系的当事人包括以下三种主体：

1. 亲权的权利主体

亲权的权利主体是父母。在下述具体情况下，亲权权利主体有不同的变化：

（1）婚生子女的父母一方死亡时，生存的一方父或母为单独亲权权利人，单独行使亲权。

（2）婚生子女的父母离婚时，亲权权利人的认定，立法多有不同。依我国立法精神，亲权权利人应为抚养该未成年子女的父母一方，由该方单独行使亲权，但是，并不否认对方的亲权。

（3）非婚生子女，以母亲为亲权权利人；非婚生子女准正以后，父母为共同亲权人。非婚生子女认领，一般认为父为亲权人，或经父母协议或裁判，父始为亲权权利人。对此，应以协商为原则，由抚养该子女的一方为亲权权利人。

---

〔36〕 史尚宽：《亲属法论》，台北，荣泰印书馆 1980 年版，第 592、594 页。

(4)养子女，其亲权权利人为养父母，生父母将子女送养，收养关系成立之后，生父母即丧失亲权。养父母均死亡以后，收养关系并不必然消灭，生父母亦不必然恢复亲权。收养关系终止或撤销以后，养父母的亲权消灭，生父母的亲权恢复。

(5)继子女，与其共同生活的生父或生母为亲权人，与其形成抚养关系的继父或继母亦为共同亲权人。

2. 亲权的相对主体

亲权权利人的相对主体为未成年人。自子女满 18 周岁始，亲权自然消灭，子女脱离亲权照护，失去亲权相对人的资格。

未成年子女作为亲权的相对主体，包括婚生子女、非婚生子女、养子女和形成抚养关系并共同生活的继子女。

3. 亲权的义务主体

亲权是绝对权，因而其他任何第三人都是亲权的义务主体，负有不得侵害亲权的不作为义务。

二、亲权的内容

当代亲属法规定亲权的基本原则是共同亲权原则。共同亲权，是指亲权的共同行使，即亲权内容的行使均应由父母共同的意思决定，并对外共同代理子女。[37]《民法典》第 1058 条规定："夫妻双方平等享有对未成年子女的抚养、教育和保护的权利，共同承担对未成年子女抚养、教育和保护的义务。"

共同亲权原则的内容包括：亲权为父母平等的权利，亲权为父母共同的权利，亲权由父母共同行使。亲权的内容包括身上照护权和财产照护权。

(一)身上照护权

身上照护权的基本内容，是父母对未成年子女人身的教养、保护的权利和义务。具体包括住居所指定权、管教权、子女交还请求权、子女身份行为及身上事项同意权与代理权，以及抚养义务和赔偿义务。

1. 住居所指定权

为了保障未成年子女的身心健康和安全，各国立法均规定，父母对未成年子女的住所或居所享有指定权，子女不得随意离开父母指定的住所或居所。非婚生子女，该权利由母亲行使。父、母亲离婚者，对于未成年子女住居所指定权，应由与其共同生活的一方行使，户籍应与共同生活的父母一方相一致，不得自行决定；至于居所，可由父母双方商定，或由已有一定识别能力的未成年子女选择，但必须与父母中的一方的住所或居所相一致，而不得他居。住居所指定权的相对人，只能是未成年子女。

2. 管教权

管教权，是父母对于未成年子女于必要时可予以必要管教的权利。它是基于教养、

〔37〕 林菊枝：《亲属法专题研究》，台北，五南图书出版股份有限公司 1985 年版，第 143 页。

保护的人身照顾权，特别是基于教育权而产生的权利。

亲权的这一权利究竟是管教权还是惩戒权，学说颇不一致。有的认为我国亲权无惩戒权；有的认为，当未成年人沾染了不良习气时，亲权人有惩戒权，得予以必要的家庭处分，惩前毖后。[38] 我国婚姻家庭法虽无明文规定惩戒权，但是在实际生活中，父母适度惩戒其未成年子女，并不认为是违法行为，可见惩戒权为习惯法所确认。从尊重未成年人的人权出发，不应当将管教权称为惩戒权。

《未成年人保护法》第 10 条规定："父母或者其他监护人应当创造良好、和睦的家庭环境，依法履行对未成年人的监护职责和抚养义务。禁止对未成年人实施家庭暴力，禁止虐待、遗弃未成年人，禁止溺婴和其他残害婴儿的行为，不得歧视女性未成年人或者有残疾的未成年人。"

3. 子女交还请求权

子女交还请求权，是指当未成年子女被人诱骗、拐卖、劫掠、隐藏时，亲权人享有的请求交还该子女的请求权。这是亲权保护权的重要体现。

离异的父母，其未成年子女由一方抚养，行使亲权。当不行使亲权的另一方强行将该子女夺走归自己抚养时，亲权人有子女交还请求权，可以请求人民法院判令交还子女。行使子女交还请求权的相反情况是，如果交回子女明显不符合子女利益时，则该父或母不得行使这种请求权。

4. 子女身份行为及身上事项同意权与代理权

未成年子女无民事法律行为能力或限制民事法律行为能力，不能独立行使身份行为和决定身上事项，必须由父母代理或同意，方能行使。包括职业许可，收养、送养的承诺，身上事项的代理，法律行为补正等。

5. 抚养义务

抚养，是指父母对未成年子女的健康成长提供必要的物质条件，包括哺育，喂养，抚育，提供生活、教育和活动的费用等。父母对未成年子女的抚养义务是无条件的义务，不能以任何借口免除。

抚养的义务主体是亲权人。亲权人的抚养义务虽为法定义务，但是，如果亲权人无抚养能力，则有不履行此种义务的理由。抚养能力，一般解释为自给有余。[39] 亲权抚养关系的权利主体，是未成年子女。

父母对未成年子女负有抚养义务，对不能独立生活的子女也有抚养义务。如果父母一方或者双方不履行抚养义务，未成年子女和不能独立生活的子女有权请求支付抚养费，这就由抚养义务转变为责任，具有强制性。婚姻关系存续期间，父母双方或者一方拒不履行抚养子女的义务，未成年或者不能独立生活的子女请求支付抚养费的，人民法院应予支持。对不能独立生活的子女应当进行进一步界定，例如，对于无民事法律行为能力或者限制民事法律行为能力的成年子女，父母作为监护人，必须履行监护职责，

---

〔38〕 张俊浩：《民法学原理》，中国政法大学出版社 1991 年版，第 162 页。

〔39〕 李志敏：《比较家庭法》，北京大学出版社 1988 年版，第 248 页。

提供抚养费；对于没有独立经济收入在学校就读的成年子女，是否都是不能独立生活的子女，似乎也在其中，也应尽到抚养义务。只是这样的规定值得斟酌，因为这已经不是抚养义务的问题了。

6. 赔偿义务

亲权中的赔偿义务，是指亲权人对于其抚养的未成年子女致他人以损害，所应承担的赔偿该受害人损失的义务。

未成年人造成他人损害的，应当由其父母即亲权人承担赔偿责任。这种责任是法定的责任，亲权人不得推诿。

对于父母已经尽了监护责任的，即父母对于未成年子女造成他人损害无过失的，并不能免除父母的民事责任，而是可以适当减轻其赔偿责任。

（二）财产照护权

亲权的财产照护权包括以下四项内容：

1. 财产行为代理权

亲权人为未成年子女的法定代理人，除享有身份关系和身上事项的代理权利外，还享有财产行为的代理权。在我国，财产照护权中的财产行为代理权不是在婚姻家庭法中规定的，而是在监护法中规定的。《民法典》第27条第1款规定："父母是未成年子女的监护人。"第35条第1款规定："监护人应当按照最有利于被监护人的原则履行监护职责。监护人除为维护被监护人利益外，不得处分被监护人的财产。"

依照上述规定，是否我国未成年人的父母对于未成年子女的法定代理权就是监护权的内容，而不是亲权的内容呢？对此，应持否定态度，其理由有两点：第一，我国《民法典》虽然没有直接使用亲权的概念，但是却规定了亲权的内容。因此，虽然没有明确规定亲权，但是，在该法第34条规定了"代理被监护人实施民事法律行为"的法定代理权内容。亲权的财产行为代理权，确系保护未成年子女的权利和义务，因而不能否认财产行为代理权的亲权性质。第二，《民法典》第27条第2款在规定监护人的顺序时，是严格区分未成年人的父母的监护权优于其他人担任监护人的优越地位，这显然是亲权的性质和地位使然。因此，也不能否认未成年人的父母是未成年人的法定代理人的亲权性质。

2. 管理权

亲权财产照护权中的管理权，是对子女特有财产的管理权。此种财产管理，是指以财产价值的保存或增加为目的的行为。[40] 管理权的范围，及于未成年子女所享有所有权的一般财产，但对于法律规定父母对子女的某些财产不得为财产管理人时，该父母不享有此种管理权。

关于财产管理权的主体由父还是由母行使，我国立法无明文规定，依《民法典》第26条规定的立法精神及男女平等原则，应为由父母共同管理，协商处置。

---

〔40〕 史尚宽：《亲属法论》，台北，荣泰印书馆1980年版，第602页。

3. 使用收益权

亲权中的使用收益权，是指亲权人在不毁损、变更未成年子女享有的物或权利的性质的前提下，有支配、利用财产和获取天然孳息或法定孳息的权利。

行使该种权利的目的，应当是维护未成年子女的财产权益。亲权人行使使用收益权，应从有利于保护未成年子女的合法财产权益出发，对未成年子女的财产为使用和收益。

4. 处分权

亲权人对于未成年子女的财产，为维护子女的利益的需要，可以为适当的处分。

三、亲权的丧失、中止和消灭

（一）亲权的丧失

亲权的丧失，是指亲权人因法定的原因而失去行使亲权的资格。亲权丧失的原因包括亲权的剥夺和亲权的移转。

1. 亲权的剥夺

亲权人滥用亲权，违反行使亲权的原则，给子女造成人身及财产上严重损害的，法院可以依法宣告剥夺亲权人的亲权。我国《民法典》没有明文规定剥夺亲权，但第36条规定，监护人有实施严重损害被监护人身心健康的行为，或者怠于履行监护职责，或者无法履行监护职责并且拒绝将监护职责部分或者全部委托给他人，导致被监护人处于危困状态，或者实施严重侵害被监护人合法权益的其他行为的，人民法院根据有关个人或者组织的申请，撤销其监护人资格，安排必要的临时监护措施，并按照最有利于被监护人的原则依法指定监护人。有关个人和组织包括：其他依法具有监护资格的人，居民委员会、村民委员会、学校、医疗机构、妇女联合会、残疾人联合会、未成年人保护组织、依法设立的老年人组织、民政部门等。有关个人和民政部门以外的组织未及时向人民法院申请撤销监护人资格的，民政部门应当向人民法院申请。在父母行使亲权中存在上述行为，被撤销监护资格，其实就是剥夺亲权。

亲权人有赌博、吸毒、卖淫、流氓等显著劣迹或犯罪行为的，为预防未成年子女受其影响，应当剥夺其亲权。

剥夺亲权，应当依照上述撤销监护人资格的程序，由人民法院依审判确定。

2. 亲权的移转

亲权移转，是指根据协议或法院的宣告，亲权人将亲权移转给他人或社会救济机构行使。亲权移转的法律后果是，原亲权人丧失亲权，受移转人取得亲权或监护权。

亲权移转包括：送养和收养未成年子女的协议；父母协商将一方的亲权移转给另一方行使；亲权人将亲权转移给社会福利机构。

应当注意的是，亲权不仅是父母的权利，同时又是一种义务，在一般情况下，亲权不得抛弃、非法转让或非法剥夺。亲权移转中的亲权权利人必须是出于迫不得已的原因。

（二）亲权的中止、消灭

1. 亲权的中止

亲权的中止，是指亲权人因事实上的原因或法律上的原因不能行使亲权时，依法宣告停止其亲权，当其停止亲权的原因消灭时，仍恢复亲权的制度。

亲权人行使亲权，乃为维护其未成年子女的合法权益。当亲权人因故不能行使亲权时，如果不及时停止其亲权，另设监护人，必然影响或损害未成年子女的合法权益，因而设置亲权中止的制度。

亲权的中止须有法定原因。这种法定原因包括事实上的原因和法律上的原因。事实上的原因也称为行使亲权的事实障碍，包括父母患重病、长期外出等；法律上的原因也称为行使亲权的法律障碍，包括父或母被宣告为无民事法律行为能力人或限制民事法律行为能力人。

2. 亲权的消灭

亲权的消灭是指亲权因一定事由而不复存在。

亲权消灭的事由分为事实原因和法律原因。事实原因：一为未成年子女已经成年，子女脱离亲权关系而自立；二为子女死亡。这两种情况使亲权自然消灭。法律原因为收养关系解除，养父母的亲权自然消灭。

（三）亲权受侵害的民事救济

亲权遭受侵害，可以用各种法律手段进行救济。如亲权人虐待、遗弃未成年子女，构成犯罪的，应依法受刑事制裁。民事救济是亲权损害最主要的救济手段。这不仅是由于亲权关系为民事法律关系，也是由民事救济手段的普遍性、多样性和补偿性所决定的。对此，应当依照《民法典》第 1001 条关于身份权请求权的规定进行。

1. 侵害亲权的具体行为

根据亲权受到侵害的来源，侵害亲权的具体行为包括第三人侵害亲权和亲权人侵害亲权行为两种。

（1）第三人侵害

第三人侵害亲权的行为，是狭义的侵害亲权行为，也是典型的侵害亲权行为。侵权人以亲权为侵害对象，实施侵害行为，即为此种侵权行为。具体的行为方式包括以下几种。

第一，非法剥夺亲权的行为。亲权是基于亲子关系而生的身份权，非因法定事由及法定程序，不得剥夺。第三人非法剥夺亲权人的亲权，构成侵权责任。非法剥夺亲权行为是最严重的侵害亲权行为。

第二，侵害亲权权利的行为。与非法剥夺亲权行为不同，侵害亲权权利的行为不是从整体或部分上将亲权人的亲权予以剥夺，而是以作为的行为方式对亲权的权利进行非法侵害。例如，离婚的母方作为亲权人抚养未成年子女，男方及其亲属以非法手段抢走该子女，就是对亲权实施侵害的行为。

第三，侵害亲权人的人身而致其未成年子女抚养来源断绝的行为。这种行为本为侵害身体权、健康权或生命权的行为，由于受害人具有亲权人特定身份，因而同时构成侵害亲权的行为，应该同时承担侵害亲权的赔偿责任。

第四，非法使被监护人脱离监护导致亲权受到严重损害的行为。拐卖、劫夺、藏匿未成年子女，诱骗未成年子女脱离亲权人，是严重的侵害亲权行为。

(2)亲权人侵害未成年子女权利的行为

亲权人侵害未成年子女合法权益的行为，是比较复杂的，既包括典型意义的侵害亲权行为，即狭义的侵害亲权行为，也包括既侵害亲权，又侵害未成年子女的人身权利或财产权利的行为。亲权人侵害未成年子女权利的行为，主要包括以下两种。

第一，违背法定义务。亲权人违背法定的抚养义务，断绝其未成年子女的生活来源者，为不作为的侵害亲权行为。因为抚养义务是亲权人的法定义务，亲权人拒不履行亲权的抚养义务，就是侵害了未成年子女的抚养权利。

第二，滥用亲权。滥用亲权既指滥用人身照护权的行为，也指滥用财产照护权的行为。滥用亲权是以行使亲权的名义为亲权人自己牟私利，或者虽为行使亲权的目的但因未尽义务而致未成年子女遭受损害。前者为故意滥用亲权，后者为过失滥用亲权。

2. 亲权损害民事救济的一般方法

亲权损害民事救济的基本方式，一是剥夺亲权，二是确定侵权责任。非法使被监护人脱离监护，导致亲子关系或者近亲属间的亲属关系遭受严重损害，监护人向人民法院起诉请求赔偿精神损害的，人民法院应当依法予以受理。这是对于亲权保护的一般民事救济方法。

3. 亲权损害民事救济的具体方法

(1)侵害亲权造成财产损失的，应当承担财产损害赔偿责任。对此，应当依照《民法典》第1184条的规定，确定赔偿数额。

(2)侵害亲权造成人身伤害的，应当承担人身损害赔偿责任。对此，应当依照《民法典》第1179条的规定，参照其他法律、法规、司法解释的规定，确定赔偿数额，对于同时造成抚养权损害的，还应当承担抚养损害赔偿责任。

(3)造成精神性人格权损害的，应当依照《民法典》第1183条第1款及其他法律、法规及司法解释的规定，赔偿精神利益的损害。

(4)侵害亲权造成精神痛苦、精神创伤的，应当依照《民法典》第1183条第1款规定赔偿抚慰金。

(5)侵害亲权，还应当依据实际情况，依照《民法典》第1001条规定，承担停止侵害、恢复名誉、消除影响、赔礼道歉等责任方式。

(6)亲权人拒不履行抚养义务，应责令其履行义务；仍不履行的，强制其履行，可以采取扣押物品等方法。

(7)抢夺亲权人抚养的子女的，应责令侵权人强制交还子女给亲权人。

第四节 亲 属 权

一、亲属权概述

(一)亲属权的概念和特征

1. 亲属权的概念

亲属权是指除配偶、未成年子女以外的其他近亲属之间身份地位和权利义务的基本身份权。亲属权表明这些亲属之间互为亲属的身份利益为其专属享有和支配,其他任何人均不得侵犯。

2. 亲属权的法律特征

(1)亲属权是独立的身份权。亲属权、配偶权和亲权三位一体,共同构成完整的婚姻家庭法上的身份权。因此,亲属权具有身份权的一切法律性质,如绝对权、专属权、支配权的属性,这些均为亲属权的基本属性。

(2)亲属权的客体是亲属关系中特定的身份利益。除了近亲属之外的其他亲属虽为亲属,但无明显的亲属身份利益,他们只具有法律上的亲属地位,法律并未赋予其特定的权利义务关系。在近亲属中,配偶的身份利益由配偶权调整,未成年子女与父母的身份利益由亲权调整。除此以外的近亲属的身份利益,由亲属权调整。

(3)亲属权的权利主体较为宽泛。在身份权中,配偶权仅规范配偶之间的权利义务关系,亲权仅调整未成年子女与父母的权利义务关系,因此主体范围较为单纯。而亲属权的权利主体是除了配偶权和亲权主体之外的其他所有的近亲属,包括父母与成年子女、祖父母与孙子女、外祖父母与外孙子女以及兄弟姐妹之间。

(4)亲属权具有绝对权和相对权的双重属性。亲属权首先是绝对权,表明亲属之间对亲属身份利益的独占权,除了特定身份关系的近亲属之外,其他任何人都不得侵害,都负有不作为的义务。亲属权又是相对权,其他近亲属之间的亲属身份利益,总是存在于相对的亲属之中,权利义务由相对的近亲属享有和承担;离开相对的其他近亲属,则不存在亲属权。

(二)亲属权的性质

1. 关于亲属权是否为独立身体权的不同学说

亲属权是否为独立身体权,在理论上有肯定说、上属概念说和否定说三种主张。

(1)肯定说。认为亲属权为独立的身份权,它是父母与成年子女、祖父母与孙子女、外祖父母与外孙子女，以及兄弟姐妹之间的身份权。[41] 在其他民法学教科书中，有的虽未明文承认亲属权的概念，但在论述家庭关系中的身份权时，有涉及亲属权的内容。如认为："我国现阶段的家庭关系中，在一般情况下，除了夫妻关系外，就是父母与子女间的关系、祖父母与孙子女间的关系和兄姐与弟妹间的关系。他们之间相互享有身份权"。[42] "有扶养关系的祖父母与孙子女、外祖父母与外孙子女相互之间的人身权，有监护关系的兄弟姐妹或其他近亲属、其他监护人，与被监护人之间的人身权，等等，这些权利均受到我国法律的保护。"

(2)上属概念说。认为亲属权是一种民事权利，但不是独立的基本身份权，而是亲权、配偶权的上属概念，大致相当于亲属法上的身份权概念。如日本法学家认为，亲属权是指"有特定身份关系者间的以身份利益为内容的权利。如亲权、夫权即是。多称为身份权"。[43] 这里所说的亲属权，即身份权。

(3)否定说。一般的民法著作不承认亲属权为独立的身份权，在亲属法中只承认扶养的权利义务关系，在研究近亲属之间的抚养问题时，将其作为亲属之间的权利义务关系。[44]

2. 亲属权为独立身份权

亲属权并不是一个抽象的概念，而是身份权的下属概念，其性质是独立的基本身份权。

(1)亲属权是身份权的一种。身份权是各种基本身份权的总称，与人格权一起构成人身权，因而是类的概念。亲属权是部分亲属之间的身份权。

(2)亲属权是独立的基本身份权。婚姻家庭法上的身份关系分三种，亲属权所概括的身份关系为其中一种，具有独立性。具有法律意义的亲属是指近亲属。在近亲属中，除了配偶身份关系和亲子身份关系以外的其他亲属关系，也是一种身份关系，即亲属身份关系，具有独立的特征，是一种独立的亲属法上的身份权。

(3)亲属权与配偶权和亲权构成完整的身份权体系。亲属权概括的正是与配偶权所反映的配偶身份关系以及亲权所反映的亲子身份关系相并列的其他近亲属之间的身份关系，包括父母与成年子女、祖父母与孙子女、外祖父母与外孙子女、兄弟姐妹之间的身份关系。有的民法著作之所以认亲属权之实而无亲属权之名，主要是因为没有更准确的概念来称呼它。只要对亲属权的概念进行严格界定，可以准确反映其内涵和外延，不至于与身份权以及其他民事权利相混淆，也不会与亲属的概念相混淆。

---

〔41〕 张俊浩：《民法学原理》，中国政法大学出版社 1991 年版，第 162 页。

〔42〕 李由义：《民法学》，北京大学出版社 1988 年版，第 573 页。

〔43〕 [日]竹内昭夫、[日]松尾浩也、[日]塩野宏：《新版新法律学辞典》，中国政法大学出版社 1991 年版，第 527 页。

〔44〕 杨大文：《婚姻家庭法》，法律出版社 2003 年版，第 282 页；王洪：《婚姻家庭法》，法律出版社 2003 年版，第 291 页。

(三)亲属权的历史沿革和我国的亲属权

1. 亲属权的历史沿革

亲属权与亲权有共同的历史渊源,均产生于古代婚姻家庭法的家父权和家长权。

罗马法中,家父权有一个逐渐演进的过程。最早的家父权,是一个无所不包的概念。家父权既包括对家属即人的支配权,又包括对奴隶和物的所有权。随着法律的不断发展,家父权的内容有所变化,各种权利逐渐从家父权中分离出来。罗马法的主要亲属是法亲,亦称为宗亲。法亲完全以男系作标准,以家父权为基础,即由家长所生的子孙后裔之间所发生的亲属关系。[45] 罗马法的法亲与我国古代的宗亲十分相似,其家父权与我国宗亲中的家长权很相似。

经过历史的演变和社会、法律文化的不断进步,家长权一分为二,一部分成为亲权,另一部分成为亲属权。《法国民法典》首先将亲权规定为独立的身份权,并对亲属权的内容作出规定。《德国民法典》亦规定了亲权照顾权,同时对亲属权作出明文规定。当代,亲权与亲属权已经完全分离,成为两个独立的身份权。

2. 我国的亲属权

我国《民法典》没有将亲权和亲属权分开规定,但从条文的内容中可以看出亲权和亲属权的明显区别。

(1)亲权。关于亲权,依《民法典》第 26 条第 1 款、第 1058 条和第 1067、1068 条规定:一是父母对未成年子女有抚养、教育、保护的义务。二是父母不履行抚养义务时,未成年的子女有要求父母给付抚养费的权利。三是父母有管教和保护未成年子女的权利和义务,未成年子女造成他人损害的,父母有依法承担民事责任的义务。

(2)亲属权。《民法典》关于亲属权的规定是:第一,第 26 条第 2 款规定:成年子女对父母负有赡养、扶助和保护的义务。第二,第 1067 条规定:父母不履行抚养义务时,不能独立生活的成年子女有要求父母给付抚养费的权利;成年子女不履行赡养义务的,缺乏劳动能力的或者生活困难的父母,有要求子女付给赡养费的权利。第三,第 1074 条规定:有负担能力的祖父母、外祖父母,对于父母已经死亡或者父母无力抚养的未成年的孙子女、外孙子女,有抚养的义务;有负担能力的孙子女、外孙子女,对于子女已经死亡或者子女无力赡养的祖父母、外祖父母,有赡养的义务。第四,第 1075 条规定,有负担能力的兄、姐,对于父母已经死亡或父母无力抚养的未成年的弟、妹,有扶养的义务。由兄、姐扶养长大的有负担能力的弟、妹,对于缺乏劳动能力又缺乏生活来源的兄、姐,有扶养的义务。

从上述规定看,我国立法也采亲权与亲属权分立的做法,规定亲权和亲属权各为独立的身份权。

---

〔45〕 龙斯荣:《罗马法要论》,吉林大学出版社 1991 年版,第 53 ~ 54 页。

二、亲属权的内容

（一）我国立法规定的亲属权

关于亲属权的具体内容，我国《民法典》规定得比较简略，归纳起来，均为扶养权，根据不同的亲属权主体，分为抚养权、赡养权和扶养权。

借鉴国外婚姻家庭法关于亲属权的规定以及我国的立法实际，我国的亲属权应包括下述内容：第一，尊敬权及孝敬义务；第二，相互帮助和体谅的权利和义务；第三，祭奠权；第四，相互之间的扶养权利与义务。

（二）亲属权的一般内容

1. 尊敬权

尊敬权也称为孝敬权，是长辈尊亲属基于其亲属身份而产生的派生身份权。尊敬权或孝敬权既是权利，又是义务。对尊亲属而言，享有尊敬权，要求卑亲属必须对自己尊敬、孝敬；对卑亲属而言则为义务，对尊亲属必须尽尊敬、孝敬的义务。同样，尊亲属也应当对卑亲属予以尊重，平辈亲属也应当相互尊重。

我国婚姻家庭法是否应称此权利为孝敬权，颇值斟酌，因为我国传统的封建父权的核心，就是孝悌，谓之“百义孝为先”。在亲属权中强调孝敬权，有复古之嫌。对此，本书并不这样认为。我国近几十年来，在意识形态方面，传统思想和传统道德被废弃得已经太多，其中也不乏优良传统。卑亲属对于自己的尊亲属应当尽其孝道，无可非议，只是应予“孝”以新的含义。综合评断，似应称为“尊敬权”，将孝敬尊亲属概括在其中相对合适。

2. 帮助、体谅义务

亲属之间，负有相互帮助、体谅的义务，当对方发生困难时，应尽力帮助，并予以体谅，不向其提出过高的要求，共同克服困难。

亲属权的这项派生身份权的基本含义有两点：第一，亲属之间的帮助、扶助，是指物质上的、劳务上的帮助、扶助。第二，亲属间的体谅，是精神上的谅解和关心。帮助、体谅义务的范围，不应仅局限于父母子女之间，还应扩展到整个近亲属的范围，在祖父母与孙子女、外祖父母与外孙子女以及兄弟姐妹之间，都应当负有这样的义务。

3. 祭奠权

祭奠权，也称为悼念权，是指近亲属之间对亡故亲属的祭祀和悼念的权利。

近几年，不断有祭奠权的纠纷案件诉讼到法院，有的法院支持当事人关于祭奠权的主张，有的法院则驳回当事人的祭奠权诉讼请求，认为其并不能成为权利，应随纠纷自消自灭。

我国《民法典》虽然没有明文规定祭奠权，但这种权利是存在的。民法调整亲属关系，是通过赋予近亲属之间相互享有身份权的方式实现的。在配偶权、亲权和亲属权这三个权利之外，再创造其他新的有关身份的权利，都是不现实的。祭奠权不是独立的权利，而是亲属权的具体内容。

祭奠权的具体内容，是每一个近亲属，对已故的近亲属（尤其是尊亲属）进行祭祀的权利，其共同的近亲属相互之间应当尊重对方的这一权利，相互通知，相互协助，使其真正享有并实现这一权利。

在法律适用上，祭奠权没有法律明文规定，处理实际的祭奠权纠纷应当按照民事法律适用的原则，有法律依法律，无法律依民事习惯。

（三）亲属权中的扶养权

1. 扶养权的概念

扶养权，是指一定亲属之间一方接受生活供养、他方应当对其提供生活供养的权利和义务。提供扶养的人为扶养义务人，接受扶养的人为扶养权利人。[46]

扶养权是亲属权中最重要的派生身份权，关系亲属一方的生存、健康问题。在我国，扶养权分为三种：抚养权，是父母对子女的权利义务关系和祖父母外祖父母对孙子女外孙子女的权利义务关系；赡养权，是子女对父母、孙子女外孙子女对祖父母外祖父母的权利义务关系；扶养权，是配偶之间的权利义务关系以及平辈亲属间的权利义务关系，《民法典》规定兄、姐对未成年弟、妹，使用了扶养权的概念。

2. 我国扶养权现状

我国婚姻家庭法关于亲属间的扶养义务，包括以下各项：

（1）父母对无独立生活能力的成年子女。父母对尚无独立生活能力的成年子女，仍须尽抚养义务，至其有独立生活能力时为止。目前我国已满 18 周岁的成年人，一部分已经就业，一部分正在求学，对诸如后一部分及其相似情形的成年子女，父母应继续提供抚养费和教育费。

（2）离婚后的未成年子女。因离婚等原因而中止亲权的父母一方或双方，对于其未成年子女，应继续负担抚养义务。

（3）子女对父母的赡养义务。子女对父母负有赡养义务。条件是父母有赡养的必要，如父母无劳动能力，或者生活有困难。此种赡养义务是法定义务，是必须履行的。目前，有父母与子女签订赡养合同，并采公证形式确认合同成立，实际上是以约定义务取代了法定义务，这种做法并不可取。

（4）祖父母、外祖父母对孙子女、外孙子女的抚养义务。以祖父母外祖父母有负担能力、孙子女外孙子女的父母已经死亡或者父母无力抚养为必要条件。

（5）孙子女、外孙子女对祖父母、外祖父母的赡养义务。以孙子女、外孙子女有负担能力，祖父母、外祖父母的子女已经死亡或者无力赡养为必要条件。

（6）兄姐对弟妹的抚养义务。以父母已经死亡或者父母无力抚养为选择条件。

我国法律规定的扶养义务的缺点是：第一，就近亲属间各个不同身份分别规定，过于繁琐。第二，某些扶养关系的发生依据各个不同的必要条件，过于复杂，不易掌握和

---

〔46〕 本节研究扶养权，适当超出亲属权的范围，涉及配偶权和亲权中的扶养问题。

操作。第三，规定发生抚养关系的必要条件，个别的不甚合理，如弟、妹对兄、姐的扶养义务，是以由兄、姐扶养长大为必要条件，显然过于苛刻。

3. 扶养权立法的完善

（1）规定扶养义务人的范围。立法应当明确规定谁有抚养权利、谁有扶养义务。

（2）规定扶养义务的要件。立法应当明确规定不具有负担抚养义务要件的抚养义务人，免除扶养义务。

（3）规定扶养顺序。在扶养人与被扶养人各有数人时，法律应当明确规定义务人和权利人的先后次序。

（4）扶养程度。其是指应给予扶养权利人扶养的水平、标准。

（5）扶养方式。其是指履行扶养义务的具体方法，对此，我国婚姻家庭法没有作出明确规定。确定扶养方式的一般原则是：在父母子女和夫妻关系中，一般以共同生活扶养为主；在其他亲属之间，可以用定期金方式，或者实物扶养，或者不定期支付扶养金的方式进行扶养。

（6）扶养的变更。其是指扶养义务人、扶养权利人的顺序，以及扶养程度和扶养方式的变动。我国婚姻家庭法对扶养变更的规定较笼统。

（7）扶养义务的消灭。扶养义务的消灭，是指在一定的法定原因或者一定事实的情况下，当事人之间的扶养关系终止，扶养义务人的义务消失。

在明确了扶养的上述内容后，扶养义务就不必规定得过于繁琐、具体，且可避免缺漏。

三、亲属权的民法保护

（一）侵权责任构成要件

亲属权与亲权、配偶权一样，既具有绝对性，又具有相对性。因而保护亲属权，既要保护亲属权利人内部关系的权利，又要保护亲属权利人外部关系的权利；既要制裁违背亲属权相对义务人的不履行义务行为，又要制裁亲属权绝对义务人的侵权行为。

侵害亲属权的侵权责任构成，应当具备违法行为、损害事实、因果关系和主观过错四个要件。

1. 侵害亲属权的违法行为

侵害亲属权行为的违法性，表现为违反法定义务。对此，立法有两方面的规定：一方面，是对亲属权内容的具体规定，如《民法典》对亲属之间扶养权利的规定；另一方面，是对民事权利主体合法权益予以全面保护的概括规定，即《民法典》第 3 条规定。

2. 侵害亲属权的损害事实

亲属权受到损害，在客观上表现为三种方式：一是扶养来源的丧失；二是精神利益的损害；三是精神痛苦的损害。

3. 侵害亲属权的因果关系

侵害亲属权的违法行为与侵害亲属权的损害事实之间，必须有因果关系。确定这一因果关系，不能以直接因果关系为限，在特定的场合，间接因果关系亦构成。

4. 侵害亲属权的过错

认定侵害亲属权的过错有以下三种不同的要求：第一，对于相对义务人侵害亲属权的，应具备故意的主观心理状态，过失不构成侵权责任。第二，对于绝对义务人侵害亲属权的，一般情况下，故意、过失均可构成侵权责任。第三，对于侵害扶养义务人的健康、生命权，造成扶养权利人扶养来源丧失的，如果是在高度危险作业、动物致害、产品责任、环境污染这四种适用无过错责任原则归责的场合，则行为人主观上无过错也构成侵权责任。

（二）民事责任承担

1. 继续履行义务

对于相对义务人违反亲属义务的，无论是否构成侵权，都应当承担继续履行义务的责任。

继续履行义务是一种民事责任方式，《民法典》第179条对此有明确规定。继续履行义务的责任方式是强制性的。当相对义务人不履行亲属义务时，亲属权人有权要求相对义务人继续履行，也可以向人民法院起诉，由人民法院判决其承担此项责任。如果相对义务人拒不执行判决时，可以依法强制执行其财产。

2. 赔偿损失

侵害亲属权造成损害的，必须承担损害赔偿的责任。

主要的赔偿损失有以下几种：

（1）对于侵害扶养义务人健康权、生命权而使扶养权利人扶养来源丧失的，应当赔偿必要的生活费。

（2）第三人以拘禁扶养义务人、剥夺扶养义务人劳动权利等方法故意侵害扶养权利人扶养权的，应当赔偿给扶养权利人所造成的全部财产损失。

（3）对于侵害亲属权造成精神性权利损害的，侵权人应当承担精神损害赔偿的责任，赔偿受害人的精神利益损害。

3. 除去侵害

侵害亲属权除应承担继续履行义务、赔偿损失责任之外，还应当根据具体情况，判令侵权人承担停止侵害、消除影响和赔礼道歉的责任。这些都是非财产性的责任方式，是身份权请求权的内容，对于维护受害人的精神利益具有重要的意义，且不受诉讼时效的限制。

思考题

1. 我国身份权包括哪些基本身份权？

2. 身份权请求权的性质是什么？与侵权请求权怎样区分？
3. 配偶权具有哪些权利内容？本章典型案例侵害的是何种身份权？
4. 何为共同亲权原则？
5. 亲权包括哪些权利内容？
6. 亲属权与亲权和配偶权之间如何区分？
7. 你怎样看待亲属之间的祭奠权？

第四章　亲属财产关系

本章导读

亲属财产关系，是指亲属之间在财产上的权利义务关系。尽管亲属财产关系不是亲属关系的主要方面，却是亲属身份关系存在的物质基础，具有重要作用。亲属财产包括夫妻财产、家庭财产和亲属个人财产。我国的法定夫妻财产制是夫妻共有财产，是指夫妻在婚姻关系存续期间，一方或者双方取得，依法由夫妻双方共同享有所有权的共有关系。夫妻采取约定财产制，排除法定夫妻财产制的适用。家庭共有财产是指全体或者部分家庭成员在家庭共同生活关系存续期间，对共同所得和各自所得的财产约定为共同共有的权利义务关系。亲属个人财产是指夫妻在婚姻期间于夫妻共同财产之外享有个人所有权的财产，以及家庭其他成员在家庭共同财产之外自己享有所有权的财产。

典型案例

刘甲是某村农民，生育两子。1988 年，刘甲出资请人修建了一栋底层 4 间、上层 2 间的二层楼房，并于 2005 年 2 月 22 日取得了集体土地使用权证。2006 年 4 月 6 日，刘甲的儿子刘乙与唐某结婚，住进该楼房，和刘甲夫妇共同生活。嗣后，刘甲夫妇搬出楼房到他处居住。2007 年 10 月 26 日，唐某生下一女孩。2007 年 12 月 14 日，刘乙因交通事故死亡。2009 年年初，刘甲夫妇让儿媳唐某腾房未果，便起诉儿媳，要求腾房。法院认为，刘乙与唐某结婚后，住进原告楼房与原告夫妇共同居住，且原告与其子并未分家析产，因此该楼房应认定为家庭共同财产，刘乙与其妻唐某享有居住该楼房的权利。虽然刘乙现已死亡，但唐某及其女儿仍是原告家庭成员，有权继续居住该房屋。故原告诉求被告腾房缺乏事实和法律依据，不予支持。

第一节　亲属财产关系概述

一、亲属财产关系的概念和意义

（一）亲属财产关系的概念和特征

亲属财产关系，是指亲属之间在财产上的权利义务关系。亲属财产关系具有以下法律特征：

第一，亲属财产关系是发生在婚姻家庭法领域的财产关系。亲属财产关系发生在婚姻家庭法领域，不是单纯的物权关系、债权关系和知识产权关系，而是发生在亲属之间的财产关系。

第二，亲属财产关系是广义的财产关系。广义的财产关系，包括物权关系、债权关系和知识产权关系。亲属财产关系跨越物权关系、债权关系和知识产权关系，包括所有的财产关系。

第三，亲属财产关系是以财产所有权为基本内容的财产关系。亲属财产关系主要研究亲属之间的财产关系，例如，物权的共有或者单独所有，债权和知识产权的准共有或者单独所有。构成共有或者单独所有后，其具体的权利行使规则，与物权的共有或者单独所有、债权的准共有或者单独所有以及知识产权的准共有或者单独所有的规则没有区别。

第四，亲属财产关系适用法律具有双重性。亲属财产关系不是身份权的本身，而是身份权所引发的财产权。在亲属财产关系的法律适用中，既要符合婚姻家庭法的规定，又要符合财产法的规定。

（二）亲属财产关系的意义

在婚姻家庭法领域，一般着重研究的是夫妻财产关系，经常忽略对其他亲属财产关系的研究。夫妻财产关系是亲属财产关系中的主要部分，但仅是亲属财产关系的一部分，而不是全部。研究亲属财产关系的意义在于：

第一，确定亲属之间的财产归属和支配利用。财产是社会生活的基础，是亲属共同生活不可或缺的物质基础和财产保障。亲属财产关系是要明确亲属之间的财产权利界限，确定各自的支配利用关系。

第二，保护亲属共同生活的基础。亲属财产关系不仅要研究亲属之间财产的所有和支配关系，还要解决亲属财产的保护问题。任何亲属对于自己的财产以及依法应当共有的财产，都有权利寻求法律保护，任何人不得侵害这种财产权利。

第三，保障亲属身份权利义务的享有和履行。身份权的很多内容是财产权利义务，如扶养的权利和义务。行使权利和履行义务都必须有财产作为支持。保护亲属的财产关系，也是保障身份权利的享有和身份义务的履行。

第四，保护交易安全和善意第三人的利益。亲属之间实行的是何种财产制，不仅关乎他们自己的权益，也关乎与其进行交易的第三人的权益。因此，研究亲属财产关系也须关注交易安全，保护好第三人的合法权益，适用好善意取得等一系列民法制度。

（三）亲属财产关系的种类

1. 夫妻财产

亲属财产关系的最主要类型是夫妻财产。在亲属中，夫妻虽然各具独立、自由、平等的人格，但对于共同生活体的圆满维持应共同负责，所以，夫妻应共同分担家庭生活费用。[1] 反映夫妻财产的法律形式是夫妻财产制。各国民法存在不同的夫妻财产制，诸如夫妻共同财产制、分别财产制和联合财产制等。我国分为法定财产制和约定财产制两种基本的夫妻财产制形式。

2. 家庭财产

在亲属财产关系中，家庭财产关系的地位仅次于夫妻财产关系。家庭财产关系既与夫妻财产关系相联系，又与夫妻财产关系不同。

首先，家庭财产关系通常都以夫妻财产关系为基础，基于夫妻财产关系而发生家庭财产关系。

其次，家庭财产关系与夫妻财产关系不同：夫妻财产关系是特定的，仅指夫和妻的财产关系，不包括其他亲属的财产；而家庭财产关系基于亲属的共同生活和财产收入而发生，法律没有明确的规范，适用财产共有的基本规则。

最后，家庭财产关系和夫妻财产关系通常是混在一起的，在家庭财产关系中包含夫妻财产关系。

家庭财产制的主要形式是共同财产制。如果没有实行共同财产制，就是分别财产制。

3. 个人财产

亲属在一起共同生活，没有采取共有的财产制，而是约定或者实行的是个人财产，就是个人财产关系。同样，即使实行的是共同财产制，也会存在个人财产关系。例如，夫妻婚前财产，按照法律规定属于婚前个人财产，由个人所有和支配。

二、夫妻财产制

（一）夫妻财产制的概念和类型

1. 夫妻财产制的概念

夫妻财产制又称婚姻财产制，是指规定夫妻财产关系的法律制度。包括夫妻婚前财产和婚后所得财产的归属、管理、使用、收益、处分，以及债务的清偿、婚姻关系解除时财产清算等方面的法律制度。[2]

2. 夫妻财产制的类型

（1）吸收财产制。吸收财产制是指在夫妻财产关系中，除了丈夫的财产为本人专有外，妻子携入的财产以及婚后所得的财产的所有权、管理权以及用益权都归属于夫的夫妻财产制度。在古巴比伦、古印度、古罗马前期以及中世纪的欧洲国家，多数实行吸收财产制。

（2）统一财产制。统一财产制，是指夫妻通过契约方式，把妻子的原有财产估价后再将所有权转移至夫，妻则保留对此项财产的返还请求权，在婚姻关系终止时，夫须把这笔财产或其折价金额返还给妻或妻的继承人的夫妻财产制。这种夫妻财产制比吸收

---

〔1〕 林秀雄：《家族法论集（一）——夫妻财产制研究》，中国政法大学出版社 2001 年版，第 213 ~ 214 页。
〔2〕 李志敏：《比较家庭法》，北京大学出版社 1988 年版，第 109 页。

财产制有所进步，对妻的财产权有所尊重，但是，将妻的财产所有权转变为债权，使女方处于财产的不利地位，也带有浓厚的夫权主义色彩。

(3)联合财产制。联合财产制，是指夫妻结婚后财产仍归各自所有，但将其联合在一起，由夫管理，当婚姻关系终止时，妻的原有财产由妻或妻的继承人收回的夫妻财产制。这种制度源于中世纪的日耳曼法，被许多资本主义国家的婚姻家庭法所继承并加以发展。联合财产制较之于统一财产制有明显的进步，但是夫妻双方仍处于不平等的地位。第二次世界大战之后，这一制度被许多国家立法废弃。

(4)分别财产制。分别财产制，是指夫妻的婚前财产和婚后财产各自所有，单独行使管理、用益和处分权利，但是妻可以通过约定将其财产交付夫管理的夫妻财产制。这种夫妻财产制源于罗马万民法的“无夫权婚姻”，对于保护妻的财产权较为有利。目前，在英美法系国家多采用此制；大陆法系国家有的规定为法定财产制，也有的将其规定为约定财产制。

(5)共同财产制。共同财产制，是指夫妻双方财产的全部或者一部分依法合并为共有财产，按照共同共有规则行使权利、承担义务，在婚姻关系终止时予以分割的夫妻财产制。

(6)嫁资制。其也称妆奁制，是指妻子陪嫁财产的所有、管理、收益、处分及返还的夫妻财产制。嫁资制产生于古罗马，妆奁以补助家庭生活费用为目的，因结婚而由女方带往男方家的财产。罗马法前期，妆奁是妻或者妻的血亲对夫的赠与，婚姻关系已经成立，妻的所有权便转移于夫。古罗马后期，妆奁虽然仍由夫管理，但是已由所有权转变为一种债权，婚姻关系解除后，夫有返还的义务。在近现代，有些国家继承了罗马法的传统。

(二)我国夫妻财产制的立法沿革

1. 我国古代夫妻财产制

我国古代婚姻家庭法实行家族或者家庭的财产共有制，并没有独立的夫妻财产制。我国封建社会礼制和法律在夫妻关系上历来实行夫妻一体主义，妻子的人格被丈夫吸收，既无行为能力，也无财产权利，无须在法律上承认妻子的财产权。同时，在宗法家族体制之下，实行“同财共居”的家庭共同财产制，家庭的财产权集于家长一身，法律禁止子妇拥有私产，明确规定祖父母、父母在，子孙不得别籍异财。

2. 我国近代夫妻财产制

清末修律变法，引进了西方的夫妻财产制立法。在《大清民律草案》的“婚姻之效力”一节规定了两个条文，第1357条规定：“夫妇于成婚前，关于财产有特别契约者，从其契约。前项契约，须于呈报婚姻时登记之。”第1358条规定：“妻子成婚时，所有之财产及成婚后所得之财产，为其特有财产。但就其财产，夫有管理使用及收益之权。夫管理妻之财产，显有足生损害之虞者，审判庭因妻之请求，得命其自行管理。”这一规定实行的是分别财产制。

《民国民律草案》专设“夫妇财产制”一款，对夫妻财产实行约定制和法定制。法定财产制实行的是分别财产制。民国民法采此制。

3. 我国现代夫妻财产制

(1)1950年《婚姻法》的规定

1950年《婚姻法》规定的是家庭财产,没有明文规定夫妻财产。该法第10条规定:“夫妻双方对于家庭财产有平等的所有权与处理权。”家庭财产包括男女婚前财产、夫妻共同生活时所得的财产和未成年子女的财产。法律没有规定夫妻约定财产制,在解释上认为,这样的规定不妨碍夫妻间真正根据男女权利平等和地位平等原则来作出任何种类家庭财产的所有权、处理权与管理权相互自由的约定,对一切种类的家庭财产问题,都可以用夫妻双方平等的自由自愿的约定方法来解决。[3]

(2)1980年《婚姻法》的规定

1980年修订《婚姻法》,对夫妻财产关系进行了较大修改,第13条第1款规定:“夫妻在婚姻关系存续期间所得的财产,归夫妻共同所有,双方另有约定的除外。”这一规定的内容包括:

第一,夫妻法定财产制为婚后所得共同制。婚姻当事人婚后所得为夫妻共同财产,婚前财产属于个人的财产,保持了婚姻当事人的财产个性。不过,这个规定过于概括,操作性不强,在实践中又出现了“婚前个人财产转化为共同财产”的司法解释,限制了当事人的财产个性,使婚姻当事人的个人财产权利不能得到有效的保护。

第二,准许婚姻当事人对财产制形式进行约定。这是1980年《婚姻法》的一个进步,规定的内容过于简略,在实践中选择约定财产制的婚姻当事人并不多见。1993年最高人民法院《关于人民法院审理离婚案件处理财产分割问题的若干具体意见》规定:“夫妻双方对财产归谁所有以书面形式约定的,或以口头形式约定,双方无争议的,离婚时应按约定处理。但规避法律的约定无效。”这一规定可以理解为自由式的约定财产制。

(三)我国现行的夫妻财产制

2001年修订《婚姻法》,对夫妻财产制进行了较大的修改。《民法典》在此基础上又进一步完善,形成了现行的夫妻财产制。其主要的内容是:

1. 限制夫妻共同财产范围

法律规定夫妻共同财产具备三个属性:(1)须是在婚姻关系存续期间双方合法取得的财产;(2)须是没有被双方约定为个人所有的财产;(3)须是法定个人特有财产以外的双方婚后所得财产。

2. 强调夫妻的个人财产

与限制夫妻共同财产范围的立场相适应,突出强调了婚姻当事人的个人财产。不仅规定婚前个人财产归个人所有,否定“转化论”,而且对于一方因身体受到伤害获得的赔偿金、遗嘱或者遗赠确定只归一方的财产、一方专用的生活用品、其他应当归一方

---

〔3〕 参见中央人民政府法制委员会《关于中华人民共和国婚姻法起草经过和起草理由的报告》(1950年4月14日)。

的财产，都属于个人的特有财产，突出了个人财产的合法性，对保护个人的所有权具有重要意义。

3. 夫妻共同债务

夫妻共同债务，是以夫妻共同财产作为一般财产担保，在夫妻共有财产的基础上设定的债务，包括夫妻在婚姻关系存续期间为解决共同生活所需的衣、食、住、行、医、履行法定扶养义务、必要的交往应酬，因共同生产经营活动等所负之债，以及为抚育子女、赡养老人，夫妻双方同意而资助亲朋所负债务。在夫妻共同债务问题上，应该注意区分基于日常家事代理形成的夫妻共同债务与非基于日常家事代理形成的夫妻共同债务，在非基于日常家事代理产生的夫妻共同债务问题上注意区分“共债共签”的原则与“共同用途论”“单方用途论”。[4] 夫妻共同债务与夫妻个人债务相对应。《民法典》第1064条规定：“夫妻双方共同签名或者夫妻一方事后追认等共同意思表示所负的债务，以及夫妻一方在婚姻关系存续期间以个人名义为家庭日常生活需要所负的债务，属于夫妻共同债务。夫妻一方在婚姻关系存续期间以个人名义超出家庭日常生活需要所负的债务，不属于夫妻共同债务；但是，债权人能够证明该债务用于夫妻共同生活、共同生产经营或者基于夫妻双方共同意思表示的除外。”

确定夫妻共同债务的规则是：夫妻双方共同签字或者夫妻一方事后追认等共同意思表示确认的所负债务，以及夫妻一方在婚姻关系存续期间以个人名义为家庭日常生活需要所负的债务，属于夫妻共同债务。具体标准如下：

(1)夫妻双方共同签名或者夫妻一方事后追认等共同意思表示所负的债务。法律准许夫妻双方对财产的所有关系进行约定，也包括对债务的负担进行约定，双方约定归个人负担的债务，为个人债务。约定个人债务，可以与财产所有的约定一并进行，也可以单独就个人债务进行。举债时没有夫妻的共同约定，但是，在举债之后对方配偶追认是夫妻共同债务的，当然也是夫妻共同债务。

(2)夫妻一方在婚姻关系存续期间以个人名义为家庭日常生活需要所负的债务。其包括为保持配偶或其子女的生活发生的债务，为了履行配偶双方或一方的生活保持义务产生的债务。例如，购置家庭生活用品、修缮房屋、支付家庭生活开支、夫妻一方或双方乃至子女治疗疾病、生产经营，以及其他生活必需而负的债务。为抚育子女、赡养老人，夫妻双方同意而资助亲朋所负债务，亦为夫妻共同债务。

对于夫妻一方在婚姻关系存续期间以个人名义超出家庭日常生活需要所负的债务，不属于夫妻共同债务。例如，一方未经对方同意擅自资助与其没有扶养义务的亲朋所负的债务，一方未经对方同意独自筹资从事经营活动，其收入确未用于夫妻共同生活所负的债务，以及因个人实施违法行为所欠债务，婚前一方所欠债务，婚后一方为满足个人欲望确系与共同生活无关而负的债务等。为保护债权人的合法权益，特别规定债权人能够证明该债务用于夫妻共同生活、共同生产经营或者基于夫妻双方共同意思表示的除外。

---

〔4〕 王雷：《〈民法典(草案)〉婚姻家庭编夫妻共同债务制度的举证责任配置》，载《当代法学》2020年第3期。

4. 明确夫妻约定财产制的内容

《民法典》改变对约定财产制过于概括的做法，明确规定约定财产制的内容和形式。夫妻约定财产制的内容是，夫妻可以约定婚姻关系存续期间所得财产以及婚前财产归各自所有，共同所有或部分各自所有、部分共同所有。

夫妻约定财产制的形式是，“约定应当采取书面形式”。夫妻财产约定的合同，应当是要式合同，须有书面合同，口头约定无效。如果夫妻在婚前或者婚姻关系存续期间对夫妻财产制没有约定，或者有约定而约定不明确的，按照共同财产的范围和个人特有财产的范围处理。

（四）司法解释关于夫妻共同财产的有关规定

《民法典婚姻家庭编解释（一）》规定了一些夫妻财产的有关规则，对适用《民法典》的有关规定是有益的。

1. 个人财产婚后增值

对于个人财产在婚后增值的，应当区别具体情形，确定为共同财产或者是个人财产。基本原则是上述解释第 26 条规定的，即夫妻一方个人财产在婚后产生的收益，除孳息和自然增值外，应认定为夫妻共同财产。其含义是，一方的个人财产在婚后产生孳息和自然增值的，应当仍然作为个人财产，例如，婚前的存款发生的利息，不能认为这是婚后取得的财产因而作为夫妻共同财产。但是，其他个人财产婚后收益，按照婚后所得财产共同制，都应当作为共同财产。例如，婚前个人财产，婚后进行投资获得收益，该收益属于婚后所得财产，当然应当作为夫妻共同财产，符合《民法典》规定的原则。

2. 夫妻之间的房产赠与

房产是不动产，在婚姻家庭财产关系中属于大宗财产，对于双方都具有重要意义。如果夫妻之间在缔结婚姻关系之前，或者在缔结婚姻关系之后，一方将自己所有的房产赠与对方，这样的赠与是否有效，特别是没有实际过户登记的，容易发生争议。对此，上述解释第 32 条规定的规则是，婚前或者婚姻关系存续期间，当事人约定将一方所有的房产赠与另一方，赠与方在赠与房产变更登记之前撤销赠与，另一方请求判令继续履行的，人民法院可以按照《民法典》第 658 条的规定处理。《民法典》第 658 条的内容是：“赠与人在赠与财产的权利转移之前可以撤销赠与。经过公证的赠与合同或者依法不得撤销的具有救灾、扶贫、助残等公益、道德义务性质的赠与合同，不适用前款规定。”婚前赠与和婚后赠与房产的行为，显然不属于该条第 2 款规定的内容，因此应当适用该条第 1 款规定，赠与方在赠与房产变更登记之前撤销赠与的，是准许的，是有效的。因为赠与合同是实践性合同，赠与合同在没有正式履行之前，是可以撤销的。另一方请求判令继续履行的，为无理由，应当驳回其诉讼请求。

3. 父母为子女购房

父母为子女结婚购房包括其他不动产有两种情况：一是一方父母出资为子女购买不动产；二是双方父母各自出资为子女购买不动产。上述司法解释第 29 条分别情况作出规定：一是婚后由一方父母出资为子女购买的不动产，产权登记在出资人子女名下的，可视为只对自己子女一方的赠与，该不动产应认定为夫妻一方的个人财产。这是因为，父母出资为自己的子女购买不动产，登记在自己的子女名下，这种财产的属性无论如何都是一方婚前个人财产，不因为夫妻双方共同使用而改变财产的性质。二是当事人结婚后，父母为双方购置房屋出资的，依照约定处理；没有约定或者约定不明确的，按照《民法典》第 1062 条第 1 款、第 423 条规定的原则处理，即夫妻其婚姻关系存续期间受赠的财产，为夫妻共同财产，归夫妻共同所有。一方单独所有，也应当认定为单独所有。

也存在第三种情况，即双方出资，登记为共有财产，就是共有财产，这种情况发生争议的可能性不大，因此不必规定，但在实践中是存在的。至于父母购房登记在自己的名下而不是登记在子女名下的，当然应当认定为父母的权属，不能认定为夫妻共同财产。

4. 一方婚前签订不动产买卖合同婚后双方共同还贷

婚姻关系一方当事人婚前签订不动产买卖合同，婚后双方共同还贷，该不动产的产权归属问题，前述司法解释第 78 条的规定是：

（1）一方婚前签订不动产买卖合同，并且以个人财产支付首付款，其余款在银行贷款，婚后用夫妻共同财产还贷，不动产登记在首付款支付方名下的，离婚时对该不动产的产权归属发生争议，基本规则是由双方协议处理。这个协议是指离婚时处理夫妻共同财产的协议，特别是指处理该不动产权属的协议。如果协议清楚，双方意思表示一致，按照协议处理即可。问题是，如果事先双方就有关于财产归属的协议，该协议当然也有效力。

（2）如果双方不能达成协议，法院可以判决该不动产归产权登记一方，尚未归还的贷款为产权登记一方的个人债务，按照债务关系处理。同时，要根据双方婚后共同还贷支付的款项及其相对应财产增值部分，离婚时应由产权登记一方对另一方进行补偿。

除了将共同还贷作为债务关系处理之外，另外的方法是可以不判决该不动产归产权登记一方，而是判决归双方当事人共有。可以确认为双方共有的情形是，当事人共同还贷的部分已经超过全部不动产价值的 50% 以上的，即判决为共有财产，将一方当事人单独首付的部分作为债权处理，或者作为共有份额予以考虑，离婚时按照夫妻共同财产的分割原则进行分割。

5. 一方当事人擅自出售夫妻共有房屋的善意取得

夫妻一方在婚姻关系存续期间，对夫妻共有的房屋擅自出售，符合善意取得规则的，认定为善意取得，善意第三人取得该房屋的所有权。这些规定是对《民法典》第 311 条规定的具体落实。

6. 房改房的产权确认

房改房的产权是一个特殊问题。前述司法解释第 79 条规定，在婚姻关系存续期间，双方用夫妻共同财产出资购买以一方父母名义参加房改的房屋，产权登记在一方父母名下，离婚时另一方主张按照夫妻共同财产对该房屋进行分割的，人民法院不予支持。对于购买该房屋时的出资，可以作为债权处理，产权一方应当对本金和利息一并清偿。如果在婚姻关系存续期间，双方用夫妻共同财产出资购买以一方父母名义参加的房改房，登记在双方当事人名下的，就应当按照登记的权属确定产权，可以视为一方父母的赠与。

7. 养老保险金的归属

养老保险金的权属分为两方面：一是离婚时，如果夫妻一方尚未退休、还不符合领取养老保险金条件，而另一方请求按照夫妻共同财产分割养老保险金的，因为领取养老保险金的条件还没有成就，不能支持。二是离婚时，对婚后以夫妻共同财产缴付的养老保险费，一方主张将养老金账户中婚姻关系存续期间个人实际缴付部分作为夫妻共同财产分割的，是合理的，人民法院应予支持。但是应当注意的是，作为夫妻共同财产分割的不是养老保险金，而是个人实际缴付的养老保险费。

8. 夫妻之间借贷

夫妻之间的借贷关系，即夫妻双方订立借款协议，约定将夫妻共同财产的一部分借给一方，从事个人经营活动或者用于个人其他事务。对于这种借贷关系是否承认其效力，有不同意见。前述司法解释第 82 条认可这种借贷关系。如果夫妻之间订立借款协议，以夫妻共同财产出借给一方从事个人经营活动或用于其他个人事务的，应当视为双方约定处分夫妻共同财产的行为，发生借贷的效力。在离婚时，如果发生争议，可以按照借款协议的约定处理。

三、夫妻财产约定

（一）夫妻财产约定概述

1. 夫妻约定财产的概念

夫妻约定财产，是夫妻法定财产的对称，指夫妻以契约形式决定婚姻关系存续期间所得财产所有关系的夫妻财产制度。

2. 夫妻约定财产的性质

关于夫妻财产关系的约定是否具有契约性质，学说上不无争论，主要障碍在于对婚姻关系的性质认定上。如果否认婚姻关系缔结的契约性质，就不好确认夫妻财产关系的约定为契约性质。不过，约定夫妻财产制的协议确实具有契约性质。

（1）婚姻的合意就是婚姻的契约形式。“结婚是男女双方依照法律规定的条件和程序，确立夫妻关系的行为”，[5] 分解“确立夫妻关系的行为”，可以得出这一行为的两个结构：一是男女双方同意缔结婚姻关系的协议；二是婚姻登记机关的登记批准行为。前一个结构是确立夫妻关系行为的基础，我国法律赋予自然人婚姻自主权，就是保障自然人缔结婚姻关系合意的自由。没有这样一个基于身份关系的契约，确立夫妻关系行为的后一个结构，即婚姻登记机关的登记批准行为就无从发生。因此，确立夫妻关系行为的第二个结构，乃是对缔结婚姻的契约进行依法审查，对合乎结婚的实质要件和形式要件的婚姻契约予以确认、依法批准的行为。结婚实际上是国家依照婚姻立法对男女

---

〔5〕 杨大文：《婚姻法学》，中国人民大学出版社 1989 年版，第 115 页。

双方缔结婚姻关系的契约进行审查、予以批准的行为,它是从男女双方建立感情出发,共同缔结终生共同生活的婚姻契约,最终以国家婚姻机关登记批准而宣告结婚行为的完成。

(2)约定夫妻财产制的协议当然是契约性质。夫妻财产的约定,是确立夫妻财产所有关系的契约。夫妻财产的约定,是男女双方在婚前或婚后,对于双方在婚姻关系存续期间的财产归谁所有、如何所有的意思表示一致的协议。夫妻财产的约定是婚姻契约的从契约。确立夫妻财产所有关系的契约不能独立存在,只能依附于缔结夫妻关系的婚姻契约,婚姻契约经国家审查批准生效,附随于婚姻契约成立的夫妻财产约定才能生效。夫妻财产的约定是附随身份行为的契约。没有夫妻关系的有效确立,就没有夫妻财产约定的效力。夫妻财产的约定尽管内容是对财产关系的协议,但它的基础仍然是婚姻这种身份关系。

3. 夫妻约定财产的优先效力

《民法典》第1062条和第1065条规定了夫妻财产制的两种形式,即夫妻法定财产制和夫妻约定财产制。两者究竟是何关系,夫妻约定财产制的法律地位如何,已有定论,即法定财产制是基本的夫妻财产制,约定财产制是补充的、特殊的夫妻财产制。

婚姻家庭法理论长期以来对约定财产制重视不够,没有进行深入、广泛的研究和探讨。随着社会文明的不断进步和自然人素质的不断提高,夫妻以契约约定财产所有关系的情况会越来越多,夫妻约定财产制的法律地位将会变得越来越重要。

(二)夫妻财产约定的一般问题

1. 对夫妻财产约定自由的限制

夫妻财产约定的性质为夫妻财产契约,自应受契约自由原则的调整,订立这种契约还是不订立这种契约、订立何种内容的夫妻财产契约、在婚前还是婚后订立这种契约、夫妻财产契约订立后可否变更或撤销,在原则上,均由当事人自主决定。

(1)是否准许自由订立夫妻财产契约。曾有一些国家立法不准婚姻当事人自由订立夫妻财产契约,如1926年《苏俄家庭法典》、1950年《波兰家族法典》、1952年《匈牙利家族法典》等,均采共同制为法定财产制,无契约活动之余地。[6] 我国自1980年对此予以肯定,准许采取约定的方法确定夫妻财产的所有关系,当事人可以自由行使这种权利。

(2)准许在何种时候订立夫妻财产契约。各国对此大致有三种情况:一是准许婚前约定,以契约选定财产制,如法国、比利时、巴西等国;二是准许婚前约定,于特殊情形也允许婚后约定,如意大利;三是既准许在婚前缔结,也允许在婚后缔结,如瑞士。我国《民法典》对此没有规定。

(3)对夫妻财产约定的内容是否有限制。各国立法在规定夫妻约定财产制时,往往规定数种夫妻财产制,婚姻当事人只能在其中选择约定,不许约定法律未规定的夫妻

〔6〕 史尚宽:《亲属法论》,台北,荣泰印书馆1980年版,第302页。

财产制。我国《民法典》对财产约定的形式只规定了归各自所有,共同所有或者部分各自所有、部分共同所有。条文规定的文字是“可以”,因此也是弹性的规定。

(4)夫妻财产契约是否准许变更或撤销。一些国家规定,在夫妻约定财产以后不得变更或撤销。我国立法没有这种规定,原则上应准许变更或撤销,但又没有规定变更或撤销的条件和程序。本书认为,夫妻财产契约在订立生效后可以变更或撤销,但变更或撤销必须经夫妻双方意思表示一致,没有变更或撤销的合意,夫妻财产契约不能变更或撤销。

2. 夫妻财产约定的要件

(1)婚姻关系当事人须有订约能力。婚姻当事人缔结夫妻财产契约的能力应当与法定婚龄相一致。我国的法定婚龄比完全民事法律行为能力的法定年龄要高,有婚姻行为能力者自然具有缔结婚姻财产契约的能力。

(2)订立夫妻财产契约须具备形式要件。各国通例均认为夫妻财产契约为要式行为,必须具备书面形式,口头约定无效。我国立法也规定应当采用书面形式订立夫妻财产契约。

(3)夫妻财产契约须经申报登记程序确认。鉴于夫妻感情的易变性和夫妻财产契约的严肃性,很多国家都规定订立夫妻财产契约要经过确认。确认方式有两种:一是公证方式,二是登记方式。我国立法没有规定。为预防纠纷,建议立法增加夫妻约定财产的登记程序。在法律未规定夫妻财产约定的登记程序之前,夫妻订立财产契约最好进行公证。

3. 夫妻财产约定的效力

夫妻财产约定的效力包括对内效力和对外效力两种。

(1)对内效力。夫妻财产约定的对内效力,是指夫妻对婚姻关系存续期间所得的财产以及婚前财产的约定,对双方具有约束力。

(2)对外效力。夫妻财产契约的对外效力,是指夫妻对婚姻财产的约定可否对抗第三人。如夫妻约定分别财产制,当夫妻一方与他人实施民事法律行为,承认对外效力,只以其个人财产承担民事责任;不承认对外效力,则以夫妻双方共同财产承担民事责任。对此,国外立法通例是,夫妻财产契约已经登记者具有对外效力,未经登记者不发生对外效力。我国规定:第三人知道该约定的,即发生对抗第三人的效力;第三人不知道该约定的,不发生对抗第三人的效力。

规避法律的约定无效原则是正确的,婚姻关系当事人为逃避债务等原因以采取夫妻财产约定的方法规避法律的,当然无效。不过,仅依据这一标准来确定其有无对外效力,尚不足以确定约定的对外效力。应当考虑的是,依据公示方式进行登记,才可以有效地防止上述规避法律的行为,更有利于保护与约定财产的夫妻进行交易活动的人的合法权益。

(三)夫妻财产约定的具体内容

1. 约定内容

对于夫妻财产契约的内容,各国立法通例是准许配偶人或婚约人采用法律所规定的夫妻财产制中的一种，即选择式约定财产制。具体方法是，法律先规定共同财产制、分别财产制、统一财产制和联合财产制等夫妻财产制，婚约人或配偶人从中选择一种约定为该对夫妻的财产所有关系。也有国家立法准许在采用法定财产制或者约定一种基本的财产制之外，还可就个别财产的所有关系进行约定，故“夫妻财产不必及于全部财产，对于一定之个人财产，亦为可能”。[7]

2. 约定的原则

（1）自愿原则。当事人在对夫妻财产进行约定时，必须是出于自己的真实意志，任何人不得强迫对方订立夫妻财产契约，不得强迫对方接受自己提出的约定内容。一方采取欺诈、胁迫手段，或者利用对方的某种危险等，强迫另一方接受违背自己真实意志的约定内容，该约定无效。

（2）公平原则。在约定夫妻财产契约的内容时，应当遵守公平原则，防止夫妻财产约定中的显失公平和不公平。目前在我国，在夫妻财产契约内容的约定中适用公平原则，更应当着重保护妇女的合法权益。

（3）合法原则。约定夫妻财产的合法原则，要求当事人在缔结夫妻财产契约时，必须遵守我国法律的规定。

3. 约定内容的解释

对夫妻财产契约内容的解释是在当事人发生纠纷后，在处理纠纷过程中，对作为裁判依据的事实所作的权威说明。[8] 这种解释，只有处理这类纠纷的法院才有权进行。当夫妻财产契约当事人对约定内容的理解发生争议时，应当诉请人民法院处理，人民法院依据法律进行解释。

夫妻财产契约内容的最终解释原则，是契约内容无法解释时，推定为共同财产，依据的是法定的婚后所得共同制。

四、亲属个人财产

（一）夫妻个人财产

1. 夫妻个人财产概述

（1）夫妻个人财产的概念和特征

夫妻个人财产，是指夫妻在婚姻关系存续期间于夫妻共同财产之外享有个人所有权的财产。夫妻个人财产具有三个明显特征：一是独立于夫妻共同财产之外；二是其权利主体是单个人，夫或妻；三是其权利属于单独所有权，而不是共有权。

（2）确认和保护夫妻个人财产的必要性

我国婚姻家庭法保护夫妻个人财产基于如下立场：

第一，顺应时代的发展需要。我国实行市场经济，通行市场经济规律。过于强调共有制，在家庭领域不保护个人的财产所有权，不符合市场经济的要求。

---

〔7〕 史尚宽：《亲属法论》，台北，荣泰印书馆1980年版，第307页。

〔8〕 苏惠祥：《中国当代合同法论》，吉林大学出版社1992年版，第246页。

第二，适应财产关系的变化。财产法的基本规律是个性化，强调个人权利界限的清晰。在财产法领域，一旦出现财产权利的界限模糊，就会妨害个人创造财富的积极性。婚姻家庭法在强调家庭生活共同财产基础的同时，也应尊重个人的财产权利要求。

第三，保护财产所有权人支配财产的权利。在婚姻关系存续期间，对于某些财产也应确认为个人的财产，予以保护。例如，在赠与和继承问题上，财产所有人明确夫妻的一方作为继承人或者受赠人的，就应当保护这种权利人权利支配的意思表示。

2. 夫妻一方的个人财产

依照《民法典》第1063条规定，夫妻一方的个人财产的范围是：(1)一方的婚前财产；(2)一方因人身伤害获得的赔偿或者补偿；(3)遗嘱或赠与合同中确定只归一方的财产；(4)一方专用的生活物品；(5)其他应当归一方的财产。

此外还包括：(1)婚前个人财产增值部分；(2)复员、转业军人的复员费、转业费、医疗补助费和回乡生产补助费；(3)夫妻一方的人身保险金；(4)其他个人财产。

(二)其他亲属的个人财产

1. 其他亲属个人财产的概念

其他亲属个人财产，是指家庭中的其他成员在家庭共同财产之外自己享有所有权的财产。其特征包括：一是独立于家庭共同财产之外；二是其权利主体是单个的家庭成员，是夫或妻之外的其他成员；三是其权利属于个人单独享有。

2. 对其他亲属个人财产的保护

对于其他亲属的个人财产，法律予以保护。除非权利人同意，其他任何人包括家庭成员，都不能侵害其他亲属的个人财产权。这样的规定不是来自婚姻家庭法，而是来自《民法典》有关财产法和其他财产法的规范。

第二节 夫妻共有财产

一、夫妻共有财产概述

(一)夫妻共有财产的概念

1. 夫妻共同财产与夫妻共有财产

在婚姻家庭法学领域，夫妻共同财产与夫妻共有财产经常被互用。其实，夫妻共有财产和夫妻共同财产并不是同一概念。“夫妻共同财产”是指实在的财产形式，是夫妻共有财产的客体，即夫妻所享有所有权的财产。“夫妻共有财产”强调的是“共有”，突出的是财产所有权形式，而不是所有权的客体。

夫妻共有财产的概念所指的是所有关系，是基于财产而产生的人与人之间的财产所有权关系。夫妻作为财产所有权的共同主体，享有的是一个共同的所有权。

夫妻共有财产是物权法研究的共有问题，而夫妻共同财产是夫妻共有财产的下属概念，是财产所有权客体。

2. 夫妻共有财产和夫妻共同财产的界定

夫妻共有财产，是指夫妻在婚姻关系存续期间，一方或双方取得，依法由夫妻双方共同享有所有权的共有关系。

夫妻共同财产，是指夫妻共有财产权的客体，即夫妻共同共有的财产。例如，夫妻共同财产范围、夫妻共同财产分割中的夫妻共同财产，均为在这个意义上使用这一概念。

（二）夫妻共有财产的法律特征

第一，夫妻共有财产的发生以夫妻关系缔结为前提。夫妻共有财产的发生以夫妻关系缔结为前提，以夫妻没有选择其他夫妻财产制为必要条件，依照法律的规定而产生。

第二，夫妻共有财产的权利主体是夫妻二人。夫与妻是两个权利主体，不是一个权利主体。正因为这样，才使夫妻财产的所有关系构成共有关系。在夫妻共有财产中，夫妻享有的是一个权利，即共有权。

第三，夫妻共有财产的来源为夫妻双方或一方的婚后所得。形成夫妻共同财产，一是婚后所得，二是夫妻双方或者一方所得。在一般情况下是双方所得。仅一方工作获得报酬，另一方没有工作，对家庭没有实际的财产贡献，同样也构成夫妻共同财产，享有共有权。这与合伙构成合伙共有财产和夫妻以外的家庭成员构成家庭共有财产不同。

第四，夫妻共有财产的财产所有性质为共同共有。在夫妻共有财产存续期间，夫妻作为共有人，不分份额的共同享有夫妻共同财产的所有权。

（三）夫妻共有财产的研究角度

婚姻家庭法研究夫妻共有财产应当从物权法的角度深入研究。夫妻共有财产作为婚姻家庭法的重要概念，受到婚姻法学界的广泛重视，成为婚姻家庭法理论研究的一个重点问题，尤其是在离婚时夫妻共有财产分割的实务上，更加重要。然而，夫妻共有财产作为共有权的一个种类，在物权法上具有重要意义，着重于研究夫妻作为共有主体构成共同共有的权利义务关系，并不着力于研究夫妻财产的分割问题，正是为了揭示这种共有的内在规律性。

在物权法的研究中，加强对夫妻共有财产的研究，深入研究夫妻共有财产的规律和特点，对于全面发展婚姻家庭关系、保障夫妻双方当事人的合法权益，是非常重要的。

二、夫妻共同财产的范围

（一）夫妻共有财产的产生

1. 婚姻关系的缔结

婚姻关系的缔结，是夫妻财产发生共有关系的首要条件。依照法律规定，须由缔结婚姻关系的男女到国家婚姻登记机关，表示缔结婚姻关系的意愿，经审查符合结婚条件的，予以结婚登记。结婚登记的时间即为婚姻关系缔结的时间。

2. 当事人未选择其他夫妻财产制

依照我国《民法典》规定，婚姻当事人有约定夫妻财产制的权利，从而排除法定夫妻共有财产制的适用。如果婚姻当事人没有约定采取其他夫妻财产所有形式，夫妻共有财产关系自婚姻缔结之日起发生，自此夫妻一方或双方所得的财产均为夫妻共同财产。

（二）夫妻共同财产的范围

《民法典》第 1062 条第 1 款规定，夫妻共同财产具体包括以下五个部分，即（1）工资、奖金、劳务报酬；（2）生产、经营、投资的收益；（3）知识产权的收益；（4）继承或者受遗赠的财产，但是遗嘱或者赠与合同中确定只归一方的财产除外；（5）其他应当归共同所有的财产。

夫妻共同财产分为五个部分，只要是夫妻双方在夫妻关系存续期间所得，即成为夫妻共同财产：

1. 工资、奖金和其他劳务报酬

工资、奖金和其他劳务报酬均为劳动所得，指夫或妻一方或者双方从事一切劳动包括脑力劳动、体力劳动所获得的工资报酬和奖金报酬等。

2. 生产、经营、投资的收益

凡属于夫妻关系存续期间一方或双方经营承包、租赁企业、私营企业、个体工商业、合伙、投资等，其所获收益，均为夫妻共同财产。

3. 知识产权的收益

夫妻共同取得的知识产权，如共同写作的书籍、论文，共同发明的专利等，归夫妻共同享有，其所得经济利益，属于夫妻共同财产。一方取得的知识产权，权利本身属于个人所有，依该权利已经取得的经济利益为夫妻共同财产，在夫妻关系存续期间尚未取得的经济利益即预期利益，不属于夫妻共同财产。

4. 继承或受赠的财产

共同受赠、继承的财产，为夫妻共有财产。一方继承、受赠的财产作为夫妻共同财产，符合婚后所得共同制的原则，但是，按照《民法典》第 1063 条第 3 项规定，遗嘱或赠与合同中确定只归夫或妻一方的财产除外。

5. 其他应当归夫妻共同所有的财产

一方或双方取得的债权，一方或者双方获得的资助、捐助等，都为夫妻共有财产。

夫妻对共同所有的财产，有平等的处理权。

(三)夫妻共同财产的特殊情况

1. 夫妻分居的财产

夫妻分居两地分别管理、使用的婚后所得财产，为夫妻共同财产。夫妻分居两地，并不影响夫妻的权利义务关系，对财产的性质仍然是共有，不会因为分居两地而改变。对财产的分别管理、使用，是夫妻行使共有权的内容，不是对共有财产的分割，不改变财产共有的性质。但是，在一般情况下，在离婚财产分割时，分居两地，财产分别管理、使用的，原则上将自己管理、使用的财产分割给该人，如果财产价值悬殊，可以作价补偿。

2. 已登记结婚但未共同生活的财产

已登记结婚尚未共同生活，一方或双方受赠的礼金、礼物、收入，只要不违背法律规定，应认定为夫妻共同财产。既然建立了婚姻关系，没有约定实行其他财产所有形式，各人所得财产都属夫妻共同财产。如果双方离婚，对这些财产应当作为夫妻共同财产分割。

3. 性质难以界定的财产

对是个人财产还是夫妻共同财产难以确定的，主张权利的一方不能证明，人民法院又无法查实的，按夫妻共同财产处理。这是夫妻共同财产推定。没有证据证明特定财产是夫妻共同财产还是个人财产，推定为夫妻共同财产比较公平。

4. 夫妻相互赔偿的可能性

《民法典》规定了离婚过错赔偿制度，对由于过错造成离婚的，无过错一方可以请求对方予以损害赔偿。这样的规定是合理的。有人主张，因实行家庭暴力造成对方损害的，即使没有离婚，受害方也可以请求对方予以损害赔偿。这涉及夫妻共有财产的范围问题。如果发生这种行为的夫妻是夫妻共有财产制，一方面是加害人如何支付损害赔偿金，另一方面是受害人对这个收入是否作为共同财产，都存在问题。对于受害人而言，可以用获得的赔偿金直接建立自己的个人财产；反之如果加害人一方没有自己的财产，是没有办法支付损害赔偿金的。因此，在实行夫妻共有财产制、各自又没有个人财产的配偶之间实行这种损害赔偿，可能性还不大。

三、夫妻共有财产的效力

(一)夫妻共有财产权与配偶权

配偶权是夫妻之间的基本身份权，所包括的权利都是基本身份利益，并没有财产权的内容。这是因为配偶权的客体不包括法律明定的财产权利，如财产共有权、相互继承权，这些权利是财产法调整的范围，不属于人法的内容。

夫妻共有财产权与配偶权是婚姻发生的两个最重要的关系。婚姻一经发生，在配偶之间就发生两个法律关系：一是配偶的身份关系；二是配偶的财产关系。因此，配偶权和夫妻共有财产权是两个相互依赖、相互配合的权利。

(二)夫妻共有财产主体的权利与义务

1. 夫妻共有财产主体的权利

(1)平等享有占有权、使用权、收益权、处分权。其权利包含两个方面:一方面,配偶对于夫妻共有财产一律平等地享有所有权,包括占有权、使用权、收益权和处分权,任何一方不得歧视对方。另一方面,每个人的权利都是针对夫妻共同财产的,是完整的权利,而不是共有权的某一个部分。平等的权利、完整的权利,是构成夫妻共有财产权利的主要内容。

(2)共同处理权和单独处理权。配偶对夫妻共同财产均有共同处理权和单独处理权。共同处理权,是针对处分夫妻共同财产重大事务的权利,应由配偶共同决定处理,任何人不得独断专行。单独处理权是指对某些具体的、不涉及夫妻共同财产发生重大变化的事务,以及相互委托进行的事务,配偶有单独的处理权。

(3)相互代表权。配偶之间相互有代表权。对一般的夫妻共有财产处理,可以代表对方进行,但是重大事项不能代表。

2. 夫妻共有财产主体的义务

(1)将夫妻共同财产交付夫妻共同管理使用的义务。在实行夫妻共有财产的配偶之间,财产绝大多数是分为两部分的,一部分是夫妻共同财产,另一部分是个人财产。这就将俗称的个人“小金库”合法化,在这样的体制下,应当将个人财产和夫妻共同财产严格划清界限。

(2)夫妻共同财产的维修、保管、改良义务。这项义务为配偶双方的义务,均应承担。在实践中可以由双方配偶实行,也可以由配偶一方实行,所支出的费用由夫妻共同财产支付。

(3)对所欠债务的连带清偿义务。因家庭共同生活、共同经营中所欠债务,为夫妻共同债务,须负连带清偿义务,配偶为连带债务人。

(4)共同赔偿义务。夫妻共同财产致他人损害,或者夫妻一方造成他人损害时,应以夫妻共同财产承担赔偿义务。

(5)保持共有关系。在夫妻共有财产关系存续期间,任何一方不得要求划分份额、分割共有财产、擅自处分共有财产,夫妻双方均须负此义务。

(三)对夫妻共有财产支配权的法律保护

1. 问题的提出

婚内的夫妻共同财产法院可否判决一方予以强制性支配?婚姻关系存续期间,可否对夫妻共同财产予以分割?对此有肯定说和否定说两种不同的意见。正是下面这个案例引发了这个争议。

原告苟某与被告李某结婚20余年,夫妻两人自1998年起外出经营,积蓄由李某掌管。2008年8月后,李某独自去成都,不再顾及苟某。苟某没有经济来源且生活无着,遂向法院起诉,要求支配李某掌管的夫妻共同存款10万元中的一半。法院查实李某名下存款 15 万元，认为原告、被告对此款均享有平等的权利，现原告没有生活来源，被告独占存款的行为剥夺了原告对夫妻共同财产享有的支配权和处分权，判决被告将存款 15 万元在判决生效后 1 日内分给原告 8 万元，由原告自主支配。

2. 婚内分割夫妻共同财产

《民法典》第 1066 条规定了婚内分割夫妻共同财产的规则。夫妻共同财产是共同共有的财产，在共同共有关系发生的原因没有消灭前，共同共有财产一般不能分割，目的在于保持共有关系的基础和稳定性，保护共有人的合法权益。但是，在实践中存在婚内分割夫妻共同财产的需求。以下情形属于重大理由，可以请求人民法院予以分割：

（1）一方有隐藏、转移、变卖、毁损、挥霍夫妻共同财产或者伪造夫妻共同债务等严重损害夫妻共同财产利益的行为。这里概括了隐藏、转移、变卖、毁损、挥霍夫妻共同财产或者伪造夫妻共同债务等严重损害夫妻共同财产利益行为的 6 种情形，都需要具备严重损害夫妻共同财产利益的要件。具备 6 种行为之一，且具备严重损害夫妻共同财产利益要件的，就可以请求分割夫妻共同财产。

（2）一方负有法定扶养义务的人患重大疾病需要医治，另一方不同意支付相关医疗费用。符合这种情形，一方当事人可以请求分割共有财产，用自己分割得到的财产支付费用。

《民法典婚姻家庭编解释（一）》第 38 条规定，婚姻关系存续期间，除了《民法典》第 1066 条规定的上述两种情形外，夫妻一方请求分割共同财产的，人民法院不予支持。

夫妻共同财产经过婚内分割之后，分割出来的财产成为个人财产，主张分割的一方对分割所得的部分享有所有权，可以依照自己的意志处分该财产。

四、夫妻共有财产消灭和夫妻共同财产分割

（一）夫妻共有财产消灭

夫妻共有财产关系的消灭，应当基于婚姻关系消灭的事实，包括离婚和夫妻一方死亡。此外，双方约定也可以导致夫妻共有财产关系的消灭。

1. 离婚

离婚导致婚姻关系消灭，继而导致夫妻共有财产关系消灭。离婚分为登记离婚和判决离婚。离婚的时间是夫妻共有财产终止的基准时间。从这时起，夫妻共有财产关系不复存在，夫妻共同财产开始分割，成为个人各自所有的财产。登记离婚的时间，应以离婚登记的时间为准；裁判离婚的时间，应以调解或判决离婚的法律文书发生法律效力的时间为准。

依照《民法典婚姻家庭编解释（一）》第 69 条规定，当事人达成的以协议离婚为条件的财产以及债务处理协议，如果双方离婚未成，一方在离婚诉讼中反悔的，人民法院应当认定该财产以及债务处理协议没有生效，并根据实际情况依照《民法典》第 1087 条和第 1089 条的规定判决。当事人依照《民法典》第 1076 条签订的离婚协议中关于财产以及债务处理的条款，对男女双方具有法律约束力。登记离婚后当事人因履行上述

协议发生纠纷提起诉讼的,人民法院应当受理,依法判决。

2. 夫妻一方死亡

夫妻一方死亡,婚姻关系消灭,导致夫妻共同共有关系终止。死亡包括自然死亡和宣告死亡,产生同样的法律后果。死亡的时间,自然死亡以死亡证明开具的时间为准,宣告死亡则以裁判文书发生法律效力的时间为准。夫妻双方同时死亡,也同样发生婚姻关系消灭和夫妻共有财产消灭的后果,但共同财产成为遗产。

3. 夫妻约定采取其他财产制的协议

夫妻也可以采用另行约定其他财产制的协议,也能引起夫妻共有财产的消灭。

(二)夫妻共同财产的分割

夫妻关系一经终止,夫妻共有财产即告废止,应当对夫妻共同财产进行分割。夫妻共同财产的分割方法分为两种,即原则分割方法和具体分割方法。

1. 原则分割方法

(1)均等的分割方法。均等分割夫妻共有财产,是我国司法实务一贯坚持的方法,即确定夫妻共有财产的范围之后,一分为二。

(2)有差别的分割方法。坚持均等分割的原则并不是绝对的。在坚持均等分割的原则之下,允许在某些条件下适当地有所差别。夫妻一方有生产、生活特别需要的,如某一方具有使用某种生产资料特别技能,将此种生产资料分给该方不仅对发挥技术特长有利,而且还对发展社会生产有利。又如夫妻一方生活上有特别需要,生活上需要护理,生活有特别困难,应当适当多分一些财产予以扶助。

2. 具体分割方法

(1)一方以夫妻共同财产与他人合伙经营的财产。这种财产属于合伙的共同共有财产,合伙未经清算,无法确定个人的应得部分,因而无法分割。处理的方法是:将入伙的财产分给一方所有,分得入伙财产的一方对另一方给予相当于入伙财产一半价值的补偿;另一种办法是将入伙财产分为两份,双方均作为合伙人参加合伙,但须征得全体合伙人的同意。

(2)属于夫妻共同财产的生产资料。生产资料的范围,应包括家庭拥有的汽车、拖拉机、机械设备,乃至工厂、厂房等。分割的方法是分给有经营条件和能力的一方,分得该生产资料的一方对另一方应给予相当于该财产一半价值的补偿。也可以另行采取其他分割方法。

(3)夫妻共同经营的当年无收益的养殖、种植业。夫妻双方因承包经营和租赁经营,都对经营的土地、水面等没有所有权,分割的只能是收益部分和经营权。农村土地承包经营权应当分割为夫妻个人享有,平均分割;其他承包、租赁经营权可以分割,也可以不分割而分给一方享有。分割的应经发包人、出租人同意,将经营权不分割而归一方经营的,对可能得到的收益应折价补偿给另一方。

(4)一方个人房屋婚后增值的部分。结婚后,双方对婚前一方所有的房屋进行过修缮、装修、原拆原建,离婚时未变更产权的,房屋仍归产权人所有,增值部分中属于另一方应得的份额，由房屋所有权人折价补偿另一方。进行扩建的，扩建部分的房屋应按夫妻共同财产处理，每人分得一半。

(5)不宜分割使用的夫妻共有的房屋。应根据双方住房情况和照顾抚养子女方或无过错方等原则，分给一方所有，另一方有权得到相当于该房屋一半价值的补偿。

(6)一方尚未取得经济利益的知识产权。在离婚时，一方在婚姻关系存续期间取得的知识产权，尚没有取得经济效益，发生争议的，应判决权属归该方所有。如果在创造性劳动中对方也作出贡献的，可根据具体情况对另一方予以适当照顾。

(三)夫妻共同债务的范围及清偿

1. 夫妻共同债务的范围

夫妻关系存续期间发生的债务分为两种，一是为共同生活所负债务；二是夫妻个人债务。

共同生活所负债务，包括购置家庭生活用品、修缮房屋、支付家庭生活开支、夫妻一方或双方乃至子女治疗疾病、生产经营，以及其他生活必需而负的债务。为抚育子女、赡养老人，夫妻双方同意而资助亲朋所负债务，亦为夫妻共同债务。

夫妻个人债务包括：夫妻双方约定由个人负担的债务；一方未经对方同意擅自资助与其没有扶养义务的亲朋所负的债务；一方未经对方同意独自筹资从事经营活动，其收入确未用于共同生活所负的债务；此外还有其他应由个人承担的债务，如个人赌博所欠赌资等。

《民法典》第 1065 条准许夫妻双方对财产的所有进行约定，也包括对债务的负担进行约定，双方约定归个人负担的债务，为个人债务。经过公示的约定债务可以对抗第三人，但以逃避债务为目的进行的约定，不产生法律上的效力，仍为夫妻共同债务。

2. 夫妻共同债务的清偿

离婚时的夫妻共同债务应由夫妻共有财产清偿。在具体清偿时，有两种方法：

(1)先清偿、后分割，即从夫妻共有财产中先清偿夫妻共同债务，然后再对剩余的夫妻共有财产进行分割。清偿时以共同财产为限，清偿后不剩共同财产的，不再分割，共同财产清偿债务不足的，由双方协议清偿，协议不成，由法院判决。

(2)先分割、后清偿，即先分割共同财产和共同债务，然后各自以各自分得的财产清偿分得的债务。

采用第一种方法，对于保护债权人的利益有利，符合“以共同财产清偿”的立法本意，因而应着重使用第一种方法。

(四)侵占夫妻共同财产的责任与再次分割

1. 侵占夫妻共同财产的责任

《民法典》第 1092 条规定：“夫妻一方隐藏、转移、变卖、毁损、挥霍夫妻共同财产，或者伪造夫妻共同债务企图侵占另一方财产的，在离婚分割夫妻共同财产时，对该方可以少分或者不分。离婚后,另一方发现有上述行为的,可以向人民法院提起诉讼,请求再次分割夫妻共同财产。”

分割夫妻共同财产,首先是在离婚时进行分割。在分割夫妻共同财产时,发现存在侵占夫妻共同财产的事由是:第一,夫妻一方隐藏、转移、变卖、毁损、挥霍夫妻共同财产;第二,伪造夫妻共同债务企图侵占另一方财产。具有上述情形之一,在离婚分割夫妻共同财产时,对隐藏、转移、变卖、毁损、挥霍夫妻共同财产或者伪造夫妻共同债务的一方,可以少分或者不分。

2. 夫妻共同财产的再次分割

在离婚并实际分割了夫妻共同财产后,又发现了上述情形的,另一方当事人产生再次分割夫妻共同财产的请求权。再次分割夫妻共同财产请求权,是指夫妻在离婚中,因出现法定事由,一方享有可以再次请求分割夫妻共同财产的权利。在离婚后,另一方发现有上述行为的,可以向人民法院提起诉讼,请求再次分割夫妻共同财产,人民法院应当受理,并且按照查明的事实,对属于夫妻共同财产的部分进行再次分割。

第三节　家庭共有财产

一、家庭共有财产概述

(一)家庭共有财产与家庭共同财产

1. 家庭共有财产的概念

家庭共有财产是指全体或部分家庭成员在家庭共同生活关系存续期间,对共同所得和各自所得的财产约定为共同共有的权利义务关系。

2. 家庭共有财产与家庭共同财产的区别

家庭共有财产与家庭共同财产经常被认为是同一概念而互用。二者区别在于,前者是法律关系的形式,后者是法律关系的客体。家庭共有财产是指“家庭共有”所有权形态,家庭共同财产则是指家庭共有财产的客体即共有的财产。

3. 界定家庭共有财产应当注意的问题

(1)家庭共有财产的来源。有的学者认为只有家庭成员共同创造、共同所得的财产方为家庭共有财产。共同创造、共同所得,是指成员在一起共同进行劳动,创造成果,取得收益。其实,绝大多数的家庭共有财产不是共同创造、共同所得,而是将各自劳动所得聚集在一起构成的共同财产。

(2)家庭共有财产的产生。家庭共有财产不是法定的财产所有形式,而是家庭成员以某种形式的约定而产生的共同共有关系。只有家庭成员有明确的家庭共有财产的约定,才会发生家庭共有财产。如果没有约定,而是在事实上家庭成员的所得集中在一起形成共同财产的,也应当认定为产生了家庭共有财产。

(3)家庭共有财产与家庭财产。1950年《婚姻法》以及之后的一些司法解释把家庭财产与夫妻共同财产相混淆。近几年,也有将家庭共有财产与夫妻共有财产相混淆的意见,例如,认为:"在由夫妻和未成年子女组成的家庭中,家庭共有财产一般以夫妻共有财产的形式存在。"[9]家庭财产实际上包括夫妻共有财产、个人财产和家庭共有财产,家庭共有财产只是家庭财产的一部分。在家庭财产只是由夫妻共同财产构成时,该财产只能称为夫妻共有财产,而不能称为家庭共有财产。

(二)家庭共有财产的特征

第一,家庭共有财产的发生以家庭共同生活关系为前提。家庭共有财产的发生以家庭共同生活关系为前提,依家庭成员的约定而发生。家庭共有财产关系并非因共同生活关系而必然发生,即"共居"并不必然"同财"。产生家庭共有财产必须经过家庭成员的协商选择,进行约定,而绝不是有了家庭共同生活就自然依照法律发生了。

第二,家庭共有财产的主体是对家庭贡献财产的家庭成员。家庭共有财产的权利主体可以是家庭全体成员,也可以是部分成员。构成家庭共有财产的权利主体,一是对家庭财产要有贡献,即将所得财产交给家庭共有;二是有愿意成为家庭共有财产权利主体的主观意愿。这两个条件实际上是一致的,只有具备"同财"的意愿,又有"同财"的行为,才可以成为家庭共有的权利主体。

第三,家庭共有财产的来源为家庭成员的共同所得和各自所得。形成家庭共同共有的财产首先是家庭成员的共同所得,如共同创造的成果、共同经营的收入、共同继承的遗产、共同接受的赠与等。其次是家庭成员个人所得而按协议纳入共有的财产,例如,将自己的收入交给家庭共有。在一般情况下,家庭共有财产包括夫妻共同财产,夫妻共同财产是家庭共有财产的主要部分或基本成分。

第四,家庭共有财产的性质为共同共有。在家庭共有财产关系存续期间,共同享有财产的所有权,不到共同共有关系消灭,家庭共有财产不得分割。

(三)我国家庭共有财产的现状

1. 立法和理论研究状况

我国《民法典》对家庭共有财产没有规定,只对夫妻共有财产作了规定,对子女的财产权也没有加以规定。在理论上研究共有权时,都普遍承认家庭财产的共同共有。

2. 我国家庭共有财产的现实状况

在我国现实生活中,家庭共有财产大量存在,有以下类型:

(1)同财共居。包括由父母、子女共同生活、共同共有财产,祖父母、父母、子女等共同生活、共同共有财产。这是典型的家庭共有财产关系,在城市少见,在农村比较常见。

---

[9] 唐德华主编:《民法教程》,法律出版社1987年版,第171页。

(2)同财不共居。很多家庭的家庭成员虽不一起生活,但将收入除留下部分作生活费外,其余交由家庭作共同共有财产。这种情况在农村多见,如子女在城里工作,家居农村,工资交由家庭共有。在城市,子女在工作单位居住,而与父母同财者,也是此种类型的共同共有。

(3)共居不同财。这种情况在城市比较普遍,多表现为子女与父母共同生活,但所得收入归子女所有,或者仅向父母交伙食费;子女婚后与父母共同生活,亦只交生活费,其余财产归自己所有。这种情况,并未形成家庭共有财产。

3. 前景展望

我国的家庭共同共有关系还是普遍的,随着社会的进步,家庭共有财产关系可能会逐步弱化和减少,但在一个相当长的时期内不会消灭。因此应当加强立法,调整好这种财产共有关系。

二、家庭共有财产范围

(一)家庭共有财产的发生

1. 家庭共有财产发生的特点

家庭共有财产关系的发生,是基于家庭共同生活关系的存在。不过,仅基于家庭共同生活关系这一条件的存在,并不必然发生家庭共同共有关系,还必须有财产的家庭成员就发生家庭共有财产关系协商一致,达成协议,才具备发生家庭共有财产的全部条件。在这一点上,家庭共有财产与夫妻共同财产发生的条件正相反,夫妻共同财产的发生是双方不选择其他夫妻财产所有形式,为消极行为构成要件;家庭共有财产为家庭成员约定采用财产共有形式,为积极行为构成要件。这是两种共有财产关系的一个重要区别。

2. 家庭共有财产发生的要件

(1)家庭共同生活关系存在。没有家庭共同生活关系,不发生家庭共有财产。家庭共同生活关系,是指所有家庭成员共同在一起为生存和发展进行各种活动的关系。家庭共同生活的基本标志是共居一起。对共居应作广义理解,对于在外地工作,而以家庭为基本生活单位的,也应认为是广义的共居。

共居的家庭成员应是近亲属,包括父母、子女、祖父母外祖父母、孙子女外孙子女、兄弟姐妹。对于其他亲属乃至收留他人共同生活,只要在一个户籍登记的,也视为家庭成员。

(2)家庭成员实行家庭财产共同共有的约定。这种约定的内容,是就家庭财产的全部或部分实行共同共有关系。其约定的形式可以是书面的,也可以是口头的;在现实中,全家的成员共同签署一项协议约定财产共同所有的比较少见,多数是在一起共同说明即可,甚至根本不说,在实际行动上表现了愿意共同共有的意愿。正是由于这样的原因,现实中出现的纠纷更多的是没有约定,没有协议,是否构成家庭共有财产需要法官根据证据判断。

3. 家庭共有财产的主体

(1)确定家庭共有财产主体的一般原则

为家庭共有财产作出过贡献的,就是家庭共有财产的权利主体;没有作出过贡献的,就不是家庭共有财产的权利主体。这是因为,在家庭成员中,并不是每一个家庭成员都享有对家庭共有财产的共有权,只有以自己的财产参加到了家庭共有财产之中的,才可以称为家庭共有财产的权利主体。只有成年的、有自己的财产的家庭成员,向家庭共有财产形成作出贡献的家庭成员,才能够作为家庭共有财产的权利主体。

(2)确定家庭共有财产主体的具体问题

有两个值得注意的问题是,未成年的子女和丧失民事法律行为能力的家庭成员可否作为家庭共有财产的主体。

对前一个问题有两种意见:一是认为,任何家庭成员都对家庭共同财产享有共有权,包括未成年子女;二是认为,未成年子女不能享有对家庭共同财产的共有权,只有那些对家庭共同财产的产生、积累和增值作出贡献的人,才享有对家庭共同财产的共有权。[10] 从原则上说,未成年人在没有劳动能力之前,不应当成为家庭共同财产的共有人,一方面,他们不具有劳动能力,不能通过自己的劳动为家庭共同财产作出贡献;另一方面,即使他们有自己的财产,也不宜将他们的财产作为家庭共同财产的组成部分,而是应当为他们保留这些财产,父母作为他们的亲权人,对这些财产进行照护。如果有特别必要,或者未成年子女与父母共同受赠财产又不宜分割,当然也可以作为家庭共同财产,使未成年子女成为共有人。在农村,承包的土地经营权是一种财产权,无论是成年人还是未成年人,只要是在分配承包土地时作为一个主体参加分配土地的,就都是家庭共有财产的主体,因为承包经营权本身就是以户为单位的家庭承包,是家庭共有财产,未成年人也有主体资格。

对后一个问题,丧失民事法律行为能力的人只要有财产,对家庭共同财产作出了贡献,就应当作为家庭共同财产的共有人。

4. 家庭共有财产发生的时间

关于家庭共有财产发生的时间,与夫妻共同财产发生的时间不同,不是从缔结家庭关系时发生,而是在家庭成员有了财产并愿意成立家庭共有财产关系的约定生效时发生。

(二)家庭共有财产的范围

1. 确定家庭共有财产的一般方法

确定家庭共有财产范围的基本规则是:

(1)确定家庭共有财产的范围应以共有人的约定为准。共有人约定全部财产均为家庭共有财产的,应依其约定,将全部家庭财产均作为家庭共有财产;共有人约定部分财产为家庭共有财产的,则只以约定的这部分财产为家庭共有财产。

---

〔10〕 王利明:《物权法论》,中国政法大学出版社 1998 年版,第 349 页。

(2)按照实际发生的共同财产关系认定。家庭共有财产共有人对共同财产范围没有约定的,按照实际发生的财产共有部分,认定为家庭共同财产。如果家庭成员对共同财产的范围没有约定或者约定不明确,能够确定每个共有人贡献的范围的,按照实际发生的贡献给家庭的财产作为标准,认定为家庭共同财产。

(3)无法查明是否共有财产的,推定为家庭共有财产。通过以上方法无法判明家庭共有财产范围的,如果共有人中有人主张为共同共有,有人主张为个人单独财产的,推定为家庭所有的财产为家庭成员共同共有。

(4)按照当事人的一致主张认定。通过以上方法无法判明家庭共同财产范围的,如果家庭成员一致主张为各自单独所有的,认定为各自所有。

2. 夫妻共有财产对家庭共有财产范围的影响

在发生家庭共有财产的情况下,夫妻共同财产是家庭共有财产的主体部分,除非有特别约定,否则全部夫妻共同财产都是家庭共有财产。

按照共同共有的原理,共同共有存续期间共有财产不分份额,为全体共同共有人共同所有。因此,夫妻共同财产包含在家庭共同财产之中,并且不分应有部分,但是仍可以计算出潜在的应有部分,并且为共同财产的分割打下基础。

3. 共同继承的遗产对家庭共有财产的影响

(1)共同继承的遗产是家庭共同财产的重要组成部分。

(2)共同继承的遗产是有继承份额的,在将来分割遗产时,还是要对遗产按照遗产继承份额进行分割,共同继承的遗产在家庭共有财产中的地位很特殊,具有相当的独立性。

(3)我国的传统习惯在父母一方死亡之后并不立即发生继承,而是由父母的另一方与其他继承人共同共有这些遗产,直到父母的另一方也死亡之后,才开始分割遗产,共同继承遗产分割为个人财产。

4. 个人财产范围

一般情况下,下列财产是家庭成员的个人财产,不能计入家庭共同财产的范围。

(1)夫妻个人财产。夫妻个人财产包括婚前的个人财产和婚后的个人财产。这种财产是个人所有的财产,不计入夫妻共同财产范围,也不应当作为家庭共同财产。判断夫妻个人财产的范围,应当按照界定夫妻共同财产范围的方法进行,规则是《民法典》第 1063 条规定。

(2)子女给付父母的赡养费。子女向父母给付赡养费,是子女履行法定赡养义务,不是向家庭共同财产作出贡献,因而子女给付的赡养费属于父母个人所有,不能作为家庭共有财产。

(3)父母给付子女的抚养费或赠与子女的财产。父母给付子女抚养费和父母赠与子女的财产,都是转移财产所有权的行为,前者是父母履行抚养义务,后者是赠与财产行为,均转移了所有权,应归子女个人所有,都不再是家庭共同财产。

(4)子女按约定不作为家庭共同共有的劳动收入及其他财产。劳动收入包括工薪收入、奖金、其他劳动报酬、经营活动的收益等。这一部分财产是否为家庭共同财产,应当根据约定。约定全部不作为家庭共有的,则全部收入均为个人所有;约定部分作为家庭共有的,剩余部分为个人所有。没有约定或者约定不明确的,按照前述的确认家庭共同财产的一般办法认定。

(5)子女的其他所得。这一部分财产内容较多,也较为复杂。诸如:接受继承、赠与、遗赠等而取得的财产,原则上应为子女个人财产;一方因人身伤害获得的医疗费、残疾人生活补助费;一方专用的生活物品;复员、转业军人的复员费、转业费、医疗补助费和回乡生产补助费;一方的人身保险金;其他个人财产。

5. 家庭共同财产的具体范围

(1)父母的夫妻共同财产。这是构成家庭共同财产的基础,在没有分割家庭共同财产之前,都由全体家庭共同财产的共有人享受权利,承担义务,不作为夫妻共同财产对待。

(2)其他家庭成员投入家庭的财产。除此之外的其他家庭成员向家庭共同财产投入的财产,都是家庭共同财产,由全体家庭共同财产的权利人享有共有权。

(3)共同继承财产。这一部分财产也是作为家庭共同财产的一部分,在成为家庭共同财产以后,由全体家庭共同财产的共有人享有权利,承担义务。

(4)其他列为家庭共同财产的财产。其他没有列入上述三项内容的家庭共同财产,也是家庭共同财产的组成部分,全体家庭共有财产的权利人享有共有权。

三、家庭共有财产的效力

(一)家庭共有财产共有人的权利

1. 家庭共有财产共有人权利的含义

家庭共有财产共有人的权利,是指家庭成员在家庭共同生活关系存续期间,对家庭共有财产应当享有的权利。

2. 家庭共有财产共有人权利的具体内容

(1)平等的所有权。家庭共有财产的权利主体即各共有人,对于家庭共同财产一律平等地享有所有权,不得歧视任何共有人。

(2)共同处理权和单独处理权。处理权实际上就是处分权,相对于处分权,处理权的范围似乎更大。每一个共有人对家庭共同财产均有共同处理权和单独处理权。共同处理权,是针对处分家庭共同财产的重大事务的权利,如变卖家庭共同财产以及其他使家庭共同财产发生重大变化的事务,均应由全体共有人共同决定处理,任何人不得独断专行。单独处理权,是指对某些具体的,不涉及家庭共同财产发生重大变化的事务,以及全体共有人委托进行的事务,单个共有人有处理权。

(3)代表权和推举权。在家庭共有财产中,全体共有人可以推举一名共有人作为全体共有人的代表。该代表人享有代表权,在家庭共有关系的范围内行使代理权,并主持家庭共有关系的各项经济活动,处理日常事务。在实际生活中,代表权一般总是由家庭中的尊亲属行使,作为家庭共有财产的代表人。代表权的范围是有限度的,并不能在一切方面都能够代表。

(4)物上追及权。物上追及权即物上请求权,包括所有物被他人非法侵占时的所有权返还请求权、所有物受到妨害时的妨害排除请求权以及所有物有受到妨害之虞时的所有物妨害预防请求权。当家庭共同财产受到不法侵夺时,任何共有人均享有物上追及权。行使此种权利,必须为全体家庭财产共有人的利益而行使,不得仅为个人或者部分共有人的利益而行使。

(5)在家庭共同财产上设置负担的权利。此项权利的行使,应由家庭共有财产的全体共有人协商一致,由有代表权的共有人与他人以法律行为设立。如在共有物上设立担保物权、用益物权。这种行为涉及共有物的命运,必须由全体共有人同意才能够实施。

(6)共同管理权。家庭共有财产的管理,原则上由全体共有人进行,也可以由家庭中具有代表权的共有人代表管理。管理的费用,由家庭共同财产支付。

(二)家庭共有财产共有人的义务

1. 家庭共有财产共有人义务的含义

家庭共有财产共有人的义务,是指家庭成员在家庭共同生活关系存续期间,对家庭共有财产必须履行的义务。

2. 家庭共有财产共有人义务的具体内容

(1)履行约定的义务。家庭共同财产的共有人负有履行约定的义务,即按时将自己的所得按照约定的内容,交付家庭共有财产的代表人,使该财产成为家庭共有财产。家庭共有财产的共有人多数是自己进行自己的劳动,取得自己的收入,参加家庭共有财产关系就必须按照约定兑现自己的承诺,向家庭共有财产投入财产。

(2)对共有物进行维修、保管、改良的义务。这项义务为全体共有人的义务,均应承担。具体操作,可由部分共有人负责,所支出的费用由共同财产支付。

(3)保持共有关系的义务。在共同共有关系存续期间,家庭共有财产共有人不得分割共同共有财产或者处分全部共同共有财产。在家庭共有财产关系存续期间,各共有人也应当承担这种义务,不得在共同共有财产中要求划分自己的份额、分割共有财产、擅自处分共有财产。

(4)对所欠债务的连带清偿义务。因家庭共同生活、共同经营中所欠债务,为家庭共同债务,家庭财产共有人负连带清偿义务。连带的方法,首先是债权人可以向任何一个家庭共有财产的共有人要求清偿,清偿债务的财产应从家庭共同财产中支付。

(5)共同赔偿义务。家庭共有财产致他人损害,如家庭饲养的动物致人损害,家庭共有的房屋坍塌致人损害等,属于共有财产管理不善造成他人损害,为物的替代赔偿责任。在侵权法中,关于特殊侵权责任分为对人的替代责任和对物的替代责任,这种分法从《法国民法典》的规定就开始了,[11]应以家庭共同财产承担赔偿义务。家庭成员致人

---

〔11〕 见《法国民法典》第1384条规定。

损害,均须由家庭共同财产承担赔偿责任,即从共有财产中支付赔偿金。这种赔偿义务也是连带义务,全体家庭财产共有人作为连带债务人,是无限连带责任,在家庭共同财产不足以清偿债务时,各共有人有个人财产的,应当以其个人财产清偿。

四、家庭共有财产的消灭及分割

(一)家庭共有财产的消灭

家庭共有财产关系消灭,是指家庭共同生活成员请求终止家庭共有财产关系,致使家庭共同生活关系终止。只要家庭共同生活关系消灭,就引起家庭共同共有关系终止,家庭共同财产就要被分割,转变为个人单独所有。

家庭共同生活关系的消灭分为全部消灭和部分消灭。在这一点上,家庭共同生活关系与婚姻关系不同,婚姻关系只能由两个人构成,夫妻双方只要离婚或一方死亡,婚姻关系即行消灭。而家庭关系由父母子女等近亲属构成,一般有三人以上,父母离婚或者某一家庭成员死亡,不可能引起家庭关系的全部消灭,只是引起部分消灭;只有家庭成员剩下一人时,家庭共同生活关系才全部消灭。

家庭共有财产关系消灭的事实包括:

第一,实行家庭共有财产关系的约定终止。家庭共有财产的建立,是在家庭共同生活关系存在的前提下,依约定发生的。当该约定完成时,家庭共有财产关系即行消灭。

第二,家庭共有财产的共有人分出。共有人从家庭共有关系中分出,如果家庭共有财产关系中还有两个以上的共有人,为部分消灭共有关系;如果剩下的两个人是夫妻,也消灭家庭共有财产关系,仅剩下夫妻共有财产关系;如果仅剩一个共有人,则全部消灭共有关系。共有人从家庭共有中分出,最常见的是已婚子女分家另过。

第三,家庭共有财产的共有人死亡。共有人中的一人死亡,部分消灭家庭共有财产关系。如果在共有人之一死亡后,只剩一个共有人时,则家庭共有关系全部消灭。

第四,其他事由。符合上述要求的其他事由出现,也消灭家庭共有关系。

(二)家庭共有财产的分割

对家庭共有财产的分割也称作分家析产。分家实际上是说家庭共同生活关系的解体和家庭共有财产关系的消灭,析产才是指家庭共同财产的分割。

在我国民间,事实上存在两种分家析产。一种是分割家庭共有财产,即真正意义上的析产,终止家庭共有财产关系。另一种并非分割家庭共有财产,而是父母为防止子女间日后纠纷,把自己的财产赠与子女或其他家庭成员,并不是分割家庭共有财产。这是两种不同的情况,在现实生活中往往交织在一起,应当认真加以区分。

分割家庭共有财产应当遵循以下方法:首先,确定家庭共有财产范围;其次,确定家庭共有财产的权利主体;最后,确定各共有人应当分得的份额。

在分割家庭共有财产时,应当结合贡献大小,计算出各共有人的份额,首先分出父母的夫妻共同财产;如果有共同继承财产的,还要分出共同继承财产,对遗产在继承人中进行析产;然后,在分出各其他共有人的份额。确定上述份额时,对于负担抚养、赡养、扶养其他家庭成员义务的共有人应当适当多分。

具体分割家庭共有财产包括:实物分割,家庭共有财产均为集合物,可按实物进行分割;变价分割,对于某些不可分或分割后损害其经济价值的共有物,或者共有人均不愿采取实物分割的共有物,可以变价出卖,将变价款进行分割;作价补偿,对于某些不能分割,或虽可分割但有的共有人愿意取得实物、有的共有人不愿意取得实物的,可以将该共有物归愿意取得实物的共有人所有,对其他共有人作价补偿。

思考题

1. 亲属财产关系有哪些主要类型?特点是什么?
2. 夫妻财产约定应当怎样进行?
3. 夫妻共有财产当事人享有哪些权利?承担哪些义务?
4. 确定夫妻共同债务的规则要点是什么?如何保护好夫妻共同债务的债权人的权益?
5. 发生家庭共有财产须具备哪些要件?
6. 简述家庭共有财产的主体,结合本章典型案例,试析:法院作出不支持原告诉讼请求的理由何在?

下卷 | 继承法

第五章　继承法与继承权

｜本章导读｜

继承，是指自然人死亡时，其遗留的个人合法财产归死者生前在法定范围内指定的或者法律规定范围内的亲属依法承受的法律制度。继承法是指调整因自然人的死亡而发生的继承法律关系的法律规范的总称。我国的继承法主要是指《民法典》继承编。继承法律关系的权利主体是继承人，义务主体是继承人以外的其他所有人，客体是被继承人遗留的遗产及其权利。继承权是指自然人按照被继承人所立的合法有效遗嘱或者法律的直接规定而享有的继承被继承人财产的权利。继承权可以因法律规定情形的出现而丧失，亦可因被继承人的宽宥而恢复。

｜典型案例｜

李某与张某婚后生子张某铭，张某生前未曾留有遗嘱，其法定继承人有其妻子李某、婚生儿子张某铭以及其父母亲张某昌、石某某。张某死后，张某昌、石某某认为李某与张某结婚后，长期与多名男子保持不正当关系，有欺骗、背叛丈夫张某的事实，对被继承人张某进行了精神虐待，故不愿与李某均分财产。李某、张某铭向法院提起诉讼，请求法院对有关财产依法处理。法院认为，原告李某与张某结婚后，有长期与多名男子保持不正当关系的行为，有欺骗、背叛丈夫张某的事实，但这并不构成对被继承人张某精神上的虐待。在被继承人张某没有以遗嘱的方式合法地剥夺其继承遗产的机会时，其依法可以法定继承的方式继承张某的遗产。

第一节　继 承 概 述

一、继承的概念和特征

（一）继承的概念

1. 继承概念的一般含义

民法学上的继承有广义与狭义之分。广义的继承，是指对死者生前权利义务的承受;狭义的继承,是指对死者生前的财产权利义务的承受,又称为财产继承。古代法上的继承是就其广义而言,而现代法上的继承一般是就其狭义来说的。

2. 继承概念的法律界定

继承是指自然人死亡时,其遗留的个人合法财产归死者生前在法定范围内指定的或者法律规定范围内的亲属依法承受的法律制度。

在继承中,其生前所享有的财产因其死亡而移转给他人的死者为被继承人,被继承人死亡时遗留的个人合法财产为遗产,依法承受被继承人遗产的法定范围内的亲属为继承人。

(二)继承的法律特征

第一,继承因自然人死亡而发生。生存的自然人为独立的民事主体,对自己的财产自主享有权利和承担义务。自然人死亡后,不再具有民事权利能力,不再是民事法律关系的主体,其原享有的财产权利和负担的义务需要由人承受,因而产生继承问题。因此,继承是因自然人死亡而发生的法律制度。

第二,继承中的继承人与被继承人存在一定亲属关系。被继承人死亡后发生继承,但并非任何人都可以参加继承,只有与被继承人存在一定亲属关系的人才可以作为继承人参加继承。在我国,按照《民法典》的规定,继承人(包括法定继承人和遗嘱继承人)是与被继承人有密切关系的亲属。无亲属关系的人不能作为继承人,只能作为受遗赠人。

第三,继承是处理死者遗产的法律制度。在现代法上,继承的标的只能是遗产。因此,继承的发生须以死者财产的存在为前提。正因如此,继承是以私有财产的存在为前提的,在没有任何私有财产存在的社会,不会有也不可能存在继承制度。

第四,继承是继承人概括承受被继承人财产权利和义务的法律制度。自然人死亡,其财产权的主体必定要发生变更。因此,继承是财产所有权转移的一种基本方式。但是,继承中的财产转移与一般的财产转移不同,一般的财产转移是个别财产的转移,而继承则是被继承人财产权利和义务的整体概括转移。只有依法由继承人概括地承继被继承人在财产关系中的法律地位的法律现象,才属于继承。我国《民法典》规定了其他一些因自然人死亡而发生财产转移的情形,如因遗赠扶养协议而发生的财产转移,由于不属于概括承受,因而不属于继承,之所以规定在继承法中,只是因为涉及死者遗产的处理问题。

二、继承的分类

(一)法定继承与遗嘱继承

这是根据继承人继承财产的方式进行的分类,是最基本、适用范围最广泛的分类。

法定继承,是指继承人范围、继承顺序、继承条件、继承份额、遗产分配原则及继承程序均由法律直接规定的继承方式。在法定继承中,有关继承的各个方面是由法律直接规定的，而不是由被继承人的意思直接确定的。

遗嘱继承，是指于继承开始后，继承人按照被继承人的合法有效的遗嘱继承被继承人遗产的一种继承方式。在遗嘱继承中，具体的继承人、继承的顺序、应继份额、遗产的管理、遗嘱的执行等都由被继承人在遗嘱中指定，也就是直接决定于被继承人生前的意思。

就整体而言，法定继承与遗嘱继承自古代社会就一直存在，不过在不同的时期、不同的国家对遗嘱自由的限制程度不同。从产生的历史来说，法定继承先于遗嘱继承。因遗嘱继承需要更高的法律技术，故以前者为旧，以后者为新，殊无疑问。[1] 但是，从适用上说，遗嘱继承优先于法定继承。

（二）限定继承与无限继承

这是根据继承人继承被继承人财产权利义务的范围进行的分类，有的也称为有限责任继承与无限责任继承。

限定继承又称有限继承，是指继承人得仅于一定的范围内继承被继承人的财产权利和义务的继承。在限定继承中，继承人继承被继承人的债务仅以遗产的实际价值总额为限度，对被继承人生前所欠债务超过遗产的实际价值的部分，继承人可以不负清偿责任。

无限继承又称为不限定继承，是指继承人必须承受被继承人的全部财产权利和义务的继承。在无限继承中，即使被继承人的债务超过其财产权利，继承人也须继承被继承人的遗产而不得拒绝，继承人须以自己的财产清偿被继承人生前所欠的全部债务。

（三）共同继承与单独继承

这是根据参与继承的人数所作的分类。

共同继承，是指依法律规定由数个继承人共同继承被继承人的遗产。共同继承人是指共同继承的数个继承人，只能是同一顺序的法定继承人。现代法上规定的继承一般为共同继承，而且由于共同继承人之间涉及遗产的分割，因此共同继承容易发生纠纷。共同继承仅发生在法定继承中，遗嘱继承由于指定继承人的遗产份额已经确定，不存在遗产份额的分配问题。

单独继承，是指法律规定继承人仅为一人的继承，即仅由亲属中的一人继承被继承人的遗产。如仅由长子继承、幼子继承、旁系继承（如兄亡弟继）等。因单独继承仅由一人继承被继承人的全部遗产，所以又称为独占继承。单独继承的继承人仅为一人，也是指法律规定的继承人仅为一人，而不是指实际上继承被继承人遗产的人仅为一人。单独继承是古代法上存在过的制度，现代法上已不存在单独继承。

（四）本位继承与代位继承

这是根据继承人参与继承时的地位所作的分类。

---

〔1〕 陈棋炎等：《民法继承新论》，台北，三民书局2001年版，第8页。

本位继承,是指继承人基于自己的地位,在自己原来的继承顺序上,继承被继承人的遗产的继承。例如,依我国《民法典》的规定,配偶、子女、父母以及对公、婆或岳父、岳母尽了主要赡养义务的丧偶儿媳或女婿为第一顺序法定继承人,由这些人参与继承时即为本位继承。本位继承无论在法定继承还是在遗嘱继承中都存在。

代位继承,是指在直接应继承被继承人遗产的顺序者不能为继承时,由其直系晚辈血亲代其地位的继承。依我国《民法典》的规定,被继承人的子女先于被继承人死亡的,由被继承人的子女的晚辈直系血亲代位继承。在代位继承中,代位继承人只能在被代位人原来的继承顺位上继承被代位人应继承的份额,而不论代位继承人有几人。

第二节　继承法概述

一、继承法的概念和性质

(一)继承法的概念

继承法,是指调整因自然人的死亡而发生的继承法律关系的法律规范的总称。

继承法有实质意义继承法与形式意义继承法之分。形式意义上的继承法,是指冠以"继承法"名称的法律或民法典的"继承编",如我国《民法典》继承编,以及德国、瑞士、日本等国民法典的继承编。实质意义上的继承法,是指有关调整继承关系的法律规范的总和。实质意义的继承法不仅包括形式意义的继承法,还包括其他法律、法规中有关继承的规范,包括有法律效力的关于继承问题的规章、决定、指示等规范性文件,以及最高人民法院有关继承的司法解释等。继承法学研究的继承法是实质意义的继承法,不限于形式意义的继承法。

(二)继承法的性质

第一,继承法为私法。继承法规定的是因自然人死亡而发生的财产继承法律关系,规定的是私人之间的关系,不涉及公权力事项,因而属于私法。而且民法的根本属性是私法,是规范民事主体民事活动的法,继承法作为民法的组成部分,也当然具有私法的属性。明确继承法的私法性质,有助于正确理解继承法的立法精神,正确处理继承纠纷,更好地保护自然人在继承上的合法权益。

第二,继承法为普通法。继承法是普通法而不是特别法。因为财产继承关系是自然人之间普遍存在的社会关系,继承法是适用于所有自然人的法律,而不是仅适用于某一部分人。凡我国自然人,不论其性别、年龄、出身、职业、文化程度、社会地位如何,均适用我国继承法,依照继承法的规定享有继承权,受法律的平等保护。

第三,继承法为实体法。继承法规定继承的开始、继承关系的主体、继承人的权利义务、继承权的客体等有关主体的权利和义务的实质性问题，所以继承法应属于实体法。在继承法中也存在一定的程序性规定，比如关于遗嘱订立的程序、遗产分割的程序等，但这些不是程序法意义上的程序，依然属于实体法意义的程序，因为这些程序是针对实体权利义务的规定。

第四，继承法为强行法。继承法的绝大多数规范都是强行性的，而不是任意性规范，不允许当事人任意变更。这是因为继承不仅涉及继承当事人的利益，而且关系家庭关系的稳定和社会利益，也关系对遗产债权人的利益，这与社会的政治、经济、伦理、道德都有密切联系。

第五，继承法为固有法。固有法，是指保留了较多的国家、民族和历史传统的法律。与固有法相对应的是移植法。我国继承法根植于本国、本民族，在许多方面体现了我国的现实国情，体现了我们民族的历史传统，还有许多吸纳了习惯因素，因而是固有法。

第六，继承法为兼有身份权法性质的财产法。在继承法是财产法还是身份法的问题上，学者们有不同看法。继承法是兼有身份法性质的财产法，在性质上属于以亲属关系为基础的财产法。[2] 在我国继承法中，身份关系对继承法具有重要作用。尽管继承法在本质上属于财产法，但是，继承权是以一定的身份关系为前提的，没有亲属身份关系，就没有继承的发生，也就没有继承制度。因此，继承法是融合了身份法和财产法的法律。

二、继承法的历史发展

（一）国外继承法的历史发展

继承作为古老的法律制度，萌芽于原始社会末期的父系氏族时期，成熟于国家出现之时。母系氏族时期，由于生产力水平极低，社会财富难以满足全体氏族成员的需要，没有剩余财产，加之人们要靠群体力量才能生存，不可能出现继承这一社会现象。

随着生产力的进一步发展，男子的社会地位提高，父系氏族取代了母系氏族。在父系氏族时期，私有观念逐渐形成。持有私有财产的一些个体家庭首长产生了欲在死后将其财产留给家人的想法，被社会认可后，便形成了原始习惯，调整着家庭私有财产的继承关系。当这种私有制的发展取代了原始公有制以及国家出现时，财产继承便成为靠国家强制力保证实施的法律制度。

奴隶制与封建制有着不同的经济基础，因而在继承法上也有不同的特点。在奴隶制社会，奴隶不是权利主体，只能作为“物”，是奴隶主的财产，可以成为继承权的客体；而且继承也只是发生在自由民之间。在封建制社会，尽管在一定程度上也存在可以作为物交换的奴隶，但是被剥削阶级主要是农民。农民尽管依附于土地，却是有一定的自由和财产的权利主体，已经不是权利的客体。

近现代西方国家的继承制度与资本主义工业化的要求相适应，取消了身份继承，实

---

〔2〕 张玉敏：《继承法律制度研究》，法律出版社1999年版，第7～8页；刘文：《继承法比较研究》，中国人民公安大学出版社2004年版，第12页。

行财产继承;取消单独继承制,实行共同继承;实行继承人的继承权平等;遗嘱继承普遍适用,遗嘱自由与特留份制相结合;重视维护遗产集中,避免资本分散,形成了比较科学、合理的继承制度。

(二)中国继承法的历史发展

中国近现代继承法的立法始于清末民初。清光绪三十三年(1907年)由沈家本等三人为修订法律大臣,开始主持制定民律。于宣统三年(1911年)八月完成《大清民律草案》,该法未及颁布,清朝政府即被推翻。《大清民律草案》第五编为继承法,共分为6章,包括总则、继承、遗嘱、特留财产、无人承认之继承、债权人或受遗赠人之权利,共计110条。

民国成立后,北洋政府着手制定《民国民律草案》,第五编也为继承法,以《大清民律草案》继承编为基础,吸取了《大清现行刑律》中民事有效部分及历年大理院的判例拟定的。这部法律草案也未经正式通过,仅由北洋政府司法部于1926年11月通令各级法院在司法中作为法理加以引用。

1927年6月,南京国民政府设立法制局,着手制定各重要法典。于1930年12月通过并颁布民法继承编,于1931年5月5日施行,同时施行的还有1931年1月颁布的《继承编施行法》(11条)。[3] 这是中国历史上的第一部继承法。

1949年以来,我国开始进行继承法的立法,1985年4月10日《继承法》通过,该法共分总则、法定继承、遗嘱继承和遗赠、遗产的处理、附则等5章,计37条。

2020年5月28日《民法典》通过审议予以公布,“继承”编作为第六编,成为现行的继承法。

三、继承法的基本原则

(一)继承法基本原则的概念和意义

1. 继承法基本原则的概念

继承法的基本原则,是指贯穿于整个继承法律制度和规范中的,对具体的继承法律制度与规范具有重要指导作用的,具有全局性和根本性的准则。继承法基本原则是我国继承法自身特色的集中体现,是我国宪法原则在继承法上的具体化。

2. 继承法基本原则的意义

(1)继承法基本原则是继承立法的准则。一部法律的制定,需要在基本原则指导下进行。继承法的基本原则是制定《民法典》继承编所依循的基本准则。正是在继承法基本原则的指导下,才可能使《民法典》继承编成为完整、和谐、进步的继承法律。

(2)继承法基本原则是民事主体进行继承活动的基本准则。民事主体在进行继承活动时,需要遵循继承法的具体规范,比如订立遗嘱应当依法进行,要为特定的人保留

〔3〕 杨立新:《中国百年民法典汇编》,中国法制出版社2011年版,第207~217、361~355页。

必要的遗产份额，这些都是必要的。但是进行继承活动，还必须遵循继承法基本原则，例如，进行继承活动就不得违反公序良俗原则。

(3)继承法基本原则是解释和补充法律漏洞的基本依据。法律是以语言文字表述的规则体系，而语言文字具有多义性、不确定性，所以，法律往往需要解释。法律也不可能穷尽生活，随着社会生活的发展变化，会出现一些新的法律问题，没有具体的法律规范进行调整。这些都需要法官依据法律基本原则，对法律文本进行解释、对法律漏洞进行补充。只有依据继承法基本原则进行法律文本解释、漏洞补充，才能正确处理继承纠纷。

(4)继承法基本原则是继承法学研究的准则。继承法的学术研究具有自由品性，但是，无视继承法基本原则的研究，会存在不妥当性，且对继承法理论与实践也不具有指导意义。在继承法学研究中也应当以继承法基本原则为指导，准确阐释继承法的基本精神和具体规定。

(二)继承法基本原则的具体内容

1. 保护自然人继承权原则

《宪法》第 13 条第 2 款关于“国家依照法律规定保护公民的私有财产权和继承权”的规定，确立了宪法保护公民继承权的基本原则，并把继承权与私有财产权并列。《民法典》第 124 条第 1 款也规定：“自然人依法享有继承权。”

这一基本原则主要有两方面的含义：(1)法律保护自然人享有依法继承遗产的权利，任何人不得干涉；(2)自然人的继承权受到他人非法侵害时，有权依照法律的规定请求予以救济，国家以其强制力予以保护。

2. 公序良俗原则

《民法典》规定公序良俗是一项基本原则，要求一切民事活动应当遵守公共秩序及善良风俗。继承法也应当遵循公序良俗原则，继承人在继承活动中遵循这个原则，不得破坏公共秩序及善良风俗。例如，在遗嘱人遗嘱处分行为违反了法律规定和公序良俗时，应当认定遗嘱无效。

3. 继承权平等原则

继承权平等原则不仅包含继承权男女平等的内容，同时还包括其他丰富的内容。

(1)继承权男女平等。继承权男女平等包含多方面的含义：一是男性与女性具有平等的继承权，不因性别差异而有所不同。二是夫妻在继承上有平等的权利，有相互继承遗产的继承权，《民法典》第 1157 条明确规定：“夫妻一方死亡后另一方再婚的，有权处分所继承的财产，任何组织或者个人不得干涉。”三是在继承人的范围和法定继承的顺序上，男女亲等相同，父系亲与母系亲平等。四是在代位继承中，男女有平等的代位继承权，适用于父系的代位继承，同样适用于母系。

(2)非婚生子女与婚生子女继承权平等。我国《民法典》第 1071 条第 1 款明确规定：“非婚生子女享有与婚生子女同等的权利，任何组织或者个人不得加以危害和歧视。”同样，非婚生子女与婚生子女同为子女享有平等的继承权，并不因子女的婚生还是非婚生而有所区别。

(3)养子女与亲生子女继承权平等。我国法律确认养子女与亲生子女有同等的法律地位。我国《民法典》明确养子女与亲生子女在亲属关系中的法律地位平等。养子女与亲生子女在继承权上也是平等的,享有平等的继承权。

(4)儿媳与女婿在继承上权利平等。我国《民法典》第1129条规定:"丧偶儿媳对公婆,丧偶女婿对岳父岳母,尽了主要赡养义务的,作为第一顺序继承人。"只要儿媳或女婿符合丧偶的条件,而且对公婆或岳父岳母尽了主要赡养义务,就可以享有继承权,并不区分儿媳与儿子、女儿与女婿的不同。儿媳与女婿在继承上的权利平等,也是继承权平等的表现之一。

(5)同一顺序的继承人继承遗产的权利平等。我国《民法典》第1130条第1款规定:"同一顺序继承人继承遗产的份额,一般应当均等。"凡为同一顺序的继承人,不分尊卑、男女、长幼,也不论职业、政治状况,继承被继承人遗产的权利一律平等。

4. 权利义务相一致原则

继承法上的权利义务相一致原则不同于合同法上的权利义务相一致原则,要求的不是严格的对等,也不是等价有偿,而是一种有弹性的权利义务相一致。权利义务相一致原则在继承法中主要表现在以下方面:

(1)丧偶儿媳和女婿的权利义务相一致。丧偶儿媳对公婆、丧偶女婿对岳父母,尽了主要赡养义务的,法律规定要作为第一顺序继承人,享有继承权。丧偶儿媳和丧偶女婿本不在继承顺序之中,但是,由于他们对公婆、岳父母尽了主要赡养义务,因而法律规定他们享有继承权,并且是第一顺序的继承人。该规定明显地体现了权利义务相一致的原则。

(2)同一顺序的继承人尽了主要扶养义务的权利义务相一致。同一顺序继承人,继承遗产份额一般应当均等,但对被继承人尽了主要扶养义务的继承人,分配遗产时可以多分;有扶养能力和有扶养条件的继承人,不尽扶养义务的,分配遗产时应当不分或者少分。在遗产份额的分配上,将继承人对被继承人所尽扶养义务作为获得遗产份额多少的一个考虑因素,体现了权利义务相一致原则。

(3)接受遗产与清偿遗产债务的权利义务相一致。继承人在接受遗产的同时,必须在所继承的遗产实际价值的限度内,对被继承人依法应当交纳的税款和债务负担清偿的责任。清偿被继承人债务是继承人必须履行的一项义务,如果其接受继承,就要履行这一义务,只有履行这一义务完毕,还有剩余遗产的,继承人才可以享有剩余遗产的权利。

(4)遗赠扶养协议中的权利义务相一致。在有遗赠扶养协议时,只有扶养人按照扶养协议尽了扶养义务,才有权取得遗赠。没有履行应尽的扶养义务,不能取得遗产。

(5)遗嘱继承和附义务遗赠的权利义务相一致。遗嘱继承或遗赠附有义务的,继承人或受遗赠人应当履行义务,没有正当理由不履行义务的,人民法院可以取消其继承或接受遗产的权利。

(6)继父母、继子女、继兄弟姐妹的权利义务相一致。继父母、继子女、继兄弟姐妹之间如果有扶养关系,才可互相继承遗产,这也从一个方面体现了权利义务一致的原则。

(7)尽到扶养义务不同的继承人的权利义务相一致。对被继承人生前不负有任何法定的扶养义务而对被继承人扶养较多的人,有权取得适当的遗产。相反,法定继承人虐待、遗弃、故意杀害被继承人的,则丧失继承权,也是权利义务一致原则的体现。

5. 遗嘱自由原则

遗嘱自由,是自然人生前享有的通过订立遗嘱处分自己身后财产的自由权利。我国《民法典》第1133条前3款规定:"自然人可以依照本法规定立遗嘱处分个人财产,并可以指定遗嘱执行人。自然人可以立遗嘱将个人财产指定由法定继承人中的一人或者数人继承。自然人可以立遗嘱将个人财产赠与国家、集体或者法定继承人以外的组织、个人。"这是我国继承法对遗嘱自由原则的确认。

将遗嘱自由作为一项基本原则具有重要社会意义:(1)实行遗嘱自由有利于对自然人个人财产所有权的彻底保护,并充分体现意思自治;(2)实行遗嘱自由有利于发挥家庭职能作用,以发挥家庭的养老育幼职能;(3)实行遗嘱自由有利于减少和预防纠纷,在法定继承中,由于遗产分割容易发生纠纷,而通过遗嘱的方式对自己的遗产预先作出处分,明确了具体的应继份额,有利于避免纠纷,维护家庭团结。

我国遗嘱自由原则受到一定的限制,主要表现在以下方面:(1)遗嘱要受法律约束,不得违反法律法规的规定,违法的遗嘱无效;(2)遗嘱不得违背公序良俗,否则该遗嘱处分会被认定为无效;(3)实行遗嘱自由,应当对缺乏劳动能力又没有生活来源的继承人保留必要的遗产份额,否则,涉及该应当保留的必要的遗产份额部分的遗嘱处分无效。在学理上,遗嘱自由还要受到特留份权利的限制。

第三节 继承法律关系

一、继承法律关系概述

(一)继承法律关系的概念和特征

1. 继承法律关系的概念

继承法律关系是民事法律关系中的一种,是由继承法规范调整的,因自然人死亡而发生的继承人与其他人在财产继承上的民事权利义务关系。《民法典》第1119条规定:"本编调整因继承产生的民事关系。"

2. 继承法律关系的特征

(1)继承法律关系是一种民事法律关系。继承法律关系,是由继承法规范调整的,而且其所调整的是继承人与其他人之间的财产关系,也以民事权利和民事义务为核心,完全符合民事法律关系的构成,是一种民事法律关系。

(2)继承法律关系以被继承人死亡为发生根据。任何法律关系的发生都须以一定的法律事实为根据。一般民事法律关系的发生都是因生存行为人的行为,而继承法律关系则是因被继承人的死亡而发生,被继承人不死亡,则不会发生继承法律关系。

(3)继承法律关系是一种绝对财产法律关系。在继承法律关系中存在财产的流转关系,不存在与人身不可分离的人身利益,所以是具有财产内容的财产法律关系,不属于人身法律关系。继承法律关系中的权利主体是特定的继承人,而义务主体是不特定的继承人以外的一切人;继承人实现其权利无须借助义务人的行为,义务人也不负有实施某种行为以使继承人实现权利的积极义务。所以,继承法律关系是一种绝对财产法律关系,而不是相对财产法律关系。

(4)继承法律关系与亲属身份关系密切相关。亲属关系是指存在特定身份的血亲或姻亲之间的权利义务关系。继承法律关系既为财产法律关系,就不属于亲属关系,这种性质上的差别并不妨碍两者之间存在密切的关系。同一般财产法律关系不同,在继承法律关系中,一些内容同亲属关系密切相关,因此,继承法律关系是一种与亲属关系相联系的财产法律关系。

(5)继承法律关系的权利主体只能是自然人。在继承法律关系中,作为权利主体的继承人只能是自然人,法人、非法人组织或国家都不能作为继承人,法人、非法人组织或国家获得遗产只能通过受遗赠,或者在遗产无人继承时收归国有或集体所有,但这都不是继承法律关系的内容。因此,继承法律关系只能是以自然人为权利主体的财产法律关系。

(二)继承法律关系的构成要素

1. 继承法律关系的主体

继承法律关系的主体,是指参加继承法律关系,并在继承法律关系中享受权利和负担义务的人,包括权利主体和义务主体。

继承法律关系的主体是继承人与继承人之外的其他自然人、法人、非法人组织,这样能够将继承法律关系同其他相关法律关系区别开来,准确认定继承法律关系的主体只能是继承人和继承人以外的所有人(包括自然人、法人或非法人组织以及国家),权利主体为继承人,义务主体是继承人以外的其他所有人。

2. 继承法律关系的内容

继承法律关系的内容,是指继承法律关系的权利主体即继承人所享有的权利,与继承法律关系的义务主体即继承人以外的其他人所负担的义务。

继承法律关系的继承人所享有的权利,就是继承被继承人遗产的继承权;继承法律关系的义务主体所负担的义务,是不得侵害继承人的继承权,不得妨害、干涉继承人继承权的行使。如果继承人之外的其他人侵害了继承人的继承权,继承人可以行使继承权恢复请求权。

3. 继承法律关系的客体

继承法律关系的客体,是指继承法律关系的权利主体的权利和义务主体的义务共同指向的对象。在继承法律关系中,继承法律关系的客体为被继承人遗留的遗产,实际上是遗产的权利。

(三)继承法律关系的产生、变更和消灭

继承法律关系须因一定的法律事实的出现而发生。继承法律关系的发生,根据法定继承与遗嘱继承的分类不同而有差异。在法定继承中,继承法律关系因被继承人的死亡而发生;在遗嘱继承中,除了被继承人的死亡这一法律事实之外,还必须存在合法有效的遗嘱这一法律事实。在继承法律关系发生后,继承人就可以参加继承,行使继承权。

继承法律关系不是固定不变的,在出现某种法律事实时会发生变更,包括继承法律关系的主体变更、客体变更与内容变更三个方面。

继承法律关系在出现一定的法律事实时,有关的权利义务关系会消灭,这就是继承法律关系的消灭。继承法律关系消灭的法律事实有遗产分割完毕、遗产因不可抗力而全部灭失等。

二、继承人

(一)继承人的概念和特征

1. 继承人的概念

继承人,是继承法的基本概念,是指依照继承法的规定在法定继承或者遗嘱继承中有权获得被继承人遗产的自然人。

2. 继承人的特征

(1)继承人须由继承法规定。继承法具有固有法的属性,同各国的政治、经济、社会传统等密切相关,具体的规定应当同各国的具体情况相符。因此,什么范围内的亲属可以作为继承人、可以作为第几顺序的继承人,都是由法律强制规定的,不能由当事人自由决定。当然,在遗嘱继承人的确定上,被继承人可以进行指定。根据我国《民法典》的规定,被继承人指定的遗嘱继承人也必须是在法定继承人范围之内的人,这也体现了法律对继承人的强制规定性。

(2)继承人必须是自然人。继承人必须是自然人,自然人之外的法人、非法人组织、国家在一定条件下虽然可以取得遗产,但不是基于继承人的地位,而是基于受遗赠或者遗产无人继承时而取得,这同继承人的性质不同。国外继承立法,如德国、瑞士等国家,认可国家的法定继承人地位,与我国继承法的规定不同。

(3)继承人须是在法定继承或遗嘱继承中对被继承人遗产享有继承权的人。继承人须具有继承权,才能有资格参加继承并取得遗产,没有继承权,只能是在法定继承或者遗嘱继承中具有法律规定的取得遗产条件的人。在被继承人死亡后,可以从被继承人处获得遗产的人不仅是继承人,其他的一些符合法定条件的人也可以获得遗产,都不是以其继承权而是以其他根据而取得遗产的人,不是继承人。

（二）继承人的分类

在我国，根据继承人继承的方式，分为法定继承人和遗嘱继承人。这是现代继承法对继承人的最基本分类。

1. 法定继承人

法定继承人，是直接依照继承法律有关法定继承人的范围、顺序、继承份额等规定，对被继承人的遗产享有继承权的人。法定继承人的继承权直接来自法律的规定，是与遗嘱继承人的主要不同。

我国《民法典》规定的法定继承人的范围包括：配偶、子女、父母、兄弟姐妹、祖父母、外祖父母、对公婆或者岳父母尽了主要赡养义务的丧偶儿媳或者丧偶女婿。另外，被继承人的子女的直系晚辈血亲、被继承人的兄弟姐妹的子女，在代位继承中也是法定的代位继承人。

2. 遗嘱继承人

遗嘱继承人，是指在遗嘱继承中存在的，按照被继承人生前订立的合法有效的遗嘱的指定而有权承受遗产的继承人。许多学者认为"遗嘱继承人的继承权不是来自法律的直接规定，而是来自被继承人依照法律规定所设立的遗嘱。因此，遗嘱继承人是由被继承人的意志决定的"。[4] 不过，遗嘱继承人虽然表现为通过被继承人的遗嘱取得继承权，但同法律规定存在重要联系，因为根据我国《民法典》的规定，被继承人只能在法定继承人范围之内指定遗嘱继承人，因此遗嘱继承人的继承权离不开法律的规定，须以法律规定的法定继承人范围为基础，超出这一范围，就不再是遗嘱继承人而是受遗赠人。因此，遗嘱继承人的继承权是由法律和被继承人共同决定的。

在我国，遗嘱继承人只能是法定继承人范围之内的人，亦即遗嘱人只能指定法定继承人中的一人或数人为遗嘱继承人；法定继承人以外的人（不论自然人或法人），只能作为受遗赠人，而不能成为遗嘱继承人。遗嘱继承人依据被继承人的遗嘱继承遗产，不受原来的法定继承顺序的限制。

（三）继承能力

1. 继承能力的概念

继承能力也称继承权利能力，是指能够享有继承权的法律资格，即可以作为继承人的资格。

继承能力同民事权利能力紧密相连，是民事权利能力的一项内容。法律承认自然人自出生开始到死亡为止具有民事权利能力，因而具有继承能力，即继承人的继承能力只和自然人的生命相联系，与其他因素没有关系。[5] 继承能力与自然人年龄、智力等状况无关，不因当事人的民事法律行为能力状态不同而不同。

---

〔4〕 郭明瑞等：《继承法》（第2版），法律出版社2004年版，第51页。

〔5〕 张玉敏：《继承法律制度研究》，法律出版社1999年版，第24页。

2. 继承能力的确定

根据《民法典》的规定，继承自被继承人死亡时开始，被继承人的遗产自继承开始时移转于继承人。因此，只有于被继承人死亡时即继承开始时生存的自然人，才能享有继承权，继承被继承人的遗产。在继承开始时已经死亡的人，其法律人格消灭，继承能力不复存在，不能成为继承人，不得享有继承权。

继承人于继承开始时应为生存之人，这一原则被称为"同时存在"原则。同时存在，是指继承开始时继承人已经出生且尚生存。无论法定继承还是遗嘱继承，继承开始时生存者才有继承能力，只有有继承能力的继承人才能实际享有继承权。这一原则为现代各国的立法所接受。

于继承开始时已经死亡的继承人不具有继承能力，不能实际享有继承权。这里的死亡包括自然死亡和宣告死亡。于继承开始时被宣告失踪的继承人也具有继承能力，不得否认其继承权的享有。

3. 胎儿的继承能力

胎儿是否具有继承能力是一个特殊问题，在此问题上有两种不同的观点和立法例。

(1)肯定说。该说认为，胎儿具有继承能力，得享有继承权。在这种观点上又有两种立法例：一是采取罗马法上的一般主义，认为胎儿如是活产者则于出生前有权利能力，认为胎儿具有附解除条件的人格，于继承开始时如同已出生，具有继承能力；如娩出时为死产，则其权利能力溯及力消灭。二是采取个别主义，并不一般地规定胎儿的权利能力，仅就继承、遗赠、损害赔偿等个别的法律关系中视胎儿为已出生。相应在继承问题上，承认于继承开始时已受孕但尚未出生的胎儿视为已出生，具有继承能力。

(2)否定说。该说认为，于继承开始时尚未出生的胎儿不具有继承能力，但法律采取一定的措施保护胎儿出生后的合法利益，承认于继承开始时已受孕其后活着出生的有继承能力。

胎儿继承能力是与胎儿的权利能力结合在一起的，只有具备了权利能力，才能具备继承能力。我国《民法典》第16条确认，胎儿具有部分民事权利能力，对于继承，视为具有民事权利能力，只是须在其出生后开始继承。[6] 第1155条规定："遗产分割时，应当保留胎儿的继承份额。胎儿娩出时是死体的，保留的份额按照法定继承办理。"这些规定，不仅确认胎儿具有继承的部分民事权利能力，而且明确了具体的继承方法。

于继承开始后，利用人工生殖技术用被继承人生前保留的精子受孕的胎儿，或者被继承人的卵子孕育的胎儿，以及通过其他人工生殖技术孕育的胎儿，在活着出生后，可否继承被继承人的遗产，法律无明确规定，是现代生殖技术带来的新问题。[7] 因应社会发展，对于一些不违反法律和人伦道德的人工生殖技术孕育的胎儿，法律应当按照传统的母体孕育胎儿对待。

---

〔6〕 杨立新、李怡雯：《中国民法典新规则要点》，法律出版社2020年版，第14～16页。

〔7〕 郭明瑞等：《继承法》（第2版），法律出版社2004年版，第53页。

4. 法人、非法人组织与国家的继承能力

国外立法对法人、国家的继承能力有不同规定。法国、德国、瑞士、匈牙利等国规定法人、国家在民事活动中有民事权利能力,可以成为继承权的主体,具有继承能力。我国《民法典》规定只有自然人才可以作为继承人,法人、非法人组织与国家不具有继承能力。

三、遗产

(一)遗产的概念和特征

1. 遗产的概念

遗产是继承法律关系的要素之一,是继承法律关系的客体,是继承人享有的继承权的标的。没有遗产,也就不能存在继承法律关系。我国《民法典》第1122条对遗产的概念有明确规定:"遗产是自然人死亡时遗留的个人合法财产。依照法律规定或者根据其性质不得继承的遗产,不得继承。"

这一规定包含三个方面的意思:(1)遗产是自然人死亡时遗留下的财产,不是自然人死亡时遗留下的财产不为遗产;(2)遗产是自然人的个人财产,不属于个人的财产不能为遗产;(3)遗产是自然人的合法财产,不是自然人合法取得和合法享有的财产,不为遗产。例外的情形是,依照法律规定或者根据其性质不得继承的遗产也是遗产,但是不得继承。

2. 遗产的法律特征

(1)时间上的限定性。自然人死亡时遗留下来的个人财产才是遗产。因此,被继承人死亡的时间是划定遗产的特定时间界限。在被继承人死亡之前,该自然人具有民事权利能力,自己可以依法享有各种权利和承担各种义务,得对自己的财产依法占有、使用、收益和处分,其他任何单位和个人均不得非法干涉,该人的财产不能为遗产,不发生继承。自然人死亡,不再有民事权利能力,不能享有权利和负担义务,所以于该自然人死亡时其财产即转变为遗产。

(2)内容上的财产性。遗产只能是自然人死亡时遗留的个人财产,因而具有财产性。虽然在学说上对遗产的范围存在分歧,但是,根据继承法的规定,遗产的范围仅包括被继承人遗留的财产和财产权利,而不能包括诸如被继承人的姓名权、肖像权、名誉权、生命权、健康权等人身权利。

(3)范围上的限定性。遗产必须为自然人死亡时遗留的个人财产,只有在被继承人生前属于被继承人个人所有的财产,才能为遗产。虽于被继承人生前为被继承人占有,但不为其所有的他人的财产,例如,被继承人生前租赁、借用的而于死亡时尚未返还的财产,不属于遗产。

(4)性质上的合法性。根据我国《民法典》的规定,遗产只能是自然人的合法财产,因而只有在法律规定范围内的具有合法性的财产才为遗产。自然人死亡时遗留下的财产,无论是积极财产还是消极财产,并非都为遗产,只有依法可以由自然人拥有的,并且被继承人有合法取得根据的财产，才为遗产。

(5)处理上的流转性。遗产是要转由他人承受的被继承人死亡时遗留的财产，必须具有流转性。反言之，虽为被继承人生前享有的财产权利和负担的财产义务，但因具有专属性而不能转由他人承受的，也不能列入遗产的范围。例如，以人身关系为基础的财产权利义务，以当事人的相互信任为前提的财产权利义务，都不能转让，不能作为遗产。

(二)遗产的范围

对于遗产范围的界定有不同的立法例：一是排除式，即仅规定何种权利义务不能继承，将不能继承的财产权利义务排除出遗产范围，未被排除的权利义务可为遗产；二是列举式，即规定何种财产权利义务可以继承，列举出遗产包括的财产权利义务的范围，未被列举为遗产的财产权利义务不属于遗产；三是列举式与排除式相结合，既列举可为遗产的财产范围，又规定不能列入遗产的财产权利义务。[8]

《民法典》改变了原《继承法》对遗产范围采取的立法例，采用"概括＋排除式"的方法规定遗产范围，具有立法优势，理由是：对遗产的列举永远也无法列举全面，即使加上兜底条款，也仍然会存在大量的疑问，在法律适用上也会存在不同看法；立法采取概括式的方式规定，具体内容交由法官判断，只要是被继承人的合法财产就是遗产，容易操作。对于有些财产在继承上受到限制，可以加上排除的条款即可。原《继承法》采取列举方式规定遗产范围，主要是为了宣示，通过适当列举遗产内容，既能够确定主要的遗产项目，又能够宣示主要的遗产范围，有利于群众掌握。相比之下，还是《民法典》现在的立法方法更好。

我国《民法典》第1122条规定的遗产范围是：

自然人死亡时遗留的个人合法财产，都属于遗产。只要属于个人的合法财产，在其死亡时就全部转化为遗产。这样规定，与《民法典》第124条第2款关于"自然人合法的私有财产，可以依法继承"的规定相一致。

按照这一规定，确定死者的遗产范围，不再是按照列举的具体财产来确定，而是依照死者遗留的财产是不是个人合法财产作为标准，只要符合这个标准要求的财产，就是遗产。判断的要素是：第一，是不是死者生前的财产；第二，是不是死者个人的财产；第三，是不是目前还存在的财产；第四，是不是合法所有的财产。如果这四个问题都得到了肯定性回答，被继承人遗留的这些财产就是遗产。

不过，依照法律规定或者根据其性质不得继承的遗产不得继承。

1. 依照法律规定不能继承的遗产

依照法律规定不能继承的财产，自然人可以依法取得和享有，但是，不得作为遗产继承。继承人要从事被继承人原来从事的事业，应当重新申请并经主管部门核准，不能基于继承权而当然取得。例如，国有资源的使用权，自然人可以依法取得和享有某些国有资源的使用权，如采矿权、海域使用权等。这些权利虽然性质都是用益物权，但因其

---

〔8〕 郭明瑞等：《继承法》(第2版)，法律出版社2004年版，第86页。

取得须经特别程序,权利人不仅享有使用、收益的权利,同时也负有管理、保护和合理利用的义务。国有资源使用权是由特定人享有的,不得随意转让,不得继承。享有国有资源使用权的自然人死亡后,继承人要从事被继承人原来从事的事业,要取得国有资源使用权的,应当重新申请,并经主管部门核准,而不能基于继承权而当然取得。又如,自留山、自留地,是指农村集体经济组织分配给农民个人使用的少量的土地和山坡地或山岭地,农民个人享有使用权,并且具有专属性。在现实农村生活中,农村集体经济组织对自留山、自留地都是按家庭人口、劳动能力,以农户为单位分配的,一般不作过多调整,以保持其稳定性。家庭个别成员死亡,并不妨碍农户其他成员对自留山、自留地的继续经营权和使用权。但是,这并不是继承,自留山、自留地的使用权只是家庭共同生活的人在继续经营和使用而已。

2. 根据其性质不得继承的遗产

根据其性质不得继承的财产,如与自然人人身不可分离的具有抚恤、救济性质的财产权利(抚恤金、补助金、残疾补助金、救济金、最低生活保障金等的财产权利),专属于自然人个人,不能由其继承人继承。遗产须有财产性,非财产性的权利不能作为遗产,例如,与被继承人人身密不可分的人身权利。这些财产权利专属于自然人个人,随着符合救济条件而享有该财产权利的自然人死亡而终止,不能转移,不能由其继承人继承,继续领取。不过,该自然人生前已经根据此种权利而取得或应取得的部分,可以作为遗产继承。因侵权行为而导致自然人死亡的,虽然损害赔偿金作为遗产可以由其继承人予以继承,但损害赔偿中具有专属于特定人的具有救济性质的部分不得作为遗产,比如被扶养人生活费赔偿部分,应当作为个人财产直接给予需要扶养的未成年人或者丧失劳动能力又无其他生活来源的成年近亲属。

之所以规定依照法律规定或者根据其性质不得继承的遗产不得继承,是因为能继承的遗产应当是能够转由他人承受的财产,有些财产性权益虽然合法,由于法律上的特殊性质或者遗产的特殊性质,不宜或者不能由他人承继。[9] 因此,这些财产虽然也是遗产,却不得继承。

(三)遗产的确定

在现实生活中,被继承人生前基于家庭生活需要或其他经济目的,往往与配偶、家庭成员或其他社会成员发生财产共有关系。被继承人死亡后,其遗产也就与他人的财产混在一起。因此,只有准确确定遗产,将遗产与他人的财产区分开,才能保证遗产分割的正确性,保护继承人和其他财产所有人的合法权益。

1. 遗产同夫妻共有财产的区分

夫妻共有财产是指夫妻在婚姻关系存续期间共同所得的财产。我国《民法典》第1153条第1款规定:“夫妻共同所有的财产,除有约定的外分割遗产时,应当先将共同所有的财产的一半分出为配偶所有,其余的为被继承人的遗产。”

---

〔9〕 黄薇主编:《中华人民共和国民法典继承编释义》,法律出版社2020年版,第18页。

2. 遗产同家庭共有财产的区分

在家庭成员中，如果除夫妻之外还有子女、父母、祖父母和外祖父母以及兄弟姐妹等其他成员，就不仅会形成夫妻共有财产，还会形成家庭共有财产。我国《民法典》第1153条第2款规定："遗产在家庭共同财产之中的，遗产分割时，应当先分出他人的财产。"

3. 遗产同其他共有财产的区分

财产共有关系，除夫妻共有财产、家庭共有财产之外，还存在其他形式的财产共有，如合伙共有财产等。我国《民法典》第969条第1款规定："合伙人的出资、因合伙事务依法取得收益和其他财产，属于合伙财产。"当合伙人之一死亡时，应当将被继承人在合伙中的财产份额分出，列入其遗产范围。被继承人在合伙财产中的份额，应当按出资比例或者协议约定的比例确定。如果继承人愿意加入合伙，其他合伙人亦同意继承人加入的，则不必对合伙财产进行分割，只需确定继承人作为新合伙人享有的合伙财产份额即可。

被宣告无效或被撤销的婚姻，当事人同居期间所得的财产，按共同共有处理，但有证据证明为当事人一方所有的除外。因此，被宣告无效或被撤销的婚姻，在当事人同居期间所得的财产亦属于共有财产。在一方死亡时，应当将生存一方的份额分出，其余为死者的遗产。

此外，根据最高人民法院《关于适用〈中华人民共和国民法典〉继承编的解释(一)》(以下简称《民法典继承编解释(一)》)第2条规定，承包人死亡时尚未取得的承包收益，可以将死者生前对承包所揽入的资金和所付出的劳动及其增值和孳息，由发包单位或者接续承包合同的人合理折价、补偿。其价额作为遗产。

第四节　继　承　权

一、继承权概述

(一)继承权的概念与特征

1. 继承权概念的界定

在继承权这一基本概念的界定上，众说纷纭，可以分为权利说与法律地位说两种主要主张。

(1)权利说。认为继承权是继承人继承被继承人遗产的权利。"继承权，是指公民依照法律的规定或者被继承人生前立下的合法有效的遗嘱承受被继承人遗产的权利。"[10]"继承权是继承人依法享有的继承被继承人遗产的权利。"[11]或者认为"继承权是指自然人依照法律的直接规定或者被继承人所立的合法有效的遗嘱享有的继承被继承人遗产的权利"。[12]

(2)法律地位说。认为继承权所表示的是继承人的一种法律地位。"继承权是指继承人所享有的继承被继承人遗产的权利。它体现为继承人的继承地位。"[13]或者认为"继承权是继承人依法承受被继承人的财产法律地位权利。继承权所表示的是继承人的一种法律地位"。[14]

继承权究竟为权利还是法律地位的分歧,反映了继承权历史发展中的不同立场。古罗马人对继承权下的定义是:"继承权是对于一个死亡者全部法律地位的一种继承。"[15]但在当时,继承制度不仅包括财产继承,还包括身份继承,而且更看重身份继承,故这一定义同这一历史条件相关联。现代社会,继承已经转变成单纯的财产继承,继承权也表现为对被继承人遗产的权利。无论是被继承人生前继承人享有的继承期待权,还是被继承人死后继承人享有的继承既得权,都不再仅仅是一种法律地位,而直接地表现为继承人的权利。

继承权的权利说更能反映继承权的本质。因此,继承权是指自然人按照被继承人所立的合法有效遗嘱或法律的直接规定而享有的继承被继承人财产的权利。

2. 继承权的两种含义

(1)继承期待权。继承期待权,是指继承开始前继承人的法律地位,指的是自然人依照法律的规定或者遗嘱的指定,继承被继承人遗产的资格。继承期待权在我国立法中有规定,如《民法典》第1125条中的"继承权"。继承期待权虽然不是一种现实的权利,但是却非常重要,是继承既得权的基础和前提,因为只有享有继承期待权的继承人,在被继承人死亡后,才可能享有继承既得权,而不享有继承期待权的人,即使在被继承人死亡后也不能享有继承既得权。

(2)继承既得权。继承既得权,是指继承人在继承法律关系中实际享有的继承被继承人遗产的具体权利,是一项现实的权利。因为只有被继承人死亡并留有遗产,继承人具有参与继承的权利,继承人才能参与继承法律关系而享有继承既得权,所以,继承期待权转化为继承既得权,必须具备三个条件:第一,被继承人死亡;第二,被继承人留有遗产;第三,继承人未丧失继承权。缺少其中任何一个条件,继承期待权也不能转化为继承既得权。

3. 继承既得权与继承期待权的区别

同继承期待权相比,继承既得权的最大不同在于其是一项现实的权利,具有权利的

---

[10] 佟柔:《继承法学》,法律出版社1986年版,第62页。

[11] 巫昌祯:《婚姻与继承法学》,中国政法大学出版社1997年版,第284页。

[12] 郭明瑞等:《继承法》(第2版),法律出版社2004年版,第55页。

[13] 刘春茂:《中国民法学·财产继承》,中国人民公安大学出版社1990年版,第123页。

[14] 张玉敏:《继承法律制度研究》,法律出版社1999年版,第50页。

[15] [英]梅因:《古代法》,沈景一译,商务印书馆1997年版,第104页。

完整性:

(1)继承既得权是继承人对遗产的权利,继承人享有请求分割遗产的权利,可以参与遗产的管理等活动;而继承期待权的继承人对被继承人的财产则不享有权利,不能请求分割。

(2)继承人在取得继承既得权后,可以选择接受或放弃,行使自己的权利;而继承期待权的继承人不能放弃继承期待权,即使表示放弃也无效。

(3)继承既得权的继承人,实际参加继承,在继承法律关系中享受权利,承担一定的义务;而享有继承期待权的继承人,仅仅是一种期待,被推定为将来有继承被继承人财产的希望。当然,继承既得权与继承期待权虽然存在一些区别,但是两种都属于继承权的范畴,只不过是继承权的两种含义而已。

4. 继承权的特征

(1)继承权的主体只能是自然人。在继承权的主体方面,继承权只能是自然人享有的权利。有些国家明文规定法人、国家可以成为继承权的主体。如《德国民法典》第1936条〔国库的法定继承权〕规定:"在继承开始时,不存在被继承人的任何血亲、配偶或同性生活伴侣的,遗产由被继承人在继承开始时的最后住所地州继承,或者,被继承人的最后住所不可予以确定的,由其最后惯常居所地州继承。除此以外,遗产由联邦继承。"我国继承权的主体只能是自然人,而不能是法人、非法人组织和国家。

(2)继承权是依照合法有效的遗嘱或者法律直接规定享有的权利。在取得根据方面,继承权是自然人依照合法有效的遗嘱或者法律的直接规定而享有的权利。即继承权的发生根据有两种:一是法律的直接规定。即继承权直接由法律规定而取得,无须由被继承人的意思介入。法律规定的继承权取得,一般根据婚姻关系、血缘关系及扶养关系而定。二是合法有效的遗嘱的指定。基于遗嘱人遗嘱自由的原则,被继承人可以订立遗嘱根据自己的意愿指定继承人,不过在我国所指定的遗嘱继承人必须限于法定继承人范围之内,经过遗嘱指定的继承人取得遗嘱继承权。

(3)继承权的客体是被继承人的财产权利。继承权的客体是被继承人的财产权利。在继承期待权中,被继承人尚未死亡,继承未发生,遗产也就无从确定,只能是对其财产享有的期待权。正因为继承权是继承被继承人财产的权利,所以,继承权具有财产性。继承权的客体只能是财产,而不能是被继承人的身份或者其他人身利益。

(二)继承权的性质

1. 对继承权性质的不同主张

对继承权的性质,学界存在分歧。主要有以下几种学说。

(1)物权说。该说认为,继承权为一种物权,具有排他性,当继承人继承被继承人遗产的权利受到他人侵害时,享有类似物权请求权性质的继承权恢复请求权。但是排他性并非物权所独具,人格权、知识产权等绝对权也具有排他性,所以不能根据排他性就认定继承权为物权的一种。此外,继承权恢复请求权同物权请求权也不同,继承权恢复请求权以继承权为基础,目的在于恢复到继承开始时财产继承关系的最初状态。因此，物权说为大多数国家所不取。

（2）财产取得方式说。法国将继承编与生前赠与、契约等编并列，放入财产取得卷。还有国家将继承和遗嘱作为所有权的取得方式加以规定，列入主物权编，如阿尔及利亚。将继承仅界定为财产的取得方式之一，并将其列入债权或物权，都不妥当。因为继承权是一项独立的权利，不仅是财产的转移，还涉及婚姻关系、血缘关系等。

（3）法律地位说。该说认为继承权的性质是继承人得接替被继承人财产法上的权利义务的一种资格或法律地位。[16] 这种资格或地位的具体内容是在继承开始后，在法定期间内享有继承选择权，继承人基于自己的法律地位得选择接受或放弃继承，并且基于继承人的选择，确定继承人的法律地位。继承权作为一项权利，并不主要体现在资格或地位上，关键在于权利。

（4）独立权利说。该说将继承权视为一项独立的民事权利。德国、日本、瑞士等国均采此说，将继承作为民法典中的独立一编。我国《民法典》也是如此，把继承权作为一项独立的民事权利。

2. 继承权是独立的民事权利

继承权的性质为独立的民事权利。因为从权利和义务的分类上，继承权当然是一种权利，继承权人可以基于自身的权利请求为某项事项，比如接受或放弃继承，请求遗产分割，享有继承权恢复请求权等。因此，继承权是一项独立的民事权利，具有自身的特性，无法为其他性质的权利所包容。

二、继承权的丧失与恢复

（一）继承权丧失的概念

继承权的丧失，是指继承人在发生法律规定的事由时，失去继承被继承人遗产的资格。

继承权的丧失可分为继承权的绝对丧失和相对丧失。

1. 继承权的绝对丧失

继承权的绝对丧失，是指因发生某种使某继承人丧失继承权的法定事由时，该继承人对特定被继承人的继承权终局丧失，该继承人再不得也不能享有对该特定被继承人的继承权。继承权的绝对丧失，是不可改变的，不依被继承人或者其他人的意志而变化。例如，甲故意杀害其母但未致其母死亡，甲被判刑改造后，其母对甲予以宽恕，仍让甲继承其遗产，此时甲也不能享有继承其母遗产的权利。

2. 继承权的相对丧失

继承权的相对丧失，是指虽因发生某种法定事由继承人的继承权丧失，但在具备一定条件时继承人的继承权也可最终不丧失的情形，所以又称为继承权的非终局丧失。

---

〔16〕　张玉敏：《继承法律制度研究》，法律出版社 1999 年版，第 54 页。

法律规定继承权的相对丧失,并不是为了继承人的利益,而是为了促使继承人改恶从善,尊重被继承人的意愿,贯彻养老育幼的原则。

依我国《民法典》的规定,遗弃被继承人或者虐待被继承人情节严重的,继承人丧失继承权。如果继承人其后确有悔改的表现,而被继承人生前又表示宽恕的,可不确认继承人丧失继承权。因此,因遗弃被继承人或者虐待被继承人情节严重而丧失继承权的,即属于继承权的相对丧失。

(二)继承权丧失的特征

第一,继承权的丧失是继承人继承期待权的丧失。继承权丧失的客体是继承期待权,而非继承既得权,因为继承权丧失仅是继承被继承人遗产资格的丧失。而继承既得权在继承未开始前尚不存在,无从丧失。即使在被继承人死亡后发生继承权丧失的法定事由,也因继承权的丧失的效力溯及继承开始时,继承既得权也无从丧失。

第二,继承权的丧失是继承人继承期待权的自然丧失。继承权的丧失,是在发生法定事由时继承人继承期待权的自然丧失,无须采取什么程序。虽然因为继承权的丧失会引致纠纷,有时需要提交法院裁判,但是,法院裁判不是继承权丧失效力发生的根据,只是从司法机关的角度进行确认。

第三,继承权的丧失是指在发生法定事由时丧失。继承权的丧失必须存在法定事由,非有法定的事由,任何人不得非法剥夺继承人的继承权。至于何为法定事由,各国根据自身的情况作出了不同的规定,广狭不一。考察继承权的丧失,关键的是看继承权丧失的法定事由是否存在。

(三)继承权丧失的法定事由

继承权丧失的法定事由,也就是得依法取消继承人继承权的原因或者理由。继承权丧失是对继承人继承权的取消,对继承人而言是一种严厉制裁。根据《民法典》第1125条的规定,继承人有下列行为之一的,丧失继承权。

1. 故意杀害被继承人。继承人故意杀害被继承人,是一种严重的犯罪行为,不论其是否受到刑事责任的追究,都丧失继承权。

继承权的丧失事关继承人的重大利益,构成故意杀害被继承人丧失继承权的事由须具备以下三个条件。

(1)须为继承人实施。对被继承人的故意杀害行为须继承人实施,如果是继承人之外的人实施的,不存在继承权丧失的问题。故意杀害被继承人丧失继承权的,既可以是法定继承人,也可以是遗嘱指定的继承人。教唆杀害被继承人,应当认定为杀人共犯,丧失继承权。

(2)须实施杀害被继承人的行为。一种观点认为,继承人故意杀害被继承人,指继承人故意侵犯被继承人人身权利,情节严重的行为,主要指故意杀人、故意伤害、诬陷、奸淫幼女、抢劫、暴力干涉婚姻自由等犯罪行为。杀害是以剥夺生命权为目的,不能扩大解释为包括“杀”和“害”,不能解释为既包括杀人,也包括伤害。因此,继承人实施的行为须是以剥夺被继承人生命权为目的,才能构成杀害行为。如果继承人对被继承人实施的不法行为虽为危害人身安全的行为,但却不是以剥夺其生命为目的,不能构成杀害行为。反之,只要继承人实施的行为有剥夺被继承人生命的图谋,不论出于何种动机,采取何种手段杀害,直接杀害还是间接杀害,是亲手杀害还是教唆他人杀害,都构成杀害被继承人的行为。有人认为,为了"大义灭亲"而杀害有严重劣迹的被继承人的,不应丧失继承权,是不对的。从刑法上说,即使被继承人有严重劣迹,他人也无私自将其杀害的权利,对其杀害行为可构成犯罪;继承人不论出于何种动机杀害被继承人,都不会影响其继承权的丧失。〔17〕

(3)须继承人主观上有杀害的故意。至于继承人的杀害故意是直接故意还是间接故意,均无影响。如果继承人在主观上并无杀害被继承人的故意,则不丧失继承权。例如,继承人由于过失而致被继承人死亡的,因其并无杀害的故意,不构成故意杀害被继承人,不能丧失继承权。

在故意杀害被继承人丧失继承权方面,有以下三个问题应当注意:

一是依照《民法典继承编解释(一)》第7条规定,继承人故意杀害被继承人的,无论是既遂还是未遂,均应当确认其丧失继承权。

二是继承人因正当防卫而杀害被继承人的继承权丧失问题。主流观点认为,正当防卫是在行为人受到他人不法侵害时,对侵害人所实施的一种合法的、正当的自救措施,因而,正当防卫是一种合法行为,并不具有违法性。即使继承人因正当防卫而杀害被继承人的,也不丧失继承权。但是,如果继承人实施的防卫行为过当而构成故意杀人罪时,继承人仍应丧失继承权。〔18〕 根据我国刑法理论,对于正当防卫造成的伤害,行为人不承担刑事责任,这说明法律对正当防卫合法性的认可,因此,也不应当让因正当防卫杀害被继承人的继承人丧失继承权。对于防卫过当,《刑法》规定行为人应当对过当行为造成的损害承担刑事责任,这说明对防卫过当的否定性评价,因防卫过当的防卫反击而杀害被继承人的继承人,应当丧失继承权。

三是未成年人故意杀害被继承人的继承权丧失问题。有的学者认为:"凡故意杀害被继承人的,不论其是否成年,也不论是否追究其刑事责任,都应丧失继承权。不满10周岁(现为8周岁——作者注)的未成年人杀害被继承人的,因其为无民事法律行为能力人,无民事法律行为能力也就无民事责任能力,无民事法律行为能力人不能认识其行为的性质和后果,主观上也就不存在故意过失问题,其杀害行为也就构不成故意。因不满10周岁(现为8周岁——作者注)的继承人杀害被继承人的,并不为故意杀害,所以,其才不因此而丧失继承权,而并非因其他理由不丧失继承权。"〔19〕 这种主张具有合理性,也比较容易操作。但是,民事法律行为能力与刑事责任能力不同,如果继承人为14周岁以上的未成年人杀害被继承人的,根据《刑法》的规定,该未成年人达到了刑事

〔17〕 郭明瑞等:《继承法》(第2版),法律出版社2004年版,第64页。

〔18〕 郭明瑞等:《继承法》(第2版),法律出版社2004年版,第64页。

〔19〕 郭明瑞等:《继承法》(第2版),法律出版社2004年版,第64~65页。

责任年龄，具有刑事责任能力，应当承担刑事责任，不满 14 周岁的未成年继承人杀害被继承人的，则该未成年人不承担刑事责任。将继承权的丧失同故意杀害被继承人的继承人是否承担刑事责任相结合，才是正确的。未成年人故意杀害被继承人，如果被判令承担刑事责任，则继承权相应丧失；如果未被判令承担刑事责任，则应当不丧失继承权。

2. 为争夺遗产而杀害其他继承人。继承人故意杀害其他继承人，是指继承人中的一人或数人出于争夺遗产的动机，而杀害居于同一继承顺序的其他继承人，或者杀害先于自己继承顺序的继承人，或者杀害被继承人在遗嘱中指定的遗嘱继承人。实施杀害行为的继承人无知，认为后一顺序的继承人会妨碍他继承全部遗产而杀害了后一顺序继承人，也丧失继承权。

构成继承人为争夺遗产杀害其他继承人的行为，须具备以下两个条件：

(1)继承人杀害的对象是其他继承人。继承人杀害其他继承人，是继承人实施剥夺其他继承人生命的违法犯罪行为。其主体为继承人，只要是继承人实施该杀害行为，不论其直接杀害，还是教唆他人实施杀害行为，均可构成。但是，继承人的配偶或其他亲属独立实施杀害行为的，不发生继承人丧失继承权的后果。被杀害的对象只能是其他继承人，而不能是继承人以外的其他人。继承人杀害继承人以外的其他人的，尽管构成杀人罪，继承人应受刑事责任的追究，但是，不能因此而丧失继承权。继承人杀害其他继承人，既包括法定继承人杀害遗嘱继承人的情形，也包括遗嘱继承人杀害法定继承人的情形；既包括后一顺序的继承人杀害前一顺序的法定继承人，也包括前一顺序的继承人杀害后一顺序的继承人，还包括继承人杀害同一顺序的继承人。

(2)继承人杀害的目的是争夺遗产。杀害行为人必有主观上的故意，其目的是争夺遗产。继承人杀害其他继承人不是争夺遗产，而是为了其他目的，虽然也会受刑事责任的追究，但是，不能因此而丧失继承权。即使因继承人杀害了其他继承人而使继承人实际上可以多得到遗产的，只要继承人杀害的动机和目的不是争夺遗产，其继承权也不因此而丧失。国外立法一般并不将争夺遗产的动机作为继承权丧失的限定条件，仅规定故意杀害其他继承人而被判刑的，就丧失继承权。我国规定与此有所不同。

3. 遗弃被继承人的，或者虐待被继承人情节严重。继承人遗弃被继承人，是指继承人对没有劳动能力又没有生活来源、没有独立生活能力的被继承人拒不履行扶养义务。构成遗弃行为的条件是：

(1)被遗弃的对象是没有独立生活能力的被继承人，例如，被继承人年老、年幼、有残疾等。被继承人虽有生活来源，但是并没有独立生活能力的，仍然可以成为被遗弃的对象。如果被继承人有独立生活能力，尽管继承人不尽扶养义务也是不合法、不道德的，但不构成遗弃。

(2)继承人有能力尽扶养义务而拒不尽扶养义务。如果继承人本身也是没有独立生活能力的人，无力尽扶养义务，不构成遗弃。遗弃行为是一种置被继承人于危险境地而不顾的严重的不道德行为、违法行为，不限于积极的行为，消极的不作为也可构成。对于因家庭矛盾或被继承人的误解所引起的关系冷淡、联系不密切或短时期不来往，不能认定为继承人遗弃被继承人。继承人遗弃被继承人的均丧失继承权，而不问其是否被追究刑事责任。继承人遗弃被继承人以后确有悔改表现,而且被继承人生前又表示宽恕的,可不确认其丧失继承权。

虐待被继承人情节严重,是指继承人在被继承人生前对其以各种手段进行身体上或者精神上的摧残或折磨,达到相当程度。例如,对被继承人经常进行打骂,迫使其从事不能从事的劳动,限制其人身自由等。虐待行为与遗弃行为的后果不同。继承人虐待被继承人的,并不就丧失继承权;只有虐待情节严重的,才丧失继承权。继承人虐待被继承人情节是否严重,可以从实施虐待行为的时间、手段、后果和社会影响等方面认定。如果继承人对被继承人的虐待具有长期性、经常性,并且手段比较恶劣,社会影响很坏,则可认定为虐待情节严重。如果继承人对被继承人只是一时的不予以关心、照顾,或者因某些家务事发生争吵,甚至打骂,不应认定为情节严重。只要继承人虐待被继承人情节严重,不论其行为是否构成犯罪,其是否被追究刑事责任,均丧失继承权。[20]

如同继承人遗弃被继承人的情形一样,如果继承人虐待被继承人虽然情节严重,但是以后确有悔改表现,且受虐待的被继承人表示宽恕的,可不确认其丧失继承权。

4. 伪造、篡改、隐匿或者销毁遗嘱,情节严重。被继承人的合法遗嘱受法律保护,任何人不能非法改变被继承人通过遗嘱表现出来的生前意愿。伪造、篡改、隐匿或者销毁被继承人遗嘱,违背了被继承人生前的真实意愿,继承人实施这类行为往往是从利己的目的出发,为使自己多得或者独得遗产,因而侵害其他继承人的合法利益。这是违反社会道德和法律的行为,对于这种行为应当进行制裁,通过使其丧失继承权,维护遗嘱人的合法权益。

(1)伪造遗嘱,是指被继承人生前未订立遗嘱或者未订立与其有关的遗嘱,继承人以被继承人的名义制作假遗嘱的行为。有的学者认为,继承人为了夺取或独吞遗产而制造假遗嘱的行为,才为伪造遗嘱的行为。[21] 继承人伪造遗嘱,一般是为了多得或独吞遗产,但是,继承人制造虚假遗嘱的动机或目的并不是构成伪造遗嘱的要件,对此不必强加要求。伪造的遗嘱,根本就不是被继承人生前的意思表示,不能体现被继承人生前的意志。伪造遗嘱一般是在被继承人未立遗嘱的情形下实施的,但是,被继承人立有遗嘱,继承人将被继承人所立的遗嘱隐藏起来另制作一份假遗嘱,也是伪造遗嘱。在现实生活中,伪造遗嘱的人不一定都是法定继承人范围之内的人,也有可能是法定继承人范围之外的人。

(2)篡改遗嘱,是指继承人改变被继承人所立遗嘱内容的行为。这种行为是改变了被继承人生前的意志,限制被继承人生前对其合法财产的处分。有学者认为,法定继承人发现被继承人生前所立的遗嘱对自己不利,为了夺取或独吞遗产而进行篡改。[22] 继承人篡改被继承人的遗嘱,一般是因为被继承人所立的遗嘱对自己不利,对遗嘱予以

〔20〕 参见最高人民法院《关于贯彻执行〈中华人民共和国继承法〉若干问题的意见》第10条第2款。
〔21〕 刘文:《继承法比较研究》,中国人民公安大学出版社2004年版,第48页。
〔22〕 刘文:《继承法比较研究》,中国人民公安大学出版社2004年版,第48页。

篡改,以使其内容对自己有利,但是,这不是构成篡改遗嘱的必要条件,本条也未对此强制要求。只要继承人改变了被继承人所立遗嘱的主要内容,就是篡改遗嘱。

(3)隐匿遗嘱,是指继承人将被继承人所立的遗嘱隐藏起来拒不交出。隐匿遗嘱,通常是被继承人所立遗嘱对该继承人不利,因而将其藏匿,使被继承人的遗产不能依照被继承人在遗嘱中体现的支配遗产的意愿实现。

(4)销毁遗嘱,是指继承人将被继承人所立的遗嘱完全破坏、毁灭。这是一种完全否定被继承人生前意愿的行为,是对被继承人生前财产处分权的剥夺。继承人之所以销毁被继承人的遗嘱,一般是因为其要达到多得或者独吞遗产的目的,但是,继承人因何目的和动机而销毁遗嘱,并不影响销毁遗嘱行为的构成。

继承人伪造、篡改或者销毁被继承人的遗嘱,情节严重的,才丧失继承权。继承人伪造、篡改或者销毁遗嘱,侵害了缺乏劳动能力又没有生活来源的继承人利益,并造成其生活困难的,应当认定其行为情节严重。如果继承人伪造、篡改或者销毁被继承人的遗嘱,并未侵害缺乏劳动能力又没有生活来源的继承人的利益,或者虽侵害其利益但是未造成其生活困难的,不丧失继承权。除此之外,继承人伪造、篡改、销毁遗嘱,具有其他严重情节的,也应当认定为构成丧失继承权的情形。

继承人伪造、篡改或者销毁被继承人的遗嘱,并不限于继承人亲自实施的行为。继承人授意他人伪造、篡改或者销毁被继承人遗嘱的,只要情节严重,同样也丧失继承权,但是须有继承人的故意才能构成。继承人因过失而使被继承人的遗嘱损毁的,不能认定为销毁遗嘱。例如,某被继承人把遗嘱和其他文件书籍放在一起,后来被其继承人在清理书籍时,因粗心大意而将遗嘱和过时的文件书报一起销毁,不应认定继承权丧失。[23]

5. 以欺诈或者胁迫手段迫使或妨碍被继承人设立、变更或撤销遗嘱情节严重。前述四项法定事由,是原《继承法》规定的继承权丧失的法定事由。该规定同国外立法例规定的继承权丧失事由相比之下,显得过于狭窄。国外立法例除了前述的法定事由外,对妨碍被继承人设立、变更或者撤销遗嘱,诬告被继承人,知道被继承人被谋杀而不告发,都导致继承人丧失继承权。《民法典》增加了以欺诈或者胁迫的手段,迫使或者妨碍被继承人设立、变更或者撤回遗嘱,情节严重的行为,作为继承权丧失的事由之一。

(1)欺诈,是指继承人故意告知被继承人虚假情况,或故意隐瞒真实情况,诱使被继承人作出违背其真实意愿设立、变更或者撤销遗嘱的行为。

(2)胁迫,是指继承人以给被继承人或其亲友的生命健康、荣誉、名誉、财产等造成损失为要挟,迫使被继承人作出违背其真实意思设立、变更或者撤回遗嘱的行为。

设立遗嘱的权利是被继承人的基本权利和自由,受法律保护。以欺诈或者胁迫的手段,迫使或者妨碍被继承人设立、变更或者撤回遗嘱,严重侵犯了被继承人的遗嘱自由和权利,使被继承人所立遗嘱违背其内心的真实意思,继承人有上述行为并且情节严重的,应剥夺其继承权。

---

〔23〕 刘春茂主编:《中国民法学·财产继承》,中国人民公安大学出版社 1990 年版,第 144 页。

依照《民法典》第1125条第3款规定，受遗赠人有上述行为之一的，丧失受遗赠权。

（四）因宽宥而恢复继承权

1. 宽宥的概念和意义

以法定继承权的丧失为前提，宽宥特指被继承人在情感上对继承人的行为的谅解和宽恕，表达被继承人对继承人继承身份或资格的再次认可、肯定与承认，恢复其已丧失的继承权。

在继承人丧失继承权后，只要被继承人对继承人宽宥，就应当恢复继承人已丧失的继承权。宽宥作为被继承人的单方意思表示，不需要相对方即继承人作出任何意思表示便产生法律效力。

2. 宽宥的具体规则

适用宽宥须具备法定的条件是：

（1）继承人的继承权已经丧失。凡是具有《民法典》第1125条第1款第3～5项规定的事由的，即遗弃被继承人，或者虐待被继承人情节严重；伪造、篡改、隐匿或者销毁遗嘱，情节严重的；以及以欺诈、胁迫手段迫使或者妨碍被继承人设立、变更或者撤回遗嘱，情节严重。因上述事由丧失继承权的，都具备宽宥的第一个条件。

（2）丧失继承权的继承人确有悔改表现。我国对宽宥的适用，附加了继承人须“确有悔改表现”的前提条件。对此，其他立法例都认为仅具备被继承人单方对继承人表示宽宥的条件即可，无须再有继承人的表现或其他法定前提条件，更无须由第三方来判断继承人是否确有悔改。这是因为，基于宽宥的本质，实为被继承人的单方意思表示行为，不应该再对被继承人的意志自由附加任何束缚或限制。《民法典》明确规定，丧失继承权的继承人须具备“确有悔改表现”这一前提条件，应当依照法律的规定确认这一要件。

（3）被继承人表示宽宥或者事后在遗嘱中将其列为继承人。宽宥是单方法律行为，被继承人须表明宽宥的意思表示，或者事后在遗嘱中将丧失继承权的继承人列为继承人。

至于宽宥是否须为要式行为，有学者认为为了慎重，并为减少纠纷，应当将被继承人宽恕的行为规定为要式法律行为。[24] 将宽宥规定为要式行为，的确可以减少纠纷，但是，这种过于苛刻的要求，会束缚当事人的意志自由，也与宽宥的单方意思行为的本质相抵触。所以，对宽宥的形式也不应作特别要求，无论是被继承人以口头或遗嘱直接表达对继承人的原谅、宽恕，还是被继承人接受继承人的扶养、与之共同生活、赠与财产等，均应视为被继承人已对继承人表示了宽宥。如果被继承人在遗嘱或公证书内未明示恢复继承人已经丧失的继承权，但是，遗嘱人在明知继承人丧失继承权的情况下，仍向其作出遗嘱处分，则丧失继承权的人可以在有关遗嘱处分的限度内继承财产。这其实是一种默示的宽宥意思表示。

---

〔24〕 陈苇、宋豫主编：《中国大陆与港、澳、台继承法比较研究》，群众出版社2007年版，第191页。

三、继承权的承认与放弃

（一）继承权的承认

1. 继承权承认的概念

继承权的承认，是指继承人在继承开始后、遗产分割前，以一定的方式作出愿意接受被继承人遗产的权利的意思表示。

2. 继承权承认的方式

对于继承权承认的方式，在大陆法系国家，根据继承人对继承权承认是否附加条件（主要是对被继承人生前所欠债务是否表示以其所继承的遗产范围为限），划分为单纯承认和限定承认两种。（1）单纯承认，是指继承人无所保留地、确定地承继被继承人财产的单方意思表示。[25]（2）限定承认，是指继承人附加限制条件地接受被继承人的全部遗产的意思表示。一般的限定条件是以因继承所得之遗产偿还被继承人债务。

限定承认与单纯承认的最大区别，在于责任承担上的有限性。在限定承认条件下，即便被继承人之债务超过遗产，继承人亦无须以其自己原有财产为清偿。虽然为放弃继承也可达成此目的，但于继承开始之际，继承人未必能确切明了被继承人的债务是否超过遗产，若盲目为放弃的表示，后又发现遗产尚有剩余，则将悔之不及。另外，同单纯承认相比，限定承认须为要式行为，在一些立法例中规定限定承认须在法定期限内以明示的方式，并且还要按照法律规定将限定承认的意思表示出来。

我国继承法以继承人承担有限责任为原则，不认可所谓单纯承认。而且在继承权的承认方面，无论是明示还是默示方式均可。如果在继承开始后、遗产分割前，继承人未作出明确表示的，视为接受继承。

（二）继承权的放弃

1. 继承权放弃的概念

继承权的放弃，又称继承权的拒绝、继承权的抛弃，是指继承人于继承开始后、遗产分割前作出的放弃其继承被继承人遗产的权利的意思表示。继承权的放弃，是继承人自由表达其意志、行使继承权的一种表现，是一种单方民事法律行为，无须征得任何人的同意。

继承人放弃继承权与丧失继承权，都不能取得遗产，其直系晚辈血亲也都不能代位继承，在后果上具有相同性。但是，二者在性质上完全不同：

（1）放弃继承权所放弃的是继承既得权，而丧失继承权所丧失的是继承期待权。只有未丧失继承权的人才可以放弃继承权，丧失继承权的继承人并无继承权可放弃。

（2）放弃继承权是继承人自愿作出的意思表示，并不需要有何事由；而丧失继承权却是因发生法定事由而当然发生的，当事人不认为其继承权丧失的，法院得以裁决确认

---

〔25〕 戴炎辉等：《中国继承法》，台北，三民书局1998年版，第171页。

其丧失继承权。因此,放弃继承权是继承人对自己权利的一种处分,而丧失继承权则是法律对实施违法行为的继承人的一种民事制裁。

(3)放弃继承权只能在继承开始后遗产分割前实施,在继承开始前不发生继承权的放弃;而继承权丧失的事由可以发生在继承开始以前,而且有的事由(如遗弃被继承人)只会发生在继承开始以前。

2. 继承权放弃的方式

继承权放弃的方式,是指继承人放弃继承权时意思表示的方式。各国对于继承权放弃的方式规定不一,分为明示与默示两种方式。

《民法典》第1124条第1款规定:"继承开始后,继承人放弃继承的,应当在遗产处理前,以书面形式作出放弃继承的表示。没有表示的,视为接受继承。"可见,我国采取的是明示方式。继承人用口头方式表示放弃继承的,不发生放弃继承权的效力。在诉讼中,继承人可以向人民法院表示放弃继承。继承人向人民法院以口头方式表示放弃继承的,人民法院要制作笔录,由放弃继承权的继承人签名。不论以何种形式作出的放弃继承的意思表示,都必须是继承人的真实意思表示,否则不能发生放弃继承的效力。[26]

3. 继承权放弃的要件

继承权虽得以继承人的自由意志予以放弃,但并非无所限制,行使继承权的放弃必须符合一定的要件。

(1)须在继承开始后、遗产分割前放弃。这是放弃继承权的时间要件。由于继承人只能于继承开始后才享有继承既得权,因此,继承权的放弃只能于继承开始后实施。于继承开始前,继承人并不享有可以处分的继承既得权,仅享有继承期待权,而继承期待权是一种资格,是不得放弃的,即使放弃,也不发生效力。又因为继承权的放弃是继承人对自己继承权的处分,所以,继承权的放弃也只能在遗产分割前实施。于遗产分割后,继承人所作出的不接受遗产的意思表示,属于放弃遗产,继承人放弃的不是继承权,而是单独的遗产所有权。

(2)原则上由继承人本人放弃。这是放弃继承权的主体要件。继承权的放弃为单方民事法律行为,应当由继承人本人亲自实施,不得代理。对无民事法律行为能力和限制民事法律行为能力继承人而言,允许其法定代理人代理该继承人放弃继承,以保护无民事法律行为能力和限制民事法律行为能力的继承人利益。

(3)放弃继承权不得附加条件。许多国家明文规定,继承人放弃继承权不得附加条件。我国《民法典》没有规定继承人放弃继承权不得附加条件,但是在司法实践中与学界倾向于不允许继承人附加条件。对于继承人在放弃继承时提出的将其放弃的遗产让与某人的附加条件,继承人所附加的条件和保留的意见,应当视为继承人在接受继承以后对自己的继承份额所作的处分。[27]

---

〔26〕 郭明瑞等:《继承法》(第2版),法律出版社2004年版,第75页。

〔27〕 刘春茂:《中国民法学·财产继承》,中国人民公安大学出版社1990年版,第182页。

四、继承权恢复请求权

（一）继承权恢复请求权的概念和特征

1. 继承权恢复请求权的概念

继承权恢复请求权，是指在发生继承权受侵害的情形时，真正继承权人所享有的请求侵害人或者通过法院诉讼程序，将自己的权利恢复到继承开始时的状态的权利。

2. 继承权恢复请求权的法律特征

（1）继承权恢复请求权是继承权受到侵害时继承人享有的权利。继承权未受侵害的，则不得行使此项权利。例如，继承人甲丧失继承权后，知悉自己不是真正继承人，就故意占有继承的财产，此时其他真正继承人享有继承权恢复请求权。

（2）继承权恢复请求权是一种实体权而非诉讼法上的诉权。在发生侵害继承权情形时，继承人可以直接基于自己的权利人地位请求侵害人恢复其权利状态，是一项实体权利。继承人也可以直接要求法院通过诉讼程序，使其权利恢复到继承开始时的状态，以保护其继承权的请求权。此时是基于继承权恢复请求权这一实体权利进行的诉讼。

（3）继承权恢复请求权行使的目的是恢复继承人的继承权。继承权恢复请求权同其他请求权不同，其目的不在于对某特定财产的权利，而在于概括地恢复其权利到继承开始时的状态，使真正继承人可以继承遗产。

（二）继承权恢复请求权的行使

在发生侵害继承权的客观事实时，继承人可以向侵害人直接提出恢复继承权的请求，也可以向有管辖权的人民法院提起诉讼，请求人民法院通过民事诉讼裁决。

继承权恢复请求权应当由继承权被侵害的继承人本人行使，但是在继承人是无民事行为能力人或限制民事行为能力人时，由其法定代理人代理行使。如果胎儿的继承份额未在遗产分割时予以保留，在其尚未出生时，其母亲有权代理胎儿主张其继承权恢复请求权，要求保留其应继份。在胎儿出生后，其法定代理人都有权代理其行使继承权恢复请求权。

在共同继承中发生继承权受侵害时，行使继承权恢复请求权有两种不同的做法：一是共同行使说；二是单一行使说。〔28〕 在共同继承中发生的继承权恢复请求权应当区分具体情形予以行使，因为在共同继承中不仅共同继承人之外的人会没有合法根据地占有遗产而侵害继承权，在共同继承人内部也会发生某些继承人否认其他继承人的继承权而侵害其继承权的情形。具体情形为：

第一，一部分共同继承人侵害其他共同继承人的继承权。如独立行使遗产权利、排除其他共同继承人进行遗产分割等，该其他共同继承人可以行使继承权恢复请求权。

第二，继承人之外的表见继承人同部分共同继承人进行遗产分割，被排除的其他共

〔28〕 史尚宽：《继承法论》，中国政法大学出版社 2000 年版，第 133 页。

同继承人可以行使继承恢复请求权。

第三,共同继承人之外的其他人侵害继承权的,不论单一继承人、共同继承人中的一部分还是全体共同继承人都可成为继承权恢复请求权的主体,都可行使继承权恢复请求权。

在继承人通过向法院提起诉讼行使继承权恢复请求权时,继承人只须证明自己是真正继承人即可,不必逐一证明其对遗产的真实权利。继承人应对自己有继承权的事实以及请求的标的物于继承开始时属于被继承人占有而为被告所侵害的事实,负举证责任,无须对被继承人的原有所有权及其他权利举证。

思考题

1. 说明继承的概念、特征与种类。
2. 继承法的性质是什么?
3. 简述继承权平等原则的含义与具体表现。
4. 继承法律关系的要素是什么?
5. 简述继承权的概念与性质。
6. 结合本章典型案例,讨论:继承权丧失的法定事由有哪些?继承人恢复丧失的继承权应当具备何种要件?

第六章　法 定 继 承

本章导读

法定继承是指继承人范围、继承顺序、继承条件、继承份额、遗产分配原则及继承程序均由法律直接规定的继承方式。我国的法定继承人的范围是配偶、子女、父母,兄弟姐妹、祖父母、外祖父母,其中配偶、子女、父母是第一顺序继承人,兄弟姐妹、祖父母、外祖父母为第二顺序继承人。代位继承是指被继承人的子女先于被继承人死亡时,由被继承人的子女的直系晚辈血亲代替先亡的被继承人的子女,或者被继承人的兄弟姐妹的子女代替先亡的被继承人的兄弟姐妹,继承被继承人遗产的法定继承制度。丧偶儿媳和丧偶女婿对公婆或者岳父母尽了主要赡养义务的,作为第一顺序继承人。

典型案例

被继承人王某某、李某某夫妇婚生王某学、王某芳、王某昌、王某贤、王某刚五名子女。王某昌早于被继承人死亡,无配偶和子女。王某芳早于被继承人死亡,有配偶和婚生子女王某德、王某文和王某霞。王某芳之妻在被继承人王某某死亡后带着三名子女改嫁,但是,在被继承人李某某在世时,仍经常来往关心照顾其生活。被继承人李某某死亡时,王某德与王某学、王某刚、王某贤共同料理丧事,其遗留的房屋由王某学、王某刚和案外人周某发分别居住。王某芳之子王某德以要求代位继承被继承人所遗房产为由提起诉讼。一审法院认为,王某学、王某刚、王某贤三被告与原告王某德对被继承人都尽了赡养义务,均是合法继承人,故判决将被继承人所遗房产由三被告与原告平均继承。三被告以原告王某德之父对被继承人未尽赡养义务,王某德兄妹系晚辈血亲,无权继承被继承人的遗产为由提起上诉。二审法院认为,被上诉人之父王某芳虽然先于被继承人死亡,但在生前对被继承人尽到了赡养义务,应享有继承权,被上诉人王某德是王某芳的晚辈直系血亲,依法有权代位继承其父应得的遗产份额,故维持原判。

第一节 法定继承概述

一、法定继承的概念和性质

(一)法定继承的概念和特征

1. 法定继承的概念

法定继承是指继承人范围、继承顺序、继承条件、继承份额、遗产分配原则及继承程序均由法律直接规定的继承方式。

2. 法定继承的特征

(1)法定继承具有强烈的身份性。法定继承中的继承人是由法律直接加以规定的。各国法律规定法定继承人的范围、顺序和份额,一般依据婚姻关系、血缘关系和扶养关系,法定继承人一般只是与被继承人有亲属关系的人。英国学者甚至认为,“无遗嘱继承规则来源于十分流行的家庭观念,并且它可以说是家庭法的附录”。[1] 可见,法定继承人具有强烈的人身性,建立在严格的身份关系的基础之上。

(2)法定继承具有法定性。法定继承的法定性,是指法定继承的继承人范围、继承人的继承顺序、继承人的应继份额以及遗产的分配原则都是由法律直接规定的,而不是由被继承人决定。当然,法律规定法定继承是从推定被继承人的意愿出发的,而不是随意规定的。

(3)法定继承的规范具有强行性。法律关于法定继承的规范为强行性规范,不得任意排除其适用,任何人不得改变法律规定的继承人的范围,也不得改变法律规定的继承人参加继承的先后顺序等,继承人在继承遗产时须按照法律规定的应继份额及遗产分配原则来分配遗产。法定继承具有强行性的特点,但不是说在法定继承中完全没有任意性规范的适用。例如,关于遗产的分配,就可以由继承人按照法律规定的原则协商确定,不过这也是在遵循法律规定的遗产分配原则基础上的协商。

(二)法定继承的性质

关于法定继承的性质,在我国学者之间表述不一,可以归纳为两种:

(1)继承方式说,即“法定继承,是指由法律直接规定继承人的范围、继承的先后顺序以及遗产分配原则的一种继承方式”。[2]

(2)法律制度说,即“法定继承是继承人的范围、顺序和遗产的分配原则都由法律

---

〔1〕[英]F. H. 劳森、[英]B. 拉登:《财产法》,施天涛等译,中国大百科全书出版社 1998 年版,第 207 页。

〔2〕刘素萍:《继承法》,中国人民大学出版社 1988 年版,第 185 页。

直接规定的继承制度”。[3]

这两种学说都认可法定继承是法律直接对继承人的范围、顺序等予以规定，只不过在认定法定继承是一种继承方式还是一项法律制度上，存在分歧。

将法定继承认定为继承方式或者继承法律制度并不矛盾，因为法定继承是继承人进行继承时的一种方式，但是，法定继承也是由若干有关继承人范围、继承顺序、遗产分配等规则组成的法律制度，只不过在界定时所选取的角度不同而已。由此可见，法定继承是同遗嘱继承相对应的一种继承方式，也是同遗嘱继承相对应的一种继承法律制度。

二、法定继承的适用范围

（一）确定法定继承的基础

法定继承的适用范围，是指在何种情形下适用法定继承。从各国的继承法规定来看，虽然各有不同的特点，但是，在法定继承与遗嘱继承的关系上，无不确认遗嘱继承优于法定继承。在继承开始后，应当首先适用遗嘱继承，不能适用遗嘱继承方式时，才按法定继承方式继承。这就是“遗嘱在先原则”。[4] 我国《民法典》第1123条也确认这一原则，明确规定：“继承开始后，按照法定继承办理；有遗嘱的，按照遗嘱继承或者遗赠办理；有遗赠扶养协议的，按照协议办理。”

（二）法定继承的具体适用范围

在遗嘱在先原则的基础上，我国《民法典》第1154条对我国法定继承的具体适用范围作了规定，结合该条规定以及有关实践情形，适用法定继承主要包括下列情形：

第一，被继承人生前未立遗嘱。遗嘱继承虽然优先于法定继承，但是，遗嘱继承必须以合法有效遗嘱的存在为前提，如果被继承人生前未立遗嘱，则被继承人的全部遗产应当按照法定继承处理。在我国，自古以来人们就缺少立遗嘱的习惯，即使是在现代，立遗嘱的人数也不多，因而法定继承是普遍适用的继承方式。

第二，被继承人所立遗嘱未处分的财产。有的被继承人虽然生前立有遗嘱，但是，该遗嘱只是对其所拥有的部分财产进行遗嘱处分，并未对全部财产予以处分。对于遗嘱人在遗嘱中未处分的部分遗产，不能推定被继承人按照遗嘱处理，应当按照法定继承处理，由被继承人的法定继承人取得该部分遗产。

第三，被继承人所立遗嘱无效所涉及的遗产。我国《民法典》第1143条规定：无民事行为能力人或者限制民事行为能力人所立的遗嘱无效；遗嘱必须表示遗嘱人的真实意思，受胁迫、欺诈所立的遗嘱无效；伪造的遗嘱无效；遗嘱被篡改的，篡改的内容无效。遗嘱的无效可分为全部无效和部分无效。遗嘱全部无效，则被继承人的所有遗产都应当按照法定继承处理；遗嘱部分无效，则遗嘱无效部分所涉及的遗产，适用法定继承。

第四，遗嘱继承人放弃继承或者受遗赠人放弃受遗赠。继承开始后，遗嘱继承人可

[3] 张玉敏：《继承法律制度研究》，法律出版社1999年版，第189页。

[4] 刘素萍：《继承法》，中国人民大学出版社1988年版，第188页。

以放弃继承，受遗赠人也可以放弃遗赠。如果遗嘱继承人放弃继承和受遗赠人放弃受遗赠，则其放弃继承和受遗赠的遗产部分，适用法定继承处理。如果部分遗嘱继承人放弃继承或部分受遗赠人放弃遗赠，而其他遗嘱继承人未放弃继承或其他受遗赠人未放弃受遗赠的，则对其他遗嘱继承人或受遗赠人未放弃继承或受遗赠的遗产部分，不能适用法定继承。

第五，遗嘱继承人丧失继承权或受遗赠人丧失受遗赠权。遗嘱继承人和受遗赠人在发生法定事由时，其继承权和受遗赠权会丧失。如果遗嘱中指定的继承人在发生《民法典》第 1125 条规定的丧失继承权的事由时，其继承权丧失，不得为继承人；遗嘱中指定的受遗赠人丧失受遗赠权的，也不得为受遗赠人。因此，遗嘱继承人丧失继承权或受遗赠人丧失受遗赠权的，遗嘱指定由其继承或受遗赠的遗产部分，适用法定继承。

第六，遗嘱继承人、受遗赠人先于遗嘱人死亡或者终止。遗嘱继承人、受遗赠人先于被继承人死亡或者终止的，则其因不具有继承能力或受遗赠能力而不能继承或受遗赠，遗嘱指定由其继承或受遗赠的财产部分应当适用法定继承。

三、法定继承与遗嘱继承的关系

法定继承与遗嘱继承是两种基本的继承方式，两者存在错综复杂的关系。

（一）法定继承与遗嘱继承的联系

第一，法定继承与遗嘱继承可以并存。法定继承与遗嘱继承虽然是两种不同的继承方式，但是，两者并非对立，可以并存适用。这也是各国继承法普遍采取的基本原则。比如，在被继承人立有合法有效遗嘱对其部分财产进行处分时，则继承开始后，对于遗嘱所处分的部分遗产应当按照遗嘱继承办理，而对于遗嘱未涉及的遗产部分则按照法定继承处理。此时，就存在法定继承与遗嘱继承的并存适用。

第二，法定继承是遗嘱继承的基础。虽然遗嘱继承优先于法定继承适用，但是，被继承人在订立遗嘱时，必须遵照法定继承的有关规定。立遗嘱人虽然可以指定继承人，但是，遗嘱继承人必须限定在法定继承人范围之内。法定继承有关法定继承人范围的规定是遗嘱继承的基础。如果立遗嘱人指定法定继承人范围之外的人承受遗产的，则不再是遗嘱继承，而是遗赠了。

第三，法定继承是对遗嘱继承的补充。法定继承虽是与遗嘱继承并行的继承方式，而且是一种主要的继承方式，但是在效力上，法定继承的效力低于遗嘱继承，遗嘱继承的效力优先于法定继承。在继承开始后，如果存在合法有效遗嘱的，应优先适用遗嘱继承或遗赠处理；只有在不存在遗嘱或者遗嘱无效以及未对有关遗产进行处分等情形时，才能适用法定继承。因此，法定继承是对遗嘱继承的补充。

第四，法定继承是对遗嘱继承的限制。在遗嘱继承中，立遗嘱人也不能违反法律的限制规定，许多国家的法律规定了法定继承人的特留份，立遗嘱人处分特留份的遗嘱无效。在我国，依照《民法典》的规定，遗嘱人也必须在遗嘱中为缺乏劳动能力又没有生活来源的法定继承人保留必要的遗产份额。因此，尽管遗嘱继承适用在先，法定继承适用在后，遗嘱继承限制了法定继承的适用范围,但是,法定继承也是对遗嘱继承的一种限制。

(二)法定继承与遗嘱继承的区别

第一,继承的产生基础不同。在遗嘱继承中,被继承人用遗嘱的方式,按照自己的意志来指定自己的遗产由哪些人继承、继承多少,关于继承人以及应继份的确定,主要决定于被继承人对继承人的经济情况的关注以及彼此的感情亲疏等。而在法定继承中,法律根据血缘关系、婚姻关系以及扶养关系直接确定继承人的范围、继承的顺序、遗产分配原则以及继承份额等。

第二,体现被继承人意愿的程度不同。法定继承与遗嘱继承都体现被继承人的意愿,但是两者在程度上不同。在遗嘱继承中,遗嘱是被继承人意愿的直接表示与体现,根据遗嘱来确定继承人以及继承份额,是对被继承人意愿的尊重。而法定继承虽然也是对被继承人意愿的一种法律推定——被继承人愿意把自己的财产留给与自己关系最密切的近亲属,但是,在法定继承人、继承份额的确定上,都是由法律直接加以规定的,对被继承人的意愿体现并不充分。

第三,继承人参加继承的顺序不同。在遗嘱继承中,继承开始后,遗嘱继承人就按照遗嘱的内容参加继承,获得遗产,不受法定继承顺序的限制。即使被指定的遗嘱继承人是第二顺序的法定继承人中的继承人,也可以依遗嘱参加继承。在法定继承中,继承开始后先由第一顺序继承人参加继承;当没有第一顺序继承人或者第一顺序继承人全部丧失继承权或放弃继承权时,第二顺序继承人才可参加继承。

第二节　法定继承人的范围和继承顺序

一、法定继承人范围的概念和确定基础

(一)法定继承人范围的概念界定

法定继承人的范围,是指在适用法定继承的方式时,哪些人能够作为被继承人遗产的继承人。继承法关于法定继承人范围的规定具有法定性与强行性,只有法律条文明确列举的才可以作为法定继承人,其他人也可能取得被继承人的遗产,但是,他们不是基于法定继承人的法律地位,在取得遗产的本质上是不同的。法定继承人范围的确定,直接关系被继承人亲属的权益。

(二)确定法定继承人范围的基础

1.法定继承人范围的确定所依据的主要因素

(1)血缘关系。自古至今血缘关系的远近是法定继承的重要依据,在决定法定继

承人的范围方面起着重要的作用。

(2)婚姻关系。基于婚姻关系形成的配偶是最重要的法定继承人,在现代各国均规定配偶为法定继承人。

(3)扶养关系。家庭成员之间基于人身依赖关系形成的相互扶养、赡养、扶助的关系,也是决定法定继承人范围的一个重要方面。

(4)民族传统和继承习惯。各国确定法定继承人的范围,同本国的社会现实、民族传统、继承习惯等各方面因素有关。

2. 我国确定法定继承人范围的基础

我国《民法典》虽然也依血缘关系和婚姻关系所产生的亲属关系为基础来确定法定继承人的范围,但是相比之下,对法定继承人范围的规定却是最窄的国家之一,仅限于近亲属,具体包括:配偶、子女(特定情形下,其晚辈直系血亲可以代位继承)、父母,兄弟姐妹、祖父母、外祖父母,以及对公、婆或岳父、岳母尽了主要赡养义务的丧偶儿媳或女婿。

二、我国法定继承人的范围

我国《民法典》第1127、1129条对法定继承人的范围作了规定。

(一)配偶

配偶,是指合法婚姻关系存续期间一方对另一方的称谓,夫以妻为配偶,妻以夫为配偶。在继承法中,配偶特指在被继承人死亡时没有离婚且尚生存的配偶。对配偶的继承权采取男女平等主义,只是近代法律思想的产物。当今各国继承法对配偶的继承权有两种立法例:(1)配偶为无固定顺序继承人。配偶并不是一个固定顺序的继承人,在继承时根据继承法的规定与其他继承人按一定比例获得应继份。(2)配偶为固定顺序继承人。我国继承法采取后一种立法例,将配偶规定为第一顺序继承人。配偶是共同生活的伴侣,共同生活、协力同心、互相关心、相互照顾,当夫妻一方死亡时,无论从家庭经济关系方面来看,还是从被继承人的意志方面来看,配偶都应当是法定继承人。我国《民法典》第1061条明确规定“夫妻有相互继承遗产的权利”。

(二)子女

子女作为被继承人最近的直系卑亲属,各国无一例外地规定其为第一顺序法定继承人,但是关于子女范围的界定却不一致。有的国家仅规定婚生子女的继承权,或者虽然规定非婚生子女有继承权,却有种种限制,有的必须经过准正程序,有的规定继承份额仅为婚生子女的1/2。我国《民法典》第1127条第3款规定:“本编所称子女,包括婚生子女、非婚生子女、养子女和有扶养关系的继子女。”该规定全面、合理。

1. 婚生子女

婚生子女是指有合法的婚姻关系的男女双方生育的子女,无论子女随母姓还是父姓,无论已婚未婚,也无论结婚后是到男方落户还是到女方家入赘,都有继承父母遗产的权利。

2. 非婚生子女

非婚生子女是指没有合法婚姻关系的男女生育的子女。虽然非婚生子女的父母之间的两性关系是非法的，但是，非婚生子女的出生只能是父母的过错，而非婚生子女完全是无辜的，他们应当与婚生子女受到同等的法律保护，这是社会文明进步的体现。

3. 养子女

养子女是指因收养关系的成立而与养父母形成父母子女关系的子女。养父母子女之间是一种拟制的血亲关系，随收养关系的成立而成立，同时被收养子女与其生父母间的关系解除。因此，收养关系一经成立，养子女便取得同婚生子女同等的法律地位，当然有权继承养父母的遗产。但由于其与生父母间的权利义务关系已经解除，在与生父母的权利义务关系未恢复前，养子女无权继承生父母的遗产。

4. 有扶养关系的继子女

有扶养关系的继子女有双重继承权，既可以继承继父母的遗产，还可以继承其生父母的遗产。

（三）父母

父母作为被继承人最直接的直系尊血亲，也是子女最亲近的尊亲属，由于父母子女之间具有最密切的人身关系和财产关系，各国民法均对其继承权作了规定。根据权利义务对等原则，子女有权继承父母的遗产，父母也有权继承子女的遗产。我国《民法典》第 1070 条规定："父母和子女有相互继承遗产的权利。"大多数国家未对父母的范围加以明确界定，一般仅以生父母为限。其实父母应当包括生父母、养父母和有扶养关系的继父母。我国《民法典》第 1127 条第 4 款明确规定："本编所称父母，包括生父母、养父母和有扶养关系的继父母。"

1. 生父母

生父母对其亲生子女有继承权，无论该子女为婚生子女还是非婚生子女。但亲生子女已由他人收养的，在收养关系解除前，生父母不得继承该子女的遗产。即使在收养关系解除后，若被收养的子女未与生父母恢复法律上权利义务关系的，生父母对该子女的遗产依然无继承权。

2. 养父母

养父母与养子女之间的收养关系一经成立，相互之间即产生了法律上的权利义务关系，其权利义务完全等同于亲生父母子女间的权利义务关系。

3. 继父母

继父母对继子女的遗产是否享有继承权，应依是否相互形成扶养关系而定，只有形成扶养关系的继父母才有继承权。若继父母与继子女实际上形成了扶养教育的关系，相互间必然产生法律上的权利义务关系，当然继父母有权继承其继子女的遗产。若继父母与继子女之间只存在名义上的关系，并未形成实际上的扶养教育关系，则继父母无权继承继子女的遗产。

（四）兄弟姐妹

兄弟姐妹是被继承人最近的旁系血亲，兄弟姐妹一般都在家庭中共同生活多年，生活上相互照顾，经济上互相帮助，精神上相互慰藉，而且有负担能力的兄姐，对于父母已经死亡或父母无力抚养的弟妹有抚养的义务，为此各国大多规定兄弟姐妹间有相互继承的权利。我国《民法典》规定兄弟姐妹相互为第二顺序继承人，并且在第 1127 条第 5 款明确规定："本编所称兄弟姐妹，包括同父母的兄弟姐妹、同父异母或者同母异父的兄弟姐妹、养兄弟姐妹、有扶养关系的继兄弟姐妹。"至于堂兄弟姐妹和表兄弟姐妹，都不属于继承法上兄弟姐妹的范畴，相互间不享有继承权。

（五）祖父母、外祖父母

祖父母、外祖父母与孙子女、外孙子女之间是除父母子女以外的最近的直系血亲，彼此间的血缘联系比较密切，而且在现实生活中，祖父母、外祖父母与孙子女、外孙子女共同生活，彼此间也有形成抚养、赡养关系的情况。在国外立法例中，有的直接将祖父母规定为一个独立顺序继承人，有的将祖父母规定为与父母同为尊亲属的继承顺序。我国《民法典》将祖父母与外祖父母规定为第二顺序法定继承人。

继承法上规定的祖父母、外祖父母的继承权，包括祖父母、外祖父母对亲生子女的亲生子女和养子女的继承权，对养子女的亲生子女和养子女的继承权，对形成抚养关系的继子女的亲生子女和养子女的继承权。

（六）对公、婆或者岳父、岳母尽了主要赡养义务的丧偶儿媳与丧偶女婿

我国《民法典》第 1129 条规定："丧偶儿媳对公婆，丧偶女婿对岳父母，尽了主要赡养义务的，作为第一顺序继承人。"这一规定在立法例上没有先例，是唯一将姻亲规定为法定继承人的继承法，为我国继承法所独有。一方面，该规定受到好评，认为是我国继承法在继承人顺序上的一个突出特色，是对 1949 年以来司法实践的总结和发展。[5]另一方面，很多专家认为这样的规定是违反继承规律的，应当予以纠正。在编纂《民法典》中，专家提出改进意见，认为将其规定为可以分得遗产的人更稳妥，立法机关没有接受这种意见。[6]

儿媳或女婿继承公婆或岳父母的遗产，应当具备以下条件：

第一，须存在丧偶的情形。儿媳与公婆、女婿与岳父母之间是姻亲关系，从法律上看，他们之间没有相互扶养、赡养的权利和义务。如果丈夫或妻子在世，儿媳或女婿对公婆或岳父母进行赡养被认为是代丈夫或妻子履行义务，符合传统和伦理。若公婆或岳父母死亡，基于夫妻关系存续期间一方继承的遗产为夫妻共同财产的规定，儿媳或女婿可以通过在世的丈夫或妻子参加继承实际上获得遗产。因此，只有发生丧偶时，儿媳

---

〔5〕 何勤华等：《中华人民共和国民法史》，复旦大学出版社 1999 年版，第 313 页。

〔6〕 黄薇主编：《中华人民共和国民法典继承编释义》，法律出版社 2020 年版，第 67～69 页。

或女婿才有可能以自己名义作为继承人继承公婆或岳父母的遗产。至于丧偶儿媳或女婿是否再婚,在所不问。

第二,须丧偶儿媳或女婿对公婆或岳父母尽了主要的赡养义务。这是儿媳或女婿取得继承权的必备条件。按照司法经验,对被继承人生活提供了主要经济来源,或在劳务等方面给予了主要扶助的,应当认定为尽了主要赡养义务或主要扶养义务。

只要儿媳或女婿符合了这两个条件,就可以作为第一顺序继承人参与继承,取得遗产,而且不论有无代位继承人代位继承。

三、法定继承人的继承顺序

(一)法定继承人继承顺序的概念和特征

1. 法定继承人的继承顺序的概念

法定继承人的继承顺序又称为法定继承人的顺位,是指法律直接规定的法定继承人参加继承的先后次序。法定继承人的继承顺序关系到各继承人以何地位参加继承,谁有权继承,谁无权继承,谁是合法继承人,谁是不当继承人。正确适用这一规定,可以避免继承中许多不应当发生的争议与纠纷,作用非常重要。为此,各国继承立法都对法定继承人的继承顺序加以明确规定。

2. 法定继承人继承顺序的特征

法定继承开始后,法定继承人按照继承法规定的法定顺序参加继承,即先由前一顺序的继承人继承,没有前一顺序的继承人继承时,才由后一顺序的继承人继承。

法定继承人的继承顺序具有以下特征:

(1)法定性。法定继承人的具体继承顺序是由法律根据继承人与被继承人之间关系的亲疏、密切程度直接规定的,而不是由当事人自行决定的。这与遗嘱继承中的继承不同,在遗嘱继承中,遗嘱继承人参加继承无先后次序之分,而是按照被继承人遗嘱的指定直接参加继承。

(2)强行性。法律确定法定继承人参加继承的先后次序的目的,是保护不同情况的法定继承人的继承利益。在适用法定继承方式时,对于法律规定的继承顺序,任何人、任何机关都不得以任何理由改变,即使被继承人本人也无权加以改变,前一顺序的继承人也不得变更自己的顺序而作为后一顺序的继承人参加继承。换言之,继承人只可以放弃继承权,但不能放弃自己的继承顺序。

(3)排他性。在法定继承中,继承人只能依法定的继承顺序依次参加继承,前一顺序的继承人总是排斥后一顺序继承人继承的。只要有前一顺序的继承人继承,后一顺序的继承人就不能取得和实现继承既得权,无权主张继承遗产。只有在没有前一顺序的继承人,或者前一顺序的继承人全部放弃继承或全部丧失继承权,或者前一顺序的继承人部分丧失继承权,其余的继承人全部放弃继承的情况下,后一顺序的继承人才有权参加继承。[7]

(4)限定性。作为遗产继承的两种基本方式,法定继承人的继承顺序只限定在法定继承中适用,各法定继承人须按照法律规定的继承顺序依次取得被继承人的遗产。而在遗嘱继承中,遗嘱继承人不受法定继承人的继承顺序的限制,遗嘱人可以在遗嘱中指定由后一顺序的继承人继承遗产,而不由前一顺序的继承人继承。

(二)我国的法定继承人的继承顺序

我国《民法典》第1127、1129条仅规定了两个继承顺序,即第一顺序的配偶、子女、父母,以及对公婆或岳父母尽了主要赡养义务的丧偶儿媳或女婿;第二顺序的兄弟姐妹、祖父母与外祖父母。

1. 第一顺序法定继承人

(1)配偶

配偶之间虽无血缘关系,相互之间感情却最为密切,在经济上一般不分彼此,对财产共有,在精神上相互慰藉,相互扶持,为终身的伴侣和依靠,婚姻家庭法也明确规定了夫妻之间有相互扶助的义务。无论从亲属关系的亲疏程度上,还是从扶养关系的密切程度上,我国继承法将配偶作为第一顺序法定继承人乃理所当然,也体现了配偶在家庭中的地位和他们之间的密切关系。

(2)子女

古今中外,子女都是第一顺序法定继承人。自罗马法以来,许多国家的法律还明确规定,父母没有正当的理由,不能剥夺、取消子女的继承权。实际上,子女和父母是最近的血亲,关系最为密切,在经济关系上,父母子女之间互负抚养和赡养的义务;从所有人处分身后财产的意志来看,父母总是愿意把财产留给自己的子女,以达财产传承的目的;在各国继承立法上,子女也都是作为第一顺序法定继承人。我国继承法规定子女为第一顺序继承人当然妥当,只不过在具体语词表述上与国外继承立法有些差异,各国继承法一般规定"直系血亲卑亲属"为第一顺序法定继承人,而不是我国继承法所用"子女"的语词。用"直系血亲卑亲属"表述虽然具有概括性,但由于实行"亲等近者优先"的继承原则,只有直系血亲卑亲属中的子女不能继承时,孙子女、外孙子女等卑亲属才能继承,这与代位继承存在一定的共通性。而且依国外继承立法令被继承人的孙子女、外孙子女优先于被继承人的父母继承,与以亲属关系的亲疏划分继承顺序的依据有悖。我国《民法典》以"子女"表述也属合理,立法者认为,对其他直系血亲卑亲属的继承权保护,可以通过代位继承制度来解决。

(3)父母

父母作为子女最近的直系血亲尊亲属,无论是在经济上还是在情感上都有极为密切的关系,而且父母子女关系是家庭关系中的基本关系,在亲属关系上有相互抚养和赡养的义务,所以将父母列为继承人是合适的。父母是否为第一顺序继承人,各国立法规

[7] 郭明瑞等:《继承法》(第2版),法律出版社2004年版,第107页。

定不一，大多数国家将父母列于子女之后，为第二顺序法定继承人。有学者主张在我国父母列于子女之后为第二顺序法定继承人更为合适。[8] 立法者认为，随着社会经济发展，个人财产逐步增加，我国《民法典》规定父母为第一顺序法定继承人有利于对老人的赡养，若将父母规定为子女与配偶之后的第二顺序法定继承人，他们将很难得到子女的遗产，不利于解决我国人口老龄化和赡养问题。

2. 第二顺序法定继承人

(1) 兄弟姐妹

兄弟姐妹为旁系血亲，虽然共同生活于或曾经共同生活于一个家庭，但是，在法律上一般没有相互扶养、扶助的权利义务，因此不应为第一顺序法定继承人。不过，毕竟兄弟姐妹在生活上互相帮助，感情上也很密切，而且在父母双亡或父母无力抚养的情况下，有负担能力的兄、姐对未成年的弟、妹负有扶养的义务，由兄、姐抚养长大的有负担能力的弟、妹，对丧失劳动能力、孤苦无依的兄、姊也负有扶养的义务，将兄弟姐妹列为第二顺序法定继承人是比较合理的。

(2) 祖父母、外祖父母

祖父母、外祖父母与孙子女、外孙子女为二亲等直系血亲，在通常情况下，子女由父母抚养，祖孙之间不发生权利义务关系。不过，他们之间相互关系的密切程度虽次于父母子女关系，但是，在实际生活中却非常密切，如有负担能力的祖父母、外祖父母，对于父母双方已经死亡或者父母双方均丧失抚养能力，或父母一方死亡，另一方确实无能力抚养的未成年孙子女、外孙子女，有抚养的义务；有负担能力的孙子女、外孙子女，对于子女已经死亡或子女确无赡养能力的祖父母、外祖父母，有赡养的义务。基于此，将祖父母、外祖父母规定为第二顺序法定继承人也是比较合理的。

第三节 代位继承

一、代位继承的概念和沿革

(一) 代位继承的概念

代位继承，是指被继承人的子女先于被继承人死亡时，由被继承人子女的直系晚辈血亲代替先亡的被继承人的子女，或者被继承人的兄弟姐妹的子女代替先亡的被继承人的兄弟姐妹，继承被继承人遗产的法定继承制度。

在代位继承中，被继承人的子女或者兄弟姐妹为被代位继承人，承继应继份的被继承人子女的直系晚辈血亲，或者被继承人的兄弟姐妹的子女，为代位继承人。应继份，

---

[8] 张玉敏：《继承法律制度研究》，法律出版社 1999 年版，第 208 页。

是指各继承人对于遗产上一切权利义务所得继承之成数或分率。[9]

（二）代位继承的沿革

代位继承是继承法的一项重要法定继承制度，其渊源甚早。在罗马法时代，代位继承就已经出现。起初，在罗马法中只是先死亡或受家父权免除者之子，承继父之应继份，后来，代位继承扩展到旁系亲属间。日耳曼法最初没有代位继承制度，受罗马法的影响，在中世纪才确立了代位继承制度。现代世界各国继承法大多规定了代位继承制度。这从一个侧面反映了代位继承制度是具有生命力的制度。

关于代位继承的发生原因有三种不同的规定：(1)以被代位人先于被继承人死亡为代位继承发生的唯一原因，《法国民法典》属于这种类型，第744条第1款规定："对健在的人，不得替代其为代位继承，代位继承仅得对已去世的人设置。"(2)被代位人先于被继承人死亡和丧失继承权，都可以引起代位继承，[10]日本、韩国、意大利等国民法和我国台湾地区"民法"属于这一类型。(3)被代位人先于被继承人死亡、丧失继承权和抛弃继承权，均发生代位继承。德国、瑞士等国民法与我国澳门地区民法属于这种类型。我国原《继承法》采用第一种类型，《民法典》继续沿袭这种做法。

代位继承仅限于被代位人先于被继承人死亡一种情形，范围过窄，不利于代位继承公平与育幼价值功能的实现，为了更充分发挥代位继承制度的作用，享有法定继承权的人先于被继承人死亡或丧失继承权时，都可以发生代位继承，将代位继承的发生原因改采第二种立法例。代位继承界定得更宽一些，社会意义显然更为重要。

二、代位继承的性质

（一）代位继承性质的不同学说

代位继承的性质，主要有代表权说和固有权说两种不同学说。

1. 固有权说

该说认为代位继承人参加继承是自己本身固有的权利，代位继承人是基于自己的权利继承被继承人的遗产，而不是以被代位继承人是否有继承权为转移。依这种学说，只要被代位人不能继承，代位继承人就得代位继承，即使在被代位人丧失继承权或放弃继承权的情况下，代位继承人也得依自己的权利继承被继承人遗产。在日本及我国台湾地区民法学界此说为通说，而且有的继承立法明确采用了固有权说，如《瑞士民法典》第541条规定，丧失继承权的"无继承资格人的直系血亲，按无继承资格人先于被继承人死亡的情况，继承被继承人的财产"。

2. 代表权说

该说又称为代位权说，认为代位继承人继承被继承人的遗产，不是基于自己本身固有的权利，而是代表被代位继承人参加继承，也就是代位继承人是以被代位继承人的地

[9] 罗鼎：《继承法要论》，大东书局1947年版，第38页。
[10] 罗鼎：《民法继承论》，上海法学编译社1946年版，第62页。

位而取得被代位继承人的应继份的。依这种学说，在被代位人丧失继承权或放弃继承权的情况下，不发生代位继承。法国民法采取这一学说，《法国民法典》第739条规定："代位继承为法律的拟制，其效果为使代位继承人取代被代位人的地位、亲等与权利。"

（二）我国《民法典》的代位继承性质

我国原《继承法》在代位继承性质上采取的是代表权说，《民法典》继续坚持这样的立场。

1.基于法律规定的基础

基于我国现行法的规定，学者对代位继承的性质也大多持代表权说，也有学者主张采取固有权说为妥当，并提出了如下理由论证固有权说的合理性：

（1）按照民法基本法理，自然人的民事权利能力始于出生，终于死亡。自然人死亡，其继承法律地位便不复存在。因此，无论被代位人是死亡还是丧失继承权，其代位人都不可能去代替一个实际上已不存在的法律地位进行继承。代位权说违反民法关于自然人权利能力的基本原理，是不能成立的。

（2）代位权说不能解释，法律为什么规定某些继承人先于被继承人死亡，其直系晚辈血亲可以代位继承，而另一些继承人先于被继承人死亡，其直系晚辈血亲则不能代位继承。只有固有权说才能圆满地解释这一问题。按照固有权说，代位继承人本来就是法定继承人范围以内的人，不过在被代位人生存时，按照"亲等近者优先"的继承原则，他（她）们被排斥于继承之外，当被代位人先于被继承人死亡或丧失继承权时，他们基于自己的继承人资格和权利，按照被代位人的继承顺序和应继份，直接继承被继承人的财产。法律关于哪些继承人先于被继承人死亡可以发生代位继承的规定，实质上就是关于法定继承人范围的规定。因此，哪些继承人先于被继承人死亡或丧失继承权，其直系晚辈血亲可以代位继承，取决于立法者所确定的法定继承人的范围。

（3）从制度上考察，代位继承是基于亲系继承和按支继承这样两种继承制度，没有亲系继承和按支继承，就不会有代位继承。亲系继承反映的是某个亲系的血缘亲属应当优先于其他血缘亲属继承这样一种观念，按支继承反映的则是在每一亲系中，应当按支而不是按人分配遗产的观念。基于按支继承制度，某一支中与被继承人亲等最近者先于被继承人死亡，其应继份当然应留在该支内由其直系晚辈血亲代位继承，而不是转归他支。这些制度和观念都证明了固有权说的合理性。〔11〕

2.基于法定继承人的范围的立场

代位继承权的性质采取采固有权说，除了基于上述理由外，即使从《民法典》规定的法定继承人的范围上考虑，也是有道理的：

（1）我国《民法典》仅规定子女为第一顺序法定继承人，而且在第二顺序继承人中也未将孙子女、外孙子女列为继承人。相比之下，国外立法一般规定直系晚辈血亲为法定继承人，实行"亲等近者优先"原则，在前一亲等被继承人的直系晚辈血亲不能继承

---

〔11〕 张玉敏：《代位继承比较研究》，载《中央政法干部管理学院学报》1997年第3期。

时，后一亲等的被继承人的直系晚辈血亲可以直接进行继承。因此，在我国现有法律环境下，被继承人的子女的直系晚辈血亲并不是法定继承人，如果采取固有权说，赋予被继承人子女的直系晚辈血亲固有的代位继承的权利，只要被继承人的子女因死亡或丧失继承权不能继承时，其就有权以固有的权利进行代位继承，可以在一定程度上弥补我国继承法对孙子女、外孙子女等直系晚辈血亲继承权益保护不足的缺陷。

（2）在国外立法例中，虽然大多认为法国采纳的是代表权说，但是，法国的代位继承形式上是代表权说，实质上也是固有权说。可以说代位继承采取固有权说为一种趋势。[12] 总之，只要被继承人的子女先于被继承人死亡，被继承人的子女的直系晚辈血亲就应有权代位继承，这应属于代位继承人自己的权利，而不应依被代位人的权利状况而转移。即使先于被继承人死亡的子女有丧失继承权的情形，也不应因此而影响其直系晚辈血亲的代位继承权，因为已死亡父母的违法或犯罪行为，而让子女承担不能继承被继承人遗产的不利后果，与我国继承法律的基本精神未必相符。

三、代位继承的要件

代位继承须符合一定的要件才能发生。由于代位继承制度的共通性，代位继承的要件在各国立法上差别不大，但是，由于我国原《继承法》立法时的历史条件、法学理论等因素所限，我国在代位继承的要件方面存在欠缺，《民法典》有所改进，也仍然存在不足。

（一）子女的直系晚辈血亲的代位继承的构成要件

1. 须被继承人的子女先于被继承人死亡

被继承人的子女先于被继承人死亡，是代位继承发生的必要条件，只有出现这一条件时，才有可能适用代位继承。如果被继承人的子女于被继承人死亡后未表示放弃继承或接受继承后而死亡的，不适用代位继承，应当适用转继承，这也是代位继承与转继承的根本区别。

被继承人的子女先于被继承人死亡，包括自然死亡和宣告死亡。如果在被继承人的子女与被继承人同时死亡时，是否适用代位继承？一般认为，推定同时死亡的，彼此不发生继承，由他们各自的继承人继承，应无适用代位继承的余地，[13] 但是，基于代位继承权是代位继承人的固有权利，应当适用代位继承。另外，如果被继承人除子女外，没有其他第一顺序继承人或其他第一顺序继承人放弃继承权或丧失继承权，两个以上的被继承人的子女全部先于被继承人死亡，且被继承人的子女都有直系晚辈血亲，此时被继承人子女的直系晚辈血亲进行继承，是代位继承还是本位继承呢？过去大多主张是本位继承，由各继承人平均继承，不按支（股或房）继承。如果按本位继承对待则会出现不合理之处，例如，被继承人的已死亡或丧失继承权子女的子女较少者应继份因此

〔12〕 李红玲：《继承人范围两题》，载《法学》2002年第4期。

〔13〕 韩家勇：《试析代位继承中的几个问题》，载《中南政法学院学报》1988年第3期。

而减少，而子女较多者应继份随之增加，这与代位继承权为固有权的性质不符，也有欠公允。因此，在此情形下仍应适用代位继承，先按支分配遗产，再在支内平均分割。

在其他立法例中，丧失继承权也是代位继承的要件。继承权的丧失一般发生在继承开始前，如为争夺遗产而杀害其他继承人的，伪造、篡改或者销毁遗嘱情节严重的，也有可能发生在继承开始后。被继承人的子女在继承开始前丧失继承权，应当适用代位继承。但是，继承开始后被继承人的子女丧失继承权的，是否适用代位继承，有学者认为，仍应解释溯及继承开始时发生效力，而有代位继承的适用。[14] 一般认为，“继承开始前已经死亡”与“丧失继承权”为两个不同的代位继承发生原因，“丧失继承权”不受继承开始前的限制，即使丧失继承权发生在继承开始后，也应当适用代位继承，只不过代位继承的效力溯及继承开始时。

丧失对被代位人的继承权者，是否可以作为代位继承人继承被继承人的遗产，罗马法采取肯定说，《法国民法典》第 744 条仿效罗马法。在理论上有肯定和否定二种主张，本书赞同肯定说，理由是：第一，代位继承人系基于自己的固有权利直接代位继承被继承人遗产，而不是基于对被代位人的继承权间接继承被继承人遗产；第二，丧失继承权仅具有相对的效力，丧失对被代位人的继承权，不影响其对被继承人的继承权；第三，各国民法对此均无禁止性规定。

各国规定代位继承发生原因的范围广狭不一，而我国自原《继承法》以来，一直规定被继承人的子女先于被继承人死亡一种情况。这样规定与我国立法及司法实践对代位继承的性质采代表权说为基础有关，但是，通过上述对代位继承性质的分析，代位继承权的性质应采固有权说为妥。在被继承人的子女丧失继承权时，也应适用代位继承。但是不能仿效德国、瑞士立法例，将被继承人的子女放弃继承权也作为代位继承的发生原因。理由是，根据继承权的性质，继承权的放弃只能发生在继承开始后，继承人放弃继承权后其应继份归属与其他同一顺序继承人或后顺序继承人，不存在适用代位继承的可能。不过，《民法典》没有接受这个意见，仍然坚持原《继承法》的规定。

2. 被代位人是被继承人的子女

被代位人必须是被继承人的血亲继承人，配偶一方先亡不发生其子女代位继承的问题，这是各国家或地区继承法的一致原则。

至于哪些血亲继承人能够作为被代位人，各国家或地区的规定不一，有四种类型：一是被代位人限于被继承人的直系晚辈血亲；二是被继承人的直系晚辈血亲和兄弟姐妹及其直系晚辈血亲都可以作为被代位人；三是被代位人的范围包括直系晚辈血亲、父母及其直系晚辈血亲和祖父母及其直系晚辈血亲；四是被代位人的范围包括直系晚辈血亲、兄弟姐妹及其直系晚辈血亲、祖父母及其直系晚辈血亲。

子女的直系晚辈血亲的代位继承是第一种类型。我国《民法典》第 1128 条第 1 款规定，被继承人的子女先于被继承人死亡，由其直系晚辈血亲代位继承，将被代位人限于被继承人的子女。我国台湾地区“民法”将直系晚辈血亲列为被代位人，规定第一顺

---

〔14〕 史尚宽：《继承法论》，中国政法大学出版社 2000 年版，第 86 页。

序继承人有于继承开始前死亡或丧失继承权者，由其直系卑亲属代位继承其应继份。直系晚辈血亲的范围较为宽泛，实际上被代位人仅是被继承人的子女，则被继承人的子女以下的直系晚辈血亲继承时都是代位继承人，代位继承人不受辈分的限制，如果被继承人的孙子女也先于被继承人死亡时，被继承人的曾孙子女有权继承其父母应继承的遗产份额。

子女，包括婚生子女、非婚生子女、养子女及有扶养关系的继子女。无论婚生子女还是非婚生子女，都与被继承人有着天然的血缘关系，是被继承人的直系晚辈血亲，其作为代位继承中的被代位人，自不待言。养子女由于同被继承人产生了拟制血缘关系，且养子女同其生父母间的亲属身份关系消灭，养子女也可以作为被代位人。对于继子女是否为代位继承中的被代位人，各国却有不同的看法。大多数国家不承认继子女对继父母的遗产享有继承权，且认为继子女非继父母的直系卑血亲，而是直系姻亲，故不承认继子女可为被代位人。我国《民法典》规定，继子女若与继父母形成扶养关系时，继子女对继父母也享有继承权，而且根据代位继承的固有权性质，有扶养关系的继子女亦可为被代位人。

有的学者认为，丧偶儿媳对公婆、丧偶女婿对岳父母尽了主要赡养义务的，且又先于公婆、岳父母死亡的，也可以作为被代位人。[15] 这种意见不妥。《民法典》第1129条规定的尽了主要赡养义务的丧偶儿媳与丧偶女婿可作为第一顺序继承人，实际上与继承法以血缘关系为基础相违背，其作为被代位人也与被代位人为“被继承人的子女”的定义不符。

3. 代位继承人必须是被代位人的直系晚辈血亲或者兄弟姐妹的子女

代位继承人必须是被代位人的直系晚辈血亲，这是代位继承的基本原则。在这个问题上，各国的规定基本上是一致的，但是，也有个别例外，如《韩国民法典》规定，妻子可代亡夫继承公婆的财产。值得注意的是，代位继承人必须是被代位人的直系晚辈血亲，却不一定是被继承人的直系晚辈血亲。在大多数国家，代位继承人的范围大大超出了被继承人直系晚辈血亲的范围。例如，承认父母或兄弟姐妹可以作为被代位人的立法，代位继承人的范围就扩及侄子女、甥子女及其直系晚辈血亲；承认祖父母为被代位人的立法，代位继承人的范围就扩及叔、伯、姑、舅、姨及其直系晚辈血亲。我国新增加的被继承人的兄弟姐妹的子女的代位继承，就是这样的规定。

我国古代封建社会法律虽有守志之妇继承夫份的规定，但是《民法典》没有采纳这样的传统。

对于养子女，多数国家规定可以作为代位继承人继承其养父或养母的直系尊亲属的财产。这种主张有利于稳定收养关系。美国等一些国家则认为，收养是收养人和被收养人之间的事，收养合同的效力不及收养合同以外的其他人。养子女不能代养父或养母之位继承养父或养母的直系尊亲属或其他血亲的财产。被代位人的养子女与被继承人产生了拟制的血缘关系，养子女亦可作为代位继承人。

---

〔15〕 韩家勇：《试析代位继承中的几个问题》，载《中南政法学院学报》1988年第3期。

外国法律不承认继子女法律地位，除非继子女被继父或继母收养后，按养子女对待，否则无权利义务关系。因此，在代位继承中，“继父母子女，非直系血亲关系，而为直系姻亲，继子女自不能代位继承其继父母，尤为明了”。[16] 有的学者基于继子女与继父母属姻亲关系、养子女与继子女在继承中的地位不同和最高人民法院的司法解释，认为继子女无代位继承权。[17] 但是，《民法典》第1127条第3款明确规定，有扶养关系的继子女也是子女，是因为形成扶养关系的继父母子女关系视为血亲关系，因此，形成扶养关系的子女，适用代位继承的规定。

至于代位继承人是否应当限于被代位人死亡时已存在的直系晚辈血亲，如果被继承人的子女先于被继承人死亡而发生代位继承时，除其死亡时已有胎儿的，当然不可能在其死亡之后再有其他直系晚辈血亲。依照《民法典继承编解释（一）》第14条规定，被继承人的孙子女、外孙子女、曾孙子女、外曾孙子女都可以代位继承，代位继承人不受辈数的限制。

符合上述三个要件的要求，子女的直系晚辈血亲或者兄弟姐妹的子女即可进行代位继承。

（二）被继承人的兄弟姐妹的子女代位继承的构成要件

被继承人的兄弟姐妹的子女的代位继承，是《民法典》新增加的代位继承制度。其构成要件是：

1. 须被继承人的兄弟姐妹先于被继承人死亡

这一要件要求的是，法定继承中，没有第一顺序法定继承人，因而才有了第二顺序法定继承人的兄弟姐妹实现继承权的机会。但是，仅此还不足以成立这一要件，还须被继承人的兄弟姐妹先于被继承人死亡。兄弟姐妹作为继承人发生的继承，不是纵向的继承关系，而是横向的继承关系，当兄弟姐妹有权继承被继承人的遗产，而又先于被继承人死亡的，兄弟姐妹的子女才有代位继承的机会，因此构成兄弟姐妹的子女代位继承的第一个要件。

2. 被代位人须是被继承人的兄弟姐妹

在兄弟姐妹的子女代位继承中，被代位人是兄弟姐妹，兄弟姐妹与被继承人是二亲等旁系血亲，是最密切的旁系血亲同辈亲属。只有在被继承人没有第一顺序法定继承人的情况下，兄弟姐妹才能成为有资格继承被继承人遗产的法定继承人。

3. 代位继承人须是被代位人的子女

在这种代位继承中，代位继承人是兄弟姐妹的子女，仅限于被代位人的子女，而不是直系晚辈血亲，即侄子、侄女和外甥、外甥女。

符合上述要件，侄子女、甥子女可以代其父或者母之位，继承其伯、叔、姑、舅、姨的遗产。从这些要件看，对兄弟姐妹的子女代位继承要件的要求更严，代位继承人的范围

---

〔16〕 陈棋炎等：《民法继承新论》，台北，三民书局2001年版，第59页。

〔17〕 韩来壁等：《被代位继承人的继子女无权代位继承》，载《法学》1989年第9期。

要窄。

四、代位继承的法律效力

适用代位继承产生的法律效力,主要及于代位继承人的应继份。考察主要国家的继承立法,都确认代位继承人应当继承被代位继承人的应继份。比如,在数个代位继承人代位被代位继承人继承遗产时,数个代位继承人只能继承该被代位继承人的应继分,《法国民法典》把这种情况称为按房继承,瑞士、德国、奥地利等国则称为按股继承。

代位继承权是代位继承人的固有权利,代位继承是继承顺序的提前,因此,代位继承人的应继份应根据被代位人的应继份确定,按房或支来分割遗产。若在同一支内有两个以上的代位继承人,则由他们按人数均分被代位人的应继份。例如,被继承人原有甲、乙两子,甲先于被继承人死亡,甲留有子女丙、丁二人,在被继承人死亡时,乙、丙及丁三人共同继承,但是,各人的应继份不同,乙应得遗产的1/2,丙与丁各得遗产的1/4。对此,《民法典》第1128条作了规定:"被继承人的子女先于被继承人死亡的,由被继承人的子女的直系晚辈血亲代位继承……代位继承人一般只能继承被代位继承人有权继承的遗产份额。"

第四节　转　继　承

一、转继承的概念与性质

(一)转继承的概念

转继承应为继承开始后,继承人未放弃继承,但于遗产分割前死亡的,其所应继承的遗产份额由其继承人承受的一种继承制度。

我国原《继承法》没有规定转继承制度,《民法典》第1152条规定:"继承开始后,继承人于遗产分割前死亡,并没有放弃继承的,该继承人应当继承的遗产转给其继承人,但是遗嘱另有安排的除外。"这确认了转继承制度。

(二)转继承的性质

1. 对转继承性质的不同主张

(1)认为转继承只是继承遗产权利的转移,处理这类案件时不应将被转继承人应继承的遗产份额视为其同配偶的共同财产;[18]转继承的客体是被转继承人的继承权,

---

〔18〕 周水森:《转继承只是继承权利的转移》,载《法学》1987年第1期。

也就是被转继承人接受和放弃继承的权利，而不是已归属于被转继承人的财产。[19]

（2）认为转继承只是将被转继承人应继承的遗产份额转由其继承人承受，转继承所转移的不是继承权，而是遗产所有权。因此，应将被转继承人应继承的遗产份额视为其同配偶的共同财产（如果没有另外的特别约定）。转继承关系的客体是被转继承人应取得的遗产份额，而不是被转继承人应取得的全部遗产份额。[20] 例如，爷爷死后，遗产留给儿子，女儿各 1/2，儿子在遗产分割前死亡，1/2 遗产中的一半属于夫妻共同财产（1/4），所以，只有 1/4 的遗产属于转继承的范围。

2. 转继承的性质是应继份向继承人的继承人转移

本书采纳后一种意见，理由是：

（1）继承开始后，被继承人原所享有的财产权利义务即由继承人承受，只要继承人没有放弃或丧失继承权，被继承人的遗产就成为继承人的合法财产。因此，被继承人死亡后，尽管继承人还没有实际接受遗产，但已成为遗产的共有人。

（2）根据我国《民法典》的规定，在婚姻关系存续期间所取得的财产，除另有约定外，归夫妻双方共同所有。在被继承人死亡时，继承人如有配偶存在，则该继承人所继承的被继承人的遗产，自应属于继承人与其配偶的共同财产。即使继承人在遗产分割前死亡，这种性质也不能改变。

（3）转继承在本质上是两个先后发生的继承关系，转继承人所继承的是被转继承人的遗产，而不是被继承人的遗产。

（4）如前所述，继承法律关系的客体为遗产，转继承作为继承制度之一种，其客体也应当为遗产，而不能为被转继承人的继承权，否则将面临继承继承权的逻辑悖论。

二、转继承的要件

转继承无论在法定继承还是在遗嘱继承中发生，都须具备下列要件：

（一）须在被继承人死后、遗产分割前继承人死亡

这是转继承发生的时间要件。只有在被继承人死后、遗产分割前，继承人死亡的，才会发生转继承。这限定了一个时间范围，也就是在被继承人死后至遗产分割前这一时间范围内。这是因为，如果被继承人还没有死亡，则继承就尚未开始，因此不存在转继承的问题。即使继承人先于被继承人死亡，也只会发生代位继承，不存在转继承。如果继承人于遗产分割后死亡的，则该继承人的继承人直接继承其遗产，而不必直接参与被继承人遗产的分割，此时也不存在转继承的问题。

（二）须继承人未丧失或放弃继承权

这是转继承发生的客体要件。如果继承人因法定事由丧失了继承权或者放弃了继

---

〔19〕 张玉敏：《继承法律制度研究》，法律出版社 1999 年版，第 234～235 页。

〔20〕 王作堂等：《试论转继承的性质》，载《中外法学》1993 年第 5 期；韩家勇：《转继承论析》，载《政治与法律》1992 年第 6 期。

承权，则因其不能继承被转继承人的遗产，即使其于被继承人死亡后、遗产分割前死亡，也不发生其应继份额由何人承受问题，也就不发生转继承。

（三）须由死亡继承人的继承人继承其应继承的遗产份额

这是转继承的结果要件。在转继承中，虽然继承人死亡，但是其应继份额并不归属于被继承人的其他继承人，而是归属于自己的继承人。至于具体的应继份额以及死亡继承人的继承人的应得份额，根据具体的法定继承与遗嘱继承情形进行判定。

三、转继承的效力

转继承的效力，是指符合继承的要件，发生转继承后产生的继承法律后果。

在适用转继承时，作为转继承的客体的被转继承人的应继份额，根据死亡的被转继承人的继承方式而有差异。如果死亡的被转继承人根据法定继承方式进行继承，则其应继份额为根据法定继承取得的份额；如被转继承人为遗嘱继承人时，则依照被继承人的遗嘱取得应继份额。

在转继承中，转继承人取得的份额也根据继承方式的不同而有差异。转继承人在存在合法有效遗嘱时，适用遗嘱继承取得被转继承人的遗产份额；无有效遗嘱存在时，适用法定继承取得被转继承人的遗产份额。在现实生活中，绝大部分遗嘱都是明确自己拥有的具体的遗产分配，很少有被转继承人对应继份额进行立遗嘱分割的，因此转继承人获得遗产多为法定继承方式取得。

转继承是对被转继承人应继承的遗产份额的转移，因此，转继承的适用不能对继承关系的结果发生影响。也就是说，在不适用转继承时，如继承人有配偶存在，则其应继承的遗产属于夫妻双方共有。而在适用转继承时，除另有约定外，死亡继承人的遗产份额也应当作为夫妻共同财产，在死亡继承人的继承人进行转继承时，先分出死亡继承人配偶的部分，再将剩余部分进行遗产分割。

四、转继承与代位继承的区别

（一）性质不同

转继承是一种连续发生的二次继承，是在继承人直接继承后又转由转继承人继承被转继承人的遗产，转继承人实际上享有的是分割遗产的权利，而不是对被继承人的遗产继承权；而代位继承是在发生法定情形时，代位继承人基于其固有的代位继承权直接参与对被继承人遗产的继承的法律制度。从这个意义上，有的学者认为，转继承具有连续继承的性质，代位继承具有替补继承的性质。[21]

（二）发生的原因不同

转继承是因为被继承人的继承人在被继承人死亡后、遗产分割前死亡而发生，而且

---

〔21〕 郭明瑞等：《继承法》（第2版），法律出版社2004年版，第128页。

被转继承人对被继承人遗产的应继份额是转继承的基础，如果被转继承人放弃或丧失继承权而不能获得应继份额时，则不可能发生转继承，例如被继承人甲的长子乙为了争夺遗产而杀害其他继承人而丧失继承权的，则在甲的遗产分割前乙死亡的，则乙的继承人丙、丁也不能通过转继承继承甲的遗产；而根据代位继承人的固有权性质，如果被继承人的子女先于被继承人死亡的，可以发生代位继承，并且许多立法例规定被继承人的子女丧失继承权的，也可以发生代位继承。

（三）主体与客体不同

在转继承中，被转继承人为享有继承权的全体继承人，无论法定继承人还是遗嘱继承人，转继承人为被转继承人死亡时生存的所有继承人；而代位继承的主体具有特定性，被代位继承人具体为被继承人的子女，而代位继承人为被继承人子女的晚辈直系卑血亲，都是特定的。因此实际上，引起转继承发生的机会要比代位继承发生的机会多。

转继承的客体，虽有的学者认为其是已亡继承人的继承权，具体包括继承选择权和遗产分配权，[22]但是，转继承只是对遗产份额的再继承，而非继承权利的移转，故其客体应为遗产份额；而代位继承的客体是被代位人的继承权，代位继承人的应继份应依此确定。

（四）适用范围不同

转继承既可以适用于法定继承，又可以适用于遗嘱继承。由代位继承的性质决定，代位继承只适用于法定继承，因为在遗嘱继承中，若遗嘱指定的继承人或受遗赠人先于被继承人死亡的，遗嘱所指定份额按法定继承办理。遗嘱指定的继承人发生法律规定的事由而丧失继承权时，对遗嘱中指定的由该丧失继承权的继承人继承的遗产，也须按照法定继承继承。

第五节　继 承 协 议

一、继承协议的概念和特征

（一）继承协议的概念

继承协议也称为继承合同，是指被继承人与法定继承人中的一人、数人或者全体签订的关于遗产继承事宜的协议。

有人主张，继承协议也应包括被继承人与法定继承人以外的其他人签订的处理遗

〔22〕 张玉敏：《继承制度研究》，成都科技大学出版社 1994 年版，第 276 页。

产的协议。基于我国继承立法现状和社会现实生活情况,应当将继承协议限于被继承人与法定继承人之间签订的协议,而被继承人与法定继承人之外的其他人签订的协议,应当属于遗赠扶养协议,不是继承协议。

(二)继承协议的特征

第一,继承协议是被继承人与法定继承人达成的双务合同,并在订立时生效,其主要内容是被继承人与部分或者全体法定继承人关于继承权的取得与放弃以及赡养等内容达成的合意,是双方或者多方法律行为,而不是遗嘱继承或者遗赠的单方法律行为。

第二,继承协议的主体具有特殊性,只能是被继承人与法定继承人签订,当事人限于被继承人与法定继承人之间,其他主体不可以签订继承协议。

第三,继承协议主要以继承权的取得与放弃,以及对被继承人的赡养义务分配为主要内容。

第四,继承协议的效力优先于遗赠扶养协议、遗嘱继承与遗赠,在有继承协议、遗赠扶养协议、遗嘱继承、遗赠的情况下,继承协议具有优先性。

二、继承协议的订立、撤销与解除

(一)继承协议的订立

继承协议是双方法律行为,应当由被继承人与法定继承中的一人、数人或者全体作为协议主体。订立继承协议的行为人资格,应当适用合同法的一般规定,须具有相应的民事法律行为能力,如果是限制民事法律行为能力人,应征得其法定代理人或者监护人的同意。

订立继承协议应当符合合同订立的形式要件,须由双方当事人同时在场,亲自订立;约定进行公证的,公证员应当在场记录,并出具公证书。考虑我国的社会实际情况,在农村地区订立继承协议的形式要件不必过于严苛,以书面形式为准即可。订立继承协议时,双方当事人应该亲自签名、盖章或者按指印,并写明签订继承协议的日期。

订立继承协议的主要内容是指定继承人,确定继承权,确定继承人的继承范围,确定继承人的负担,确定部分继承人的继承权放弃。

(二)继承协议的撤销

继承协议可以撤销。签订继承协议的当事人可以基于错误、欺诈或者胁迫等事由,请求撤销继承协议。如果被继承人在签订继承协议时,忽略了继承开始时存在的特留份权利人,或者特留份权利人的存在不为被继承人所知,或者在继承协议订立后才出生或者成为特留份权利的人的,被继承人可以撤销继承协议;如果被继承人知道上述情况也会订立该继承协议的,则不产生撤销权。

我国《民法典》没有规定继承协议的撤销,目前应当适用《民法典》合同编关于合同撤销的规定。

（三）继承协议的解除

继承协议可以基于双方的一致意思表示或者单方决定而解除，故继承协议的解除分为协议解除与单方解除。

继承协议的双方解除，是经当事人双方协商一致后，即可解除继承协议。

订立继承协议时双方约定被继承人行使解除权的条件的，如果解除条件成就，被继承人可以行使解除权，解除继承协议。如果签约的继承人能够履行赡养义务而不履行，或者不适当履行赡养义务，或者丧失赡养能力而不能继续履行继承协议约定的义务的，被继承人可以单方解除继承协议。如果签约的继承人先于被继承人死亡的，继承协议自动解除。

三、继承协议的效力

继承协议成立后，对当事人发生法律拘束力，各方应当按照继承协议的约定，履行相应的义务，享受约定的权利。当被继承人死亡时，约定享有继承权的法定继承人按照约定继承被继承人的遗产。

继承协议订立后，被继承人仍然可以生前法律行为的方式处分其财产，通常并不因继承协议而受影响。但是，如果被继承人出于侵害约定的继承人的意图，而故意赠与或毁损、隐匿其财产，或者对其财产设定负担，约定的继承人可以在遗产归属于自己以后的一定期限内，依照不当得利之规定，请求受赠人返还赠与标的物，有权请求人民法院撤销被继承人所设定的财产负担，有权要求在被继承人的其他遗产中以相当价额代替被继承人毁损、隐匿的财产。

继承协议订立后，被继承人生前所立的遗嘱与继承协议内容相冲突的部分无效；继承协议订立后，被继承人订立的与继承协议内容相抵触的遗嘱亦无效。

对继承人于继承开始前放弃继承的意思表示效力的问题，在继承协议中比较突出。这是因为，继承人放弃继承的意思表示通常应当在继承开始后作出，而在继承协议中部分继承人放弃继承的意思表示，却是在继承开始之前作出的。对此，既有无效说，也有有效说，我国《民法典》由于没有规定继承协议，因而对此没有规定。对于继承人在继承开始前接受或者放弃继承的意思表示，特别是通过继承协议在继承开始前接受或者放弃继承的意思表示，应当认为是有效的，否则订立继承协议就没有意义。尽管继承权在继承开始前是期待权，期待权实现的条件尚未成就，但其应取得之权利或负担之义务并非没有确定，只是不能行使而已。既然承认继承协议的效力，即应允许继承人可以在继承开始前决定其接受或者放弃继承，这是尊重当事人的自由意志。这种接受或者抛弃并不违反法律的强制规定，也不违背公序良俗，而是充分尊重当事人对自己继承事务的安排。

思考题

1. 简述法定继承的概念、特征和适用范围。
2. 法定继承与遗嘱继承有哪些联系和区别?
3. 我国的法定继承人的范围是怎样确定的?
4. 怎样确定我国的法定继承人的继承顺序?
5. 结合本章典型案例,讨论:两种不同的代位继承的要件是什么?
6. 转继承与代位继承的区别有哪些?
7. 继承协议是否合法?

第七章　遗嘱继承与遗赠

本章导读

遗嘱是指自然人在生前按照法律的规定对自己的财产处分作出意思表示及安排与此有关事务,并于其死亡后发生法律效力的单方法律行为,包括自书遗嘱、代书遗嘱、打印遗嘱、录音录像遗嘱、口头遗嘱和公证遗嘱。遗嘱继承是指于继承开始后,继承人按照被继承人的合法有效的遗嘱,继承被继承人遗产的继承方式,其具体的继承人、继承顺序、应继份额、遗产管理、遗嘱执行等,都由被继承人在遗嘱中指定。遗赠是指自然人在生前订立遗嘱,将其个人财产赠与国家、集体或者法定继承人以外的人,于其死亡后发生法律效力的单方法律行为。遗赠扶养协议是指遗赠人和扶养人为明确相互间遗赠和扶养的权利义务关系所订立的协议。

典型案例

李某某与谢某某于1984年6月登记结婚,双方均系再婚。二人结婚时,双方子女均已成年,双方购置房屋一套并登记在李某某名下。1993年8月20日李某某亲笔立下遗嘱,将房屋及家具设备全部留给李某丙一人继承,谢某某只可终身居住使用。2010年2月21日李某某留下打印遗嘱一份,其去打印店打印好遗嘱回家签字时有律师杨某某、段某在场见证。遗嘱中表明因李某甲放弃生意照顾自己,故从其房款中拿出5万元优先补贴李某甲,余款再由四个子女共同继承。李某某去世后,李某甲等人诉至法院,要求分割遗产。一审法院认为,李某某留下的打印遗嘱仅有本人签名,既没有见证人在场,也没有代书人打印员的签名,不符合代书遗嘱的形式要件,故认定该份遗嘱无效。李某某亲笔立下的遗嘱,是其真实意思表示,符合自书遗嘱的基本要求。基于考虑李某甲、李某丁对父亲李某某尽了更长时间的照顾义务,本着公平合理、家庭和睦的原则,在确认该份遗嘱合法有效的前提下,酌定李某某享有的房产份额由李某丙、李某甲、李某丁平均继承,李某某的其余遗产依法定继承办理。二审法院认为,李某某所立打印遗嘱,虽非其亲笔书写,但鉴于其年逾90,亲自书写有一定困难,故以打印后签名设立,且签字确认时有两名律师见证,该遗嘱应视为自书遗嘱。故对其遗产应以该遗嘱办理,遗嘱中涉及谢某某的财产部分无效。再审法院认为,案中两名律师既未见证打印遗嘱的制作过程,也不是遗嘱的代书人与遗嘱见证人,其只能作为证人证明李某某在该遗嘱上的签名为真实，李某某所留的打印遗嘱不符合自书遗嘱与代书遗嘱的法律要件，属无效遗嘱。李某某自书遗嘱有效，原一审法院判决既符合法律规定，又兼顾情理，应予以认可。

第一节　遗嘱继承概述

一、遗嘱继承的概念和特征

（一）遗嘱继承的概念

遗嘱继承，是指于继承开始后，继承人按照被继承人的合法有效的遗嘱，继承被继承人遗产的继承方式。在遗嘱继承中，具体的继承人、继承顺序、应继份额、遗产管理、遗嘱执行等，都由被继承人在遗嘱中指定，因此，遗嘱继承也被称作“指定继承”，与法定继承相对应。

在遗嘱继承中，生前立有遗嘱的被继承人称为遗嘱人或立遗嘱人，依照遗嘱的指定享有遗产继承权的人为遗嘱继承人。不过遗嘱继承开始后，享有遗嘱继承权的人为遗嘱继承人，其他任何人（包括遗嘱继承人之外的法定继承人）作为义务主体，对遗嘱继承人的继承权都负有不得侵害的义务。遗嘱继承所指向的客体为被继承人指定的遗产份额。

（二）遗嘱继承的特征

第一，遗嘱继承以事实构成作为发生依据。遗嘱继承除了须具备被继承人死亡这一法律事实外，还须以被继承人所立的合法有效的遗嘱为前提，这两个法律事实缺一不可，两者合为一个完整的事实构成。

第二，遗嘱继承直接体现着被继承人的意志。虽然遗嘱继承与法定继承在一定程度上都是对被继承人意志的体现，但是两者的体现方式与程度不同。法定继承是通过推定被继承人愿意把遗产留给关系亲密的亲属来体现被继承人的意志，而遗嘱继承则是通过对被继承人的遗嘱的执行与实现来直接体现被继承人的意志。在遗嘱继承中，继承人、继承人的顺序、继承人继承的遗产份额或者具体的遗产，都是被继承人在遗嘱中指定的。

第三，遗嘱继承具有效力优先性。世界各国继承法都规定遗嘱继承的效力优于法定继承，在继承开始后，有合法有效遗嘱的，先须按照遗嘱进行继承。遗嘱继承在效力上的优先性，关系谁可以实际参与继承，关系遗嘱继承人可以得到多少遗产份额。

第四，遗嘱继承的主体具有限定性。这是我国遗嘱继承的一个特征。在遗嘱继承人的确立上，各国立法有以下做法：一是规定遗嘱继承人可以是法定继承人范围之内的人，也可以是法定继承人范围以外的人，但只能是自然人；二是规定遗嘱继承人不仅可以为法定继承人范围以外的自然人，而且也可以是法人、国家；三是规定遗嘱继承人只能是法定继承人范围之内的自然人。我国《民法典》第 1133 条前两款采取第三种做法，规定："自然人可以依照本法规定立遗嘱处分个人财产，并可以指定遗嘱执行人。自然人可以立遗嘱将个人财产指定由法定继承人中的一人或者数人继承。"遗嘱继承的主体具有限定性，限定在一定的范围之内。

二、遗嘱继承的适用条件与意义

（一）遗嘱继承的适用条件

遗嘱继承的适用，必须具备一定的条件或情形，这就是遗嘱继承的适用条件。依据我国《民法典》的规定，只有具备以下条件时，才按遗嘱继承办理。

第一，须立遗嘱人死亡。我国《民法典》第 1121 条第 1 款规定："继承从被继承人死亡时开始。"遗嘱继承的适用，亦须立遗嘱人死亡。继承只有在被继承人死亡后才开始，如果立遗嘱人还没有死亡，则遗嘱继承就无法适用。

第二，被继承人立有合法有效的遗嘱。作为遗嘱继承的事实构成之一的遗嘱，须是被继承人生前订立的遗嘱，且该遗嘱还须是合法、有效的。在实践中，虽然被继承人生前可订立遗嘱，但是并非所有订立的遗嘱都会有效，还须考察遗嘱是否符合法律规定的有效条件。如果因被继承人无遗嘱能力、处分他人财产等情形，则遗嘱归于无效，不具有可以执行的效力。

第三，须指定继承人未丧失或放弃继承权。在适用遗嘱继承时，遗嘱指定的继承人可能会因出现法定事由而丧失继承权，此时指定继承人不具有继承资格，不享有继承权。对遗嘱中指定的由该丧失继承权的指定继承人继承的遗产，须依照法定继承处理。指定继承人可以放弃遗嘱继承，只要符合放弃继承的要求，就会产生放弃继承的效果，指定继承人对遗嘱指定的遗产不再享有继承权。遗嘱中指定的由该放弃继承权的指定继承人继承的遗产，也须按照法定继承处理。

第四，须指定继承人于继承开始后尚生存。在遗嘱继承中，被继承人一般都是提前立下遗嘱，但在继承开始前的一段时间内，指定的遗嘱继承人可能会先于被继承人死亡，此时遗嘱涉及该指定继承人的部分不发生代位继承，也不发生转继承，只能适用法定继承。因此，遗嘱指定继承人的生存是适用遗嘱继承必不可少的一个要件。

第五，须没有遗赠扶养协议。我国《民法典》第 1158 条确立了遗赠扶养协议制度，在没有继承协议的情况下，遗赠扶养协议具有优先适用的效力，遗嘱继承与法定继承都不能对抗遗赠扶养协议。被继承人生前与扶养人订有遗赠扶养协议的，应当先执行遗赠扶养协议，在执行完遗赠扶养协议后有剩余遗产的，再适用遗嘱继承或法定继承处理。

当具备这些要件时，遗嘱继承得以适用。在遗嘱继承开始后，遗嘱指定的继承人也可以放弃继承。放弃继承应当按照我国《民法典》的规定进行，须以明示的方式作出意思表示，并且在特定的时间内，否则即视为接受继承。对于遗嘱指定的继承人明确表示放弃继承时，对其放弃继承的遗产部分不再适用遗嘱继承，而应按法定继承办理。

（二）遗嘱继承的意义

第一，有利于保护自然人的私有财产权和继承权。我国《宪法》第13条前两款明确规定："公民的合法的私有财产不受侵犯。国家依照法律规定保护公民的私有财产权和继承权。"国家不仅应当保护自然人生前在不违反国家法律的前提下，按照自己的意志对自己的私有财产进行占有、使用、收益、处分的权利，而且自然人于生前对自己私有财产的身后处分也予以保护，这就是对自然人继承权的保护。遗嘱继承正是自然人生前对自己私有财产进行的处分，使自己的财产按照自己的遗愿传承到继承人手中，体现自然人的私有财产决定权。

第二，有利于体现被继承人的意志。作为私权的私有财产权，国家法律没有过度干预的必要，只要权利人不违法，就应当予以尊重。在遗嘱继承中，作为权利人的被继承人对自己的私有财产通过遗嘱进行处分，并且对遗嘱继承人、继承的顺序、继承的份额、遗嘱的执行、遗产的管理等事项都根据自己的意志进行安排，充分地体现了被继承人的意志。尊重遗嘱就是尊重被继承人的意志。

第三，有利于减少继承争议、稳定家庭关系。由于遗产的价值属性，在发生继承时，法定范围内的继承人基于逐利的目的，都希望谋求自己利益的最大化，可能导致在遗产分割时纷争不断。遗嘱继承同法定继承相比，是由被继承人对遗嘱继承人、遗产份额等都在遗嘱中明确的继承方式，只要遗嘱合法有效，有关的当事人就应当予以执行，能够避免继承纠纷。尊重自然人生前对自己财产的遗嘱处分，也更有利于稳定家庭关系，促进家庭成员间的和睦团结。

第二节　遗　　嘱

一、遗嘱的概念和特征

（一）遗嘱的概念

遗嘱，是指自然人在生前按照法律的规定对自己的财产处分作出意思表示及安排与此有关的事务，并于死亡后发生法律效力的单方民事法律行为。遗嘱有广义与狭义之分，广义的遗嘱包括死者生前对于其死后一切事务作出处置和安排的行为，继承法上的遗嘱是指狭义的遗嘱。[1]

---

〔1〕 郭明瑞等：《继承法》（第2版），法律出版社2004年版，第136页。

在遗嘱中,设立遗嘱的自然人称为立遗嘱人或遗嘱人,遗嘱指定的继承人为遗嘱继承人。在订立遗嘱的过程中,有些遗嘱需要有人予以见证,是遗嘱见证人。此外,有的遗嘱还规定了遗嘱执行人以及遗产管理人。

(二)遗嘱的特征

第一,遗嘱是无相对人的单方民事法律行为。遗嘱仅有立遗嘱人自己的意思表示即可成立,无须取得遗嘱指定继承人的同意,不存在合意问题,因此,遗嘱属于《民法典》第134条第1款规定的单方民事法律行为。遗嘱不以立遗嘱人的意思表示到达遗嘱继承人为生效要件,只要立遗嘱人作出自己的意思表示,遗嘱即可成立,并自被继承人死亡时生效。因此,遗嘱是无相对人的单方民事法律行为。正因为遗嘱是单方且无相对人的民事法律行为,在遗嘱生效前的任一时刻,遗嘱人都可以按自己的意思予以变更或撤回。

第二,遗嘱是遗嘱人亲自作出的独立的民事法律行为。遗嘱是遗嘱人处分自己身后财产的法律行为,影响其处分决定的因素,主要是遗嘱人与有关亲属之间的感情和遗嘱人的愿望,具有强烈的感情色彩,必须由遗嘱人亲自进行,不得代理。[2] 代书遗嘱,立遗嘱人只是请他人代笔,而遗嘱的具体内容也还是立遗嘱人根据自己意思表示的口述,代书人的作用是记录。立遗嘱人必须具有遗嘱能力,其意思表示能力健全,在处分自己的财产时,不需要征得他人的同意,无须他人的辅助。因此,遗嘱是独立的民事法律行为。

第三,遗嘱是于遗嘱人死亡后发生法律效力的民事法律行为。遗嘱虽是于遗嘱人生前因其单独意思表示即可成立的行为,但于遗嘱人死亡时才能发生法律效力,因此是死因行为。只要遗嘱人还健在,不管这种遗嘱订立了多长时间,均不发生法律效力,任何继承人都不能要求按照已订立的遗嘱继承财产。

第四,遗嘱是要式民事法律行为。为了保证遗嘱人的真实意思表示的实现,我国《民法典》明确规定了自书遗嘱、代书遗嘱、打印遗嘱、录音录像遗嘱、口头遗嘱、公证遗嘱的形式,立遗嘱人必须根据这些形式的要求订立遗嘱,否则无效。因此,遗嘱是一种要式民事法律行为。

二、遗嘱能力

(一)遗嘱能力的概念

遗嘱能力,是指被继承人依据法律享有的、在生前通过订立遗嘱来自由处分自己财产的资格。只有具有遗嘱能力的人,才有设立遗嘱的资格。

在遗嘱能力的界定上,有些国家将遗嘱能力分为三种:一是立遗嘱的能力;二是遗嘱继承能力;三是遗嘱作证能力。[3] 遗嘱继承能力,实际上是遗嘱继承人的继承资格,这属于继承权范畴内的问题,而所谓的遗嘱作证能力,则是遗嘱见证人的资格问题。因此,遗嘱能力应当是立遗嘱的能力。我国《民法典》有关遗嘱能力的规定也是从订立遗

〔2〕 张玉敏:《继承法律制度研究》,法律出版社1999年版,第238页。

〔3〕 刘文:《继承法比较研究》,中国人民公安大学出版社2004年版,第190页。

嘱的角度作出规定的。

（二）遗嘱能力与民事法律行为能力的关系

遗嘱能力虽然与民事法律行为能力存在联系，都是一种资格，但是两者是不同的。

1. 适用范围不同

遗嘱能力仅指被继承人订立遗嘱的资格，而民事法律行为能力则是指民事主体（包括自然人、法人与非法人组织）能够以自己的行为独立参加民事法律关系，行使民事权利和履行民事义务的资格。民事法律行为能力的范围要广泛得多。

2. 划分不同

虽然两者都根据行为人的意思表示能力来进行划分，但是在具体的划分上是不一样的。遗嘱能力分为有遗嘱能力与无遗嘱能力两类，而民事法律行为能力分为无民事法律行为能力、限制民事法律行为能力与完全民事法律行为能力三类。

（三）遗嘱能力的类型

我国《民法典》规定自然人的遗嘱能力在第 1143 条第 1 款："无民事行为能力或者限制民事行为能力人所立的遗嘱无效。"据此，我国自然人在遗嘱能力上分为有遗嘱能力人和无遗嘱能力人两种情况。

1. 有遗嘱能力的人

有完全民事法律行为能力即具有遗嘱能力，因而满 18 周岁的成年人和年满 16 周岁以上以自己的劳动收入为主要生活来源的未成年人，均有遗嘱能力，得设立遗嘱处分自己的财产。

2. 无遗嘱能力的人

在我国，不满 8 周岁的未成年人和完全不能辨认自己行为的人、8 周岁以上的未成年人和不能完全辨认自己行为的人，都无遗嘱能力，不得以遗嘱处分其财产，即使设立遗嘱，也是无效的。

（四）确定遗嘱能力的时间标准

对遗嘱能力的有无有一个确定的问题，各国继承法一般认为确定遗嘱能力的时间为立遗嘱时。我国《民法典》对此未明确规定，司法实践的做法是，遗嘱人立遗嘱时必须有行为能力。无行为能力人所立的遗嘱，即使其本人后来有了行为能力，仍属无效遗嘱。遗嘱人立遗嘱时有行为能力，后来丧失了行为能力，不影响遗嘱的效力。遗嘱能力的确定应当以立遗嘱时遗嘱能力的有无为标准，无遗嘱能力人所立的遗嘱当然无效。

（五）遗嘱能力的特殊问题

1. 精神病、老年痴呆症患者的遗嘱能力

精神病、老年痴呆症患者，无论是不能辨认自己行为还是不能完全辨认自己行为，在被确定为无民事行为能力或限制民事行为能力人后，都属于无遗嘱能力人。不过，精神病、老年痴呆症患者的民事法律行为能力问题需要按照法定程序进行宣告。由于这些病患的发生与治疗同法院对无民事法律行为能力或限制民事法律行为能力的宣告及撤销存在时间差，对于这段时间差内的病患的遗嘱能力问题，我国《民法典》并未规定。

自然人罹患精神病或者老年痴呆症，在未经过法院无民事法律行为能力或限制民事法律行为能力宣告前订立的遗嘱是否有效，应当以订立遗嘱时为判断依据，则在该病患未经无民事法律行为能力或限制民事法律行为能力宣告前，推定其有遗嘱能力，其所立遗嘱有效。如果有关利害关系人有确实的证据证明，该病患在立遗嘱时精神状态不正常、意思表示不真实的，则可以认定所立的遗嘱无效。

被宣告为无民事法律行为能力或限制民事法律行为能力人的病患，在其病愈后而未经撤销宣告其为无民事法律行为能力或限制民事法律行为人的判决前有无遗嘱能力？如果病患在治愈后能够正确表达自己的意思时所立的遗嘱或者在神志清醒时所立的遗嘱，经审查确属代表了本人真实意思的，就应当承认其所立的遗嘱具有法律效力，而无论其是否被撤销了无民事法律行为能力或限制民事法律行为能力的宣告。因为对病患的无民事法律行为能力或限制民事法律行为能力的宣告，仅仅是法律上的形式要求，但是确立遗嘱能力是探求立遗嘱人的真实意思表示，对于病患在立遗嘱时如果精神正常，其意思表示真实的，当然应当予以尊重，确认其有遗嘱能力，使其所立遗嘱有效。不过，为了保护有关当事人的合法权益，应当在当事人就遗嘱人立遗嘱时确实属于神志正常的人发生争议时，由主张遗嘱有效的当事人举出医疗机构的权威性医疗结论作证据。

对其他丧失或者部分丧失民事法律行为能力人的遗嘱能力，参照上述规则处理。

2. 患有聋、哑、盲等疾病的人的遗嘱能力

在古罗马法上，立遗嘱须履行一定的遗嘱仪式，聋、哑人基于事实上的不能而无遗嘱能力，而盲人只能按特别方式立遗嘱。〔4〕近现代法虽然一般都承认聋、哑、盲人有遗嘱能力，但多对其设立遗嘱作了特别规定。

在我国，《民法典》未对患聋、哑、盲等生理疾病而无精神障碍的成年人的遗嘱能力问题作出特别规定。根据我国继承法的平等原则，患聋、哑、盲等生理疾病而无精神障碍的成年人也应当与健全的成年人享有同样的遗嘱能力。为了切实落实对残疾人的保护，应当根据具体的情况，为聋、哑、盲等残疾人订立遗嘱提供方便。而且对这部分人设立的遗嘱不仅要依法定形式作成，而且还应当从设立方式能否真实表达遗嘱人的意思上判别遗嘱的真伪。例如，对不会书写的聋哑人订立的代书遗嘱，代书人、见证人应为会哑语或明白其意思的人。如设立遗嘱的聋哑人为文盲，而代书遗嘱的代书人、见证人中又无人会哑语或明白其意思，则该代书遗嘱一般应当认定为无效。

---

〔4〕　周枏：《罗马法原论》（下册）（第2版），商务印书馆2001年版，第490～491页。

第三节 遗嘱的订立与形式

一、遗嘱的订立的概念

遗嘱的订立,是指具备遗嘱能力的遗嘱人通过法定形式设立遗嘱的行为。由于遗嘱为要式法律行为,因此,遗嘱的订立应当遵循特定的形式,有的遗嘱行使还要有遗嘱见证人见证。此外,遗嘱的订立也应当确定遗嘱的内容。

二、遗嘱的形式

遗嘱的形式,是指遗嘱人表达自己处分其财产的意思的方式。订立遗嘱既反映遗嘱人对自己财产处分的意愿,又会影响法定继承人对遗产的继承,因而设立遗嘱是严肃的行为,需要在形式上予以明确。我国《民法典》从我国的实际情况出发,适应我国的民族习惯与文化水平,在第1134~1139条规定了自书遗嘱、代书遗嘱、打印遗嘱、录音录像遗嘱、口头遗嘱和公证遗嘱六种法定遗嘱形式,并对有关遗嘱的要件和适用作了具体规定。

(一)自书遗嘱

自书遗嘱,又称为亲笔遗嘱,是指由遗嘱人亲笔书写的遗嘱形式。《民法典》第1134条规定:"自书遗嘱由遗嘱人亲笔书写,签名,注明年、月、日。"自书遗嘱不需要见证人参加,只要遗嘱人亲笔书写自己的意思表示即可。自书遗嘱对遗嘱人没有特别要求,只要遗嘱人有文字书写能力,就可以独立设立自书遗嘱。

自书遗嘱应当符合以下要求:

第一,须由遗嘱人亲笔书写遗嘱的全部内容。自书遗嘱必须由遗嘱人亲自书写,不能让他人代写,而且还只能由遗嘱人用笔将其意思记录下来(记于纸张上还是布匹上或其他上面,均未尝不可),一般认为不能用打字机打印、铅印等方式。在书写的语言方面,可以采用通用的汉语,也可以采用少数民族语言,还可以采用外国语言,只要字迹清楚、意思完整、用词准确即可。

第二,须是遗嘱人关于其死亡后财产处分的正式意思表示。自书遗嘱中必须是遗嘱人对于其死后财产处分的正式意思表示,如果不是正式制作的,仅是在日记或有关的信件中提到准备在其死亡后对某财产如何处理,不应认定该内容为自书遗嘱。不过,自书遗嘱只要求是遗嘱人处分遗产的真实意思的书面记载,不要求须有"遗嘱"的字样。如果遗嘱人在有关的文书中对其死亡后的事务作出安排,也包括对其死亡后的财产处理作出安排,又无相反证明的,应当认定该文书为遗嘱人的自书遗嘱。自然人在遗书中涉及死后个人财产处分的内容,确为死者真实意思的表示,有本人签名并注明了年、月、日,又无相反证据的,可按自书遗嘱对待。

第三,须由遗嘱人签名。遗嘱人签名是自书遗嘱的基本要求,它既证明遗嘱确为遗嘱人亲自书写的,也证明遗嘱是遗嘱人的真实意思表示。如果光有遗嘱的全部内容,而没有遗嘱人的签名,则此遗嘱没有法律效力。在自书遗嘱中,遗嘱人的签名须由遗嘱人亲笔书写上自己的名字,而不能以盖章、捺印、画押等方式代替。至于签名后是否需要加盖遗嘱人的私章,法律没有强制要求,但也不加以禁止。

第四,须注明年、月、日。自书遗嘱的年、月、日非常重要,不仅可以确定自书遗嘱的成立时间,在发生纠纷时方便人们辨明遗嘱的真伪,而且可以判明遗嘱人在立自书遗嘱时是否具有遗嘱能力,以确定遗嘱是否有效。另外,注明自书遗嘱的时间还有助于辨明多份遗嘱的先后顺序,以确定哪份遗嘱是最后的、具有法律效力的自书遗嘱。因此,自书遗嘱中必须注明设立遗嘱的时间,而且必须是年、月、日齐备,遗嘱中未注明日期的,或者所注的日期不具体的,如只注明年、月,而未写日,遗嘱不能有效。

第五,增删或涂改时须签名并注明时间。如遗嘱人对自书遗嘱进行涂改、增删时,也须于涂改、增删处签名并注明时间,否则,其涂改、增删的内容无效。自书遗嘱关系遗产的处理,一般要求字迹清楚、意思明确,应当尽量避免增删、涂改。

依照《民法典继承编解释(一)》第 27 条规定,自然人在遗书中涉及死后个人财产处分的内容,确为死者的真实意思表示,有本人的签名并注明年、月、日,又无相反证据的,可以按自书遗嘱对待。

(二)代书遗嘱

代书遗嘱,是指由他人代为书写的遗嘱形式,也称为代笔遗嘱。在遗嘱人无文字书写能力或者由于其他原因不能亲笔书写遗嘱的,为了保护遗嘱人的遗嘱自由,允许遗嘱人在符合法定条件的情形下请他人代为书写遗嘱。这就是代书遗嘱形式。《民法典》第 1135 条规定:"代书遗嘱应当有两个以上见证人在场见证,由其中一人代书,并由遗嘱人、代书人、其他见证人签名,注明年、月、日。"

代书遗嘱须符合以下要求:

第一,须由遗嘱人口授遗嘱内容,并由一名见证人代书。遗嘱是必须由遗嘱人亲自进行的行为,不允许他人代理。在代书遗嘱中,遗嘱人也必须亲自表述自己处分财产的意思,进行口述,由他人代笔书写下来。代书人是遗嘱人口授遗嘱的文字记录者,不是遗嘱人的代理人,不能就遗嘱内容提出任何意见。代书人须忠实地记载遗嘱人的意思表示,而不得对遗嘱人的意思表示作篡改或修正。

第二,须有两个以上见证人在场见证。代书遗嘱的见证人是参加代书遗嘱,能够证明代书遗嘱真实性的人。为了保证代书遗嘱的真实性,我国《民法典》规定应当有两个以上见证人在场见证。如果只有代书人一人在场代书的代书遗嘱,不具有代书遗嘱的效力。

第三,须遗嘱人、代书人、其他见证人在遗嘱上签名并注明年、月、日。代书人在书写完遗嘱后，应向遗嘱人宣读遗嘱，在其他见证人和遗嘱人确认无误后，在场的见证人和遗嘱人都须在遗嘱上签名，并注明年、月、日。遗嘱人用按指印来代替签名，也是可以的。因为法律规定代书遗嘱的原因主要是因为有的人不具有自书遗嘱的能力，从现实看，确实有许多人连自己的名字也不会写。所以，遗嘱人确实不会书写自己名字，可用按指印或者盖章方式代替签名，但是，遗嘱的见证人、能够书写名字的遗嘱人须在遗嘱上签名，而不能以按指印或盖章方式代替签名。

（三）打印遗嘱

1. 确认打印遗嘱效力的必要性

原《继承法》没有规定打印遗嘱，主要是立法当时电脑尚未普及，打印遗嘱还不是普遍存在的遗嘱形式。在电脑普及之后，打印遗嘱越来越多，原因是自然人在书写中，通常以电脑打印方式代替，用笔书写的方式已经越来越少见。因而，用电脑写作、用打印机打印的遗嘱已经成了遗嘱的主要形式。

由于我国原《继承法》没有规定打印遗嘱的形式，对打印遗嘱合法、有效的形式要件无从把握，因而无法确定打印遗嘱应当比照何种遗嘱形式适用法律。在实践中，有的适用自书遗嘱的形式要件要求，有的适用代书遗嘱的形式要件要求，都不够妥帖，因而不同的法院有不同的做法，无法统一裁判的尺度。

不规定打印遗嘱是不正确的，但是，将其认定为自书遗嘱也是不正确的。首先，在社会中主要的书写方式已经变为电脑写作的情况下，不承认打印遗嘱的效力不是实事求是的态度，也会给司法实践确定遗嘱效力造成困惑和麻烦，不易统一裁判尺度。其次，笼统地认定打印遗嘱就是自书遗嘱也不正确，尽管打印遗嘱也是自己写出来的，带有自书遗嘱的性质，但是，自书遗嘱靠的是其亲笔书写的字迹的真实性来判断遗嘱是否为遗嘱人的真实意思表示。虽然打印遗嘱是遗嘱人在电脑上亲自写作，但是，由于电脑写作不具有亲笔书写文字的身份特征，因而无法依据打印遗嘱上打印的文字，来确定是否为当事人的真实意思表示。在这种情况下，确定打印遗嘱是否为遗嘱人的真实意思表示，须明确规定确认遗嘱真实性的其他条件，使之能够依据这些条件而确定遗嘱是否为遗嘱人的真实意思表示。

2. 打印遗嘱的概念与性质

打印遗嘱，是指遗嘱人通过电脑制作，用打印机打印出来的遗嘱。

打印遗嘱的特点是：(1)打印遗嘱是遗嘱人自己亲自写作的，是自己处分自己遗产的真实意思表示。(2)打印遗嘱虽然是遗嘱人亲自写作，但是却不是用笔和纸写作，而是用电脑写作，用打印机打印。(3)尽管打印遗嘱是遗嘱人自己亲自写作的遗嘱，但是由于在电脑上写作，通过打印机打印，文本储存在电脑之中，因而有可能出现他人代笔，以及被篡改的可能性，因而与自书遗嘱所具有的可鉴别性相比，具有较大的差别。

3. 打印遗嘱的形式要件

鉴于打印遗嘱应用的普遍性和判断的复杂性，《民法典》第 1136 条首先规定打印遗嘱是法定的遗嘱形式，符合条件的，应当确认其法律效力；其次规定了打印遗嘱有效的要件，内容是："打印遗嘱应当有两个以上见证人在场见证。遗嘱人和见证人应当在遗嘱每一页签名，注明年、月、日。"

打印遗嘱形式要件是：

(1)遗嘱为电脑制作、打印机打印出来的遗嘱的文本形式，而非遗嘱人的自书遗嘱和代书遗嘱。至于打印遗嘱究竟是不是遗嘱人亲自通过电脑打印，已经无关紧要，可以通过其他要件进一步认定。

(2)打印遗嘱应当有两个以上的见证人在场见证，并在打印遗嘱文本的每一页签名。见证人要有两名，要在场见证，要在遗嘱的每一页上签名。

(3)遗嘱人也必须在打印遗嘱文本的每一页签名，证明打印遗嘱的每一页都是经过遗嘱人认可的。

(4)最后在遗嘱的文本上须注明立遗嘱的年、月、日。注明年、月、日的方法，应当是遗嘱人和见证人亲笔所为，如打印遗嘱的年、月、日为空白，由遗嘱人、见证人用笔填写具体日期；或者由遗嘱人、见证人在打印遗嘱的最后手写年、月、日。

具备这些要件，打印遗嘱发生遗嘱效力。

(四)录音录像遗嘱

1. 录音录像遗嘱的概念

原《继承法》第 17 条只规定了录音遗嘱形式，规定的条件也比较简单，只要两个见证人在场见证就可以了。在《民法典》第 1137 条中，一是增加录像遗嘱形式；二是规定两个以上的见证人在场见证；三是遗嘱人和见证人应当在录音录像中记录其姓名或者肖像；四是注明年、月、日。

录音录像遗嘱，是指以录音或者录像方式录制下来的遗嘱人的口述遗嘱。[5] 这种界定，随着科学技术的发展应当予以扩展，因为现在不再仅是录音，录像机、电脑、智能手机等日益普及，影像技术大为进步，应当将录音录像遗嘱扩展为视听遗嘱，即使遗嘱人通过摄像机等拍摄的音像资料，只要符合录音录像遗嘱的要求，也应当予以认可。事实上，录音录像遗嘱就是用录音录像技术记录的视听遗嘱。

录音录像遗嘱究竟是一种遗嘱方式，还是两种遗嘱方式呢？在录像遗嘱中，自然包括录音，但是，在录音遗嘱中就不一定有录像。按照当前的技术发展，制作视频并非存在较大难度，差不多有手机的人都会制作。其实，将录音录像遗嘱改为视听遗嘱更为妥当。不过，从目前来说，仍然有单纯的录音遗嘱存在的可能性，如用录音笔制作遗嘱。因此，录音录像遗嘱分为两种不同方式的遗嘱，还是有道理的。

2. 录音录像遗嘱的形式要件

录音录像遗嘱应当符合下列形式要件：

(1)须有两个以上的见证人在场见证。见证人在场见证的目的，是保证录制的遗嘱确为遗嘱人的真实意思。在录制遗嘱时，见证人应当把各自的姓名、性别、年龄、籍

---

〔5〕 郭明瑞等：《继承法》（第 2 版），法律出版社 2004 年版，第 146 页。

贯、职业、所在工作单位和家庭住址等基本情况予以说明。

(2)须由遗嘱人亲自叙述遗嘱的内容。遗嘱人必须亲自清楚地口述遗嘱的全部内容,即不能由他人代述或转述遗嘱内容,口述的内容要清楚、明白,不能含糊不清。口述的内容应当具体,对有关财产的处分,应当说明财产的基本情况,说明财产归什么人承受。

(3)须遗嘱人、见证人在录音录像中记录其姓名或者肖像、注明日期。在遗嘱人录制完遗嘱后,见证人也应当将自己的见证证明录制在录制遗嘱的音像磁带上,并在录音录像中记录其姓名或者肖像,注明设立遗嘱的年、月、日。由于录音带、录像带等视听资料容易被他人剪辑、伪造,需要严格封存,只有这样才能确保录音录像遗嘱的真实性。遗嘱人与有关见证人在封存遗嘱时,应在封缝处共同签名,并注明年、月、日。

3. 须当众开启录音录像遗嘱

录音录像遗嘱须在继承开始后,在参加制作遗嘱的见证人和全体继承人到场的情况下,当众启封,从而维护录音录像遗嘱的真实性。

符合以上形式要件的录音录像遗嘱,是有效的遗嘱。

(五)口头遗嘱

口头遗嘱早在罗马法中就已存在,是要式遗嘱的简化方式,即遗嘱人于证人前口述遗嘱内容而成立的遗嘱。[6] 由于口头遗嘱简便易行,后世各国对口头遗嘱莫不承认。由于口头遗嘱的内容完全靠见证人表述证明,容易发生纠纷,各国对口头遗嘱的适用都予以严格限制。

口头遗嘱,是指由遗嘱人口头表述,而由见证人予以见证的遗嘱,也称为口授遗嘱。我国《民法典》第1138条规定:“遗嘱人在危急情况下,可以立口头遗嘱。口头遗嘱应当有两个以上见证人在场见证。危急情况消除后,遗嘱人能够用书面或者录音录像形式立遗嘱的,所立的口头遗嘱无效。”

口头遗嘱须具备以下条件:

第一,须遗嘱人处于危急情况下,不能以其他方式设立遗嘱。危急情况,一般是指遗嘱人生命垂危、在战争中或者发生意外灾害时,随时都有生命危险,而来不及或无条件设立其他形式遗嘱的情况。如果遗嘱人不处于危急情况下,可以通过自书、代书、公证等其他的方式设立遗嘱,则无适用口头遗嘱的余地,即使遗嘱人立了口头遗嘱,该口头遗嘱也无效。

第二,须有两个以上的见证人在场见证。订立口头遗嘱必须有两个以上的与遗产继承无利害关系的见证人在场见证。订立口头遗嘱时,见证人应将遗嘱人口授的遗嘱记录下来,并由记录人、其他见证人签名,注明年、月、日;见证人无法当场记录的,应于事后追记、补记遗嘱人口授的遗嘱内容,并于记录上共同签名,并注明年、月、日,以保证见证内容的真实、可靠。

---

[6] 周枏:《罗马法原论》(下册)(第2版),商务印书馆2001年版,第484页。

第三,须不存在危急情况解除后遗嘱人能够利用其他形式立遗嘱的情形。在危急情况解除后,遗嘱人能够用书面或者录音录像等形式立遗嘱的,所立的口头遗嘱无效。口头遗嘱的效力受到限制,必须是不存在危急情况解除后遗嘱人可以利用其他形式订立遗嘱的情形。如果危急情况解除,则在一定时间内遗嘱人应当另立遗嘱,否则该口头遗嘱失去法律效力。

我国《民法典》没有明确在危急情况解除后,遗嘱人应于多长时间内另立遗嘱。依照法理,在危急情况解除后,遗嘱人应于两周内重新以其他形式设立遗嘱:如果遗嘱人于危急情况解除后不足两周未另立遗嘱而死亡的,应当承认其所立的口头遗嘱;如果遗嘱人于危急情况解除后两周后仍未设立其他形式遗嘱的,则对其所立的口头遗嘱不予认可。〔7〕

(六)公证遗嘱

公证遗嘱,是指通过法律规定的公证形式订立的,有关的订立程序、形式都由法律规定的遗嘱。公证遗嘱与遗嘱公证不能等同,遗嘱公证是公证处按照法定程序证明遗嘱人设立遗嘱行为真实、合法的活动,公证遗嘱则是遗嘱的形式。

公证遗嘱作为一种遗嘱的形式,具有重要意义。首先,公证遗嘱是方式最为严格的遗嘱,较之其他的遗嘱方式更能保障遗嘱人意思表示的真实性;其次,在当事人发生继承纠纷时,公证遗嘱是证明遗嘱人处分财产意思表示的最有力的和最可靠的证据。

根据我国《民法典》以及司法部《遗嘱公证细则》的规定,公证遗嘱的办理须符合以下要求:

第一,须由遗嘱人亲自申办。遗嘱人亲自申办,是指立遗嘱人应当亲自作出遗嘱,不仅是指对有关遗嘱的内容,而且对申请办理公证也应当亲自进行。当事人确有困难(如因病或者其他原因)不能亲自到公证机关办理公证的,可以要求公证人员到其住所或者临时处所办理遗嘱公证。但无论在何种情形下,遗嘱人不能由他人代理办理遗嘱公证。

第二,须于公证人员面前亲自书写遗嘱或者口授遗嘱。遗嘱人提供自书或者代书的遗嘱或者遗嘱草稿,由公证人员对该遗嘱或者遗嘱草稿进行审核,由遗嘱人签名来确立公证遗嘱;如果遗嘱人未提供遗嘱或者遗嘱草稿的,公证人员可以根据遗嘱人的意思表示代为起草遗嘱,并由遗嘱人核对、签名。遗嘱人也可以在有两个以上的公证人员参加的情形下,在公证人员面前以书面或口头表述出遗嘱的内容来确立公证遗嘱。遗嘱人亲笔书写遗嘱的,要在遗嘱上签名或盖章,并注明年、月、日;遗嘱人口授遗嘱的,由公证人员作出记录,公证人员须向遗嘱人宣读,经确认无误后,由在场的公证人员和遗嘱人签名盖章,并应注明设立遗嘱的地点和年、月、日。

第三,须公证人员遵守回避的规定。以公证方式订立遗嘱的,须遵守法律、法规有关公证管理的规定。为保证公证遗嘱的真实性,遗嘱人与公证人员有近亲属关系的,公

---

〔7〕 郭明瑞等:《继承法研究》,中国人民大学出版社2003年版,第119页。

证人员应当回避;遗嘱人认为出场办理公证的人员有利害关系会影响公正的,有权要求公证人员回避。遗嘱人要求公证人员回避时,公证人员应当回避,由公证机关另行派出公证人员。违反公证管理规则订立的遗嘱,不能产生公证遗嘱的效力。

第四,须公证人员依法作出公证。对于符合下列条件的,公证处应当出具公证书:一是遗嘱人身份属实,具有完全民事法律行为能力;二是遗嘱人意思表示真实;三是遗嘱人证明或者保证所处分的财产是其个人财产;四是遗嘱内容不违反法律规定和公序良俗,内容完备,文字表述准确,签名、制作日期齐全;五是办证程序符合规定。不符合上述规定条件的,应当拒绝公证。

公证人员对遗嘱的真实性、合法性的审查只能是形式上的,而不应也不能是对遗嘱内容的实质性审查。

三、遗嘱的内容

(一)遗嘱内容的一般要求

遗嘱的内容,是指遗嘱人需要通过遗嘱表示对自己财产处分及安排相关事项的意思,我国《民法典》未对遗嘱的内容进行强制规定,当事人是否设立遗嘱以及在遗嘱中规定哪些事项,全由当事人自己决定。法律对于遗嘱内容的规定并非全为任意性的。遗嘱作为一种民事法律行为,其内容应当合法,不得违反法律和社会主义道德,不得违反公序良俗,否则将导致遗嘱无效。另外,遗嘱是对遗产及相关事项的处置和安排,遗嘱的内容应当具体明确,便于执行,避免发生歧义。

(二)遗嘱的具体内容

1. 指定遗嘱继承人、受遗赠人

指定遗嘱继承人、受遗赠人是遗嘱的主要内容,遗嘱人指定遗嘱继承人只能在法定继承人范围之内,不能是法定继承人以外的人。遗嘱人指定遗嘱继承人应当明确具体,应当在遗嘱中记明继承人的姓名。遗嘱人也可以指定法定继承人范围之外的人为受遗赠人,也需要在遗嘱中载明受遗赠人的姓名或受遗赠单位的名称。受遗赠人可以是国家、集体,也可以是自然人。

2. 指定遗产的分配办法或份额

遗嘱的目的在于遗嘱人对自己的财产进行身后处分,相应的有关遗产的情况应当为遗嘱的主要内容。遗嘱人应当在遗嘱中载明遗嘱处分的财产状况,并且应当载明对遗产的处分意思,说明每个指定继承人得继承的具体财产。指定由数个继承人共同继承某项遗产的,应当说明指定继承人对遗产的分配办法或者每个人应继承的遗产份额;遗嘱中指定由数人共同继承某项财产而又未说明分配办法或者各人的继承份额的,推定为指定数个继承人均分遗产。

3. 对遗嘱继承人、受遗赠人附加的义务

遗嘱人享有遗嘱自由,不仅可以将自己的财产通过遗嘱处分给遗嘱继承人或受遗赠人，而且还可以在遗嘱中对遗嘱继承人或者受遗赠人规定附加义务，例如，遗嘱中可以指明某继承人或者受遗赠人应当将某项遗产用于特定的用途，也可指定继承人承担其他的义务。对遗嘱继承人、受遗赠人附加的义务，如果指定的遗嘱继承人或受遗赠人接受继承或遗赠，就必须履行遗嘱所附加的义务，如果无正当理由不履行的，经有关单位和个人请求，法院可以取消其接受遗产的权利。

4. 再指定继承人、受遗赠人

再指定继承人是指遗嘱人于遗嘱中指定在被指定的继承人不能继承时由某人继承。再指定受遗赠人是指遗嘱人在遗嘱中指定在受遗赠人不能接受遗赠时将该遗产赠与某人。遗嘱中再指定的继承人一般称为候补继承人或者补充继承人，遗嘱中再指定的受遗赠人一般称为候补受遗赠人或补充受遗赠人。只有在指定继承人于遗嘱生效时具有继承能力并且具有继承权（继承期待权），也未放弃继承时，才会发生遗嘱继承，由指定的继承人继承遗嘱中指定由其继承的遗产；也只有在指定的受遗赠人于遗嘱生效时有受遗赠能力且未丧失受遗赠权，也未放弃受遗赠的，才发生遗赠。如果指定继承人先于被继承人死亡，或者丧失继承权，或者放弃继承权时，指定继承人不能或不参加继承，指定由该继承人继承的遗产须依法定继承办理。同理，若受遗赠人先于被继承人死亡，或者丧失受遗赠权，或者放弃受遗赠时，指定由受遗赠人受赠的遗产也须按法定继承办理。为避免这种因指定继承人不继承而须由法定继承人继承，或受遗赠人不受遗赠而由法定继承人继承的情形，法律规定允许遗嘱人在遗嘱中指定候补继承人、候补受遗赠人。候补继承人只能在指定继承人不能继承的情形下，依遗嘱的指定参加继承；同理，候补受遗赠人也只能在受遗赠人不能接受遗赠的情形下，才依遗嘱接受遗赠。[8]

我国《民法典》未明确规定候补继承人和候补受遗赠人。在实践中应当准许遗嘱人在遗嘱中指定候补继承人、候补受遗赠人。出现这类纠纷，应当按照上述规则处理。

5. 指定遗嘱执行人

遗嘱执行人是于继承开始后执行遗嘱的人。因遗嘱执行人是否合适会关系能否真正按照遗嘱人的遗嘱执行，以实现遗嘱人意思。所以，指定遗嘱执行人也是遗嘱中的重要内容。我国《民法典》第 1133 条第 1 款规定，遗嘱人在遗嘱中"可以指定遗嘱执行人"，比较原则，操作性不强。遗嘱的主要内容并不是指定遗嘱执行人，因为遗嘱执行人并不是对遗产的处分，而只关涉遗嘱的执行。因此，遗嘱中未指定遗嘱执行人的，不影响遗嘱的成立和执行。

6. 遗嘱人的签名以及遗嘱制作的日期

公证遗嘱、自书遗嘱、代书遗嘱、打印遗嘱、录音录像遗嘱都需要遗嘱人签名，以确定是遗嘱人的真实意思表示。同时，为了确定遗嘱人的遗嘱能力以及辨明遗嘱的前后顺序，这些形式的遗嘱都需要注明具体的年、月、日。关于遗嘱人签名以及注明制作日期的内容，是强制性内容，遗嘱中必须加以载明，否则遗嘱无效。

---

〔8〕 郭明瑞等：《继承法》（第 2 版），法律出版社 2004 年版，第 151 页。

7. 其他事项

除上述内容外,遗嘱人还可以根据自己的意愿在遗嘱中说明其他事项,如指定遗产管理人、有关丧事的安排和要求等。

四、遗嘱见证人

遗嘱见证人是指订立遗嘱时,亲临遗嘱制作现场,并对遗嘱真实性予以证明的第三人。遗嘱见证人证明的真伪直接关系着遗嘱的效力,关系对遗产的处置。根据我国《民法典》的规定,遗嘱人订立代书遗嘱、打印遗嘱、录音遗嘱、口头遗嘱时都须两个以上的见证人在场见证。

(一)遗嘱见证人的条件

根据设立遗嘱见证人的目的,遗嘱见证人必须是能够客观、公正地证明遗嘱真实性的人,应当具备以下三个条件:

第一,具有完全民事法律行为能力。因为有完全民事法律行为能力的人才能对事物有足够的认识能力和判断能力,无完全民事法律行为能力的人对事物缺乏足够的认识能力和判断能力。未成年人、精神病患者等都不得充当遗嘱见证人。

第二,与继承人、遗嘱人没有利害关系。与继承人、遗嘱人有利害关系的人参加见证,有可能受其利益的驱使而作不真实的证明,这就会损害遗嘱人以及有关继承人的合法权益。

第三,知晓遗嘱所用语言。遗嘱见证人必须知晓遗嘱所用的语言,才能对遗嘱进行见证。遗嘱见证人中有的见证人为代书人,则遗嘱见证人还应当具有相应的文化知识,不能为文盲。

(二)遗嘱见证人的资格限制

我国《民法典》对遗嘱见证人作了限制性规定,下列人员不能作遗嘱见证人,其证明不能起见证的效力。

第一,无民事法律行为能力人、限制民事法律行为能力人以及其他不具有见证能力的人。无民事法律行为能力人、限制民事法律行为能力人,都不能作为遗嘱的见证人。基于见证人是证明遗嘱真实性的,见证人是否具有民事法律行为能力,应当以遗嘱见证时为准,如果于遗嘱人立遗嘱时为完全民事法律行为能力人,而其后丧失行为能力,则不影响遗嘱见证的效力。相反,如于遗嘱人立遗嘱时是无民事法律行为能力、限制民事法律行为能力人,虽其后具有完全民事法律行为能力,也不能认定其可以作遗嘱见证人,他们于不具有完全民事法律行为能力时对遗嘱人所作的见证仍不具有效力。

其他不具有见证能力的人,针对的是无民事法律行为能力人和限制民事法律行为能力人之外的、不具有见证能力的人。例如,虽然具有完全民事法律行为能力,但是智力发育不够健全的人,不能辨别遗嘱人设立遗嘱时的精神状况是否符合设立遗嘱的要求,对遗嘱内容是否真实缺乏正常的判断能力,都属于其他不具有见证能力的人。这些人不能作为遗嘱见证人,作了遗嘱见证人也不具有遗嘱见证的效力,会导致其所见证的遗嘱无效的后果。

第二,继承人、受遗赠人。继承人、受遗赠人与遗嘱有直接的利害关系,由他们作见证人难以保证其证明的客观性、真实性,易生弊端。所以,继承人、受遗赠人不能作遗嘱的见证人。

第三,与继承人、受遗赠人有利害关系的人。与继承人、受遗赠人有利害关系的人是指继承人、受遗赠人能否取得遗产、取得多少遗产会直接影响其利益的人,因此应当包括:继承人、受遗赠人的近亲属(如配偶、子女、父母、兄弟姐妹、祖父母、外祖父母等),以及继承人、受遗赠人的债权人和债务人、共同经营的合伙人。这部分人因与遗嘱有间接的利害关系,也有可能影响对遗嘱作出客观公正的见证。所以,与继承人、受遗赠人有利害关系的人也不能作遗嘱见证人。

(三)遗嘱见证人的见证事项

遗嘱见证人的见证事项包括以下几个方面:

第一,证明立遗嘱人的遗嘱能力。遗嘱见证人应当证明遗嘱人在订立遗嘱时的遗嘱能力,也就是遗嘱人是否是完全民事法律行为能力人。

第二,证明立遗嘱时的情况。主要是证明遗嘱人立遗嘱时是否出于自愿,有无不当影响。另外,在口头遗嘱中,遗嘱见证人还应当证明遗嘱人当时所处的危急情况。

第三,记录遗嘱内容。在代书遗嘱中,应当由其中一名见证人代书,该见证人应当记录遗嘱内容。在口头遗嘱中,也需要见证人记录遗嘱内容。

第四,进行签名并注明年、月、日。在代书遗嘱、录音录像遗嘱中,有关见证人应当在代书的遗嘱与封存的磁带上签名,并注明年、月、日。

五、共同遗嘱

(一)共同遗嘱的概念和特征

1. 共同遗嘱的概念

共同遗嘱又称为合立遗嘱,是指两个或两个以上的遗嘱人共同订立的,在遗嘱中同时处分共同遗嘱人的各自的或共同财产的遗嘱。共同遗嘱以夫妻双方合立的夫妻共同遗嘱最为常见。

2. 共同遗嘱的特征

共同遗嘱既具有遗嘱的一般特征,又有不同于一般遗嘱的特点。共同遗嘱的特殊性主要有以下几点:

(1)共同遗嘱是一种共同行为。共同行为是指两人以上有同一内容、同一目的且意思表示一致的行为。共同行为属于双方或多方的法律行为,与一般的双方或多方法律行为不同,因为共同行为各方的目的具有一致性。但共同遗嘱既为双方或多方的法律行为,就须共同遗嘱人有一致的意思表示,各方不能就遗嘱的内容达到一致同意的,也就不能成立。而在一般遗嘱中，只要有遗嘱人一人单独的意思表示就可以成立。[9]

(2)共同遗嘱的遗嘱内容相互制约。在一般遗嘱中，遗嘱的内容完全是由遗嘱人一人决定的，在内容上不存在相互制约的问题。但在共同遗嘱中，尽管共同遗嘱人的意思表示有同一目的，但毕竟须双方意思表示一致才能成立共同遗嘱。因此，在共同遗嘱中遗嘱人处分其个人财产的意愿受他方意思的制约。而且在共同遗嘱中遗嘱人的意思表示往往具有关联性，一方的意思表示是与另一方的意思表示互为条件的。于遗嘱设立后夫妻关系恶化，其中一方撤销了遗嘱，另一方尽管未撤销，遗嘱的内容也应当失去效力。

(3)共同遗嘱的生效时间与一般遗嘱不同。遗嘱发生效力的时间是自被继承人死亡后开始。因此，一般遗嘱中只要遗嘱人死亡，遗嘱人所立的遗嘱整个发生效力。在共同遗嘱中，共同遗嘱人一般不同时死亡。因此，在共同遗嘱人中的一人死亡时，还不能使整个共同遗嘱发生效力，仅遗嘱中涉及该死亡遗嘱人遗产的内容发生效力，涉及未死亡的遗嘱人遗产的遗嘱内容则不能发生效力。只有在共同遗嘱人全部死亡的情况下，共同遗嘱才能全部生效。因此，对共同遗嘱效力的认定，应当以各个遗嘱人死亡的时间具体确定。

(二)共同遗嘱的类型

1. 单纯的共同遗嘱

这种共同遗嘱是指将两个以上的内容各自独立的遗嘱记载于同一遗嘱文书上。这种共同遗嘱具有形式上的同一性，内容上的独立性，各遗嘱人撤销或变更其遗嘱不影响他人遗嘱的效力。

2. 相互遗嘱

这种遗嘱是共同设立遗嘱者在同一遗嘱中互相指定对方为遗产的继承人或者受遗赠人，也就是立遗嘱的遗嘱人互以对方为继承人或受遗赠人。

3. 相关的遗嘱

这种遗嘱的遗嘱人互相以对方的遗嘱内容为前提条件，一方指定其遗产为某人继承是以另一方的遗产也由该人继承为条件的。在一方撤销遗嘱时，另一方的指定也就当然失去效力；一方的遗嘱内容执行的，另一方的遗嘱内容也须执行。[10]

(三)共同遗嘱的效力

关于共同遗嘱的效力，各国立法有不同规定，大体有三种立法例：一是明确规定共同遗嘱，承认共同遗嘱的效力，如德国、奥地利等；二是明文禁止设立共同遗嘱，如法国、日本等；三是立法上既未明确规定共同遗嘱，也未明确禁止共同遗嘱。我国《民法典》未对共同遗嘱作出明确的肯定或否定的规定。

---

〔9〕 郭明瑞等：《继承法》(第2版)，法律出版社2004年版，第168～169页。
〔10〕 郭明瑞等：《继承法》(第2版)，法律出版社2004年版，第169～170页。

对共同遗嘱不妨采取实事求是的态度。事实上,夫妻之间订立共同遗嘱在现实中是存在的,而且还比较多。如果采取完全不承认主义,对于这些人的遗嘱就不会承认其效力,他们自主处分自己遗产的意志就没有受到保护。同时,我国民事习惯尊重这种遗嘱的形式,法律对习惯认可的遗嘱形式完全采取不承认主义,也有悖于群众的意志。因此,应当有条件地承认共同遗嘱的效力,即对于夫妻之间的共同遗嘱承认其效力,对其他的共同遗嘱不予承认。

第四节 遗嘱的效力与执行

一、遗嘱效力的概念

遗嘱的效力,是指遗嘱人设立的遗嘱所产生的法律后果。遗嘱作为单方民事法律行为,只要有遗嘱人单独的意思表示就可以成立。成立的遗嘱只有具备法律规定的条件才能发生法律效力,不具备法律规定的条件的遗嘱不能发生法律效力。

对遗嘱效力的判断,既应当从遗嘱的形式方面进行判断,也应当从遗嘱的实质内容方面进行判断。遗嘱效力的判断还存在一个基准点,对此应当以遗嘱人死亡时的情形为准。

根据遗嘱订立后的具体情形,遗嘱的效力可以划分为遗嘱的有效、遗嘱的无效、遗嘱的不生效以及遗嘱的变更和撤回。

二、遗嘱的有效

遗嘱的有效,是指遗嘱符合法律规定的要素,能够发生遗嘱人预期的法律后果,有关当事人可以请求执行该遗嘱。

遗嘱有效须具备以下条件:

第一,遗嘱人须有遗嘱能力。这是遗嘱有效的前提条件。依据我国现行法规定,只有完全民事法律行为能力人,才有遗嘱能力,才可以订立遗嘱。而无民事法律行为能力人、限制民事法律行为能力人不具有遗嘱能力,不得订立遗嘱,即使订立遗嘱,也属无效遗嘱。因此,遗嘱人须为完全民事法律行为能力人。

第二,遗嘱须是遗嘱人的真实意思表示。遗嘱是遗嘱人对自己身后财产的处分,只有是遗嘱人的真实意思表示,方为有效。遗嘱是否为遗嘱人的真实意思,原则上以遗嘱人最后于遗嘱中所作出的意思表示为准。

第三,遗嘱的内容须合法。遗嘱是一种法律行为,遗嘱的内容必须合法,方为有效。如果遗嘱的内容违法或者违反公序良俗都将无效,不得执行。例如,遗嘱人在遗嘱中指定继承人继承某物,在立遗嘱时该物并不为遗嘱人所有,因遗嘱人处分了他人的财产,遗嘱的该部分内容是不合法的。若其后于被继承人死亡前被继承人取得了该物的所有权,于继承开始时,遗嘱人所立的遗嘱就为合法的。遗嘱的内容是否合法,应以被继承人死亡时是否取得该物的所有权为准。

第四,遗嘱的形式须符合法律规定的形式要求。遗嘱是要式法律行为,必须符合法律规定的形式,如有不合,则属无效遗嘱。遗嘱在形式上有欠缺,则因不合遗嘱设立时法律的要求也为无效。

符合上述要件时,遗嘱发生法律效力,可以按照遗嘱处置被继承人的遗产,实现遗嘱人的意思表示。

三、遗嘱的无效

遗嘱的无效,是指遗嘱因不符合法律的规定而不能发生法律效力。遗嘱无效,也就是遗嘱人在遗嘱中处分其财产的意思表示无效,从而也不能依照遗嘱来处置被继承人的遗产,遗嘱人在遗嘱中的意思当然也就不能实现,不能发生遗嘱人所预期的法律后果。

依照《民法典》第1143条规定,遗嘱无效主要有以下几种情况:

第一,无民事法律行为能力人或者限制民事法律行为能力人所立的遗嘱。无民事法律行为能力人、限制民事法律行为能力人属于无遗嘱能力的人,不具有以遗嘱处分其财产的资格,因此他们所立的遗嘱是无效的。完全民事法律行为能力人于设立遗嘱后被宣告为无民事法律行为能力人或限制民事法律行为能力人的,其原设立的遗嘱仍可有效;但其对原设立遗嘱变更或撤回的,遗嘱的变更或撤回无效。

第二,受欺诈、胁迫所立的遗嘱。受欺诈所立的遗嘱,是指遗嘱人因受他人故意的、歪曲的、虚假的行为或者言词的错误导向而产生错误的认识,作出了与自己的真实意愿不相符合的意思表示的遗嘱。受胁迫所立的遗嘱,是指遗嘱人受到他人非法的威胁、要挟,为避免自己或亲人的财产或生命健康遭受侵害而违心地作出与自己的真实意思相悖的遗嘱。欺诈、胁迫遗嘱人的人,既可以是继承人,也可以是继承人以外的人;既可以是因遗嘱人受欺诈、胁迫所立的遗嘱得到利益的人,也可以是不会从遗嘱人的遗嘱中得到任何利益的人。

因为遗嘱必须是遗嘱人的真实意思表示,在遗嘱人受欺诈、胁迫的情形下所立的遗嘱,不是遗嘱人的真实意思表示,由于欠缺遗嘱的合法要件,应属无效。

第三,伪造的遗嘱。伪造的遗嘱就是假遗嘱,是指以被继承人的名义设立的却根本不是被继承人意思表示的遗嘱。制造假遗嘱的人一般是出于为自己或亲属取得财产或者不因遗嘱人的处分而失去取得财产机会的目的,但伪造遗嘱者的动机和目的并不是伪造遗嘱的构成要件。只要不是遗嘱人的意思表示而名义上是遗嘱人的遗嘱,都属于伪造的遗嘱。伪造的遗嘱,因为根本就不是被继承人的意思表示,所以不论遗嘱的内容如何,也不论遗嘱是否损害了继承人的利益,都当然无效。主张遗嘱无效的当事人只需证明遗嘱并不是遗嘱人的意思表示即可。

另外,代理订立的遗嘱由于违反继承法的强制性规定,应当归于无效。虽然代理订立的遗嘱与伪造的遗嘱在法律效果上都是无效，但是两者也存在不同，代理订立的遗嘱是经被继承人同意的，而伪造的遗嘱是假借被继承人的名义实施的。

第四，被篡改的遗嘱内容。被篡改的遗嘱，是指遗嘱的内容被遗嘱人以外的其他人作了更改的遗嘱，如对遗嘱的修改、删节、补充等。篡改只能是被继承人以外的人对真正遗嘱人的遗嘱的更改，如果是遗嘱人自己对遗嘱进行修改、删节、补充，则属于遗嘱人对遗嘱的变更。被篡改的遗嘱中，经篡改的内容已经不再是遗嘱人的意思表示，而是篡改人的意思表示，因而也就不再符合遗嘱的法定要件，不能发生遗嘱的效力，应是无效的。遗嘱不能因被篡改而全部无效，遗嘱中未被篡改的内容仍然是遗嘱人的真实意思表示，仍然是有效的。

篡改遗嘱与伪造遗嘱，虽然两者在法律效果上都是无效，但是两者的表现不同。伪造的遗嘱不是遗嘱人的意思表示，无所谓篡改。篡改只能是对遗嘱的部分内容的更改，如对遗嘱的全部内容更改，则为伪造遗嘱。

除了《民法典》第 1143 条规定的遗嘱无效情形外，还有两种遗嘱无效的情形。

一是遗嘱中处分不属于遗嘱人自己财产的部分内容。遗嘱人以遗嘱处分了属于国家、集体或他人所有的财产，遗嘱的这部分应认定无效。不过，由于遗嘱在遗嘱人死亡后才生效，如果遗嘱人通过遗嘱处分的他人财产，在遗嘱人死亡时已经被遗嘱人取得的，则应当视为有效。遗嘱中处分不属于遗嘱人自己财产，仅是该有关不属于遗嘱人自己财产的部分无效，遗嘱的其他部分还应当有效。

二是没有保留必留份的遗嘱。现代社会在社会本位理念的指引下，对遗嘱自由也进行了一定的限制，表现之一就是规定特留份。我国《民法典》第 1141 条明确规定："遗嘱应当为缺乏劳动能力又没有生活来源的继承人保留必要的遗产份额。"因此，遗嘱不符合该条规定，没有保留必留份的，也不能有效。

四、遗嘱的不生效

遗嘱的不生效，是指遗嘱虽然合法成立，但由于某种客观原因的发生，使遗嘱人死亡时该遗嘱不发生法律效力。对遗嘱的不生效，有的也称为遗嘱失效，[11] 无论何种原因，只要遗嘱不生效，就不能执行遗嘱，遗嘱人的意思表示就无法实现。

遗嘱不生效的情形包括以下几种：

第一，遗嘱所指定的遗嘱继承人或受遗赠人已经先于遗嘱人死亡。遗嘱所指定的遗嘱继承人或受遗赠人必须在继承或遗赠开始时生存，才能根据遗嘱获得遗产。如果遗嘱所指定的遗嘱继承人或受遗赠人已经先于遗嘱人死亡的，则遗嘱就不能发生效力，涉及的遗嘱处分的财产，应当按照法定继承处理。

第二，遗嘱继承人或受遗赠人已经丧失继承权或受遗赠权。我国《民法典》规定了丧失继承权的法定事由，遗嘱继承人虽然由遗嘱指定，但在发生这些事由时，遗嘱继承人丧失遗嘱继承权，也就丧失根据遗嘱继承遗产的资格。此时，遗嘱不生效。

---

〔11〕 张玉敏：《继承法律制度研究》，法律出版社 1999 年版，第 266 页。

第三,遗嘱人死亡时遗嘱中处分的财产标的已不复存在。遗嘱是遗嘱人对自己财产的身后处分,如果遗嘱中处分的财产标的已不复存在的,则该遗嘱事实上不能实现。对此,应当区分遗嘱处分财产标的的具体情况进行分析。如果是被继承人将遗嘱所处分的标的物毁损、转让,应认为遗嘱人以自己的行为撤回遗嘱,不应将其归于遗嘱不生效的情况。[12] 但若该财产系因其他原因而不复存在,比如不可抗力、意外事件等,则涉及该财产处分的遗嘱内容不发生效力。

第四,附有解除条件的遗嘱在遗嘱人死亡之前或之时解除条件成就。虽然遗嘱继承不得附停止条件,但可以根据遗嘱人的意思附解除条件。在遗嘱人死亡之前或之时,遗嘱所附的解除条件成就的,则由于遗嘱尚未生效,而解除条件业已发生,因此遗嘱不生效。

第五,附停止条件遗赠的受遗赠人于条件成就以前业已死亡。遗赠可以附停止条件,在遗嘱人死亡后且所附的停止条件成就后,受遗赠人可以获得遗赠物。但在附停止条件的遗赠中,如果受遗赠人在条件成就前已死亡的,则该遗嘱不生效。

五、遗嘱的变更和撤回

(一)遗嘱的变更和撤回的概念

遗嘱的变更,是指遗嘱人在遗嘱订立后对遗嘱内容的部分修改。遗嘱的撤回是指遗嘱人在订立遗嘱后又通过一定的方式取消原来所立的遗嘱。

在遗嘱的变更和撤回的界定方面,对于遗嘱的变更没有分歧,关键是对遗嘱撤回的界定。原《继承法》第 20 条中规定的是"撤销",而学者认为应当用撤回,不应当用撤销,因为撤销的标的是已经发生法律效力的法律行为,对于没有生效的法律行为应当是撤回。而遗嘱是无相对人的单方法律行为,自遗嘱人死亡时生效,遗嘱人在死亡前,可以按照自己的意愿随时撤回遗嘱,[13] 而不是撤销遗嘱。《民法典》接受了这个意见,第 1142 条前两款规定:"遗嘱人可以撤回、变更自己所立的遗嘱。立遗嘱后,遗嘱人实施与遗嘱内容相反的民事法律行为的,视为对遗嘱相关内容的撤回。"

(二)遗嘱的变更和撤回的要件

遗嘱人虽然可以在遗嘱设立后的任一时间、以任一理由变更或撤回遗嘱,但撤回或者变更遗嘱也须具备一定的条件,才能发生遗嘱变更或撤回的效力。

第一,遗嘱人须具有遗嘱能力。只有具有遗嘱能力的人才能订立遗嘱,而对遗嘱的变更或撤回也就等于重新订立遗嘱,因而遗嘱人只有在具有遗嘱能力的情形下才可以变更或撤回遗嘱。

第二,须为遗嘱人的真实意思表示。订立遗嘱须为遗嘱人的真实意思表示,遗嘱的

---

〔12〕 张玉敏:《继承法律制度研究》,法律出版社 1999 年版,第 266 页。

〔13〕 郭明瑞等:《继承法》(第 2 版),法律出版社 2004 年版,第 260 页;郭明瑞、房绍坤、关涛:《继承法研究》,中国人民大学出版社 2003 年版,第 123 页。

变更、撤回亦须为遗嘱人的真实意思表示。伪造遗嘱的变更和撤回,不为遗嘱人的意思表示,不能发生遗嘱变更和撤回的效力。遗嘱人因受欺诈、胁迫而变更、撤回遗嘱的,不发生遗嘱变更、撤回的法律后果,原遗嘱仍有效,利害关系人可以主张撤回遗嘱人的遗嘱变更和撤回的意思表示。

第三,须由遗嘱人亲自依法定的方式和程序为之。遗嘱的订立须遗嘱人亲自进行,作为对原遗嘱的变更、撤回,也须由遗嘱人亲自依法定的方式和程序为之。遗嘱的变更、撤回同样不适用代理,只能由遗嘱人亲自为之。遗嘱是要式民事法律行为,遗嘱的变更或撤回必须采用一定的方式。遗嘱变更、撤回的方式有明示方式和推定方式两种。

(三)遗嘱变更、撤回的效力

遗嘱变更或撤回只要符合变更或撤回的条件,自作出之时即可发生效力。遗嘱变更或撤回的效力,就在于使被变更或撤回的遗嘱内容不生效力。

遗嘱变更的,自变更生效时起,以变更后的遗嘱内容为遗嘱人的真实意思表示,应以变更后的遗嘱来确定遗嘱的有效、无效,依变更后的遗嘱执行。对于变更后的遗嘱内容无效,而被变更的在先遗嘱内容是否有效,司法实务有两种不同意见,有的认为在先遗嘱有效,有的认为在先遗嘱也无效。本书倾向于后一种意见,即后一遗嘱变更无效的,视为在先遗嘱没有被变更,仍然有效。〔14〕

遗嘱撤回的,自撤回生效时起,被撤回的原遗嘱作废,以新设立的遗嘱为遗嘱人处分自己财产的真实意思表示,以新设立的遗嘱来确定遗嘱的效力和执行。遗嘱撤回后遗嘱人又未设立新遗嘱的,视为被继承人未立遗嘱。

六、遗嘱时间在后效力优先原则

一个遗嘱人设立数份遗嘱,这些遗嘱的内容相互抵触的,应当确定离遗嘱人死亡时间最近的遗嘱是遗嘱人的真实意思表示。故各国民法典对此规定了一般性规则,就是"遗嘱时间在后效力优先原则"。我国在编纂《民法典》中,立法机关纠正了原《继承法》第 20 条第 3 款规定的错误,确立了第 1142 条第 3 款的原则,即"立有数份遗嘱,内容相抵触的,以最后的遗嘱为准"的原则,纠正了原《继承法》第 20 条规定的公证遗嘱效力优先原则的错误,是正确的立法选择。

七、遗嘱的执行

遗嘱的执行,是指于遗嘱生效后为实现遗嘱的内容所必要的行为及程序。〔15〕遗嘱执行人是指有权使遗嘱人订立的遗嘱内容得以实现的人。

---

〔14〕《北京市高级人民法院关于审理继承纠纷案件若干疑难问题的解答》第 22 条规定:"被继承人立有数份内容抵触的有效遗嘱,最后一份遗嘱被撤销的,在先的前一份遗嘱发生效力,但当事人对是否恢复在先遗嘱效力以及恢复哪一份遗嘱效力另有表示的除外。""被继承人立有数份内容抵触的有效遗嘱,最后一份遗嘱被认定为无效时,在先的前一份遗嘱发生效力。"

〔15〕郭明瑞等:《继承法》(第 2 版),法律出版社 2004 年版,第 164 页。

（一）遗嘱执行人的资格

遗嘱执行人的资格，是指执行遗嘱须具备的能力。

遗嘱并不是任何人都可以执行的，须具有一定的能力才能担任遗嘱执行人，这就是遗嘱执行人的资格问题。我国《民法典》对遗嘱执行人的资格未作明文规定，但是，遗嘱的执行行为也是一种民事法律行为，遗嘱的执行涉及相关利害关系人的利益，因此，遗嘱执行人也须具备相应的民事法律行为能力。从遗嘱执行的后果看，遗嘱的执行属于重大的和复杂的民事法律行为，因此，遗嘱执行人应为完全民事法律行为能力人。无民事法律行为能力人、限制民事法律行为能力人都不具有遗嘱执行人的资格。

在法定继承人可否成为遗嘱执行人的问题上，我国采肯定态度，《民法典》规定遗嘱人指定的遗嘱执行人既可以是法定继承人，也可以是法定继承人之外的人。关于法人或者非法人组织可否被指定为遗嘱执行人，我国《民法典》未作出明文规定，通常认为遗嘱人指定法人或者非法人组织为遗嘱执行人，应当尊重遗嘱人的意志。

（二）遗嘱执行人的确定方式

遗嘱执行人的确定有以下三种情况：

第一，遗嘱人在遗嘱中指定遗嘱执行人。《民法典》第 1133 条第 1 款规定，自然人可以立遗嘱处分个人财产，“并可以指定遗嘱执行人”。由遗嘱人在遗嘱中指定遗嘱执行人，能够最充分地体现遗嘱人的意愿，也为各国继承法明确规定为遗嘱执行人的产生方式之一。如果遗嘱人在遗嘱中指定了遗嘱执行人的，被指定的人即为遗嘱执行人。遗嘱中指定的执行人既可以是法定继承人，也可以是法定继承人以外的人。

第二，遗嘱人的法定继承人为当然遗嘱执行人。遗嘱人未指定遗嘱执行人或者指定的遗嘱执行人不能执行遗嘱的，例如，被指定的执行人不具有遗嘱执行人的资格或者法定继承人以外的人不愿意担任遗嘱执行人，则遗嘱人的法定继承人为遗嘱执行人。法定继承人是被继承人的近亲属，有义务执行被继承人的遗嘱。法定继承人为数人的，全体继承人为被继承人遗嘱的共同执行人。继承人也可以共同推举一人或数人作为代表来执行遗嘱。

第三，遗嘱人生前住所地的民政部门或者村民委员会为遗嘱执行人。在没有遗嘱指定的遗嘱执行人，也没有法定继承人能执行遗嘱时，遗嘱人生前住所地的民政部门或者村民委员会为遗嘱执行人。由于遗嘱人生前住所地的民政部门或者村民委员会平常对遗嘱人的情况尤其是对其财产状况相对较为了解，执行起来也比较方便，因此，他们可以作遗嘱执行人。

遗嘱执行人须忠实地执行遗嘱人的遗嘱。如果法定继承人对遗嘱的执行意见不一致，有不同意见的继承人以及其他利害关系人可请求人民法院裁决。[16]

---

〔16〕 郭明瑞等：《继承法》（第 2 版），法律出版社 2004 年版，第 165 页。

（三）遗嘱执行人的职责

遗嘱执行人的职责，是遗嘱执行人的法律地位的具体体现，是由遗嘱执行人的任务决定的。遗嘱执行人的职责根据遗嘱的主旨而定，一般为管理遗产并有为其执行遗嘱所必需的行为。

遗嘱执行人的权利义务主要有以下内容：

第一，查明遗嘱是否真实有效。遗嘱执行人要执行遗嘱，首先应审查遗嘱的真实性、有效性。例如，要查明遗嘱是否为遗嘱人的真实意思表示，遗嘱有无涂改，遗嘱的内容有无违法情况等。遗嘱执行人审查遗嘱，对遗嘱内容不够明确的，还要弄清遗嘱人的真实意思，作出符合遗嘱人原意的解释。遗嘱执行人在查明遗嘱后，应当召集全体遗嘱继承人和受遗赠人，公开遗嘱内容。

第二，清理遗产并编制遗产清单。清理遗产是指查清遗产的名称、数量、地点、价值等状况。尽管遗嘱人在遗嘱中对其财产一般有具体的说明，但是，一方面在遗嘱人设立遗嘱后，遗产的状况会发生一定的变化；另一方面为执行遗嘱，也有必要查清遗嘱人的遗产状况，以防止遗产的占有人隐匿遗产，或造成遗产的遗漏等。在对有关遗产查清的基础上，遗嘱执行人应当编制遗产清单，全面、准确地载明遗产的具体情况，既包括对积极财产的记载，也包括对消极财产的记载。继承开始后，遗嘱执行人应当从速制作遗产清单，在继承人要求时，可以会同继承人或公证人一起制作。在遗产清单制作完毕后，遗嘱执行人应当将其交付继承人和其他利害关系人。

第三，管理遗产。遗嘱执行人有管理遗产的权利和义务。管理行为包括对遗产进行占有、保管、维修、必要处分等。遗嘱执行人所管理的遗产，以遗嘱中所涉及的有关财产为限。遗嘱中对遗产的管理有要求的，遗嘱执行人应当按照遗嘱中的要求管理遗产。遗嘱对遗产的管理没有提出要求的，遗嘱执行人对遗产的管理以执行遗嘱的必要为限。

第四，交付遗嘱继承或遗赠的特定物与分割遗产。如果遗嘱指明了将某项特定财产归遗嘱继承人继承或受遗赠人遗赠，则遗嘱执行人应当将该特定财产交付给该遗嘱继承人或受遗赠人；如果遗嘱人订立的遗嘱表明由遗嘱继承人继承自己财产多少份额或者受遗赠人获得多少份额，则遗嘱执行人应当将清理完毕的遗产，在进行完债务清偿后，将财产的一定比例交付给遗嘱继承人或受遗赠人。

第五，排除执行遗嘱的各种妨碍。遗嘱执行人执行遗嘱，任何人不得妨碍。对于在执行遗嘱中受到他人的非法干涉和妨碍，不论此干涉和妨碍是来自继承人还是来自其他人，遗嘱执行人都有权排除，必要时可请求人民法院保护其执行遗嘱的合法权利。

第六，为执行上必要的独立诉讼主体。遗嘱执行人如果认为有行使职务上的必要，可以自己作为诉讼主体独立起诉。比如，为了取得遗嘱人对他人的债权，遗嘱执行人可以独立起诉拒不履行的债务人；遗嘱中规定的遗产为他人占有而占有者拒绝移交给遗嘱执行人时，遗嘱执行人可以占有者为被告向法院提起诉讼。

遗嘱执行人执行遗嘱时，须按照法律的要求和遗嘱人的意愿，忠实地履行自己的职责，并且应当与处理自己的事物一样予以重视。遗嘱执行人因其故意或过失而给继承人、受遗赠人和其他利害关系人造成损害的，应负赔偿责任。例如，遗嘱执行人未及时向遗嘱人的债务人提出请求或未及时提出诉讼导致时效届满，对遗嘱原意作不利于某继承人的不正确解释，侵占遗产为自己谋利等。如果遗嘱执行人因怠于执行等原因，可能损害继承人、受遗赠人和其他利害关系人的利益的，遗嘱继承人、受遗赠人和其他利害关系人也可以请求人民法院撤销遗嘱执行人的资格。

第五节　遗嘱信托与后位继承

一、遗嘱信托

（一）遗嘱信托概述

1. 遗嘱信托的概念

遗嘱信托是指通过遗嘱设立的信托，也叫死后信托。委托人以立遗嘱的方式，把自己的遗产交付信托，就是遗嘱信托。《民法典》第1133条第4款规定：“自然人可以依法设立遗嘱信托。”

委托人应当预先以立遗嘱方式，将财产的规划内容，包括交付信托后遗产的管理、分配、运用及给付等，订立在遗嘱中。待遗嘱生效时，再将信托财产转移给受托人，由受托人依据信托的内容，管理处分信托的遗产。

2. 遗嘱信托的特点

遗嘱信托的特点是在委托人死亡后生效。通过遗嘱信托，由受托人确实依照遗嘱人的意愿分配遗产，并为照顾特定人而做财产规划，不但有立遗嘱防止纷争的优点，而且因结合了信托方式而使该遗产对继承人更有保障。

3. 遗嘱信托的功能

在《民法典》中新增遗嘱信托规定的原因是，随着民众私有财产的增多，其对身后财产传承的规划，特别是对遗产进行专业管理、保值增值、实现对特定人员的扶养、避免继承人或受遗赠人对遗产的挥霍等的需要愈加迫切。[17] 而遗嘱信托作为遗嘱制度与信托制度的结合体，不仅可满足遗嘱人的上述需要，还对保护遗产债权人利益、维护市场交易安全具有重要作用。[18] 具体功能如下：

（1）遗嘱信托能够很好地解决财产传承问题。通过遗嘱信托，可以使财产顺利地传给后代，也可以通过遗嘱执行人的理财能力，弥补继承人无力理财的缺陷。

（2）遗嘱信托能够减少因遗产产生的纷争。因为遗嘱信托具有法律约束力，特别

---

〔17〕 陈苇、贺海燕：《论民法典继承编的立法理念与制度新规》，载《河北法学》2020年第11期。

〔18〕 褚雪霏、徐腾飞：《试论我国遗嘱信托制度之构建》，载《河北法学》2015年第8期。

是中立的遗嘱继承人介入，使遗产的清算和分配更公平。

4. 遗嘱信托的当事人

遗嘱信托包括下列三方当事人：(1)委托人即被继承人。(2)受托人即遗嘱执行人。遗嘱信托指定的受托人(遗嘱执行人)，应当是具有理财能力的律师、会计师、信托投资机构等专业人员或专业机构。(3)受益人即继承人。遗嘱信托的受益人可以是法定继承人的一人或者数人。遗嘱人可以将遗产受益人指定为法定继承人以外的人。

遗嘱信托在被继承人订立遗嘱后成立，于遗嘱人(被继承人)死亡后生效。

(二)遗嘱信托的订立和类型

1. 遗嘱信托的订立

遗嘱信托应当采取书面形式订立。遗嘱信托中的遗嘱，应当符合《民法典》关于遗嘱的规定；遗嘱信托中的信托，应当符合《信托法》的规定。

2. 遗嘱信托的类型

(1)遗嘱执行信托，是为了实现遗嘱人的意志进行的信托业务，其主要内容有清理遗产、收取债权、清偿债务或税款及其他支付、遗赠物的分配、遗产分割等。遗嘱执行信托是短期性的，一般遗嘱执行的成立有死亡者立的遗嘱为依据，继承人均已存在，因而不易发生争议。

(2)遗产管理信托，主要以遗产管理为目的而进行的信托业务。遗产管理信托的内容与遗嘱执行信托的内容虽有交叉，但侧重在管理遗产方面。遗产管理人可由法院指派，也可由遗嘱人或者其亲属会议指派。

二、后位继承和替补继承

(一)后位继承

1. 后位继承的概念

后位继承也叫次位继承或替代继承，是指因遗嘱中所规定的某种条件的成就或期限的到来，由某遗嘱继承人所继承的财产又移转给其他继承人承受。[19]

2. 后位继承法律关系的当事人

在后位继承法律关系中，首先承受遗嘱人遗产的继承人是前位继承人；从前位继承人那里取得遗产的继承人是后位继承人或叫次位继承人。后位继承人只有在遗嘱中所规定的某种条件成就或期限届至时，才能从前位继承人那里取得财产。在此之前，后位继承人只能根据遗嘱的内容享有期待权。

3. 后位继承的实质

我国社会生活中存在后位继承，数量不是很大，原因在于法律对此没有明文规定。规定后位继承制度，对于尊重被继承人处分遗产的意志有益。

---

〔19〕　谭华霖：《后位继承法律关系之理论探索》，载《人民法院报》2011年5月25日，第7版。

《民法典》没有规定后位继承。对应否承认后位继承,有肯定说、否定说和部分肯定说三种观点。本书持肯定立场,认为后位继承人实质是遗嘱人对指定继承人的继承人的指定,是遗嘱人的真实意思表示,没有理由不予尊重。不仅如此,后位继承制度使家庭控制财产的能力和期限都得到大大加强,将遗产留在家族内部,防止遗产向旁流转,有利于家族存续发展。[20]

后位继承中的遗产利益实际发生了两次转移:(1)在被继承人死亡时,前位继承人取得遗产所有权;(2)在遗嘱指定的条件到来时,后位继承人从前位继承人处取得遗产所有权。

从发挥遗产的实际利用效率出发来合理地配置社会资源,既尊重遗嘱人的遗嘱自由,又充分保证遗产利益承受者对物的实际使用权利,是后位继承制度所要解决的问题,也是制度设计必须遵循的原则。后位继承制度既要保证前位继承人取得的遗产所有权不受他人追夺,又要保证后位继承人能够监督前位继承人,防止其滥用权利,以维护自己的期待利益。

4. 后位继承的规则

(1)遗嘱人可以在遗嘱中规定,在某种条件成就或期限到来时,由遗嘱继承人将其继承的财产移转给后位继承人承受。前位继承人放弃继承权或存在丧失继承权的事由,只能在遗产分割之前进行。

(2)后位继承人在前位继承人死亡后,直接取得遗产;遗嘱指定后位继承发生的条件与前位继承人无关或为特定的期限的,不发生后位继承,遗产由被继承人的法定继承人继承。如果该项遗产依法定继承由后位继承人取得,则不再发生后位继承。

(3)后位继承人发现前位继承人滥用权利,实施有损害自己期待权的行为的,有权请求人民法院予以制止,保护继承权。

(二)替补继承

1. 替补继承的概念

替补继承也称补充继承,是指在遗嘱继承中遗嘱人可以预先指定继承人因放弃继承、丧失继承权或先于遗嘱人死亡时,其应继承的遗产利益转归他人继承的遗嘱继承。[21]

2. 替补继承的必要性

《民法典》没有规定替补继承,但社会生活确实有实际需要。[22] 例如,遗嘱人在遗嘱中为继承人或者受遗赠人指定替补的继承人或者受遗赠人,一旦继承人或受遗赠人先于遗嘱人死亡,或者丧失继承权或遗赠权,或者放弃继承或受遗赠,就有可能出现无人继承或者受遗赠的现象。规定替补继承人或者受遗赠人后,当出现此种情形时,替补

---

〔20〕 李静:《后位继承制度的独特作用和比较优势》,载《中国法律评论》2020 年第 4 期。

〔21〕 刘春茂主编:《中国民法学·财产继承》(第 2 版),人民法院出版社 2008 年版,第 305 页。

〔22〕 陈苇主编:《外国继承法比较与中国民法典继承编制定研究》,北京大学出版社 2011 年版,第 344 页。

继承人或者受遗赠人就可以进行替补继承或者受遗赠。

3. 替补继承的规则

(1)遗嘱人可以在遗嘱中为继承人或受遗赠人指定替补继承人或替补受遗赠人。继承人或受遗赠人先于遗嘱人死亡、丧失继承权或受遗赠权、放弃继承或受遗赠时,由替补继承人、替补受遗赠人承受相应遗产。

(2)在遗嘱中,继承人可以被相互指定为替补继承人,称为替补继承人。

(三)后位继承与替补继承的区别

替补继承与后位继承有共同之处,都属于遗嘱继承。主要区别在于:

(1)在具体继承开始的时间点上,替补继承发生在遗嘱继承开始之前或之后,但须在遗产分割之前发生;后位继承发生在遗嘱继承的前位继承人继承了遗产之后。

(2)再指定的原因不同,替补继承再指定继承人的原因,是由于被指定的继承人于继承前死亡,或者被指定的继承人拒绝继承;后位继承是在前位继承人继承遗产之后死亡时,其所继承的遗产的继承问题。

(3)在替补继承上,遗嘱指定继承人优于再指定继承人;而在后位继承中,前位继承人在时间顺序上先于后位继承人,但最终是后位继承人优先。

第六节　遗赠与特留份

一、遗赠

(一)遗赠的概念和特征

1. 遗赠的概念

遗赠,是指自然人在生前订立遗嘱,将其个人财产赠与国家、集体或者法定继承人以外的自然人,而于其死亡后发生法律效力的单方法律行为。立遗嘱的自然人为遗赠人,被指定接受赠与财产的人为受遗赠人,遗嘱中指定赠与的财产为遗赠财产或遗赠物。

2. 遗赠的特征

(1)遗赠是单方民事法律行为。在遗赠中,遗赠人须以遗嘱的形式进行,否则不为遗赠。遗赠的成立,并不以受遗赠人的意思表示为必要,只需有遗赠人一方的意思表示就可以成立。因此,遗赠是一种单方的民事法律行为。

(2)遗赠是无偿的民事法律行为。遗赠中的标的是遗赠物,该遗赠物为财产利益,既可以为现有的财产,也可以是财产利益,均须是遗赠人给他人财产利益,不能通过遗赠为他人设定债务。国外继承法存在概括遗赠,遗赠中所指定的受遗赠人既承受遗赠人的权利,也承受遗赠人的义务。我国《民法典》没有规定概括遗赠,遗赠必须是给他人以财产利益,是无偿民事法律行为。遗赠人可以对遗赠附加某种负担,但即使附加了负担,所附加的负担也不是遗赠的对价,无损于遗赠的无偿性。

(3)遗赠是死因行为。遗赠虽然得以遗赠人通过遗嘱作出遗赠的意思表示而成立,但是遗赠的成立不等于遗赠的生效,遗赠只有在遗赠人死亡后才能发生效力,这也是遗赠通过遗嘱设立而决定的。即使存在遗赠,遗嘱中指定的受遗赠人也已知道自己被遗赠的,但受遗赠人在遗赠人生前也无权请求执行遗赠,故遗赠是一种死因行为。也正因如此,遗赠人在其生前可以随时变更或撤回自己的遗赠,任何人不得干涉。

(4)遗赠是须由受遗赠人亲自接受的行为。遗赠是遗赠人给予特定的受遗赠人的,受遗赠的主体具有不可替代性。受遗赠人的受遗赠权也只能由自己亲自享有,不得转让。如果遗赠人将财产遗赠给国家或者集体的,由国家或者集体的代表机构或者负责人予以接受。如果受遗赠人为自然人,则该自然人必须亲自接受遗赠,如果受遗赠的自然人先于遗嘱人死亡,遗赠即不能发生效力。受遗赠人即使在遗赠人死亡后、作出接受遗赠的意思表示前死亡的,遗赠也不能发生。

(5)遗赠是对特定范围内的人赠与财产的行为。我国《民法典》明确规定,遗嘱人只能将自己的财产赠给国家、集体或者法定继承人以外的人。这就说明法定继承人范围之内的人只能成为指定的遗嘱继承人,不能成为受遗赠人。因此,遗赠是对特定范围内的人赠与财产,在受遗赠人的范围上具有特定性。

(二)遗赠的分类

我国《民法典》对遗赠的规定比较原则,在具体内容上也比较简单,没有划分遗赠的种类。事实上,遗赠的标的范围广泛,遗赠中的权利义务关系也各有不同,有必要对遗赠进行分类。

1. 概括遗赠与特定遗赠

这是根据遗赠标的的不同而进行的分类。概括遗赠,又称包括遗赠,是指遗赠人把自己的全部财产权利和义务一并遗赠给受遗赠人。法国、日本民法认可概括遗赠。特定遗赠,则是指遗赠人将其某一特定财产(并非只限于特定物)遗赠给受遗赠人,而不能将财产义务一并遗赠。

我国虽然也有的以国家、集体为受遗赠人予以概括遗赠的,有的学者也认为"从我国继承法的立法精神看,是承认概括遗赠的",[23]但是,我国《民法典》规定的遗赠不包括概括遗赠,只是特定遗赠。因为,如果认可概括遗赠,就与遗赠的无偿性相违背,而且受遗赠人的地位实际上等同于继承人的地位,也与我国《民法典》关于继承人的规定不符。

2. 单纯遗赠与附负担遗赠

这是根据遗赠是否附有义务进行的分类。单纯遗赠是不附任何条件或义务的遗

〔23〕 刘文:《继承法比较研究》,中国人民公安大学出版社 2004 年版,第 286 页。

赠，遗赠人就遗赠附加某种义务或者某种条件的遗赠，为附负担遗赠。

在我国，遗赠既可以是单纯遗赠，也可以是附负担遗赠，我国《民法典》没有强制性规定。在实践中，无论是单纯遗赠还是附负担遗赠，都是合法、有效的。

（三）遗赠与有关制度的区别

1. 遗赠与遗嘱继承

遗赠与遗嘱继承，都是被继承人以遗嘱处分个人财产的方式。遗赠与遗嘱继承的区别主要有以下几点：

（1）受遗赠人和遗嘱继承人的范围不同。根据我国《民法典》第 1133 条第 3 款规定，受遗赠人可以是国家和集体或者法定继承人以外的组织、个人，但不能是法定继承人范围之内的人。遗嘱继承人则只能是法定继承人范围之内的人，而不能是法定继承人以外的自然人或单位。

（2）受遗赠权与遗嘱继承权客体的范围不同。受遗赠权的客体只是遗产中的财产权利，不包括财产义务，受遗赠人接受遗赠时只承受遗产中的权利而不能承受遗产中的债务。如果遗赠人将其全部遗产遗赠给国家、集体或某自然人，其生前又有债务时，则受遗赠人只能接受清偿债务后剩余的财产，但这种清偿只能是对被继承人债务的处理，受遗赠人本身并不承受被继承人的债务。而遗嘱继承权的客体是遗产，而且遗嘱继承人对遗产的继承是概括地承受，在承受遗产的同时，还担负着清偿被继承人债务的义务。

（3）受遗赠权与遗嘱继承权的行使方式不同。我国《民法典》第 1124 条第 2 款规定："受遗赠人应当在知道受遗赠后六十日内，作出接受或者放弃受遗赠的表示；到期没有表示的，视为放弃受遗赠。"因此，受遗赠人接受遗赠的，应于法定期间内作出接受遗赠的明示的意思表示。受遗赠人表示接受遗赠的，得要求遗嘱执行人向其移转遗赠的标的，并且受遗赠权优于继承人的继承权，继承人只能继承执行遗赠后剩余的遗产。而我国《民法典》第 1124 条第 1 款规定："继承开始后，继承人放弃继承的，应当在遗产处理前，以书面形式作出放弃继承的表示；没有表示的，视为接受继承。"遗嘱继承人自继承开始至遗产分割前未明确表示放弃继承的，即视为接受继承，放弃遗嘱继承必须于此期间作出明确的意思表示。

2. 遗赠与赠与

遗赠与赠与都是将自己的财产无偿给予他人的行为，但是，两者是不同的民事法律行为，存在以下区别：

（1）性质不同。遗赠是单方的法律行为，只需要有遗赠人一方的赠与意思表示即可，无须征得对方的同意。而赠与是一种双方的法律行为，是一种合同关系，不仅要有赠与人赠与的意思表示，而且还要有受赠人接受赠与的意思表示，只有双方的意思表示一致才能成立赠与。

（2）方式不同。遗赠必须以遗赠人立的遗嘱方式进行，而且是要式法律行为，具体事项由继承法予以调整。而赠与采取合同方式，属于非要式法律行为，书面或口头形式都可以,具体事项由合同法予以调整。

(3)发生法律效力的时间不同。虽然遗赠与赠与都属于诺成的民事法律行为,自行为人作出意思表示即成立,但是两者发生法律效力的时间是不同的。遗赠必须在遗赠人死亡后才能发生法律效力,是一种死因行为。赠与是生前行为,自赠与合同成立时生效。

(四)遗赠的效力

遗赠的效力是指遗赠所产生的法律效力。这关系受遗赠人处于什么地位,可以依据何种请求获得遗赠财产。

1. 遗赠发生效力的要件

(1)遗赠人须有遗嘱能力。遗赠以遗嘱的形式进行,遗赠人当然应具有遗嘱能力。换言之,只有具有遗嘱能力的完全民事法律行为能力人才可以进行遗赠,无遗嘱能力的无民事法律行为能力人、限制民事法律行为能力人不能为遗赠。在遗赠人有无遗嘱能力的判断上,应当以立遗嘱时遗赠人的情况为准。

(2)遗赠人须为缺乏劳动能力又没有生活来源的继承人保留必要的遗产份额。同遗嘱继承一样,遗赠也不能损害缺乏劳动能力又没有生活来源的继承人的合法权益。如果继承人中有缺乏劳动能力又没有生活来源的人,而遗赠人又没有为其保留必要的遗产份额,则涉及这一必要份额的遗赠无效。继承人中有无缺乏劳动能力又没有生活来源的人,以遗赠人死亡时继承人的状况为准。

(3)遗赠人所立的遗嘱符合法律规定的形式。由于遗赠以遗嘱的形式进行,因此遗赠人设立的遗嘱必须符合法律规定的形式。不符合法定形式的,遗嘱无效,遗赠也当然无效。遗赠人的遗嘱是否符合法定形式,应当以遗嘱设立当时的法律要求为准。

(4)受遗赠人须为法定继承人范围以外且在遗赠人的遗嘱生效时生存之人。依我国《民法典》的规定,受遗赠人须为法定继承人范围之外的人,遗嘱指定将某项财产给予某一法定继承人的不为遗赠,属于遗嘱继承。受遗赠人须于遗赠人死亡时具有民事权利能力。先于遗赠人死亡或者与遗赠人同时死亡的自然人,不能成为受遗赠人,因为其不具有民事权利能力。

(5)须受遗赠人未丧失受遗赠权。受遗赠权也会因法定事由的发生而丧失,我国《民法典》第1125条第3款对丧失受遗赠权的事由作出了规定,即"受遗赠人有本条第一款规定行为的,丧失受遗赠权"。不过,《民法典》规定的丧失继承权事由并非完全适用,比如,在丧失继承权的"遗弃被继承人的,或者虐待被继承人情节严重"的事由可能就不适用于受遗赠权的丧失,因为受遗赠人为法定继承人范围之外的人,不是家庭成员,则受遗赠人与遗赠人不存在法律上的扶养义务,也就无所谓遗弃与虐待的可能。

(6)须遗赠人死亡。遗赠是死因行为,必须遗赠人死亡才发生效力。遗赠的效力发生必须符合遗赠人死亡这一要件,否则即使遗赠人进行了遗赠,也不发生效力,遗赠人可以撤销或变更,而且受遗赠人也无权在遗赠人死亡前要求执行遗赠。

2. 遗赠的具体效力

在近现代法上，各国和地区的立法对于遗赠的效力有不同的规定。一种立法例规定遗赠的效力是物权性的，可以产生物权变动的效力，受遗赠人可以直接基于物权占有遗赠物。采取这种立法例的有法国、日本等。另一种立法例规定遗赠的效力是债权性的，受遗赠人仅对承担遗赠义务的人有请求权。德国、瑞士等采此立法例。

在我国民法体系中，受遗赠权不是物权，因为在遗赠未执行前，受遗赠人对遗赠的标的物不享有物权权能，不处于物权人地位，其所享有的只是请求有关的遗嘱执行人或继承人交付遗赠标的物的权利。从这一点上来看，受遗赠权具有债权的效力。但是，受遗赠权又不完全等同于一般的债权，因为对于被继承人的一般债权，应当进行清偿，而对于遗赠，如果被继承人的遗产在清偿债权后没有剩余遗产的，则不执行遗赠，受遗赠人不能基于债权人的地位请求清偿。因此，受遗赠权具有自身的特殊性，不能简单等同于物权或债权。不过，在遗赠的具体效力上，不论遗赠的标的是否为特定物，受遗赠人都不能直接支配遗赠的标的，而只能向受遗赠的义务人请求执行遗赠，即要求其给予遗赠的标的。

对于遗赠取得遗产的具体时间，原《物权法》第 29 条规定："因继承或者受遗赠取得物权的，自继承或者受遗赠开始时发生效力。"其中"受遗赠开始时"被《民法典》第 230 条删除。这是因为，遗赠本质上是赠与关系，受赠人表示接受，赠与关系才成立。《民法典》第 1124 条第 2 款规定，受遗赠人应当在知道受遗赠后 60 日内，须作出接受或者放弃受遗赠的表示，到期未表示的，视为放弃受遗赠。[24] 因此，接受遗赠后，遗嘱人的遗产才能成为受遗赠人的财产，取得所有权。

(五) 遗赠的执行

遗赠符合有关要件，即发生法律效力，但是遗赠发生效力并不意味着受遗赠人实际取得遗赠物，还存在遗赠的执行问题。遗赠的执行，是指在受遗赠人接受遗赠后，有关的遗嘱执行人按照遗嘱人的指示将遗赠物移交给受遗赠人的制度。

1. 遗赠执行的义务人

受遗赠的义务人是遗赠执行的义务人，也就是遗嘱执行人。由于在遗嘱执行前，继承人尽管当然地为被继承人遗产的承继人，但在遗嘱执行前，继承人并不能处分遗产，而遗赠属于遗嘱的内容，有遗嘱就有遗嘱的执行，因此，应以遗嘱执行人为遗赠执行的义务人比较合适。当然，遗嘱执行人与继承人、遗产管理人可能是一致的，但即使在继承人为遗嘱执行人或遗嘱执行人为遗产管理人的情况下，对遗赠的执行也是遗嘱执行人的职责。

2. 遗赠执行的权利人

遗赠执行的权利人为受遗赠人。受遗赠人在知道受遗赠后 60 日内，向遗嘱执行人作出接受受遗赠的意思表示的，即享有请求遗嘱执行人依遗赠人的遗嘱将遗赠物交付

---

〔24〕 黄薇主编：《中华人民共和国民法典物权编释义》，法律出版社 2020 年版，第 44 ~ 45 页。

其所有的请求权。遗赠执行人应依受遗赠人的请求交付遗赠物。

3. 遗赠执行的内容

受遗赠权不是一种债权,遗赠人的债权人的债权优于受遗赠人的受遗赠权,受遗赠人不能与遗赠人的债权人平等地分配遗产。因此,遗赠执行人不能先以遗产用于执行遗赠。我国《民法典》第1162条也明确规定:“执行遗赠不得妨碍清偿遗赠人依法应当缴纳的税款和债务。”遗赠执行人应于清偿完被继承人生前所欠的税款及债务后,才能在遗产剩余的部分中执行遗赠。如果在清偿被继承人生前所欠的税款和债务后没有剩余的遗产,遗赠则不能执行,受遗赠人的权利消灭,遗赠执行人也就没有执行遗赠的义务。如果遗赠人是以特定物为遗赠物的,该物已不存在时,则因遗赠失去效力,遗赠执行人无执行的义务。

二、特留份

(一)特留份的概念和特征

1. 特留份的概念

特留份,是指法律规定的遗嘱人不得以遗嘱取消的,由特定的法定继承人继承的遗产份额。特留份的实质,是通过对特定的法定继承人规定一定的应继份额,来限制遗嘱人的遗嘱自由。遗嘱人在设立遗嘱时,如果没有给特留份权利人保留法定的份额,则其相应部分的处分无效。

特留份在许多国家的继承法中都有规定,是遗嘱继承中的一项重要制度,是对遗嘱自由的限制。我国《民法典》未确立特留份,仅规定了保留“必要的遗产份额”即必留份。只规定必留份而不规定特留份,使立法有不足之处。

特留份制度并非只有遗赠才适用,在遗嘱继承中也适用。在本章阐释特留份制度,是为了篇幅的方便,而不是内容和逻辑的问题。

2. 特留份的特征

(1)特留份权仅为法定继承人所享有。特留份权是法律特别规定的继承人于继承开始后所享有的特别继承权,仅为法定继承人享有,且因继承开始而发生。在继承开始前,不发生特留份权,丧失继承权或者放弃继承权的继承人都不能享有特留份权。

(2)特留份是对遗嘱自由的限制。特留份是特别为继承人保留的被继承人遗产的一部分,是对遗嘱人自由处分遗产的限制。遗嘱人只有在为特留份权人保留特留份的前提下,才可以自由处分其遗产。

(3)特留份为法定的不可侵害的应继份。继承法的原则是:一方面,任何人不得侵犯特留份权,继承人只要未丧失或放弃继承权,就享有特留份权,在该权利受到侵害时,特留份权人可以请求恢复;另一方面,因特留份权自继承开始才发生,因而在被继承人死亡前,放弃特留份的声明不具有法律拘束力。

（二）特留份的性质

1. 对特留份性质的不同意见

（1）继承权说。认为特留份作为遗产的一部分，非继承人不得享有，因此，特留份是继承人对遗产继承的权利。法国、瑞士、日本等国立法均将特留份确定为财产继承权。

（2）债权说。认为特留份为特留份权人对于继承人行使的债权。《德国民法典》采纳此说，认可特留份是特留份权人对继承人的债权。

2. 特留份是继承人对遗产继承的权利

在特留份性质的两种主张中，继承权说较为可采。一方面，特留份是法律规定的特留份权利人享有的被继承人不得取消的继承特定遗产份额的权利，是法定继承人才能享有的权利，以法定继承权为基础。另一方面，特留份是被继承人遗产的一部分，并不是被继承人遗产的全部，对于特留份以外的遗产，被继承人可以行使自由处分权。作为特留份部分的遗产，并不是被继承人遗产中的某一项或某几项特定的财产，而是遗产中的一定份额。[25]

（三）特留份的主体

各国和地区继承法关于特留份权利人范围的规定并不完全相同。有的规定特留份的权利主体为全部法定继承人，有的则将特留份的主体限定于法定继承人中的某些人。例如，《德国民法典》第 2303 条规定："（1）被继承人的晚辈直系血亲因死因处分而被排除在继承顺序之外的，该晚辈直系血亲可以向继承人请求特留份。特留份为法定继承份的价额的一半。（2）被继承人的父母或者配偶因死因而被处分排除在继承顺序之外的，享有同样的权利。第 1371 条的规定不受影响。"《意大利民法典》第 536 条规定："特留份继承人是那些由法律规定为他们的利益保留一部分遗产或者其他权利的人。他们是：配偶、婚生子女、私生子女以及直系尊亲属。"这些立法例基本上都把享有特留份的权利人限制在与被继承人较亲近的法定继承人的范围之内。

我国有的学者从特留份制度以有相互扶养的权利义务的近亲属为特留份主体出发，建议规定第一、第二顺序法定继承人为特留份权利人，对公婆（岳父母）尽了主要赡养义务的丧偶儿媳（女婿）也应为特留份人。[26] 也有学者建议借鉴国外立法经验，在与被继承人较亲近的法定继承人中明确罗列特留份权利人的范围，可包括直系血亲卑亲属、父母和配偶，直系卑血亲包括胎儿和代位继承人。[27]

借鉴国外立法例，对特留份权主体范围的规定既不宜过宽，也不宜过窄。从我国目前的家庭关系现状及人们的基本道德观念考察，将第一顺序的配偶、父母、子女列为特

---

〔25〕 史浩明：《我国应建立特留份制度》，载《政法论丛》2003 年第 3 期。
〔26〕 郭明瑞等：《继承法研究》（第 2 版），中国人民大学出版社 2003 年版，第 151 页。
〔27〕 史浩明：《我国应建立特留份制度》，载《政法论丛》2003 年第 3 期。

留份权人是比较适当的。因为被继承人也只是与第一顺序的继承人存在较为紧密的扶养关系,需要被继承人订立遗嘱时为其保留特留份。

(四)特留份的算定

1. 特留份数额计算的不同方法

(1)全体特留主义。以被继承人的全部遗产为基数,从总遗产额中划出一定比例的财产作为特留份。法国、日本等国采取这种方式。

(2)个别特留主义。以各个法定继承人依法定继承时应得的应继份为基数,确定特留份的数额为应继份一定比例。德国、瑞士等国采取这种方式。

2. 全体特留主义的优势

由于全体特留主义在特留份份额的计算上比较简单方便,使被继承人在立遗嘱时很容易知晓自己有权处分的遗产数额和应当保留的遗产数额,也便于人民法院在处理案件中更好地适用法律,应当采用第一种方式。

3. 特留份的具体计算方法

在采用全体特留主义方式的基础上,特留份具体数额的算定,应当按如下顺序进行:(1)确定被继承人的遗产数额;(2)以遗产的总额除去遗产债务,以求得积极遗产的数量;(3)在积极遗产数额上加上被继承人生前所为的特种赠与,由此即得出了特留份计算的基数;(4)在上述基数的基础上,乘以特留份权利人的特留份比例,由此算出特留份的具体数额。

(五)我国设立特留份的必要性

我国《民法典》未规定特留份,仅在第1141条规定了“必要的遗产份额”。尽管“必要的遗产份额”对于限制立遗嘱人的遗嘱自由及保护缺乏劳动能力又无生活来源的继承人的合法权益无疑是有重大意义的,但是也存在明显的局限性。首先,“必要的遗产份额”的主体范围规定过窄,仅限于为缺乏劳动能力又没有生活来源的继承人及胎儿保留;其次,“必要的遗产份额”的规定缺乏明确性,实践上也不易操作。从实务上看,若继承人中并无缺乏劳动能力又没有生活来源的,被继承人就可以处分其全部遗产给他人,而不给继承人留下任何遗产,这样既有违人的基本伦理,不合常情,不利于家庭关系的稳定,也不适应现阶段家庭职能的要求。所以,我国继承法应当规定特留份制度。

与我国《民法典》规定的“必要的遗产份额”相比,特留份制度在制度设计上至少具有三大优点。

第一,就权利主体而言,特留份的权利主体比“必要的遗产份额”权利主体更为宽泛且具体明确。我国《民法典》规定的享有“必要的遗产份额”的权利主体为“缺乏劳动能力又没有生活来源”的继承人。由于“缺乏劳动能力又没有生活来源”的表述本身隐含一定的不确定性,即关于既“缺乏劳动能力又没有生活来源”的具体认定问题。因此,“必要的遗产份额”制度对权利人的规定相对而言是不确定的。同时,将权利主体限定于既“缺乏劳动能力又没有生活来源”也使权利主体的范围显得过窄。而特留份制度通过对特定法定继承人的列举来确定权利人,使其权利人的范围不仅明确而且更加宽泛,更有利于体现立法旨意。

第二,就份额而言,我国《民法典》及司法解释对“必要的遗产份额”的数量均没有作出明确规定,司法实践中一般采取根据“遗产的数额及维持缺乏劳动能力又没有生活来源的法定继承人实际生活的需要”来确定“必要的遗产份额”的做法。而特留份制度则明确规定了用于特定继承的比例份额。上述分析表明,无论从权利主体还是份额上看,特留份的规定都更加明确、更具有可操作性,也更有利于体现立法的旨意。

第三,《民法典》规定“必要的遗产份额”仅考虑缺乏劳动能力又无生活来源的人的扶养问题,而未考虑人情伦理。而特留份以亲属间的伦理人情为出发点,通过比例确定的特留份份额,更有利于保障法定继承人的利益,从而更好地维护家庭关系的和睦以及社会秩序的稳定。

第七节 遗 托

一、遗托概述

(一)遗托的概念与特征

1. 遗托的概念

遗托,也称附负担的遗赠,是指遗嘱人在遗嘱中向遗嘱继承人或受遗赠人附加提出的必须履行某项义务的要求。[28] 遗托中的“托”,是委托之“托”,即通过遗嘱的形式,向遗嘱继承人和受遗赠人委托事项。只不过这种委托之“托”附有继承遗产或者接受遗赠的权利而已。遗托制度并非只有遗赠才适用,在遗嘱继承中也同样适用。在本章阐释遗托制度,是为了篇幅的方便,而不是内容和逻辑的需要。最典型的遗托如遗赠房屋而使受遗赠人看护及扶养自己的祖母。[29]

构成遗托,受遗赠人称为负担义务人,相对人称为负担受益人,双方为遗托关系的当事人。有时负担义务人与负担受益人为同一人。例如,某人遗赠 100 万元给某学校,负担为在该校设立以遗赠人为名称的奖学金基金。该遗托生效,则该学校既是负担义务人,也是负担受益人。

我国《民法典》没有使用遗托的术语,第 1144 条规定:“遗嘱继承或者遗赠附有义务的,继承人或者受遗赠人应当履行义务。没有正当理由不履行义务的,经利害关系人或者有关组织请求,人民法院可以取消其接受负义务部分遗产的权利。”这实际上规定了

---

〔28〕 刘素萍:《继承法》,中国人民大学出版社 1988 年版,第 316 页。

〔29〕 史尚宽:《继承法论》,台北,荣泰印书馆 1980 年版,第 496 页。

遗托。

2. 遗托的特征

(1)遗托须以遗嘱方式作出。只有遗嘱人以遗嘱的方式作出要求遗嘱继承人或者受遗赠人履行某项义务时,才能发生遗托的法律效力。

(2)遗托是遗嘱继承和遗嘱的附加义务。遗托不是一种独立的义务,而是一项依附于遗嘱继承或者遗赠的义务。遗嘱人只有授予遗嘱继承人和受遗赠人以遗嘱继承权和受遗赠权,才能要求遗嘱继承人和受遗赠人履行遗托的义务。

(3)履行遗托的义务以接受遗产和接受遗赠为前提条件。履行遗托义务不是无条件的,而是有条件的,这就是只有遗嘱中指定的遗嘱继承人接受遗产以及受遗赠人接受遗赠,遗嘱继承人和受遗赠人才有义务履行遗托义务,否则可以拒绝履行遗托义务。同样,既然遗嘱继承人和受遗赠人已经接受了遗产或者遗赠,就必须履行遗托的义务。

(二)遗托与遗赠、附条件遗赠的区别

1. 遗托与遗赠的区别

遗赠与遗托都为遗嘱人在遗嘱中指定的内容,但是两者是不同的,在以下方面存在区别:

(1)性质不同。遗赠是遗赠人通过遗嘱对他人赠与财产的单方民事法律行为,而遗托仅是遗嘱人在遗嘱中向遗嘱继承人或受遗赠人附加提出必须履行的某项义务的要求。由此可见,遗赠与遗托在性质上存在明显区别。

(2)对象的权利不同。在遗赠中,受遗赠人是获得财产利益,一般并不承担义务,即使附负担的遗赠,所承担的负担一般也不具有对价。但在遗托中,遗托指向的义务人必须履行遗嘱中指定的义务要求,而且有的遗托仅要求义务人履行义务,而不享受权利。[30]

(3)独立性与附随性。遗赠具有独立性,只要遗赠人作出了意思表示,在遗赠人死亡后即发生效力。而遗托是附随于受遗赠权或遗嘱继承权的,受遗赠人、遗嘱继承人履行遗托的义务以接受遗赠、遗嘱继承为前提条件。如果受遗赠人不接受遗赠,或者遗嘱继承人放弃继承权,则无履行遗托义务的责任。

(4)遗托因必须履行而具有不可免除性。[31] 在遗托的义务违反社会公德、违反社会公共利益,或者违法时,该遗托无效。只要遗嘱人的遗托不违背法律和公序良俗,又是可以履行的,接受了遗产的受遗赠人或者遗嘱继承人就必须履行遗托的义务,而不得免除。

2. 遗托与附条件的遗赠

遗托与附条件的遗赠很相似,但是存在以下区别:

(1)性质不同。遗托所附的义务是负担,附条件遗赠所负的是条件。遗托的负担是接受遗赠的附款,是接受遗赠应当履行的义务;而附条件遗赠中的生效条件,是遗赠

---

〔30〕 史尚宽:《继承法论》,中国政法大学出版社2000年版,第560页。

〔31〕 郭明瑞等:《继承法》(第2版),法律出版社2004年版,第177页。

生效的条件,完全不是义务。附解除条件的遗赠,其条件是某种条件的成就而使遗赠失效,而不是负担的义务。二者的性质完全不同。

(2)发生的时间不同。遗托义务发生的时间,是在受遗赠人接受遗赠时,就要承担负担的义务。遗赠所附生效条件时,只有条件成就,遗赠的遗嘱才能生效,才能发生遗赠的问题。而附解除条件的遗赠,尽管是在遗嘱生效之后发生,但是并非在遗嘱生效之时发生,也与遗托不同。

(3)效力不同。遗托生效后,约束遗托的负担义务人应当履行负担义务,负担受益人产生请求权。即使遗托的负担义务人不履行负担义务,遗托也不必然无效,而是通过负担义务履行的纠纷方式解决,或者继续履行,或者由负担受益人请求撤销遗赠。而附生效条件的遗赠,其所附条件不成熟,遗嘱就不发生效力,不存在遗赠的效力问题。在附解除条件的遗赠中,所附条件成就,遗嘱解除,溯及既往地消灭,不再发生遗赠问题。

二、遗托的效力

遗托的效力主要表现在遗嘱继承人或受遗赠人接受或者承认遗赠时而确定其负履行负担的义务。具体表现在以下两个方面:

(一)负担义务的归属和开始时间

遗赠的负担义务人为受遗赠人,其相对人就是接受遗赠负担的权利人。这种权利从根本上说并不是债权,不具有债权的性质,但仍然是一种权利,因此也存在权利归属及其时间问题。其归属,就是负担义务的承认和接受,受遗赠人决定接受或者承认遗赠,负担受益人就开始产生请求负担履行的权利。在此之前,负担受益人对于负担仅享有期待权,还不是现实的既得权,只有受遗赠人承认遗赠接受遗赠,其权利才变为既得权,发生权利的归属问题。归属的时间,是继承开始的时间,从继承开始之时起,遗赠的负担受益人就产生这种权利,而受遗赠人作为负担义务人产生负担义务,必须履行负担。依照我国《民法典》第 1144 条的规定,有关组织或者利害关系人是指被继承人生前所在单位或者继承开始地的基层组织,以及法定继承人等。司法实践的做法是,附义务的遗嘱继承或遗赠,如义务能够履行,而继承人、受遗赠人无正当理由不履行,经受益人或其他继承人请求,人民法院可以取消他接受附义务那部分遗产的权利,由提出请求的继承人或受益人按遗嘱人的意愿履行义务,接受遗产。

(二)遗嘱继承人或受遗赠人以其所受利益为限负履行的义务

遗赠负担的范围,以受遗赠人所接受的遗赠利益为限。因此,遗赠人确定遗赠负担的限度,也不能超过遗赠的利益范围,超过遗赠利益范围的部分无效。如果遗赠人所设负担超过了遗赠利益的范围,负担受益人也无权请求超出遗赠利益范围的负担部分。负担受益人主张负担义务人承担超出遗赠利益范围的部分负担的,负担义务人有权拒绝。同样,没有正当理由不履行义务的,只能取消其接受附义务部分遗产的权利。

第八节 遗赠扶养协议

一、遗赠扶养协议概述

（一）遗赠扶养协议的概念与特征

1. 遗赠扶养协议的概念

遗赠扶养协议，是指遗赠人和扶养人为明确相互间遗赠和扶养的权利义务关系所订立的协议，是我国继承法中独立的法律制度。《民法典》第 1158 条规定的是遗赠扶养协议。

在遗赠扶养协议中，需要他人扶养并愿将自己的合法财产全部或部分遗赠给扶养人的为遗赠人，也称为受扶养人；对遗赠人尽扶养义务并接受遗赠的人为扶养人。接受扶养的遗赠人只能是自然人，而进行扶养的人既可以是自然人，也可以是有关组织。作为扶养人的自然人不能是法定继承人范围内的人，因为法定继承人与被继承人之间本来就有法定的扶养权利义务。

2. 遗赠扶养协议的特征

（1）遗赠扶养协议为双方法律行为。遗赠扶养协议是自然人生前对自己死亡后遗留下的遗产的一种处置方式，与被继承人立遗嘱处分遗产不同，遗嘱继承是一种单方法律行为，而遗赠扶养协议是双方的法律行为，须双方的意思表示一致才能成立。在遗赠扶养协议中存在双方当事人，一方为接受扶养的遗赠人，另一方为扶养人，双方订立协议对有关扶养与遗赠事项进行明确，显然为双方法律行为。

（2）遗赠扶养协议为诺成法律行为。遗赠扶养协议自双方意思表示达成一致时发生效力，因此遗赠扶养协议是诺成法律行为。在遗赠扶养协议中，包括扶养与遗赠两个方面，在遗赠扶养协议签订后，扶养人就应当按照遗赠扶养协议的规定履行扶养义务，其发生效力比较明显，而有关遗赠人的遗赠部分却在遗赠人死亡后才会发生转移的效力。

（3）遗赠扶养协议为要式法律行为。关于遗赠扶养协议的形式，《民法典》未作明确规定，根据其性质应当用书面形式，不能用口头形式。由于遗赠扶养协议涉及扶养人与遗赠人双方利益，而且存续时间较长，法律对其形式采取严格要求，比如规定采取书面形式，有利于维护双方当事人的利益，也可以避免不必要的纷争，还可以具有证明的作用。实际上，在我国的公证实践中已经确立了遗赠扶养协议的书面形式要求，在《遗赠扶养协议公证细则》第 8 条明确规定，当事人应当向公证处提交遗赠扶养协议。

（4）遗赠扶养协议为双务有偿法律行为。遗赠扶养协议是当事人双方都负有一定义务的法律行为，属于双务法律行为。在遗赠扶养协议中，通过协议确定扶养人负责受扶养人生养死葬的义务,受扶养人也有将自己的财产遗赠给扶养人的义务。遗赠扶养协议是一种有偿的法律行为,任何一方享受权利都以履行一定的义务为对价。扶养人不履行对受扶养人生养死葬的义务,则不能享有受遗赠的权利;受扶养人不将自己的财产遗赠给扶养人,也不享有要求扶养人扶养的权利。

(5)遗赠扶养协议具有效力优先性。我国《民法典》第 1123 条规定,遗赠扶养协议具有效力优先性,在自然人死亡后,如果遗赠扶养协议与遗赠、遗嘱继承并存,应当优先执行遗赠扶养协议。可以说,遗赠扶养协议在发生继承时具有最优先的效力。

(二)遗赠扶养协议的意义

第一,有利于保护老年人的合法权益。我国已步入老龄化社会,老年人在整个社会人口中所占的比重还会不断加大,整个社会也面临着老年人权益保障问题。我国已经从各个方面对此进行准备,制定了《老年人权益保障法》等。在一些具体的问题上,基于我国的国情以及一些错综复杂的现实情况,需要一些有利于老年人合法权益保障的具体措施,遗赠扶养协议即属一例。遗赠扶养协议制度还有激励需要扶养的人的近亲属尽扶养义务的作用,如果近亲属能够很好地尽扶养义务,需要扶养的人也就没有必要也不会与他人或集体组织签订遗赠扶养协议。

第二,有利于发扬我国的优良传统。中华民族是一个具有优良道德传统的民族,在源远流长的历史文化中形成了尊老、敬老、爱老、助老的优良传统。应当坚持这些优良传统,并且发扬光大。通过协议确定扶养人对老年遗赠人的扶养义务,体现了尊老、敬老、爱老、助老的优良传统,可以使丧失劳动能力的孤寡老人或身边无子女照顾的病、残老人得到扶养和照料,以安度晚年。

第三,有利于减轻国家和社会的负担。需要他人扶养的是缺乏劳动能力的老年人和残疾人。对于这些需要救助的人,国家应当对这些人提供完善的社会保障。由于我国现在的社会保障事业还不能完全满足社会的需要,尤其是在广大农村社会保障较差,还难以把所有人的养老事业全部包下来。确认遗赠扶养协议制度,可以使一些需要扶养的人,尤其无法定扶养义务人之人的生养死葬问题得到解决,使之有可靠的保障,可以减轻国家和社会的负担。

二、遗赠扶养协议的内容与效力

(一)遗赠扶养协议的内容

根据《遗赠扶养协议公证细则》第 11 条的规定,遗赠扶养协议应包括下列主要内容:(1)当事人的姓名、性别、出生日期、住址,扶养人为组织的应写明单位名称、住址、法定代表人及代理人的姓名。(2)当事人自愿达成协议的意思表示。(3)遗赠人受扶养的权利和遗赠的义务;扶养人受遗赠的权利和扶养的义务,包括照顾遗赠人的衣、食、住、行、病、葬的具体措施及责任田、口粮田、自留地的耕、种、管、收和遗赠财产的名称、种类、数量、质量、价值、坐落或存放地点、产权归属等。(4)遗赠财产的保护措施或担保人同意担保的意思表示。(5)协议变更、解除的条件和争议的解决方法。(6)违约责任。

(二)遗赠扶养协议的效力

遗赠扶养协议的效力,是指遗赠扶养协议的法律约束力,遗赠扶养协议自订立之日起就产生法律约束力。

遗赠扶养协议的效力包括两个方面:一方面是遗赠扶养协议的法律适用效力;另一方面是遗赠扶养协议的对人效力,也就是遗赠扶养协议对扶养人、遗赠人、第三人的效力。

1. 遗赠扶养协议的法律适用效力

在遗赠人死亡后,要按照遗赠扶养协议向扶养人执行协议约定的遗赠财产。我国《民法典》第1123条规定:“继承开始后,按照法定继承办理;有遗嘱的,按照遗嘱继承或者遗赠办理;有遗赠扶养协议的,按照协议办理。”在法律适用上,遗赠扶养协议具有最高效力,在继承开始后,如果存在合法有效的遗赠扶养协议,则遗赠扶养协议排除遗赠、遗嘱继承以及法定继承的适用。究其原因,遗赠扶养协议是遗赠人与扶养人订立的协议,是遗赠人的真实意思表示,也是遗赠人对自己遗产的处分,应当予以尊重;而且是双务有偿协议,同遗赠、遗嘱继承等单务无偿行为相比,具有更高的效力。

2. 遗赠扶养协议的对人效力

(1)遗赠扶养协议对扶养人的效力。根据遗赠扶养协议的性质,遗赠扶养协议的扶养人依协议的约定负有对遗赠人进行生养死葬的义务和于遗赠人死亡后取得协议中约定的财产的权利。至于具体的扶养义务及遗赠财产事项,应当根据具体的遗赠扶养协议确定。

(2)遗赠扶养协议对遗赠人的效力。遗赠扶养协议对于遗赠人的效力,表现为遗赠人有权要求扶养人履行扶养义务,并负有于其死亡后将协议中约定的财产能够为扶养人取得的义务。由于遗赠扶养协议是以遗赠人将其协议约定的财产于死亡后为扶养人取得为条件而受扶养的,因此,扶养人对于将来可成为遗赠人遗产的财产享有期待利益。尽管扶养人取得遗赠人的遗产的权利在遗赠人死亡时才发生效力,在遗赠人生前不能主张其权利,遗赠人仍对财物享有完整的所有权。但是,由于扶养人对协议中约定的财产已经享有期待权,遗赠人若处分协议中约定的财产则会侵害扶养人的权利。因此,如何处理遗赠人的所有权与扶养人的期待权间的关系是十分重要的。为平衡扶养人与遗赠人两者之间的利益,遗赠人不得擅自处分协议中约定的财产,如征得扶养人事先同意或事后认可的,遗赠人可以处分协议中约定的财产。

(3)遗赠扶养协议对第三人的效力。分为:

第一,对遗赠人的继承人、受遗赠人的效力。遗赠扶养协议并不以遗赠人没有法定继承人为前提,在被继承人死亡后,有遗赠扶养协议的,就须先执行遗赠扶养协议,而后才能进行继承。只要遗赠扶养协议中约定遗赠财产,就应依协议由扶养人取得,无论是受扶养人遗嘱中指定的继承人还是遗赠人的法定继承人均不得主张取得该财产。遗赠人死后占有约定遗赠财产的继承人有将遗赠财产转移给扶养人的义务。如果遗赠人死亡时还留有遗赠扶养协议所约定的财产之外的遗产的，则根据遗赠人的意愿对该遗产进行遗赠、遗嘱继承或者法定继承。

第二，对其他第三人的效力。对于在遗赠扶养协议存续期间，与遗赠人基于约定遗赠的财产发生关系的继承人或受遗赠人之外的其他第三人，如遗赠人未经扶养人同意而转让财物给第三人，遗赠扶养协议也具有约束力。

3. 遗赠扶养协议作为遗产处理根据的效力

遗赠扶养协议也是遗赠人在生前对其财产所作的一种处分，也是遗产处理的依据之一，而且遗赠扶养协议在处理遗产上有最优先的效力。因此，遗赠扶养协议作为遗产处理的根据非常重要，在遗赠人死亡后，扶养人应当对遗赠扶养协议进行证实，以将遗赠人与扶养人签订的协议作为遗产处分的根据。由于遗赠扶养协议通常为采取书面形式的要式行为，扶养人提交书面的遗赠扶养协议即可。

遗赠扶养协议公证，是指公证机构根据当事人的申请，依法证明遗赠人与扶养人之间签订协议行为的真实性、合法性的活动。遗赠扶养协议公证并不是遗赠扶养协议的生效要件，遗赠扶养协议公证对该协议的生效没有影响，遗赠扶养协议只要自双方当事人的意思达成一致即可生效。不过，遗赠扶养协议公证是对协议的真实性、合法性的公证，可以在当事人对协议的真实性、合法性发生争议时发挥重要作用，证明该协议的合法有效，可以予以强制执行。

思考题

1. 简述遗嘱继承的概念与特征。
2. 简述遗嘱的概念、特征及有效要件。
3. 论述遗嘱的不同形式及有效要件。结合本章典型案例，讨论：打印遗嘱应当具备哪些有效要件？
4. 简述遗赠的概念和特征及其分类。
5. 简述遗托的概念和特征。
6. 论述《民法典》规定的“必要的遗产份额”以及国外的特留份制度。
7. 论述遗赠扶养协议的效力。

第八章　遗产的处理

本章导读

继承开始是指因一定法律事实的发生导致继承法律关系的发生，继承开始的时间就是被继承人死亡的时间。遗产的管理是指对死者遗产负责保存和管理的制度，遗产管理人是指对死者遗产负有保存和管理职责的人。遗产债务是指应当以遗产负责清偿的债务，在继承开始后，被继承人遗留的债务，以及继承开始后基于遗产发生的新债务，都应以遗产清偿。我国广泛存在共同继承关系，是特殊的共有关系。遗产分割是指各共同继承人按其应继份进行分配，以消灭遗产的共同所有关系为目的的法律行为。无人继承又无人受遗赠的遗产，收归国有用于公益事业，死者生前是集体所有制组织的，归所在集体所有制组织所有。

典型案例

田某善于1990年3月12日去世。第一任妻子田李氏，已去世；第二任妻子王某荣2000年腊月十六日去世。田某善共生有五男四女，长子田A已去世，有一子二女；次子田B现已去世，妻子现在世，育有一子二女；三子田C、四子田D现已去世，田D有妻子即本案的原告张某，田D有一子即本案的原告田某甲，一女即本案的原告田某乙；五子即本案的被告田E；长女即本案的原告田F；次女田G；三女即本案的原告田H；四女田I现已去世，丈夫高某云，二子高某志、高某喜。田某善有农村民房两处，系个人所有财产。该房屋在田某善去世后由王某荣（已去世）和被告田E临时占有和使用，一直未在所有继承人之间分割，现该房屋涉及拆迁补偿事宜，当事人协商分割该房屋不成，张某、田某甲等五人诉请法院依法判令分割遗产。法院认为，继承诉讼为必要共同诉讼。本案中涉案遗产继承人除本案原、被告外，还有其他继承人未参加诉讼，为了通知其他继承人参加诉讼，法院要求五原告提供其他继承人的有效联系方式，但五原告在法院限定的期限内未能提供，导致必须共同进行诉讼的当事人未能参加诉讼，本案无法继续审理，故驳回起诉。张某等五原告不服，以不负有提供其他法定继承人住址、联系方式的义务等为由提起上诉，要求法院依法撤销原裁定，指令原审法院审理。二审法院认为，上诉人作为知道被继承人死亡的继承人，负有通知其他继承人的法定义务，上诉人未提供证据证明其他继承人知道被继承人死亡而无法通知，故上诉人以外的其他继承人并不属于继承法中规定的知道被继承人死亡而不能通知的情形，本案无法继续审理，故维持原判。

第一节　继承的开始

一、继承开始的概念和意义

（一）继承开始的概念

继承的开始，是指因一定法律事实的发生导致继承法律关系的发生。任何民事法律关系的产生都须以一定的民事法律事实为根据，继承法律关系亦不例外。能够引起继承法律关系发生的民事法律事实，就是继承开始的原因。

与合同等一般民事法律关系开始的原因不同，继承的开始不是基于法律事实中的行为，而是基于被继承人死亡这一法律事实即事件。各国继承法规定的继承制度都仅限于财产继承，这种继承只有在被继承人丧失了民事权利能力不能成为自己财产的权利主体时才能发生。因此，被继承人的死亡是继承开始的唯一原因。

（二）继承开始的意义

1. 确定遗产的范围

遗产是被继承人死亡时遗留的个人合法财产，是继承法律关系的客体。在被继承人死亡以前，其生前享有的各种财产经常处在不断变动之中，财产的数额、形态等都会发生变化。因此，遗产范围的确定只能以继承开始为准。只有在继承开始时尚存的属于被继承人的财产，才能确定为遗产。

2. 确定继承人的范围

继承开始后，继承人的继承期待权转化为继承既得权，产生了具体的继承法律关系。在具体的继承法律关系中，只有具备继承资格的人，才能成为继承人，才有权要求取得遗产。

（1）只有在继承开始时与被继承人具有近亲属关系的人才能享有继承权。在继承开始时已与被继承人解除婚姻关系或法律上扶养关系的人，不为继承人。

（2）只有在继承开始时生存的法定继承人或遗嘱继承人，才能享有继承既得权，可以按照法律的规定或遗嘱的指定继承被继承人的遗产。在继承开始时法定继承人已经死亡的，如果已死亡的法定继承人为被继承人的子女或者兄弟姐妹，则该子女或者兄弟姐妹的应继份额由其晚辈直系血亲或者其子女代位继承；如果已死亡的法定继承人不是被继承人的子女，则已死亡的法定继承人丧失继承资格，也不存在代位继承问题。在继承开始时遗嘱继承人已经死亡的，被指定的遗嘱继承人也丧失了继承人资格。在继承开始时，法定继承人或遗嘱继承人仍生存，在遗产分割前死亡的，仍然具备继承资格，享有继承权。这时就会发生转继承。

(3)在继承开始时,即使生存的法定继承人或遗嘱继承人也并非一定享有继承权。继承人丧失了继承权,不能再作为继承人参加继承。只有在继承开始时,没有死亡的人和没有丧失继承权的人,才具备继承资格,才能作为继承人参与继承法律关系。

3. 确定遗产所有权的转移

在被继承人死亡后,由于民事权利能力的消灭,死亡的被继承人不能对其所遗留下的财产再享有所有权。根据当然继承主义,继承开始后,被继承人的遗产所有权便转归继承人。继承人为一人的,继承人单独继承,取得遗产的单独所有权;继承人为多人的,继承人共同继承,遗产归共同继承人共有。

4. 确定继承人的应继份额

按照我国《民法典》的规定,同一顺序法定继承人继承遗产的份额一般应当均等,在特殊情况下也可以不均等。确定每个继承人的应继份额,不是以遗产分割的时间为准,而是按照继承开始时确定的遗产总额来计算的。在分配遗产时,根据继承人的具体情况,有的应当予以照顾,有的可以多分,有的应当不分或少分。对于需要加以特别考虑的继承人的具体情况,也应当以继承开始时继承人的状况为准。例如,继承人是否属于生活有特殊困难且缺乏劳动能力的人,应当以继承开始时继承的具体情况加以确定。

5. 确定放弃继承权及遗产分割的溯及力

根据我国《民法典》的规定,继承人在继承开始后至遗产分割前,可以放弃继承权。继承人放弃继承权,意味着继承人不参加继承法律关系,从继承开始就对遗产不享有任何权利。

依照《民法典继承编解释(一)》第 44 条规定,继承诉讼开始后,如继承人、受遗赠人中有既不愿意参加诉讼,又不表示放弃实体权利的,应当追加为共同被告;继承人已书面放弃继承、受遗赠人在知道受遗赠后 60 日内表示放弃受遗赠或者到期没有表示的,不再列为当事人。

放弃继承的效力,追溯到继承开始的时间。继承开始后,继承人可以具体确定遗产的分割时间。但无论何时分割遗产,其效力都应溯及继承开始。即从继承开始时起,因分割而分配给继承人的财产溯及继承开始时已专属于继承人所有。

6. 确定遗嘱的效力及执行力

遗嘱是遗嘱人生前处分其死后遗留财产的法律行为。遗嘱人立有合法有效的遗嘱是遗嘱继承产生的法律事实之一。遗嘱虽然是遗嘱人生前的意思表示,但是,发生效力的时间却是在继承开始之时,即遗嘱人死亡之时。在继承开始之前,遗嘱尚不发生法律效力,遗嘱人可以变更或撤回遗嘱。继承开始,遗嘱即发生法律效力,同时也就具有执行力。在有的情况下,遗嘱继承人的具体情况的确定亦取决于继承开始。例如,遗嘱是否为缺乏劳动能力又没有生活来源的继承人保留必要的遗产份额,就应按遗嘱生效时该继承人的具体情况确定,而遗嘱生效的时间则取决于继承开始。

7. 确定 20 年最长时效的起算点

继承人享有继承恢复请求权,在其继承权受到侵害时,可以行使该请求权,请求人民法院予以保护。根据《民法典》第 188 条第 2 款的规定,最长诉讼时效期间自继承人知道或者应当知道其权利受到侵害之日起超过20年的,人民法院不予保护。继承开始是确定20年最长诉讼时效的起算点。

二、继承开始时间的确定

继承开始的时间就是被继承人死亡的时间。对于继承开始时间的确定,就是对被继承人死亡时间的确定。由于被继承人的死亡包括自然死亡与宣告死亡,对被继承人死亡时间的确定也包括这两种死亡的时间确定。

(一)自然死亡时间的确定

自然死亡又称生理死亡,是指自然人生命的终结。如何认定生理死亡时间,历来有种种学说,如脉搏停止说、心脏搏动停止说、呼吸停止说等。随着现代医学的发展,各国普遍提出脑死亡说。我国司法实践一般以呼吸停止和心脏搏动停止为生理死亡的时间。

具体的继承开始时间可按下列情况确定:

第一,医院死亡证书中记载自然人死亡时间的,以死亡证书中记载的时间为准。

第二,户籍登记册中记载自然人死亡时间的,应当以户籍登记的时间为准。

第三,死亡证书与户籍登记册的记载不一致的,应当以死亡证书记载的时间为准。

第四,继承人对被继承人的死亡时间有争议的,应当以人民法院查证的时间为准。

(二)宣告死亡时间的确定

宣告死亡的时间应当依照《民法典》第48条规定确定:“被宣告死亡的人,人民法院宣告死亡的判决作出之日为其死亡的日期;因意外事件下落不明宣告死亡的,意外事件发生之日为其死亡的日期。”

(三)互有继承权的继承人在同一事件中死亡的时间确定

1. 互有继承权的继承人在同一事件中死亡时间推定的法律规定

两个以上互有继承权的人在同一事故中死亡,如果不能确定死亡先后时间的,则各死亡人的死亡时间应当如何确定,这是一个直接影响继承人利益的重要问题。如何解决这一问题,各个国家和地区法律规定所采取的方法不尽相同,概括起来有三种:

(1)死亡在后和死亡在先相结合的推定制。罗马法采取这种立法例。按罗马法规定,数人同时遇难而不能确定死亡先后的,推定成熟子女后于父母死亡,未成熟子女先于父母死亡。

(2)同时死亡推定制。日本、瑞士、德国、我国台湾地区等采取这种方式。例如,《日本民法典》第32条之二规定:“死亡的数人中,某一人是否于他人死亡后尚生存事不明时,推定该数人同时死亡。”

(3)死亡在后推定制(生存推定制)。英国、法国采取这种立法例。英国1925年《财产法法案》第184条规定:两人同时遇难,不能确定谁先死亡的,年轻者视作较年长者后死亡。

2. 我国《民法典》第1121条规定的规则

我国《民法典》对互有继承权的数人在同一事故中死亡,应如何确定其死亡的先后顺序的规定是第1121条第2款:"相互有继承关系的数人在同一事件中死亡,难以确定死亡时间的,推定没有其他继承人的人先死亡。都有其他继承人,辈份不同的,推定长辈先死亡;辈份相同的,推定同时死亡,相互不发生继承。"

相互有继承关系的数人在同一事件中死亡推定死亡的先后顺序规则的要点如下:

(1)相互有继承关系的数人在同一事件中死亡,难以确定死亡时间的,推定没有其他继承人的人先死亡。这样推定的好处是,虽然同时死亡的相互有继承关系,但是,认定没有其他继承人的人先死亡,他因为没有继承人,自己又是先死亡者,因而就因其在继承关系发生前死亡而不发生继承,从而使继承关系简化,只由后死亡者进行继承;由于后死亡者也已经死亡,因此,他的继承人可以继承他的遗产。

(2)都有其他继承人,推定死亡的时间是:辈份不同的,推定长辈先死亡;辈份相同的,推定同时死亡,相互不发生继承。首先,相互有继承关系的数人在同一事件中死亡,都有其他继承人,如果他们的辈份不同,推定长辈先死亡,晚辈后死亡,因而就存在正常的继承关系,即长辈先死亡,同一事件中死亡的晚辈就可以继承其遗产,他也死亡了,就由他的继承人继承他的遗产。如果同一事件中死亡的人辈份相同,则推定他们同时死亡,使他们相互之间不发生继承关系,他们的遗产由他们各自的继承人分别继承。

在同一事件中数人死亡,能够确定死亡的先后顺序的,则不适用上述规则,按照各自的死亡顺序确定继承关系。

至于在同一事件中数人死亡,相互之间没有继承关系,则不发生上述问题。

三、继承开始处所的确定

(一)继承开始处所的概念与不同看法

继承开始的处所是继承人参与继承法律关系、行使继承权、接受遗产的场所。在各国继承法中,一般都对继承开始的处所有明确规定。

我国《民法典》没有明确规定继承开始的处所,学者对继承开始处所的认识不同。有的学者主张,继承开始的处所应为被继承人的生前住所地。[1] 也有的学者主张,继承开始的处所既是被继承人的生前最后住所地,也是被继承人财产所在地和死亡地。[2] 还有的学者认为,被继承人的生前住所地与被继承人死亡地、被继承人财产所在地都有可能不一致。如果单纯以上述的某一个处所作为继承开始的处所,或者将上述处所都作为继承开始的处所,不利于继承人行使继承权和接受遗产。因此,我国司法实践采取的以被继承人的生前最后住所地或主要遗产所在地为继承开始的处所,是正

---

〔1〕 刘春茂:《中国民法学·财产继承》,中国人民公安大学出版社1990年版,第519页。

〔2〕 刘素萍:《继承法》,中国人民大学出版社1988年版,第335页。

确的选择。[3]

(二)确定继承开始处所的具体方法

虽然我国《继承法》未对继承开始的处所作出明确规定,但我国《民事诉讼法》第33条第3项规定:"因继承遗产纠纷提起的诉讼,由被继承人死亡时住所地或者主要遗产所在地人民法院管辖。"这一规定对于确定继承开始的处所具有参照意义,而且以被继承人死亡时住所地或者主要遗产所在地来确定继承开始的处所,有利于调查被继承人的遗产,有利于继承人参加继承、接受遗产,有利于分清继承人之间的责任,有利于继承人参加诉讼。[4]

我国《民法典》第25条规定:"自然人以户籍登记或者其他有效身份登记记载的居所为住所;经常居所与住所不一致的,经常居所视为住所。"被继承人死亡时住所地,就是其户籍登记或者其他有效身份登记记载的居所。如果经常居住地与住所不一致的,经常居住地就是住所地。

主要遗产所在地的确定应当根据遗产的具体情况,如果遗产既有动产又有不动产的,一般以不动产所在地为主要遗产所在地;如果遗产属于同类动产,则应以财产的多少为标准确定主要遗产所在地,动产多者为主要遗产所在地;如果不属于同类动产,则应以各处遗产的价值额确定主要遗产所在地,价值高的动产所在地作为主要遗产所在地。

四、继承开始的通知

(一)继承开始的通知义务及通知义务人

继承开始的通知,是指将被继承人死亡的事实通知继承人或遗嘱执行人,以便继承人及时地处理有关继承问题。继承开始后,通知继承人是继承的一个必要环节,也是继承人行使继承权的一个前提条件。因此,继承开始后,应当为继承开始的通知。

我国《民法典》第1150条规定:"继承开始后,知道被继承人死亡的继承人应当及时通知其他继承人和遗嘱执行人。继承人中无人知道被继承人死亡或者知道被继承人死亡而不能通知的,由被继承人生前所在单位或者住所地的居民委员会、村民委员会负责通知。"根据这一规定,负有继承开始通知义务的人,首先是知道被继承人死亡的继承人,即知道被继承人死亡的继承人应当及时将继承开始的事实通知其他继承人和遗嘱执行人。如果继承人中无人知道被继承人死亡,或者虽然知道被继承人死亡却不能通知的(如无民事法律行为能力),则负有通知义务的人是被继承人生前所在单位或者住所地的居民委员会、村民委员会。负有通知义务的继承人或单位,如果有意隐瞒继承开始的事实,造成其他继承人损失的,应当承担责任。

---

〔3〕 郭明瑞等:《继承法》(第2版),法律出版社2004年版,第188页。

〔4〕 郭明瑞等:《继承法》(第2版),法律出版社2004年版,第188~189页。

(二)继承开始通知的时间和方法

关于继承开始通知的具体时间和方式,我国《民法典》没有明确规定。负有通知义务的继承人或单位,应当及时发出通知,是否"及时",应当根据具体情况确定;通知的方式应以将继承开始的事项传达给对方为原则,可采取口头方式,也可采取书面方式,还可以采取公告方式。

第二节 遗产的管理与遗产管理人

一、遗产的管理

遗产的管理,是指对死者遗产负责保存和管理的制度。在继承开始后,为了保护遗产不被损毁或散失,必须确定遗产的管理人,对遗产进行管理。

关于遗产的管理,各国继承法规定不同,主要有两种立法例:(1)由法院或主管官署依职权进行管理。德国、瑞士等国继承法采取此立法例。(2)由民事法院根据利害关系人或者检察官的请求,指定遗产管理人。法国、日本等国继承法采取此立法例。

我国《民法典》借鉴国外立法规定,采用了遗产管理人的制度。

二、遗产管理人

(一)遗产管理人的概念

遗产管理人,是指对死者遗产负责保存和管理的人。遗产管理人的重要性在于,当被继承人死亡时,已经丧失民事权利能力和民事行为能力,遗产管理人就代表被继承人的意思,保存和管理被继承人的遗产,确保遗产在继承开始后至遗产分割前期间内的保值和增值,提高遗产管理效率,防止其遗产被他人侵夺或者争抢,使被继承人遗嘱指定的或者法定的继承人、受遗赠人继承遗产或取得遗产权利得以实现,保证被继承人的债权人的债权利益。[5]

遗产管理人在许多情形下都存在,比如在法定继承中由承认继承的继承人作为管理人,遗嘱继承中的遗嘱执行人作为管理人,还有无人继承遗产中被指定的遗产管理人。对此,各国继承法都作了明确规定,如《日本民法典》第918条中规定"继承人应以对自己固有财产同样的注意,管理继承财产"。

遗产管理人与遗嘱执行人的区别是:

第一,适用范围不同。遗嘱执行人只适用于遗嘱继承的情况,而遗产管理人还可在

---

〔5〕 杨立新:《我国继承制度的完善与规则适用》,载《中国法学》2020年第4期。

法定继承、遗赠、无人继承遗产等所有继承事件中设定。

第二,产生方式不同。遗嘱执行人的确定有以下三种情况:一是由被继承人生前在遗嘱中指定;二是遗嘱人未指定遗嘱执行人或指定的遗嘱执行人不能执行遗嘱的,遗嘱人的法定继承人为遗嘱执行人;三是在遗嘱中没有指定遗嘱执行人,也没有法定继承人能执行遗嘱时,由遗嘱人生前所在单位或继承开始地的基层组织为遗嘱执行人。在遗产管理制度中,遗嘱继承的遗嘱执行人同时也是遗产管理人,在法定继承和无人继承遗产中也可以设立遗产管理人。在法定继承中,遗产管理人可以由继承人协商确定;在特定情形下,经利害关系人申请,人民法院可以指定遗产管理人。

第三,担任条件不同。遗嘱执行人必须是完全民事法律行为能力人;而遗产管理人在个别情况下,可能是无行为能力人或限制行为能力人。例如,在仅有一个继承人而该继承人是无行为能力人或限制行为能力人的情况下,该继承人是法定的遗产管理人,其遗产管理行为应当由其法定代理人代理,限制行为能力人的遗产管理行为则应得到其法定代理人的允许。

(二)遗产管理人的产生方式

1. 遗产管理人产生的一般方式

《民法典》第1145条规定:“继承开始后,遗嘱执行人为遗产管理人;没有遗嘱执行人的,继承人应当及时推选遗产管理人;继承人未推选的,由继承人共同担任遗产管理人;没有继承人或者继承人均放弃继承的,由被继承人生前住所地的民政部门或者村民委员会担任遗产管理人。”按照这一规定,遗产管理人的产生方式如下:

(1)继承开始后,遗嘱执行人为遗产管理人。被继承人在遗嘱中指定了遗嘱执行人,但没有指定遗产管理人的,该遗嘱执行人即为遗产管理人,在遗嘱生效时取得遗产管理人身份。被继承人在遗嘱中明确指定了遗产管理人的,法律自应尊重,继承人也应服从,在遗嘱生效时,遗产管理人开始执行职责。如果遗嘱既指定了遗嘱执行人,又指定了遗产管理人的,则遗嘱执行人和遗产管理人各负其责。遗产管理人未尽其义务或损害继承人及遗产债权人利益的,利害关系人可以请求法院予以撤换。

(2)被继承人没有指定遗嘱执行人的,继承人应当及时推选遗产管理人以管理遗产。继承人只有一人的,被继承人的遗产直接转化为该继承人的个人财产,其进行的管理就是所有权人的管理,不存在遗产管理人的问题。继承人为多人的,每一个继承人都可以作为遗产管理人。但是,为了更好地进行遗产管理,全体继承人应当及时推选遗产管理人,遗产管理人确定后能够及时进行遗产管理活动。

(3)继承人未推选遗产管理人的,由全体继承人共同担任遗产管理人。全体遗产管理人共同管理遗产,按照共同的意思对遗产进行管理。不能取得一致意见的,应当按照多数人的意见进行管理。

(4)被继承人没有继承人或者继承人均放弃继承的,由被继承人生前住所地的民政部门或者村民委员会担任遗产管理人,由民政部门或者村民委员会对遗产进行管理。

在上述情形下,法定继承人、民政部门、村民委员会担任遗产管理人的,不得辞任;

但是,法定继承人放弃继承权的除外。

2. 对遗产管理人有争议的有权申请指定遗产管理人

《民法典》第 1146 条规定:“对遗产管理人的确定有争议的,利害关系人可以向人民法院申请指定遗产管理人。”按照这一规定,对于遗产管理人的产生,在特定情况下由法院直接指定遗产管理人。指定遗产管理人的特定情况是对遗产管理人的确定有争议,具体表现如下:

(1)遗嘱未指定遗嘱执行人或遗产管理人,继承人对遗产管理人的选任有争议。

(2)遗嘱未指定遗嘱执行人或遗产管理人,被继承人没有继承人或者继承人的下落不明。

(3)对指定遗产管理人的遗嘱的效力存在争议,其中包括遗嘱对遗产管理人的效力存在争议。

(4)没有产生遗产管理人,遗产的债权人有证据证明继承人的行为已经或将要损害其债权利益。

出现上述情形之一,利害关系人可以向法院起诉,申请指定遗产管理人。为保证遗产的安全,避免遗产的损毁,人民法院在指定遗产管理人之前,经利害关系人的申请,可以对遗产进行必要的处分,即在紧急情况下(如遗产有毁损、灭失危险时),法院可代行遗产管理人的部分职责。法院在指定了遗产管理人之后,遗产管理人应当立即就位,履行遗产管理人的管理职责,保护各方当事人的合法权益。

(三)遗产管理人的职责及违反职责的责任

1. 遗产管理人的职责

遗产管理人的职责,关乎多方当事人的利益:一是被继承人处置遗产的意愿是否能够实现;二是继承人或者受遗赠人是否能够按照遗嘱指定或者法律规定取得应当获得的遗产;三是被继承人的债权人是否能够实现其债权。由于遗产管理人在管理遗产上的责任重大,因此,法律必须明确遗产管理人的职责范围,遗产管理人应当按照法律规定的遗产管理人的职责范围履行职责。

《民法典》第 1147 条规定的遗产管理人的职责范围如下:

(1)清理遗产并制作遗产清单。遗产管理人首先要履行的职责,是清理遗产。清理遗产,是指查清遗产的名称、数量、地点、价值等状况,对被继承人的遗产有准确的把握。其次,在对有关遗产查清的基础上,遗嘱管理人应当编制遗产清单。制作遗产清单的要求是,全面、准确地载明遗产的具体情况,既包括对积极财产的记载,也包括对消极财产的记载。在遗产清单制作完成后,应当经过公证处公证,使其具有公信力。

(2)向继承人报告遗产情况。遗产管理人向继承人报告遗产情况,提交遗产清单,使继承人掌握被继承人遗产的具体情况。

(3)采取必要措施防止遗产毁损、灭失。遗产管理人应当采取必要措施,防止遗产被毁损、灭失。首先,是保护和维护遗产的现状;其次,应当采取适当的处置措施,如变卖易腐物品、修缮房屋、进行必要的营业行为、收取到期债权等;最后,实施这些必要的处分措施的目的是保存遗产，不能超越必要限度，如果超出必要限度，属于遗产管理人的非必要处分行为，对继承人、受遗赠人等造成损害的，遗产管理人应当承担赔偿责任，如遗产管理人将遗产无偿赠与他人，将遗产故意毁坏等。

（4）处理被继承人的债权债务。对经过清理能够确定的被继承人的债权债务，遗产管理人在通知或者公告后，一方面，应当对被继承人的债权依法向债务人进行主张，通过非诉讼和诉讼的手段，实现被继承人的债权，并将实现债权所获得的财产列入遗产范围，不能实现的债权作为被继承人的消极遗产，纳入遗产范围；另一方面，应当对有关遗产债务进行清偿，清偿应当以遗产的实际价值为限，承担被继承人的清偿责任。对遗产债务的清偿应当按照一定的顺序，对同一顺序的债务无法全部清偿的，可以按一定的比例清偿。只有在债务清偿完毕后尚有剩余遗产的，才能进行遗产分割。

（5）按照遗嘱或者依照法律规定分割遗产。在继承开始后，遗产管理人应当将遗产进行集中管理，对不能集中管理的遗产，也应当落实保护措施，防止遗产减损。完成上述工作后，遗产管理人应当依照法律规定或者约定，开始遗产分割。如果只有一个继承人，应当及时将遗产移交给继承人。如果有两个以上继承人的，应当按照遗嘱指定或者法律规定，进行遗产分割，将分割后的遗产交给继承人或者受遗赠人。

（6）实施与管理遗产有关的其他必要行为。凡是与管理遗产有关的必要行为，遗产管理人都可以实施。

在实践中，遗嘱执行人就是遗产管理人，遗产管理人履行上述职责，自有根据。如果既有遗产管理人又有遗嘱执行人的，则遗产管理人负责遗产清理和遗产保管的职责，处理被继承人的债权债务，在法定继承中分割遗产；遗嘱执行人应当按照遗嘱的指定，执行遗嘱处分的遗产，分割遗产，如果遗嘱中还有处分债权债务的内容，遗嘱执行人应当依照遗嘱办理。简言之，凡是遗嘱指定的遗产处置内容，遗嘱执行人都有权执行，并排除遗产管理人的遗产处置权。

2. 遗产管理人违反职责的责任

《民法典》第 1148 条规定：“遗产管理人应当依法履行职责，因故意或者重大过失造成继承人、受遗赠人、债权人损害的，应当承担民事责任。”这是对遗产管理人履行职责及责任的规定。

遗产管理人履行职责，首先要解决的是，遗产管理人于执行职务时应尽何种注意义务。对此，有两种不同意见：一种观点认为，管理人的注意义务应根据其是否受有报酬而有不同标准。受有报酬者，应尽善良管理人的注意义务；无偿任职者，则仅需尽到与处理自己事务相同之注意义务。[6] 另一种观点认为，不必区分遗产管理人是否受有报酬，凡遗产管理人一律应以善良管理人的义务执行职务。其注意程度，应与宣告失踪人之财产管理人之注意义务相同。[7] 处理自己事务的注意义务不易确定统一标准，不仅认定上存在困难，而且对于继承人、受遗赠人、债权人等利害关系人不利。因此，为使遗

〔6〕 戴炎辉等：《中国继承法》，台北，三民书局 1998 年版，第 224 页。

〔7〕 史尚宽：《继承法论》，中国政法大学出版社 2000 年版，第 374 页。

产债权人、受遗赠人等遗产权利人的利益得到更多保障,对遗产管理人应当确定为负有善良管理人的注意义务。遗产管理人须忠实、谨慎地履行管理职责,因遗产管理人不当履行上述义务给遗产债权人造成损害的,遗产债权人有权要求遗产管理人承担民事责任。

遗产管理人承担的赔偿责任的性质,既可能是违约责任,也可能是侵权责任。其构成要件如下:

(1)遗产管理人应当有违反其遗产管理职责的行为,履行职责不符合法律的规定,或者超出法定的职责范围。

(2)造成继承人、受遗赠人、债权人的财产损失,例如,继承人应当继承的遗产没有实现,受遗赠人应当得到的遗赠没有得到,或者被继承人的债权人的债权应当实现而没有实现等。

(3)遗产管理人违反其遗产管理职责的行为与继承人、受遗赠人、债权人的财产损失之间具有因果关系。

(4)遗产管理人对于损害的发生有故意或者重大过失,如果是一般过失,则遗产管理人不承担损害赔偿责任。之所以遗产管理人对自己的一般过失造成的损害不承担赔偿责任,是法律综合平衡遗产管理人的情况,特别是不区分有偿或者无偿遗产管理人都要承担损害赔偿责任,采用了善良管理人的注意义务。选择统一标准,对故意或者重大过失造成的损害负责,不对一般过失造成的损害负责。

遗产管理人未尽善良管理人的注意义务,不当履行职责,因故意或者重大过失造成继承人、受遗赠人、债权人损失的,应当承担民事责任,对造成的损失应当予以赔偿。对此,应当查清损害的实际情况,确定赔偿范围,由遗产管理人对造成的全部财产损害承担赔偿责任。

(四)遗产管理人有权获得报酬

《民法典》第1149条规定:"遗产管理人可以依照法律规定或者按照约定获得报酬。"这一条是对遗产管理人可以获得报酬的规定。

遗嘱管理人提供遗产管理服务,可以是有偿服务,也可以是无偿服务。在通常情况下,遗产管理人是有偿提供服务的,原因是,遗产管理人是管理财产的行为,为实现遗产的保值,保护好遗产继承各方当事人的权益,支付管理费用理所当然。因此,遗产管理人收费是常态。法律规定或者合同约定遗产管理人获得报酬的,依法予以保护。不履行给付报酬义务的,遗产管理人可以向法院起诉请求给付。遗产管理人报酬应当在遗产中支付,清偿顺序排在依法应当缴纳的税款和债务人的债务之前,地位优越,享有优先权。

第三节　遗产债务的清偿

一、遗产债务的概念和范围

（一）遗产债务的概念

遗产债务是指应当以遗产负责清偿的债务。在继承开始后，被继承人在留下遗产的同时，也可能遗留有关债务，而且在继承开始后还会基于遗产产生一些新的债务，如继承费用。对于这些遗产债务应当进行清偿。

（二）遗产债务的范围

对遗产债务的清偿，前提是确定遗产债务的范围。遗产债务的范围包括：

第一，依法应当缴纳的税款。被继承人生前依法应当缴纳的税款，为遗产债务，应当以遗产予以清偿。

第二，被继承人生前所欠债务。被继承人生前所欠债务，是指被继承人生前因自己的行为所欠下的债务，是遗产债务的主要部分，包括被继承人因合同、侵权行为、无因管理、不当得利所欠债务以及依法应当缴纳的税款等。

第三，继承费用。继承费用，是指为完成管理、清算、分割遗产及执行遗嘱而支出的费用。在继承进行中，为完成一定的事项，须支出一定的费用，如遗嘱执行费、遗产管理费、公示催告费、诉讼费等。这些费用是必须支出的，应从遗产中开支，而且应当将遗产费用作为享有优先权的债权。值得注意的是，因继承人和遗产管理人过失而支出的费用不属于继承费用，应当由负有过失的继承人和遗产管理人自己负担。

第四，酌给遗产债务。我国《民法典》第1131条规定："对继承人以外的依靠被继承人扶养的人，或者继承人以外的对被继承人扶养较多的人，可以分给适当的遗产。"酌给遗产债务是基于法律规定和扶养事实而产生，因此属于遗产债务。[8]

第五，遗赠债务。遗赠只是赋予了受遗赠人请求执行遗赠的权利，在本质上属于债权范畴，属于遗产债务的范围。我国继承法理论也认为，遗赠是债的发生根据之一，继承开始以后，受遗赠人有权请求有关义务人履行遗赠，交付遗赠财产。

二、遗产债务清偿的原则

继承人表示接受继承，就应当清偿遗产债务。在清偿遗产债务时存在一些原则，对于保护继承人与有关债权人的合法权益都具有重要意义。

---

〔8〕 张玉敏：《继承法律制度研究》，法律出版社1999年版，第164页。

（一）有限责任原则

我国《民法典》第1161条第1款规定："继承人以所得遗产实际价值为限清偿被继承人依法应当缴纳的税款和债务。超过遗产实际价值部分，继承人自愿偿还的不在此限。"这表明，我国继承法在被继承人债务的清偿问题上，采用限定继承原则。按照这一原则，对超过遗产实际价值的部分，唯继承人自愿偿还的不受限定继承原则的限制，继承人对遗产债务均负有限责任。任何人都不能强迫继承人偿还超过遗产实际价值的遗产债务。即使共同继承人中的某个继承人承担无限责任，亦不对其他继承人发生效力。

（二）连带责任原则

继承人共同继承遗产时，各共同继承人对遗产债务应当负何种责任，各个国家和地区继承立法有三种方式：（1）分隔责任主义。该方式认为，各共同继承人对被继承人所负的债务，按各人的应继份承担清偿责任。法国、日本等国民法采取此方式。（2）连带责任主义。该方式从保护债权人的利益出发，认为各共同继承人应就被继承人所负的全部债务承担连带清偿责任。德国、瑞士等国民法采取此方式，我国台湾地区"民法"也采取这一方式。（3）折中主义。按这种方式，在遗产分割以前，各共同继承人对被继承人债务承担连带责任。但在遗产分割以后，采取分割责任主义，各共同继承人对被继承人债务按其应继份承担按份责任。荷兰、葡萄牙等国采取此方式。[9]

我国《民法典》没有明确规定各共同继承人对遗产债务应当承担何种责任。在学说上，大多认为我国各共同继承人对遗产债务承担的是连带责任。按照连带责任原则，被继承人的债权人有权向共同继承人全体，或者共同继承人中的一人或数人请求在遗产实际价值范围内清偿全部遗产债务，任何继承人不得拒绝。尽管共同继承人对外就遗产债务承担连带责任，但是在共同继承人内部，仍有份额之分。所以，当共同继承人全体或共同继承人中的一人或数人清偿了全部遗产债务时，在共同继承人内部，应当按照各自遗产份额的比例分担遗产债务。

三、遗产债务清偿的时间

我国《民法典》没有对遗产债务的清偿时间作规定。根据民法原理与司法实践的一般做法，继承开始后，继承人或遗产保管人在清点完遗产之后，应当及时通知债权人声明债权，以便继承人清偿债务。对于已到期债务，继承人应当及时清偿；对于未到期债务，继承人经债权人同意可提前清偿，也可以在分割遗产时保留与债权数额相等的遗产数额，或分配给某一继承人负责清偿。债权人声明债权是否应当有时间的限制，在我国法律没有规定的情况下，继承人不能限定期间使债权人声明债权。但如果债权人超过了法律规定的诉讼时效而未申请清偿遗产债务，则继承人可以不负清偿责任。

在遗产债务清偿时间的问题上，许多国家还作出了限制性规定。如《德国民法典》

---

〔9〕 陈棋炎：《民法继承》，台北，三民书局1985年版，第121页。

第2014条〔最初三个月的抗辩权〕规定:“继承人有权拒绝清偿遗产债务,直到接受遗产后最初三个月过去之时,但不超过遗产清册的编制的时间。”第2015条〔公示催告程序的抗辩权〕第1款还规定:“继承人在接受遗产后一年以内提出发布对遗产债权人的公示催告的申请,并且该申请获得准许的,继承人即有权拒绝清偿遗产债务,直到公示催告程序的终结。”《日本民法典》第928条规定:“限定继承人在公告期间届满前,可以对继承债权人及受遗赠人拒绝清偿。”《瑞士民法典》第586条亦规定:“在制作财产清单期间,不得要求继承人履行被继承人的债务。”从这些规定中,我们可以看出,各国都对遗产债务的清偿时间有所限制,赋予继承人在一定期间内有拒绝清偿债务的权利。这种规定是合理的,有利于保护继承人和全体债权人的利益,防止出现不公平的现象。

四、遗产债务清偿的顺序

(一)遗产费用

继承中的遗产债务清偿同破产的债务清偿具有相通性,由于遗产管理、清算、分割等费用的支出,不仅是为了继承人的共同利益,也是为了遗产债权人的利益,因此应当予以优先清偿。

(二)依法应当缴纳的税款

被继承人生前应当依法缴纳的税款,《民法典》仍然规定要优先清偿。所以,在遗产费用之后,就应当清偿被继承人生前应当依法缴纳的税款。

(三)被继承人生前所欠债务

被继承人的遗产源于被继承人生前所从事的各类法律行为。被继承人生前进行法律行为以获得债权为目的,而履行债务则是获得债权的代价,即债务是债权的基础。从这个意义上说,没有被继承人生前的法律行为,没有债务的负担,就没有遗产可言。因此,在清偿遗产债务时应当优先考虑被继承人生前所欠债务的清偿问题。

(四)酌给遗产债务

酌给遗产债务的清偿应当放在死者生前所欠债务的清偿之后。对于继承人以外的依靠被继承人扶养的缺乏劳动能力又没有生活来源的人或者继承人以外的对被继承人扶养较多的人,在清偿遗产债务时,应当向遗产酌给请求权人酌给。至于具体的遗产数量,按具体情况可以多于或少于继承人。

(五)遗赠债务

遗赠债务放在遗产债务清偿的最后顺位,是其他国家和地区的普遍做法。如《日本民法典》第931条(对受遗赠人的清偿)规定:“限定承认人除非依前二条规定对各债权人进行清偿后,不得对受遗赠人清偿。”

我国《民法典》第1162条规定："执行遗赠不得妨碍清偿遗赠人依法应当缴纳的税款和债务。"缴纳税款和清偿债务在先，执行遗赠在后。只有在其他债务清偿完毕遗产还有剩余的，才能开始遗赠的交付。这样规定，可以保护被继承人的债权人的合法权益，可以维护正常的社会经济秩序。

五、法定继承人、遗嘱继承人及受遗赠人的遗产债务清偿顺序

（一）法定继承人、遗嘱继承人及受遗赠人遗产债务清偿顺序的含义

《民法典》第1163条规定："既有法定继承又有遗嘱继承、遗赠的，由法定继承人清偿被继承人依法应当缴纳的税款和债务；超过法定继承遗产实际价值部分，由遗嘱继承人和受遗赠人按比例以所得遗产清偿。"这是对法定继承和遗嘱继承、遗赠对被继承人依法应当缴纳的税款和债务的清偿顺序的规定。

在被继承人的遗产上，既发生了法定继承，又发生了遗嘱继承、遗赠的，究竟先由哪一部分遗产承担遗产税款和债务的清偿，既涉及对不同的继承和遗赠的效力认识问题，也涉及对被继承人的债权人的债权保护问题。

（二）法定继承人、遗嘱继承人及受遗赠人遗产债务清偿顺序的适用

依照《民法典》第1123条的规定，不同的继承方式和遗赠扶养协议的优先顺序是：第一，遗赠扶养协议；第二，遗嘱继承和遗赠；第三，法定继承。与这一规定相一致，当发生了继承、遗赠后，需要继承人以其继承的遗产、受遗赠人以其接受的遗产清偿被继承人的税款和债务时，刚好应当按照相反的顺序进行。因此，法定继承人、遗嘱继承人及受遗赠人的遗产债务清偿顺序如下：

1. 由法定继承人清偿

这是因为，遗嘱继承和遗赠的效力优先于法定继承，在清偿遗产债务时，当然应当先用法定继承人继承的遗产部分，来清偿被继承人依法应当缴纳的税款和债务。

2. 由遗嘱继承人及受遗赠人清偿

被继承人依法应当缴纳的税款和债务的数额超过法定继承遗产实际价值的部分，即由法定继承人继承的遗产部分清偿仍有不足的，依照有限继承原则的要求，法定继承人不再承担清偿责任，而由遗嘱继承人和受遗赠人按比例以所得遗产予以清偿。所谓按比例，是因为遗嘱继承人和受遗赠人接受遗产的效力相同，不存在先后顺序问题，因而应当按照所得遗产的比例清偿债务。这个比例，是遗嘱继承人和受遗赠人各自所得遗产的比例。

3. 对遗产债务清偿不足的处理

无论是法定继承还是遗嘱继承、遗赠，超过其所得遗产部分，均不再承担清偿责任。

4. 遗赠扶养协议的扶养人不承担遗产债务清偿责任

由于遗赠扶养协议的扶养人接受遗产是有对价的，因此，其不承担清偿债务的责任。

第四节 共同继承与遗产的分割

一、共同继承

(一)共同继承的概念与特征

1. 共同继承与共同继承遗产

共同继承,是相对于单独继承的概念,是指依法律规定由两个或者两个以上的继承人共同继承被继承人的遗产。

事实上,在我国的继承法律关系实践中,法定继承开始后,单独继承的情形极为少见,而共同继承最为常见,是占绝大多数的继承方式。而在共同继承中,对内涉及各共同继承人之间的权利义务,对外关涉被继承人的债权人与债务人的权利义务,共同继承对遗产的管理、使用、收益、处分、清算及分割都十分重要。

共同继承遗产,是指继承开始之后,两个或者两个以上的继承人共同继承遗产,或者数个继承人没有分割遗产之前,对继承的遗产共同共有的财产所有形式。

2. 共同继承遗产的特征

(1)共同继承遗产也是一种财产所有权形态。在共同继承之后,遗产实际上已经转移到继承人的手中,变成了财产的所有权,不再是遗产的形态。事实上,遗产的概念存在的期间是极为短暂的,被继承人死亡,其财产就变为遗产;而遗产一经存在,如果是被继承人有数个继承人,并且共同继承,那么这个遗产就马上变为共同继承人的共有财产。

(2)共同继承遗产是数个继承人接受遗产所形成的财产所有权形态。成立共同继承财产的前提是被继承人有数个继承人,他们共同继承了被继承人的遗产。因此,在财产所有权的主体上,不是一个人所有的财产所有权,而是数人所有的财产所有权。在这种情况下,发生了共同继承财产的问题。

(3)共同继承遗产是遗产分割前的一种财产所有权形态。共同继承财产的这个特征说明它具有时间的限制,不是永久存续的。它存在的期间,就是在被继承人死亡之后,数个继承人对遗产进行分割之前的这一段时间。

(二)共同继承的财产的性质

1. 不同立法例

在共同继承中,财产为何种性质,各国家和地区有不同的规定方式。

(1)大陆法系。在大陆法系,对共同继承时遗产的性质认定上也有不同,主要有两种规定方式:一种为按份共有主义;另一种为共同共有主义。

按份共有主义源于罗马法。《十二铜表法》中明文规定："被继承人的债权和债务，由各继承人按他的所继份的多少，比例分配之。"此后，法国、日本、韩国等国民法继受了此种规定方式。这种规定方式贯彻个人主义思想，主张自继承开始后，各共同继承人不仅对遗产整体有其应继份，而且对于构成遗产的各个标的物上亦有其应有部分。以此为基础，各共同继承人不仅可对其应继份进行处分，而且每个继承人对其在遗产的各个标的物上的应有部分可以单独自由处分，进行转让、设定抵押等；属于被继承人的以可分给付为标的的债权、债务也自动分割而归属于各共同继承人。属于被继承人的以不可分给付为标的的债权债务，则成立共同继承人的连带债权债务。

共同共有主义源于日耳曼法，后为德国、瑞士等国以及我国台湾地区所沿袭。在此规定方式下，贯彻团体主义思想，认为在继承开始后，遗产作为共同体归属于全体共同继承人，各共同继承人对构成遗产的各个财产没有自己的应继份，只是对遗产整体享有自己的应继份，而且其应继份为潜在的、不确定的。我国台湾地区"民法"第1151条规定："继承人有数人时，在分割遗产前，各继承人对于遗产全部为公同共有。"因此，在遗产最终分割前，各共同继承人仅可以处分其应继份，但除经过全体共同继承人同意外，不得对构成遗产的个别财产进行处分。相应地，债权债务自继承开始后成为各共同继承人的连带债权与连带债务。

（2）英美法系。在英美法系中，实行遗产管理人制度，即在继承开始后，遗产暂归遗产管理人进行清算，并不当然地、直接地归属于继承人，直至清算结束后有剩余财产时，继承人才能取得遗产。因此，继承人之间一般不发生共同继承问题。值得注意的是，"唯在美国不动产之遗产，不包括与上述财产之内者，大部分成立共有不动产，有共同共有性质。"〔10〕

2. 我国《民法典》的立场

一般认为，共同继承中的遗产属于数继承人共同共有，另有约定的除外。当然，"唯公同共有制度，实发源于共同继承，而共同继承即是共同共有之典型"，〔11〕关于共同共有之一般规定，在遗产共同共有中大多可以适用。

我国《民法典》对共同继承没有明文规定。有人认为，共同继承取得的财产，为按份共有；〔12〕也有人认为，共同继承所形成的共有是共同共有。〔13〕依据我国现行司法解释的规定，各共同继承人对遗产的共有是共同共有，在继承开始后，继承人未明确表示放弃继承的视为接受继承，遗产未分割的视为共同共有。

共同继承遗产为共同共有财产，由全体共同继承人对该财产共同享有权利，共同承担义务。非经全体继承人一致同意，不得处分属于遗产之各个财产，擅自处分者，其行为无效。但是，善意第三人得受占有和登记公信力的保护。

---

〔10〕 史尚宽：《继承法论》，中国政法大学出版社2000年版，第182页。

〔11〕 刘春茂：《中国民法学·财产继承》，中国人民公安大学出版社1990年版，第526页；陈棋炎等：《民法继承新论》，台北，三民书局2001年版，第147页。

〔12〕 刘素萍：《继承法》，中国人民大学出版社1988年版，第178页。

〔13〕 刘春茂：《中国民法学·财产继承》，中国人民公安大学出版社1990年版，第526页。

按共同共有原则，自继承开始起，被继承人的债权债务成为全体继承人的共同债权债务，债务人清偿债务是向全体继承人清偿，而不是仅向部分继承人清偿；债权人可以向全体继承人求偿，也可以向任何一继承人求偿，共同继承人之间负连带责任。

二、遗产分割

（一）遗产分割的概念和原则

1. 遗产分割的概念

遗产分割，是指各共同继承人按其应继份进行分配以消灭遗产的共同所有关系为目的的一种法律行为。[14]

在继承人为多数人的共同继承中，遗产被分割前，各继承人对遗产是共同共有关系，这种共有关系只是暂时的状态，以遗产的分割为终局目的。只有经过遗产分割，各共同继承人才能个别地享有其权利及负担其义务，才能更好地发挥遗产的实际效用，促进财产的流通和安全，保护各共同继承人的利益。因此，各继承人享有遗产分割权，可以随时请求分割遗产。

2. 遗产分割的原则

遗产分割应在一定的原则指导下进行。遗产分割可以概括为以下三项原则：

（1）遗产分割自由原则。它是指共同继承人得随时请求分割遗产。继承开始后，各共同继承人对遗产共同共有。但遗产共同共有与普通共同共有相比具有自身的特殊性，即普通共同共有在存续期间，共有人不得请求分割共有财产，而遗产共同共有是一种暂时的共有关系，以遗产的分割为终局目的，非以维持共同的生产和生活为目的。所以，允许继承人可随时请求分割，可以更好地满足继承人的生活和生产需要。继承人享有的这种遗产分割请求权是遗产分割自由原则的基础。

（2）互谅互让、协商分割原则。这是我国《民法典》有关遗产分割的特有原则，第1132条规定："继承人应当本着互谅互让、和睦团结的精神，协商处理继承问题。遗产分割的时间、办法和份额，由继承人协商确定；协商不成的，可以由人民调解委员会调解或者向人民法院提起诉讼。"这是对遗产分割的互谅互让、协商分割原则的集中表述。在遗产分割时，强调继承人之间互谅互让、协商分割，有利于促进家庭的和睦团结，有利于精神文明建设。

（3）不损害遗产效用原则。它是指在具体分割遗产标的物时，应当从有利于生产和生活的需要出发，注意发挥遗产的实际效用。我国《民法典》第1156条第1款规定："遗产分割应当有利于生产和生活需要，不损害遗产的效用。"在司法实务中，人民法院在分割遗产中的房屋、生产资料和特定职业所需要的财产时，应依据有利于发挥其使用效益和继承人的实际需要，兼顾各继承人的利益进行处理。按照不损害遗产效用原则分割遗产，有利于发挥遗产的实际效用，有利于满足继承人的生产和生活需要，从而促

---

〔14〕 刘文：《继承法比较研究》，中国人民公安大学出版社2004年版，第395页。

进整个社会财富的增加。

四、遗产分割的方式

(一)遗产分割方式的确定

遗产分割的方式是指继承人取得遗产应继份的具体方法。

有学者认为遗产分割的方法有三种,即按遗嘱指定分割、继承人协商分割、法院裁判分割三种。[15] 被继承人当然可以在遗嘱中明确指明对有关遗产的分割方法,或者遗嘱中委托他人代为决定遗产的分割方法。大陆法系中的许多国家对此作了认可,如《德国民法典》第2048条、《日本民法典》第908条、《意大利民法典》第984条等。按照遗嘱或遗嘱委托人的指定方法分割遗产,本质上属于遗嘱的执行问题。而且遗产的分割是在法定继承中进行的,而遗嘱指定的属于遗嘱继承。

因此,遗产分割的方法不包括遗嘱指定分割的方法,只有当事人协商分割原则、人民调解委员会调解分割原则和法院裁判分割原则。

(二)遗产分割的具体方法

1. 当事人协商分割

当事人协商分割方法,是指全体继承人进行协商确定具体的遗产分割方法。当事人协商分割,有利于家庭的和睦团结,有利于家庭的稳定,也是我国现实生活中的主要遗产分割方式。至于遗产分割的具体方法,我国《民法典》第1156条第2款规定:“不宜分割的遗产,可以采取折价、适当补偿或者共有等方法处理。”所以,遗产协商分割的具体方式包括:实物分割、变价分割、补偿分割和保留共有的分割。

2. 人民调解委员会调解分割

如果各继承人对遗产的分割协商不成的,可以向人民调解委员会申请调解,通过调解确定遗产分割方法。在具体的分割方法上,应当遵照实物分割、变价分割、补偿分割与保留共有的分割方式进行。

3. 法院裁判分割

诉讼作为最终的争议解决方式,在各继承人协商或调解不成时,继承人可以向法院提起诉讼,请求裁判确定遗产分割的方法。至于法院裁判的具体方式,也应当遵照实物分割、变价分割、补偿分割与保留共有的分割方式进行。在审判实践中,共同继承人诉请法院解决遗产分割的案件,很少有单纯的遗产分割方法的诉讼,往往是与继承权的确认、应继份额的确定等问题联系在一起的。法院应当对存在争议的继承问题作出裁判,对纠纷进行彻底解决。

---

〔15〕 王利明主持:《中国民法典学者建议稿及立法理由》(人格权编·婚姻家庭编·继承编),法律出版社2005年版,第619页。

五、遗产分割的效力

遗产分割的效力,是指遗产的分割在法律上产生什么样的法律后果。它主要包括遗产分割的溯及效力与共同继承人之间的瑕疵担保责任。

(一)遗产分割的溯及效力

由于遗产的分割一般都是在继承开始后的一段时间进行,遗产分割的效力是从遗产分割时开始,还是从继承开始时开始,是遗产分割的溯及效力问题。

我国《民法典》没有明文规定遗产分割的效力,学者有不同的看法。有人认为:"遗产一经分割,属于多个继承人共同继承、支配的共有物转归各个继承人支配,各继承人的共有权也成为个人的所有权。这种效力与分析共有财产的效力相同。"[16] 也有人认为:"从继承开始到遗产分割以前,各共同继承人为暂时的共同所有关系。但遗产的分割与通常的共有物的分割是不同的,通常共有物的分割是从分割时开始发生效力的,而遗产分割的效力应当溯及既往。"[17] 还有一种观点认为,遗产分割应当采取宣告主义,但为了保护债权人的利益,应当作以下限制:(1)分割的溯及效力仅限于现物分割;(2)在遗产分割以前,各共同继承人对于全部遗产的应继份,原则上不得以物权的效力为处分;(3)相互负担保责任。[18]

对此,通说采宣告主义,主要理由是:第一,有利于简化取得遗产所有权的手续;第二,有利于保护善意的继承人;[19] 第三,我国《民法典》采取的是当然继承主义,在继承开始后,继承人就取得遗产,因此,遗产的分割只是将继承人的应继份加以特定化而已,并不是重新设立继承人的权利。

(二)遗产分割瑕疵担保责任

遗产分割瑕疵担保责任,是指共同继承人之间对分得的遗产瑕疵的相互担保责任。大陆法系国家继承立法对遗产分割瑕疵担保责任作了规定,如《法国民法典》第 884 条第 1 款规定:"诸共同继承人仅就由于分割前的原因而引起的对财产的干扰、追夺,相互负担保的责任。"我国《民法典》对遗产分割的相互担保责任没有规定,根据瑕疵的划分,即物的瑕疵和权利瑕疵,遗产分割瑕疵担保责任也应当包括两个方面,即遗产瑕疵担保责任和权利瑕疵担保责任。

1. 遗产瑕疵担保责任

遗产瑕疵担保责任,也就是物的瑕疵担保责任,是指担保标的物无瑕疵,即标的物的价值、效用或品质无瑕疵。各共同继承人对其他继承人所分得的遗产的瑕疵负有担保责任,必须具备担保责任成立的要件:遗产的瑕疵须在分割以前就已经存在,该瑕疵

---

〔16〕 李静堂等:《继承法的理论与实践》,武汉大学出版社 1986 年版,第 161 页。

〔17〕 刘春茂:《中国民法学·财产继承》,中国人民公安大学出版社 1990 年版,第 596 页。

〔18〕 马俊驹等:《民法原论》(下册),法律出版社 1998 年版,第 977 页。

〔19〕 郭明瑞等:《继承法》(第 2 版),法律出版社 2004 年版,第 217 页。

须不是由于分得该物或权利的继承人本人的过失而发生的，在遗产分割时分得该遗产的继承人不知其所分得的物或权利有瑕疵，没有特别约定。[20]

2. 权利瑕疵担保责任

权利瑕疵担保责任也称为对遗产被追夺的担保责任，是指担保标的物的权利无瑕疵，保证不受第三人对标的物主张任何权利。由于遗产分割的特殊性，共同继承人的瑕疵担保责任与出卖人的瑕疵担保责任在具体实现上略有不同，即继承人瑕疵担保责任的实现，可以采用重新分割遗产或者请求补偿的方式，而出卖人瑕疵担保责任的实现，则须承担违约责任。

第五节　无人继承又无人受遗赠的遗产

一、无人继承又无人受遗赠的遗产的概念

无人继承又无人受遗赠，是指在被继承人死亡后，在法定期限内没有人接受继承又没有人受领遗赠。

至于形成无人继承又无人受遗赠的原因包括：没有法定继承人、遗嘱继承人和受遗赠人；法定继承人、遗嘱继承人放弃继承，受遗赠人放弃受遗赠；法定继承人、遗嘱继承人丧失继承权，受遗赠人丧失受遗赠权。由于无人继承又无人受遗赠所余留的遗产，就是无人继承又无人受遗赠的遗产。

二、无人继承又无人受遗赠的遗产的归属

（一）不同立法例

各国继承立法对继承人旷缺时的遗产问题都规定归国家所有，但各国在对国家取得遗产的地位的认识上存在不同，主要有两种立法例：

1. 法定继承权主义

这种立法例认为，国家是作为无人继承又无人受遗赠遗产的法定继承人而取得遗产的。采取这种立法例的有德国、瑞士、匈牙利等。如《德国民法典》第1936条〔国库的法定继承权〕规定："（1）在继承开始时，被继承人没有血亲，也没有同性生活伴侣，也没有配偶的，被继承人死亡时所隶属的邦的国库是法定继承人。被继承人隶属于两个以上的邦的，其中每一个邦的国库有资格按等份继承。（2）被继承人为不隶属于任何邦的德国人的，帝国国库是法定继承人。"

---

〔20〕 刘文：《继承法比较研究》，中国人民公安大学出版社2004年版，第418～419页。

2. 先占权主义

这种立法例认为,国家有优先取得无人承受遗产的权利。如《法国民法典》第 539 条规定:“无主财产,或者去世后无继承人的人的财产,或者继承人放弃继承的财产,归于公有财产。”英国的《遗产管理条例》和《未立遗嘱人遗产条例》也明确规定,没有任何人对遗产提出要求时,英国国家以先占权取得该项无人继承的财产。美国、奥地利等国也采取先占权主义。

(二)我国《民法典》的立场

我国继承法关于无人继承又无人受遗赠遗产的处理与其他国家的规定有所不同。我国《民法典》第 1160 条规定:“无人继承又无人受遗赠的遗产,归国家所有,用于公益事业;死者生前是集体所有制组织成员的,归所在集体所有制组织所有。”我国《民法典》是按死者的身份来确定无人继承遗产归属的:一般原则是,无人承受的遗产归国家所有,用于公益事业;死者生前是集体所有制组织或者成员的,其无人承受的遗产归死者生前所在的集体所有制组织所有。

在处理无人继承遗产时,如果有继承人以外的依靠被继承人扶养的缺乏劳动能力又没有生活来源的人,或者继承人以外的对被继承人扶养较多的人,依照《民法典继承编解释(一)》第 41 条规定,应当视情况分给他们适当的遗产。

思考题

1. 论述继承的开始及其意义。
2. 结合本章典型案例,讨论:知道被继承人死亡的继承人不履行对其他继承人通知义务的后果是什么?
3. 遗产管理人的职责及违反管理职责的责任是什么?
4. 遗产债务的范围有哪些?遗产债务的清偿顺序是什么?
5. 简述无人继承又无人受遗赠的遗产的处理。

参 考 文 献

一、中文著作

1. 罗鼎:《民法继承论》,上海法学编译社 1946 年版。
2. 罗鼎:《继承法要论》,大东书局 1947 年版。
3.《马克思恩格斯全集》(第 3 卷),人民出版社 1956 年版。
4. 史尚宽:《亲属法论》,台北,荣泰印书馆 1980 年版。
5. 林菊枝:《亲属法专题研究》,台北,五南图书出版股份有限公司 1985 年版。
6. 陈棋炎:《民法继承》,台北,三民书局 1985 年版。
7. 佟柔主编:《继承法学》,法律出版社 1986 年版。
8. 李静堂等:《继承法的理论与实践》,武汉大学出版社 1986 年版。
9. 唐德华主编:《民法教程》,法律出版社 1987 年版。
10. 李志敏主编:《比较家庭法》,北京大学出版社 1988 年版。
11. 李由义主编:《民法学》,北京大学出版社 1988 年版。
12. 刘素萍主编:《继承法》,中国人民大学出版社 1988 年版。
13. 杨大文:《婚姻法学》,中国人民大学出版社 1989 年版。
14. 刘春茂主编:《中国民法学·财产继承》,中国人民公安大学出版社 1990 年版。
15. 江平等:《罗马法基础》,中国政法大学出版社 1991 年版。
16. 张俊浩主编:《民法学原理》,中国政法大学出版社 1991 年版。
17. 徐显明主编:《公民权利义务通论》,群众出版社 1991 年版。
18. 龙斯荣:《罗马法要论》,吉林大学出版社 1991 年版。
19. 苏惠祥:《中国当代合同法论》,吉林大学出版社 1992 年版。
20. 王战平主编:《中国婚姻法教程》,人民法院出版社 1992 年版。
21. 王云霞等:《东方法概述》,法律出版社 1993 年版。
22. 王利明主编:《人格权法新论》,吉林人民出版社 1994 年版。
23. 张玉敏:《继承制度研究》,成都科技大学出版社 1994 年版。
24. 陈棋炎等:《民法亲属新论》,台北,三民书局 1995 年版。
25. 孟令志:《无效婚姻论》,中国社会科学出版社 1996 年版。
26. 梁慧星主编:《民商法论丛》(第 6 卷),法律出版社 1997 年版。
27. 巫昌祯主编:《婚姻与继承法学》,中国政法大学出版社 1997 年版。
28. 戴炎辉等:《中国继承法》,台北,三民书局 1998 年版。
29. 王利明:《物权法论》,中国政法大学出版社 1998 年版。
30. 马俊驹等:《民法原论》(下册),法律出版社 1998 年版。

31. 张玉敏:《继承法律制度研究》,法律出版社 1999 年版。
32. 何勤华等主编:《中华人民共和国民法史》,复旦大学出版社 1999 年版。
33. 史尚宽:《继承法论》,中国政法大学出版社 2000 年版。
34. 张俊浩主编:《民法学原理》,中国政法大学出版社 2000 年版。
35. 刘引玲:《配偶权问题研究》,中国检察出版社 2001 年版。
36. 林秀雄:《婚姻家庭法之研究》,中国政法大学出版社 2001 年版。
37. 杨大文:《婚姻家庭法》,中国人民大学出版社 2001 年版。
38. 陈棋炎等:《民法继承新论》,台北,三民书局 2001 年版。
39. 林秀雄:《家族法论集(一)——夫妻财产制研究》,中国政法大学出版社 2001 年版。
40. 周枏:《罗马法原论》,商务印书馆 2001 年版。
41. 纳日碧力戈:《姓名论》,社会科学文献出版社 2002 年版。
42. 王利明:《物权法研究》,中国人民大学出版社 2002 年版。
43. 杨大文:《婚姻家庭法》,法律出版社 2003 年版。
44. 王洪:《婚姻家庭法》,法律出版社 2003 年版。
45. 郭明瑞等:《继承法研究》,中国人民大学出版社 2003 年版。
46.《中华法学大辞典》,中国检察出版社 2003 年版。
47. 杨立新:《简明类型侵权法讲座》,高等教育出版社 2003 年版。
48. 瞿同祖:《瞿同祖法学论著集》,中国政法大学出版社 2004 年版。
49. 丘汉平:《罗马法》,中国方正出版社 2004 年版。
50. 刘文:《继承法比较研究》,中国人民公安大学出版社 2004 年版。
51. 郭明瑞等:《继承法》,法律出版社 2004 年版。
52. 杨立新:《人身权法论》,人民法院出版社 2005 年版。
53. 王利明主持:《中国民法典学者建议稿及立法理由》(人格权编·婚姻家庭编·继承编),法律出版社 2005 年版。
54. 杨立新:《杨立新品百案》,中国法制出版社 2007 年版。
55. 陈苇、宋豫主编:《中国大陆与港、澳、台继承法比较研究》,群众出版社 2007 年版。
56. 杨立新:《家事法》,法律出版社 2013 年版。
57. 陈苇主编:《外国继承法比较与中国民法典继承编制定研究》,北京大学出版社 2011 年版。
58. 杨立新:《中国民法总则研究》,中国人民大学出版社 2017 年版。
59. 杨立新、李怡雯:《中国民法典新规则要点》,法律出版社 2020 年版。
60. 黄薇主编:《中华人民共和国民法典继承编释义》,法律出版社 2020 年版。
61. 黄薇主编:《中华人民共和国民法典物权编释义》,法律出版社 2020 年版。

二、中文译著

1. [英]梅因:《古代法》,沈景一译,商务印书馆 1984 年版。
2. [美]威廉·杰·欧·唐奈、[美]大卫·艾·琼斯:《美国婚姻与婚姻法》,顾培东、杨遂全译,重庆出版社 1985 年版。
3. [印]梵天:《摩奴法论》,蒋忠新译,中国社会科学出版社 1986 年版。
4. [日]竹内昭夫、[日]松尾治也、[日]塩野宏:《新版新法律学辞典》,中国政法大学出版社 1991

年版。
5. [意]彼德罗·彭梵得:《罗马法教科书》,黄风译,中国政法大学出版社 1992 年版。
6. [英]梅因:《古代法》,沈景一译,商务印书馆 1997 年版。
7. [英]F. H. 劳森、[英]B. 拉登:《财产法》,施天涛等译,中国大百科全书出版社 1998 年版。
8. [英]巴里·尼古拉斯:《罗马法概论》,黄风译,法律出版社 2000 年版。
9. [德]鲍尔·施蒂尔纳:《德国物权法》,法律出版社 2004 年版。

三、中文期刊

1. 周水森:《转继承只是继承权利的转移》,载《法学》1987 年第 1 期。
2. 杨立新:《论妨害婚姻关系的名誉损害赔偿》,载《河北法学》1988 年第 6 期。
3. 韩家勇:《试析代位继承中的几个问题》,载《中南政法学院学报》1988 年第 3 期。
4. 韩来壁等:《被代位继承人的继子女无权代位继承》,载《法学》1989 年第 9 期。
5. 韩家勇:《转继承论析》,载《政治与法律》1992 年第 6 期。
6. 韩松:《婚姻权及其侵权责任初探》,载《中南政法学院学报》1993 年第 3 期。
7. 王作堂等:《试论转继承的性质》,载《中外法学》1993 年第 5 期。
8. 张玉敏:《代位继承比较研究》,载《中央政法干部管理学院学报》1997 年第 3 期。
9. 陈苇、杜江涌:《我国法定继承制度的立法构想》,载《现代法学》2002 年第 3 期。
10. 李红玲:《继承人范围两题》,载《法学》2002 年第 4 期。
11. 史浩明:《我国应建立特留份制度》,载《政法论丛》2003 年第 3 期。
12. 杨立新、袁雪石:《论身份权请求权》,载《法律科学》2006 年第 2 期。
13. 谭华霖:《后位继承法律关系之理论探索》,载《人民法院报》2011 年 5 月 25 日,第 7 版。
14. 褚雪霏、徐腾飞:《试论我国遗嘱信托制度之构建》,载《河北法学》2015 年第 8 期。
15. 瞿灵敏:《探望权的理论反思与规则重构——兼论民法典婚姻家庭编探望权的立法完善》,载《江汉论坛》2018 年第 9 期。
16. 杨立新:《中国亲属制度改革的进展、问题与对策》,载《中国社会科学院研究生院学报》2019 年第 6 期。
17. 王雷:《〈民法典(草案)〉婚姻家庭编夫妻共同债务制度的举证责任配置》,载《当代法学》2020 年第 3 期。
18. 杨立新:《民法典婚姻家庭编完善我国亲属制度的成果与司法操作》,载《清华法学》2020 年第 3 期。
19. 李拥军:《民法典时代的婚姻家庭立法的突破与局限》,载《法制与社会发展》2020 年第 4 期。
20. 王歌雅:《民法典婚姻家庭编的价值阐释与制度修为》,载《东方法学》2020 年第 4 期。
21. 杨立新:《我国继承制度的完善与规则适用》,载《中国法学》2020 年第 4 期。
22. 夏吟兰:《婚姻家庭编的创新和发展》,载《中国法学》2020 年第 4 期。
23. 蒋月:《准配偶重疾告知义务与无过错方撤销婚姻和赔偿请求权》,载《法治研究》2020 年第 4 期。
24. 李静:《后位继承制度的独特作用和比较优势》,载《中国法律评论》2020 年第 4 期。
25. 申晨:《民法典婚姻家庭编的回归与革新》,载《比较法研究》2020 年第 5 期。
26. 陈苇、贺海燕:《论民法典继承编的立法理念与制度新规》,载《河北法学》2020 年第 11 期。

图书在版编目(CIP)数据

婚姻家庭与继承法 / 杨立新著. -- 北京 : 法律出版社, 2021(2024.7 重印)
ISBN 978 - 7 - 5197 - 5360 - 3

Ⅰ. ①婚… Ⅱ. ①杨… Ⅲ. ①婚姻法 - 中国 - 高等学校 - 教材②继承法 - 中国 - 高等学校 - 教材 Ⅳ. ①D923

中国版本图书馆 CIP 数据核字(2021)第 028873 号

婚姻家庭与继承法
HUNYIN JIATING YU JICHENGFA

杨立新 著

责任编辑 陈 慧
装帧设计 乔智炜

出版发行 法律出版社
编辑统筹 法律教育出版分社
责任校对 杨锦华 王沁陶
责任印制 刘晓伟
经　　销 新华书店

开本 787 毫米 × 1092 毫米 1/16
印张 20 **字数** 430 千
版本 2021 年 4 月第 1 版
印次 2024 年 7 月第 5 次印刷
印刷 固安华明印业有限公司

地址:北京市丰台区莲花池西里 7 号(100073)
网址:www. lawpress. com. cn
投稿邮箱:info@ lawpress. com. cn
举报盗版邮箱:jbwq@ lawpress. com. cn

销售电话:010 - 83938349
客服电话:010 - 83938350
咨询电话:010 - 63939796

书号:ISBN 978 - 7 - 5197 - 5360 - 3
定价:48.00 元

凡购买本社图书,如有印装错误,我社负责退换。电话:010 - 83938349